Buch

Die Sarmaten haben mit ihren Streifzügen jahrelang die römischen Donauprovinzen heimgesucht. Als es Kaiser Marc Aurel schließlich im Jahre 172 n. Chr. gelingt, sie niederzuwerfen, verlangt er als Friedensbedingung, daß sie ihre gefürchtete Kavallerie abtreten, die er in der unruhigen Provinz Britannien einsetzen will. Die ersten 1500 Reiter unter Führung ihrer drei Fürst-Kommandeure Arshak, Gatalas und Ariantes werden dem römischen Befehlshaber in Nordbritannien unterstellt und an den römischen Grenzwall verlegt, den sie gegen die Überfälle der aufrührerischen Stämme aus dem schottischen Hochland verteidigen sollen. Hier werden die an ein ungebundenes Nomadendasein gewohnten, freiheitsliebenden Sarmaten mit einer ihnen fremden Zivilisation und der strengen Disziplin der römischen Streitkräfte konfrontiert sowie in Verschwörungen und undurchsichtige Machtkämpfe verstrickt.
Aurelia Bodica, die ebenso schöne wie intrigante Britin und Frau des römischen Befehlshabers Priscus, ist Anhängerin einer extremen Druidensekte, die zur Durchsetzung ihrer Ziele auch vor Mord nicht zurückschreckt. Bodica möchte als Anführerin eines Aufstands die Römer aus dem nördlichen Britannien vertreiben und ein unabhängiges Reich errichten. Als sie versucht, die Sarmaten als Verbündete zu gewinnen, widersetzt sich Ariantes ihren verlockenden Versprechungen. Er will den Eid, den er dem Kaiser geleistet hat, nicht brechen, und er ist klug genug, um zu erkennen, daß sie gegen die römische Übermacht nur verlieren können. Doch der stolze und ehrgeizige Arshak läßt sich von Bodicas Verheißungen und Liebesbeteuerungen betören ...

Autorin

Gillian Bradshaw wurde in Falls Church, Virginia, geboren, wuchs in Chile auf und studierte in Michigan und Cambridge Englische Literatur. Mit ihrer Artus-Trilogie gelang ihr der internationale Durchbruch. Seither ist sie ihrem Ruf als Autorin großer historischer Romane treu geblieben. Ihre Werke wurden mit zahlreichen Literaturpreisen ausgezeichnet. Gillian Bradshaw lebt mit ihrer Familie in England. Im Herbst 1992 erschien ihr neuester Roman »Himmelsreiter« im Blanvalet Verlag.

Bereits als Goldmann-Taschenbücher lieferbar:

Der Falke des Lichts. Roman (9872) · Das Königreich eines Sommers. Roman (9871) · Die Krone von Camelot. Roman (9869) · Der Leuchtturm von Alexandria. Roman (41285) · Die Tochter des Bärenzähmers. Roman (41019) · Die Seidenweberin. Roman (41372)

GILLIAN BRADSHAW
Die Reiter der Sarmaten
Roman

Aus dem Amerikanischen
von Martin Schulte

GOLDMANN VERLAG

Titel der Originalausgabe: Island of Ghosts

Umwelthinweis:
Alle bedruckten Materialien dieses Taschenbuches
sind chlorfrei und umweltschonend.

Der Goldmann Verlag
ist ein Unternehmen der Verlagsgruppe Bertelsmann

Copyright © 1992 by Gillian Bradshaw
All rights reserved including the right of reproduction
in whole or in any part in any form
Copyright © der deutschsprachigen Ausgabe 1992
by Wilhelm Goldmann Verlag, München
Umschlaggestaltung: Design Team München
Umschlagmotiv:
Arch. f. Kunst und Geschichte, Berlin
Druck: Elsnerdruck, Berlin
Verlagsnummer: 42429
Redaktion: Ria Schulte
UK · Herstellung: Heidrun Nawrot
Made in Germany
ISBN 3-442-42429-1

1 3 5 7 9 10 8 6 4 2

Für Robin

1

Wir meuterten, als wir den Ozean erreicht hatten.

Seit einundfünfzig Tagen waren wir unterwegs, unsere drei Abteilungen, begleitet und bewacht von einer Kohorte der Dreizehnten Legion und zwei Abteilungen Auxiliarkavallerie. Ende Juli waren wir in Aquincum aufgebrochen. Wir waren durch die Augusthitze geritten, der Staub und die Fliegen hatten uns arg zugesetzt. Die meisten Armeestützpunkte, die uns auf dem Marsch mit Proviant versorgen sollten, waren auf die Verpflegung einer so großen Menge Menschen und Pferde nicht eingerichtet; niemand hatte sie benachrichtigt. Von den vorhandenen Vorräten nahmen die Römer das Beste für sich, für uns blieb nichts als saure Gerstensuppe und grobes schwarzes Brot. Wir waren diese Kost nicht gewohnt, sie machte uns krank. Die Hufe unserer Pferde nutzten sich auf den gepflasterten römischen Straßen ab, und die Tiere lahmten. Da die Römer sich weigerten, uns von ihren Ledervorräten abzugeben, schnitten wir die Lederverstärkungen der Wagenplanen auf und machten aus ihnen eine Art Sandalen für die Pferde. Schließlich, Anfang September, als wir Germanien verließen und in westlicher Richtung durch Gallien weiterzogen, begann es zu regnen. Das Wasser drang durch die lose hängenden Planen und durchnäßte alles: Schlafdecken, Proviant, Kleidung. Alles stank nach nasser Wolle, nassen Pferden, verfaulender Gerste, ungewaschenen, nassen Menschen; wir haßten den Geruch unserer eigenen Haut. Nur unsere Rüstungen und unsere Waffen waren vor dem Regen sicher: Sie waren in Aquincum wasserdicht verpackt und auf zwanzig besondere Wagen verladen worden, die von den Römern bewacht wurden.

Dann, eines Nachmittags kurz vor Mitte September – wir begannen gerade, aus dem Hügelland in die Ebene hinabzureiten –, da sahen wir es vor uns liegen: das Meer.

Den ganzen Vormittag hatte es geregnet, aber gegen Mittag hatte der Regen nachgelassen, und jetzt rissen die Wolken auf. Der Himmel wurde klar, und vom westlichen Horizont breitete sich ein fahles, wässeriges Licht aus. Erstaunt sahen wir, wie sich die endlos weite graue Ebene plötzlich in eine tiefblaue Wasserfläche verwandelte. Wir hatten noch nie das Meer gesehen. Wir hielten an und starrten. Die Sonne schimmerte auf den Wellen; so weit unsere Augen sehen konnten, nichts als Wasser. Kein Schatten von Land verdunkelte auch nur die äußerste Grenze des Horizonts.

»Es ist das Ende der Welt!« flüsterte Arshak nach einer Weile.

Gatalas stieß einen langen Schrei des Entsetzens aus und bedeckte sein Gesicht mit den Händen. Der Schrei übertönte das Getrappel der Pferde und das Rumpeln der Wagen vor und hinter uns, und als er verstummte, war vollkommene Stille. Dann lief ein Rascheln durch die Reihen, ein wisperndes »Was ist?«. »Das Meer, wir haben das Meer erreicht«, raunte es zurück. Ein paar Dutzend Reiter trabten vor, verließen die Straße und schwärmten über den Hang aus. Dann war wieder Stille.

Marcus Flavius Facilis, der ranghöchste Zenturio, dessen Kommando wir unterstanden, kam von einer Besprechung mit seinen Unterführern nach vorn galoppiert. Er war ein untersetzter, stiernackiger Mann, weißhaarig; wenn er verärgert war, wurde sein Gesicht puterrot. Jetzt fing es gerade an, sich zu verfärben. »Was ist nun schon wieder mit euch Bastarden los?« fragte er wütend. Er sprach zu uns immer lateinisch, obwohl nur wenige der Offiziere und noch wenigere von den Mannschaften ihn verstanden. Während des langen Marsches hatte er sich nicht einmal die Mühe gemacht, genügend Sarmatisch zu lernen, um uns Befehle geben zu können, die alle verstanden.

Arshak, der die lateinische Sprache beherrschte, zeigte auf das Meer. Gatalas sah den Zenturio nicht an; er saß, sich vor und zurück wiegend, im Sattel, die Hände vor den Augen.

Facilis warf nur einen kurzen Blick auf das Meer. Seine Augen glitten gleichgültig über diese schimmernde Vision von Blau und Silber hinweg und hefteten sich statt dessen auf die Stadt, die unten am Rande des Hügels in der Ebene lag; offenbar sah dieses Gemisch aus roten Ziegelsteinen und grauem Stroh für ihn sehr einladend aus. Er lehnte sich mit einem zufriedenen Brummen im Sattel zurück. »Bononia!« sagte er, seine Stimme klang fast fröhlich. »Bononia. Endlich! Da werden wir heute nacht bleiben. Und morgen bin ich diesen ganzen stinkenden Haufen Barbaren endgültig los. Vorwärts, ihr Bastarde, beeilt euch. Heute nacht werdet ihr in trockenen Betten schlafen.«

»Und morgen?« fragte Arshak ruhig. »Wo werden wir morgen schlafen?«

»Das hängt davon ab, wie lange es dauern wird, euch einzuschiffen«, antwortete Facilis. »Ich schätze, es wird ein paar Tage dauern, bis man euch alle hinüberbefördert hat.«

»Man hat uns gesagt, es gäbe eine Insel«, sagte Arshak, immer noch mit sehr ruhiger Stimme. »Man hat uns gesagt, wir würden auf eine Insel geschickt, die Britannien heißt; dort würden wir unsere Waffen zurückbekommen und als Soldaten des Römischen Reiches anerkannt werden; man würde uns ehrenvolle Aufgaben zuweisen und uns für unseren Dienst entlohnen. Das hat der Kaiser selbst uns in Aquincum feierlich geschworen.«

»Stimmt«, sagte Facilis knapp. »Und je eher ihr diesen Hügel hinabreitet...«

»Es gibt keine Insel«, unterbrach ihn Arshak.

»Da soll mich doch der Schlag treffen«, sagte Facilis, dessen Gesicht erneut rot anlief. »Was hat das jetzt wieder zu bedeuten?«

Gatalas nahm die Hände vom Gesicht. »Da ist nichts!« schrie er. »Nichts! Nichts als Meer!« Er wandte den Kopf ab, um die schreckliche Unermeßlichkeit des Ozeans nicht zu sehen.

»Ihr verdammten sturen Barbaren!« rief Facilis aufgebracht. »Ihr stinkenden Idioten! Natürlich gibt es eine Insel. Sie liegt dort drüben« – er zeigte mit der Hand auf das Meer –, »ungefähr dreißig Meilen weg.«

Arshak schüttelte den Kopf. »Nein«, sagte er. »Nein. Ihr belügt uns, Römer. Ihr belügt uns alle miteinander. Ihr, der Kaiser, ihr alle. Ihr lügt. Es gibt dort keine Insel.«

Facilis' Gesicht wurde immer röter. »Ihr stupiden Bastarde! Bei allen Göttern über der Erde und unter ihr. Warum sollte ich wohl einen Haufen verrückter Sarmaten den ganzen Weg von Aquincum bis Bononia bringen, wenn es nichts gäbe, wohin man euch weiterschicken könnte? Oder glaubt ihr, die Gesellschaft von euch dreckigen Barbaren machte mir solchen Spaß, daß ich ohne Grund mit euch in der Weltgeschichte herumziehe?«

»Ihr würdet es tun, um uns in den Tod zu schicken«, erwiderte Arshak ruhig. Er hob nie die Stimme, wenn er zornig war, fluchte nie und verlor nie die Beherrschung. Er gehörte dem königlichen Klan an, er war der zweite Sohn des leiblichen Bruders des Königs, und man hatte ihn gelehrt, daß ein Edelmann Beleidigungen nur mit dem Speer beantwortet. Es war ein Glück, daß sein Speer in einem der Wagen mit den Rüstungen und Waffen verstaut war und daß Facilis' Männer sie bewachten. Andernfalls würde der Zenturio schon längst ein toter Mann sein – und Arshak wäre wegen Ermordung eines römischen Offiziers verurteilt und hingerichtet worden.

Facilis starrte ihn haßerfüllt an. Langsam strich er mit den Händen die Seiten seiner Tunika hinab. »Der Kaiser will euch lebendig haben«, erklärte er leise mit drohendem Unterton. »Er will euch in seinem Heer haben. Er hat geschworen, euch ehrenvolle Aufgaben zuzuweisen, und ihr habt geschworen, ihm treu zu dienen. Habt ihr die Absicht, jetzt euren Eid zu brechen, bloß weil ihr das Meer gesehen habt?«

»Der Kaiser wollte unser ganzes Volk ausrotten«, gab Arshak zurück. »Er hat uns belogen.«

»Wenn wir dorthin gehen«, rief Gatalas entsetzt, die Faust gegen das Meer vorstoßend, »werden wir im Wasser umkommen.«

»Nein!« erwiderte Facilis kopfschüttelnd. Wohlweislich verzichtete er darauf zu leugnen, daß der Kaiser unser ganzes Volk hatte ausrotten wollen – jedermann wußte, daß es die Wahrheit war. »Es gibt dort drüben eine Insel«, sagte er.

Wir alle starrten ihn an.

»Es gibt eine riesengroße Insel dort, ihr dummen Barbaren. Eine ganze römische Provinz mit Städten und Straßen und drei Legionen und die Götter wissen wie vielen Hilfstruppen. Das Meer ist größer als der stinkende Danuvius. Ihr könnt nicht erwarten, daß ihr seht, was hinter dem Horizont liegt!«

Arshak warf einen kurzen Blick zurück, den Hügel hinauf. Hinter einer Handvoll unserer Offiziere standen Facilis' Legionäre in Wartestellung, auf ihre Speere gestützt, und beobachteten uns. Eine ganze Kohorte Legionäre, achthundert Mann, je sechs Mann nebeneinander. Ihre Reihen zogen sich die Straße hinauf und kamen hinter der Höhe außer Sicht. Unsere Abteilungen folgten hinter ihnen, und die Wagen mit den Waffen waren noch weiter zurück beim Troß. Von den beiden Abteilungen der römischen Auxiliarreiterei bildete eine die Spitze und zog vor uns Offizieren den Hang hinab, die zweite Abteilung bewachte den Troß.

Arshak wandte die Augen zu Facilis zurück und lächelte spöttisch. Dann, ohne ein Wort zu sagen, ließ er mit leichtem Fersendruck sein Pferd antraben und ritt die Hangstraße hinunter; wir folgten ihm schweigend. Facilis fluchte leise vor sich hin, als wir an ihm vorbeiritten.

»Wir werden nicht auf ihre Schiffe gehen«, sagte Gatalas, als wir weit genug von Facilis entfernt waren.

»Natürlich nicht«, bekräftigte Arshak. »Es ist eine Falle. Auf einem Schiff wären wir völlig wehrlos. Unsere Pferde würden wie die Schafe im Laderaum zusammengepfercht sein und unsere Waffen an Land zurückbleiben. Sie müßten nicht mal ihre Schwerter gebrauchen. Ein paar gute Schwimmer unter den Ruderern und Legionären würden genügen; sie könnten das Schiff aus dem Hafen aufs Meer hinausbringen und uns mit dem Schiff versenken. Dann könnten sie gefahrlos an Land zurückschwimmen.«

»Der Tod in der Schlacht ist besser als Ertrinken«, erklärte Gatalas, das Heft seines unter dem Mantel versteckten Dolches mit den Fingern reibend. »Aber mir wäre wohler, wenn ich zum Kämpfen etwas mehr als diesen Dolch und eine Leine hätte. Glaubt ihr, wir könnten an unsere Waffen kommen?«

»Wahrscheinlich.« Arshak griff die Andeutung begierig auf. »Meine Männer haben es geschafft, dreißig Bogen, vierzig Köcher mit Pfeilen und sechzig Schwerter zu behalten und in unseren Wagen zu verstecken. Wie viele haben eure Leute?«

»Fünfzig Bogen und siebenundzwanzig Schwerter«, antwortete Gatalas prompt. »Aber nur dreißig Köcher mit Pfeilen.«

»Ariantes?«

»Neunundfünfzig Bogen, sechzig Köcher mit Pfeilen und ein Dutzend Schwerter«, sagte ich zögernd. »Aber sie sind alle gut versteckt, es braucht Zeit, sie herauszuholen. Und Facilis ist argwöhnisch. Er wird einen Weg finden, um es zu verhindern. Entweder läßt man uns nicht in die Nähe unserer Wagen, oder man erlaubt uns nicht, Kontakt mit unseren Männern aufzunehmen. Oder beides.«

»In Bononia hat Facilis nichts mehr zu sagen«, erwiderte Arshak zuversichtlich. »Der Stützpunkt hat bestimmt seinen eigenen Kommandanten. Bononia ist ein großer Platz, der Kommandant wird ein bedeutender Mann sein, ein Legat oder ein Prokurator. Und ihr müßt bemerkt haben, daß nicht einmal ein Tribun sich von einem Zenturio etwas sagen läßt, wie dienstalt dieser auch sein mag. Es dürfte nicht schwierig zu erreichen sein, daß man uns mit unseren Männern zu den Wagen schickt.« Arshak lächelte, dann fügte er heftig hinzu: »Facilis' Skalp gehört mir.«

Ich seufzte. Ich war mir nicht klar, was ich empfand, als ich auf den Ozean hinausblickte, aber es war nicht Zorn oder Angst. Vielleicht war es Hoffnung. Ich hatte genug von den beiden Welten, die ich kannte, der sarmatischen ebenso wie der römischen, und hier waren wir bis an das Ende der Welt gekommen und ritten nun hinab zum Meer. Jenseits des Horizontes erwartete uns vielleicht etwas Großartiges und Geheimnisvolles. Warum sollte mein Weg ausgerechnet hier enden, in einer römischen Stadt? Warum nicht weiterziehen? Ich dachte plötzlich an eine weit zurückliegende Zeit, als ich nach Osten aufgebrochen war, in der Hoffnung, das Jadetor des Seidenlandes zu erreichen. Aber auf halbem Wege hatte man mich zurückgerufen. Ich bedauerte das immer noch. Warum jetzt wieder anhalten, unmittelbar vor dem Ozean?

Natürlich, ich war erschöpft. Es waren Dinge in unserem Krieg mit den Römern geschehen, die mich vor Qual fast wahnsinnig gemacht hatten, und als der Krieg zu Ende war, fühlte ich mich, als gehörte auch ich zu den Toten. Außerdem war ich am Bein verwundet worden und hatte die ersten siebenhundert Meilen mit geschientem Bein reiten müssen, vor Schmerzen fast betäubt, dahindämmernd wie in einem Traum. Manchmal fuhr ich mit jähem Erschrecken auf, wußte nicht, wo ich war, meistens aber ritt ich, aß ich, schlug mein Lager auf und gab meinen Männern Befehle, so als stände ich hinter mir selbst und beobachtete mich.

»Und wenn sie die Wahrheit sagen?« fragte ich. »Wenn dort wirklich eine Insel ist?«

»Warum solltest du ihnen glauben?« gab Arshak zornig zurück. »Warum sollten wir ihnen trauen?«

»Ich traue ihnen nicht«, antwortete ich. »Aber wir haben dem Kaiser einen Eid geschworen, und wir wissen noch nicht sicher, daß er gelogen hat. Wenn wir jetzt gegen sie kämpfen, werden wir alle sterben. Du brennst darauf, Facilis zu töten, aber wenn du für dieses Vergnügen mit dem Blut aller deiner Männer bezahlen mußt – ist das wert? Selbst wenn wir es schaffen sollten, an unsere Waffen heranzukommen, selbst wenn wir ihnen eine solche Schlacht lieferten, daß sie sich hinter ihre Wälle zurückziehen müßten, wir könnten immer noch nicht in unsere Heimat zurückkehren, nicht über mehr als tausend Meilen durch ein Land, das von unseren Feinden besetzt ist. Der Kaiser würde erfahren, was wir getan haben, und er müßte sich sagen, daß sarmatische Krieger, auch wenn sie sich ergeben und einen Friedensvertrag schließen, immer Aufrührer bleiben und römisches Blut vergießen. Und er wird nie wieder sarmatische Truppen in Dienst nehmen. Was könnte unser Volk dann geben, um den Frieden zu erkaufen?«

Arshak sah finster vor sich hin. »Er wollte uns sowieso alle töten. Er hat uns verraten, und er wird unsere Leute in der Heimat verraten, ganz gleich, was wir tun.«

»Besser auf dem Land sterben als im Wasser«, rief Gatalas. »Zumindest kann auf dem Land die Seele frei zur Sonne fliegen.«

»Aber wenn es eine Insel gibt? Wenn Britannien wirklich existiert, würden wir es sein, die zuerst Verrat begehen.«

»Eine Insel im Ozean, jenseits der Grenzen der Welt!« höhnte Arshak. »Eine unsichtbare Insel! Wenn Facilis dir erzählte, es gäbe eine Insel dort oben am Himmel, du brauchtest nur auf einen hohen Berg zu steigen und hinabzuspringen, um sie zu erreichen – würdest du ihm glauben und springen?«

»Ich würde keinen Weg wählen, an dessen Ende alle unsere Männer tot wären. Ich würde zumindest einen Stein in den Abgrund werfen, um zu hören, wo er landet. Und ich bin nicht sicher, daß die Römer eine römische Provinz jenseits des Horizontes des Ozeans erfinden würden, bloß um uns in eine Falle zu locken. Es mag durchaus sein, daß Britannien nur dreißig Meilen von hier entfernt liegt.«

»Ich werde den Ozean nicht überqueren«, schrie Gatalas zornig. »Ich will, wie es sich gehört, in dieser Welt sterben, und das gilt auch für meine Männer!« Er streckte seine Hand gegen die Sonne aus. »Auf das Feuer schwöre ich es!«

Wir ritten eine Zeitlang weiter, der Schwur klang in unseren Ohren nach. Es schien sinnlos zu sein, die Diskussion fortzuführen.

Aber ich konnte es nicht dabei belassen. Wenn wir erst diesen Stützpunkt erreicht hatten, war die Meuterei unabwendbar. Und je mehr ich darüber nachdachte, um so weniger glaubhaft schien es mir zu sein, daß die Römer Britannien erfunden hatten, um uns irrezuführen. Und ich hatte fünfhundert Männer, für die ich verantwortlich war und die sich auf mich verließen.

»Wenn ich ginge«, sagte ich schließlich zögernd, »ich allein, ohne euch, ohne einen von meinen Männern – wenn ich ginge, um zu sehen, ob diese Insel existiert, und wenn ich zurückkäme, um euch zu berichten, daß es sie gibt, was würdet ihr dann tun?«

Gatalas sah mich entsetzt an. »Und wenn es keine irdische Insel wäre?« fragte er leise. »Wenn sie existiert, jenseits des Meeres, vielleicht ist sie ... ein Ort, wo die Toten wandeln. Was würde aus dir geworden sein, wenn du von dort zurückkämst?«

»Ihr brauchtet mich nur anzusehen, um zu wissen, was mit mir los ist und daß ihr nicht übersetzen dürft. Ihr wäret dann frei, guten Gewissens die Römer zu bekämpfen.«

»Ich bin mir nicht sicher, ob wir einen Unterschied bemerken würden, wenn du als Geist zurückkämst, Ariantes«, scherzte Arshak, um die Stimmung ein wenig aufzuheitern. Ich sah ihn an, und das Lächeln verschwand aus seinen Augen. Der Scherz enthielt zuviel Wahrheit, um spaßig zu sein. »Jemand sollte überprüfen, was die Wahrheit ist, bevor wir zu den Waffen greifen«, beharrte ich.

»Und wenn sie sich weigern, dich gehen zu lassen?« fragte Arshak.

»Dann werden wir ebenfalls wissen, daß sie lügen, und wir brauchen dann keine Skrupel zu haben, sie anzugreifen.«

»Also gut«, sage Arshak ruhig. »Ich denke, du hast recht. Wir müssen unseren Stein vom Berg hinabwerfen und hören, wohin er fällt. Zu schade: Meine Hände schmerzen vor Verlangen nach einem Speer, jedesmal wenn ich Facilis sehe, und ich werde es mein Leben lang bedauern, wenn er heil nach Aquincum zurückkehrt.« Nach einer Weile fügte er hinzu: »Und du bist wirklich bereit zu gehen? Ich bin es nämlich nicht. Ich werde keinesfalls das zurücknehmen, was ich zu Facilis gesagt habe.«

»Ich bin bereit zu gehen«, sagte ich. »Ich werde es Facilis heute abend mitteilen. Kann ich ihm zusagen, daß wir auf ihre Schiffe gehen werden, wenn wir wissen, daß er in gutem Glauben handelt?«

Gatalas zögerte, aber nach kurzem Überlegen nickte er zustimmend. »Ich will nicht der sein, der als erster einen Eid bricht.«

»Auch ich nicht«, erklärte Arshak mit unglücklicher Miene. »Aber – wir werden uns überlegen, welche Überraschung wir den Römern bereiten können, wenn sich herausstellt, daß sie lügen.«

Arshak hatte tatsächlich recht gehabt: Der Prokurator des Flottenstützpunkts, in dem wir diese Nacht verbringen sollten, dachte nicht daran, sich bei seinen Anordnungen von Flavius Facilis beeinflussen zu lassen. Er hatte Briefe erhalten, die uns betreffen, und als wir ankamen, begab er sich zum Tor, um einen Blick auf uns zu werfen. Es war nicht schwer zu erraten, wer dieser Mann war, der auf der Brustwehr stand. Er trug über einer goldfarbenen Rüstung einen weiten, karminroten Umhang, und als wir näher kamen, konnten wir den schmalen Purpurstreifen auf seiner Tunika erkennen, der ihn als Angehörigen des römischen Ritterstandes auswies. Arshak preschte zum Tor, hielt an, salutierte respektvoll, sagte: »Seid gegrüßt, edler Prokurator«, und fragte ihn, wohin wir unsere Wagen stellen könnten. Zu der Zeit, als Facilis herangaloppiert war und vorschlug, uns in Baracken einzusperren, hatte der Prokurator uns bereits die Erlaubnis erteilt, die Wagen auf dem Gelände der Schiffswerft aufzustellen. Er ließ sich durch keine Einwendungen umstimmen: Ein vom Kaiser zum Prokurator bestellter Ritter ändert seine Anordnungen nicht, weil ein Zenturio, der sich aus dem Mannschaftsstand hochgedient hat, das wünscht. Facilis wurde puterrot, aber er mußte die Weisung akzeptieren. Er folgte uns, leise vor sich hin fluchend, zum Werftgelände, wo er uns erklärte, wenn wir »irgend etwas versuchten«, werde er dafür sorgen, daß unsere Leichen verbrannt würden. »Und die Asche wird in alle Winde verstreut werden.« Er kannte genug von unseren religiösen Vorstellungen, um zu wissen, daß dies eine schreckliche Drohung war – zum Glück waren unsere Männer noch nicht da.

Ich wartete auf dem Werftgelände auf meine Leute, dann wartete ich mit ihnen auf die Wagen, dann sorgte ich dafür, daß die Wagen richtig aufgestellt und die Männer ordnungsgemäß untergebracht wurden. Meine Leibwächter boten mir an, mich zu dem Besuch bei Facilis und beim Prokurator zu begleiten, und sie erboten sich auch, allerdings ein wenig ängstlich, mit mir auf das Schiff zu gehen, wenn ich die Erlaubnis dazu erhielte. Ich lehnte beides ab. Sie hatten einen ausgeprägten Sinn dafür, welche Achtung mir als ihrem Fürsten und Kommandeur gebührte, und Facilis würde mit Sicherheit nicht mit Beleidigungen sparen. Außerdem gab es keinen Grund, ihre stolze Loyalität unnötig in Anspruch zu nehmen und ihnen die Schrecken einer Fahrt über das Meer zuzumuten, wo es sich voraussichtlich nur um eine überflüssige Reise handelte. Es war dunkel, als ich mich allein auf den Weg zur Mitte des Stützpunkts machte.

Das Stabsquartier war geschlossen; die Wachen sagten mir, der Prokurator befinde sich in seinem Haus, gleich nebenan, und Facilis sei bei ihm. Ich ging zu dem Haus und bat einen Diener, mich dem Prokurator zu melden. Man gab mir zu verstehen, ich müsse mich etwas gedulden; und als ich mein Pferd angebunden hatte, wurde ich in den Innenhof geführt. Wahrscheinlich waren meine Kleider zu schmutzig und ich roch zu sehr nach Pferden, um mich ins Haus zu lassen. Der Hof war mit Fliesen ausgelegt und hatte ringsum einen Säulengang. Ein paar Rosmarinsträucher blühten in Terrakottatöpfen. Durch die beleuchteten Fenster fiel Licht in den Hof, aus der Küche kam Kochgeruch. Ich setzte mich in den Schatten einer Kolonnade und wartete, den Kopf auf die Knie gelehnt und mein steifes Bein massierend.

»Wenn es nach mir ginge, Herr«, hörte ich Facilis' Stimme von der gegenüberliegenden Seite des Hofes, »ich hätte sie alle umbringen lassen, bevor sie noch Aquincum verließen.«

Ich horchte auf, hob den Kopf. Ein Fensterladen war aufgestoßen worden. Der Prokurator stand am offenen Fenster und schaute in die Nacht hinaus. Facilis mußte hinter ihm stehen. Ich blieb, wo ich war, im Schatten der Kolonnade, und horchte.

»Aber der Kaiser will sie lebend haben«, fuhr Facilis fort. »Es ist also meine Aufgabe, dafür zu sorgen, daß sie nach Britannien kommen. Der Kaiser hat mir selbst den Befehl gegeben, Herr. Ich bin von Geburt Pannonier, und ich kenne die Sarmaten. Er wußte, er konnte sich darauf verlassen, daß ich mit ihnen fertig werde.«

»Nichts von dem, was Ihr gesagt habt, kann mich überzeugen, daß auch nur der geringste Grund zur Besorgnis besteht«, erwiderte der Prokurator gereizt. »Ich weiß, daß der Kaiser Euch die Verantwortung für sie übertragen hat, Marcus Flavius, aber er hat *mich* mit der Verantwortung für die britannische Flotte betraut. Ich werde meinem eigenen Urteil folgen, wie ich die Barbaren über den Kanal schaffe. Und ich denke, wenn ich ihre Führer in Ketten legen lasse, werden die Mannschaften mit Sicherheit meutern.« (Ich fand es bemerkenswert, daß Facilis den Prokurator *dominus*, »Herr«, nannte, während dieser den Zenturio zwanglos mit Vor- und Familiennamen anredete; er sprach mit der herablassenden Selbstsicherheit eines Mannes von adliger Geburt und von hohem Rang, und der Zenturio war gezwungen, das zu respektieren.)

»Ihr wißt nichts von ihnen!« sagte Facilis. »Ihr scheint zu glauben, daß sie wie die Gallier oder die Germanen sind, anständige, zuverlässige, *unterworfene* Barbaren, die mehr oder weniger willig tun, was man ihnen sagt, vorausgesetzt, man behandelt sie vernünftig. Die Sarmaten sind anders. Sie haben es sich in den Kopf gesetzt, daß wir sie täuschen und daß wir die Absicht haben, sie zu ermorden. Sie werden versuchen, uns zu überfallen, sobald wir einmal nicht wachsam sind. Ich würde mein Schwert darauf wetten, daß sie es geschafft haben, einige Waffen in ihren Wagen zu verstecken, trotz all unserer Vorsichtsmaßnahmen, und daß sie jetzt um ihre Feuer sitzen und aushecken, wie sie uns töten können.«

Wie recht er hatte!

»Also wirklich«, rief der Prokurator verärgert aus. »Wenn ich mich richtig erinnere, habe ich gehört, daß unser unbesiegbarer Kaiser sie unterworfen *hat*, durch die Gunst der unsterblichen Götter.«

»Sein ›Donnersieg‹«, antwortete Facilis, dessen Stimme nicht weniger verärgert klang. »Ja. Ich war dabei. Aber vielleicht habt Ihr nicht im einzelnen gehört, was *vor* diesem Sieg war. Sie haben über Jahre hin immer wieder Überfälle auf unser Land unternommen – sie hielten es für eine tapfere und bewundernswerte Tat, heimlich mit einer Schwadron oder einer Abteilung Reiter über den Danuvius zu setzen, die Herden und anderes Eigentum der Römer und der Pannonier zu stehlen und jeden zu töten, der ihnen in den Weg kam. Sie hatten nicht die geringste Angst vor uns. Die Städte riefen den Kaiser an, als die Überfälle ärger und ärger wurden, und der Kaiser entschied, die Sarmaten endgültig zur Räson zu bringen. Ein ganzes Jahr lang kämpften wir. Wir stellten im Winter einen Stoßtrupp auf dem Danuvius und fochten eine Schlacht auf dem Eis des Flusses, und wir vernichteten sie – aber die Folge war lediglich, daß ihre nächsten Stoßtrupps stärker waren. Wir verhandelten, ohne etwas zu erreichen, und schließlich gab der Kaiser den Befehl, die

Sarmaten zu unterwerfen. Es wurden alle am Danuvius stationierten Legionen eingesetzt, dazu Teile aller westlichen und einiger östlichen Legionen und mehr Hilfstruppen, als ich zählen konnte. Der Kaiser selbst übernahm das Kommando. Unsere Streitmacht war zahlenmäßig mindestens zweimal so stark wie ihre, eher drei- oder viermal, schätze ich.

Wir setzten über den Danuvius und marschierten in das flache Land vor – und fanden niemanden. Man kann ihre Städte nicht belagern, denn sie haben keine; man kann ihre Ernten nicht verbrennen, um sie zu zwingen, sich zur Schlacht zu stellen, denn sie haben keine Äcker. Sie halten Viehherden und leben in Wagen. Kundschafter meldeten uns, ihr König befinde sich mit der Armee im Nordosten des Landes, also marschierten wir weiter. Und als wir tief ins Landesinnere vorgedrungen waren, griffen sie unseren Troß an, vernichteten die Nachhut und schnitten uns den Nachschub ab. Wir schickten Furagiertrupps los, um Nahrungsmittel und Wasser aufzutreiben; manche kamen zurück, manche nicht. Ich war selbst einmal bei einem solchen Trupp. Wir durchquerten ein Tal zwischen zwei Hügeln und stießen dort auf einen Trupp von dreißig meiner Leute: Sie waren mit Pfeilen gespickt, man hatte sie bis auf ihre Tuniken ausgeplündert, ihre Schädel sahen aus wie geschälte Trauben – und die Hügel ringsum leer, nichts als Gras und Staub. Habt Ihr nicht die Skalpe an den Zügeln ihrer Pferde hängen sehen, als sie hereinritten? Arshak hat siebenunddreißig, zehn am Zügel, der Rest ist an seinen Mantel genäht; sie alle stammen von römischen Soldaten, die er mit eigener Hand getötet hat – und er würde liebend gern meinen Skalp seiner Sammlung hinzufügen. Beim Jupiter, er brennt darauf!«

»Diese Quasten an den Zügeln?« fragte der Prokurator. »Das sind Skalpe? Ich dachte...«

»Ja, es sind Skalpe. Es ist Brauch bei ihnen. – Aber das alles waren nur Bagatellen, schmerzhafte Nadelstiche. Eines Abends, als wir gerade unser Lager aufschlugen, tauchte ihre Armee auf. Gut, dachten wir. Endlich kriegen wir sie zu fassen! Ich sage Euch, Herr, ihre schwere Reiterei ritt direkt über uns weg. Zweimal! Sie gebrauchten ihre Lanzen beim ersten Angriff und die langen Schwerter, als sie zurückkamen, und die ganze Zeit über beschoß uns ihre leichte Reiterei mit Pfeilen. Zwanzig Mann verlor ich an diesem Abend von meiner Zenturie, und der Rest flüchtete ins Lager und versteckte sich.

Am nächsten Tag versuchten wir, uns zurückzuziehen – wir konnten es nicht. Wir schafften es gerade noch, eine kleine Hügelkette zu erreichen, die einzige verdammte Hügelkette in dieser ganzen trockenen Planie, und da hockten wir wie Wiesel auf einem Baum, vor Durst fast umkommend, und wagten nicht, hinabzusteigen. Wir würden dort alle elend zugrunde gegangen sein, wenn die Götter nicht dem Kaiser gewogen gewesen wären und den schlimmsten Gewittersturm mit wolkenbruchartigem Regen geschickt hätten, den ich je erlebt habe. Ihre Pferde rutschten und versanken im Morast, und wir stellten sie. Beim Mars, es war herrlich, sie endlich einmal packen zu können! Sie hatten vom Nahkampf sehr bald genug und galoppierten davon. Eine Abteilung unserer Auxiliarreiterei setzte ihnen nach und fand eines ihrer Hauptlager, wo sie einen Teil ihrer Herden und auch ihre Frauen und Kinder hatten. Wir trieben die Herden weg und töteten die Weiber und ihre Bälger. Das war unser ›Donnersieg‹!

Es traf sie hart genug, so daß sie sich entschlossen, um Frieden zu bitten. Aber unterworfen sind sie trotzdem nicht. Man kann ein Volk nicht unterwerfen, das keine Städte baut; es ist, als versuchte man, Wasser in der Hand zu tragen. Der Kaiser dachte daran, dieses ganze Nomadenpack auszurotten; aber es hätte Zeit gekostet, sie alle zu fassen, und er hatte keine Zeit mehr, er mußte sich um die Niederschlagung eines Aufruhrs im Osten des Reiches kümmern. Als sie daher anboten, uns achttausend Krieger zu geben, wenn wir abzögen, stimmte der Kaiser zu, unter der Bedingung allerdings, daß alle zur schweren Kavallerie gehörten. Er wollte diese Truppen haben – wir alle hatten erlebt, wie gut sie waren –, und wenn wir sie hatten, so dachte der Kaiser, würde das für die Sarmaten ein unersetzlicher Verlust sein. Nur Männer von Rang, die sie *azatani* nennen, können sich diese Ausrüstung leisten, die anderen kämpfen als berittene Bogenschützen. Um uns achttausend Mann schwere Kavallerie zu geben, mußten sie praktisch jeden Adligen zwischen siebzehn und dreißig Jahren abstellen – genau die Männer, die mit ihren Stoßtruppunternehmen über den Danuvius Ströme von römischem Blut vergossen und den ganzen Krieg angezettelt hatten. Sie werden jetzt keine Kriege mehr beginnen, bis die nächste Generation nachgewachsen ist. Aber es gibt nach wie vor keine Provinz Sarmatien, und es wird sie niemals geben, solange noch ein Sarmate am Leben ist. Es wird neue Kriege geben, in zehn, fünfzehn Jahren, und dieser Haufen hier weiß das ebensogut wie ich.«

»Sie sind aber doch entwaffnet worden, und sie haben sich den ganzen Weg von Aquincum her ruhig verhalten.«

»Wie ich bereits gesagt habe: Sie sind nicht so gründlich entwaffnet, wie ich es gewünscht hätte, und ich habe mir sagen lassen, daß sie sogar bewaffnete Gegner mit einem Seil und einem Dolch töten. Herr, ich *weiß*, daß sie eine Meuterei planen. Man muß sie hart anfassen. Im nächsten Jahr werden weitere viertausend Mann von ihnen durch Bononia kommen, und wenn Ihr zulaßt, daß dieser Haufen hier Ärger macht, werdet Ihr mit allen Ärger bekommen.«

Das waren interessante Neuigkeiten. Man hatte uns nicht gesagt, wohin unsere Kameraden geschickt würden. Also viertausend von ihnen waren ebenfalls auf dem Weg nach Britannien? Ich fragte mich, ob der Mann meiner Schwester zu ihnen gehörte. Und ich fragte mich, wie meine Schwester es wohl schaffte, allein die Rinderherden und die Treiber zu beaufsichtigen. Das Bild, wie sie ausritt, um die Herden zu kontrollieren, den lebhaften kleinen Saios vor sich im Sattel, erschien mir plötzlich wirklicher als der Innenhof des Hauses des Prokurators und die Stimmen in dem Zimmer gegenüber.

»Sie sind tückische, hinterhältige Barbaren«, beharrte Facilis. »Sie respektieren nichts außer Gewalt. Man muß ihnen zeigen, daß wir stärker sind als sie. Man muß ihren Kampfgeist brechen.«

»Ihr meint also, wir sollten ihre Führer festnehmen?« fragte der Prokurator resigniert. »Und welche?«

»Alle Schwadronsführer«, antwortete Facilis prompt. »Alle achtundvierzig. Und die drei Abteilungskommandeure, die ›Fürst-Kommandeure der Drachen‹, die vor allem. Sie stammen aus den vornehmsten Familien und nennen sich die Zepterträger. Die übrigen Männer sind von ihnen abhängige Aristokraten.«

Der Prokurator wandte sich schroff um. »Wenn das stimmt, Marcus Flavius, dann dürfte es so gut wie sicher sein, daß die von Euch vorgeschlagenen Festnahmen zu einer allgemeinen Meuterei führen werden. Ich würde auch von meinen Klienten als selbstverständlich erwarten, daß sie mich unter solchen Umständen verteidigen. Es wird ein Blutbad geben.«

»Aber wenn wir entsprechende Vorkehrungen treffen, wird es sarmatisches Blut sein, nicht römisches«, gab Facilis zurück.

»Marcus Flavius, ich lege größten Wert darauf, daß überhaupt kein Blut vergossen wird, weder sarmatisches noch römisches. Es würde ein sehr schlechtes Licht auf mich werfen, wenn ich diese Leute nicht über den Kanal schaffen könnte, ohne die Hälfte von ihnen zu töten. Was mir als Lösung vorschwebt, das wäre... nun, mit dem vernünftigsten ihrer Kommandeure zu sprechen, seine Unterstützung zu gewinnen. Ihn wenn nötig gegen die beiden anderen auszuspielen – *divide et impera*, ›teile und herrsche‹, das ist bewährte römische Politik. Sie beruhigen, ihnen ein paar Tage Zeit geben, damit sie begreifen, daß wir sie nicht täuschen oder planen, sie umzubringen, und sie dann friedlich hinüberschaffen.«

»Ein vernünftiger sarmatischer Kommandeur?« fragte Facilis. »Das ist ein Widerspruch in sich selbst. Ich würde keinem von den Bastarden trauen. Schaut sie Euch doch an! Da ist Arshak, der Neffe des Königs. Er dürstet nach römischem Blut, und er haßt mich. Dann Gatalas. Er war grün im Gesicht vor Angst, als er heute nachmittag das Meer sah; aber er steht in dem Ruf, ein kühner Kämpfer und völlig unberechenbar zu sein – den werdet Ihr nicht gewinnen. Und schließlich Ariantes, der ruhigste von ihnen; ihm traue ich am wenigsten. Er ist schlau, und er hat mehr und erfolgreichere Überfälle auf unser Land durchgeführt als jeder der beiden anderen. Gebt ihnen ein paar Tage, und sie werden einen Plan aushecken, um uns alle abzuschlachten. Laßt sie festnehmen, laßt ihre Wagen nach Waffen durchsuchen und jeden von ihnen auspeitschen, der Waffen versteckt hat, und jeden, der Widerstand leistet, töten.«

Ich hatte genug gehört. Wenn der Prokurator diesem Rat folgte, würde das mein Ende bedeuten, und die Hälfte meiner Männer würde bei dem Versuch getötet werden, mich zu befreien. Vielleicht war es das, was Facilis wollte. Ich stand auf. »Flavius Facilis!« rief ich und ging zu dem Fenster, als ob ich gerade auf dem Hof angekommen wäre. »Edler Prokurator, kann ich Euch sprechen?«

Der Prokurator sprang vom Fenster zurück, als hätte ihn eine Tarantel gestochen. »Wer seid Ihr?« fragte er. Ich war ihm sicher nicht aufgefallen, als wir in das Lager ritten. Nur Arshak hatte ihn gegrüßt und mit ihm gesprochen.

Aber Facilis beantwortete schon die Frage. »Ariantes!« rief er, drängte sich am Prokurator vorbei, lehnte sich über den Fenstersims und starrte mich an. »Wie lange habt Ihr gehorcht?«

Ich gab darauf keine Antwort. »Kann ich mit Euch sprechen, edler Prokurator?« wiederholte ich.

»Sicher, sicher«, antwortete der Prokurator, der wieder ans Fenster getreten war, wobei er mich allerdings ziemlich bedenklich ansah, als wäre ich ein wildes Tier – was nach Facilis' Bericht über uns kaum überraschend war. »Bitte, kommt herein... äh, Fürst Ariantes.«

Als ich das *Fürst* hörte, wußte ich, daß er mich anhören würde. Vielleicht mißfiel es ihm, von Facilis gedrängt zu werden, und er wünschte seinen eigenen Plan auszuprobieren. Vielleicht scheute er wirklich vor einem Blutbad zurück. Vielleicht war es einfach deshalb, weil wir beide adliger Herkunft waren. Aus welchem Grund auch immer, er würde mich anhören. Facilis war das natürlich auch klar, und sein Gesicht lief wieder einmal puterrot an. »Danke, edler Prokurator«, sagte ich, mich verneigend. Ich ging durch den Säulengang um den Hof herum zum Eingang und fand ohne Schwierigkeit meinen Weg.

Das Zimmer, in dem die beiden sich befanden, war ein Speiseraum. Es hatte einen Mosaikfußboden, bemalte Wände, und die

Klinen hatten elfenbeinerne Füße. Das Licht der Lampen in dem vergoldeten Ständer beleuchtete den glänzend polierten Tisch, auf dem ein zur Hälfte mit Wein gefüllter Glaskrug mit zwei Silberbechern stand. Ich hielt Arme und Hände eng am Körper, um ja nichts zu berühren. Meine Kleider waren steif vor Schmutz. In einem solchen Raum war ich bisher nur gewesen, wenn ein von mir geführter Stoßtrupp die Villa eines reichen Mannes in Pannonien geplündert hatte. Die Becher dort waren allerdings manchmal aus Gold gewesen.

Facilis, puterrot im Gesicht, starrte mich an. »Wie lange wart Ihr schon da draußen? Wie lange habt Ihr gehorcht?« fragte er noch einmal.

Es wäre sinnlos gewesen, mit ihm zu sprechen. Er war sich zweifellos darüber klar, wohin der Weg, den er so eindringlich vertreten hatte, führen mußte. Ich fragte mich, ob es vielleicht ein ganz bestimmter Soldat war, an dessen Tod im Krieg er uns die Schuld gab – er war alt genug, um Söhne zu haben.

Ich wandte mich daher an den Prokurator: »Edler Herr«, sagte ich, »ich bin gekommen, um Euch davon in Kenntnis zu setzen, daß die Männer meines Volkes sich fürchten, den Ozean zu überqueren.«

»Ihr seid hergekommen, um die Meuterei *anzukündigen*?« stieß Facilis wütend hervor, starr vor Entrüstung. »Herr...«

Der Prokurator hob die Hand, um ihn zum Schweigen zu bringen, dann nickte er mir zu, fortzufahren. »Wir haben einen Eid geschworen, dem Kaiser zu gehorchen, als wir uns in Aquincum ergaben«, sagte ich. »Und wir wollen diesen Eid nicht brechen. Aber wir können keine Insel dort draußen sehen, und wir haben nicht gerade Grund, uns auf die guten Absichten der Römer zu verlassen. Wir wissen, daß der Kaiser den Wunsch hatte, unser Volk auszurotten. Wir haben nie zuvor das Meer gesehen, und wir sind in unseren Booten nie weiter gefahren als über den Danuvius. Unsere Religion sagt uns, daß Menschen, die durch das Wasser umkommen, im jenseitigen Leben ein schreckliches Schicksal erwartet. Einige von uns sagen jetzt, wir seien betrogen worden und wir würden besser daran tun, auf dem Land zu sterben. Manche von uns sind verzweifelt.«

»Fürst Ariantes!« rief der Prokurator erstaunt und besorgt. »Laßt mich Euch versichern: Wir haben nicht die geringste Absicht, Euren Truppen Schaden zuzufügen. Ich bin der Kommandant dieses Flottenstützpunkts, und ich trage die Verantwortung dafür, daß Eure Truppen sicher nach Britannien übergesetzt werden. Ich würde beim Kaiser in Ungnade fallen, wenn es zu blutigen Unruhen käme. Das wäre das letzte, was ich wünschen könnte. Und Marcus Flavius hier wurde dazu bestimmt, Euch sicher bis ans Ende Eures Marsches zu bringen, und auch er würde zur Rechenschaft gezogen werden, wenn Euren Männern etwas zustieße.«

»Edler Prokurator«, erwiderte ich, »es tut mir leid, aber Ihr könnt keinerlei Zusicherungen geben, denen meine Leute trauen würden. Doch auch ich wünsche kein Blutvergießen. Wenn Ihr in Ungnade fielet, würden wir sterben, und unser Tod wäre sinnlos, wenn Ihr in guter Absicht handelt und diese Insel Britannien tatsächlich jenseits des Horizonts liegt, wo wir sie nur nicht sehen können. Nun, ich habe den anderen Kommandeuren vorgeschlagen, daß ich zunächst allein den Ozean überquere, wenn Ihr es erlaubt, und dann zurückkehre, um ihnen über die Insel zu berichten, falls sie existiert. Sie würden mir glauben, wo sie Euch nicht glauben könnten, und wenn ich ihnen beweisen kann, daß sie nicht betrogen worden sind, erklären sie sich bereit, sich nach Eurem Willen einschiffen zu lassen.«

»Arshak und Gatalas haben dem zugestimmt?« fragte Facilis ungläubig.

»Sie haben zugestimmt«, sagte ich. »Warum sollten sie den Wunsch haben, in Bononia zu sterben?«

Der Prokurator strahlte. »Ist das alles, was nötig ist?« fragte er. »Natürlich, Fürst Ariantes, natürlich akzeptiere ich Euren Vorschlag. Ich kann Euch gleich morgen früh auf einer schnellen Galeere hinüberschicken.« Er blickte Facilis triumphierend an. »Ich hätte diesen Mann festnehmen sollen, wie? Alle Sarmaten sind unvernünftig, wie?«

Facilis sah verblüfft aus. »Was für ein Spiel treibt Ihr, Ariantes?« fragte er.

»Ich treibe kein Spiel, Flavius Facilis.«

»Raus damit! Ich weiß, Ihr haßt alle Römer. Was für eine Art von Spiel ist das?«

»Ich bin ein Diener des römischen Staates«, erklärte ich ihm. »Ich habe diese Knechtschaft akzeptiert, um meinem Volk die Freiheit zu erkaufen, und ich könnte wohl kaum lange weiterleben, wenn ich alle Römer haßte. Warum sollte ich mein Herz von Haß zerfressen lassen? Mit etwas Glück könnt Ihr in ein paar Tagen nach Pannonien zurückkehren, und ich kann meinen Dienst in Britannien antreten. Ich denke nicht daran, nachts wach zu liegen und mich darüber zu grämen, daß Ihr am Leben seid. Ich beabsichtige vielmehr, Euch vollkommen aus meinem Gedächtnis zu streichen.«

Während des ganzen Marsches von Aquincum bis hierher war sein Gesicht dunkelrot angelaufen, wenn er wütend war. Er hatte geschrien und geflucht und Beleidigungen gebrüllt. Er hatte mit Hohn und Verachtung über Arshaks Haß gegen ihn gesprochen. Ich hätte nie erwartet, daß ihn meine Erklärung, ihn vergessen zu wollen, irgendwie berühren könnte. Aber er wurde blaß, oder eher gelblichgrau, nur ungleichmäßige dunkelrote Flecken zeichneten sich auf seinen Wangen ab. Er starrte mich an, ohne ein Wort zu sagen. Seine Pupillen verengten sich, bis er fast blind aussah. Ich hatte diesen Blick schon früher gesehen, in den Augen von Menschen, die ein übermächtiger Schmerz wahnsinnig gemacht hatte oder die in der Schlacht einem Blutrausch verfallen waren. Facilis' Wutanfälle waren nichts gewesen – dies war ernst. Ich sprang zurück.

»Ihr habt meinen Sohn getötet«, sagte Facilis mit vor Wut erstickter Stimme. »Ihr habt meinen einzigen Sohn getötet, und Ihr wollt mich aus Eurem Gedächtnis streichen?« Er hatte sein Schwert herausgezogen. Ich wagte nicht, mich zu bewegen.

»Zenturio!« rief der Prokurator. »Zenturio! Steckt das Schwert ein.«

Bis zu diesem Augenblick hatte ich keine Vorstellung davon

gehabt, welch ungeheure Macht die römische Disziplin haben konnte. Facilis stand noch einen Augenblick starr da, die Augen mit diesem Blick wahnsinniger Wut auf mich gerichtet – dann fing er an, heftig zu zittern. Sein Kopf ruckte zur Seite, nur mit Mühe brachte er das Schwert in die Scheide zurück. »Stinkender sarmatischer Bastard«, zischte er. »Ihr selbst könnt es gewesen sein, der das getan hat. Jeder von euch könnte es getan haben.«

Er rieb sich mit einer seiner dicken Hände übers Gesicht, und ich sah, daß ihm die Tränen über die Wangen liefen. Grober, grausamer, unglücklicher alter Mann! Ich hatte den verrückten Wunsch, ihn zu trösten. Aber er hatte ja recht: Wenn sein Sohn im Kampf gefallen war, bestand die Möglichkeit, daß ich ihn getötet hatte. Es konnten einige tausend andere gewesen sein, aber vielleicht hatte gerade ich es getan. Wie konnte ich ihn da trösten?

»Das tut mir leid, Facilis«, sagte ich nach kurzem Schweigen. »Auch ich habe Tote zu betrauern.«

»Euch!« rief er angewidert. »Euch tut es leid! – Ihr ekelt mich an. Ihr Bastarde habt diesen Krieg angezettelt.«

Auch das stimmte wohl, jedenfalls zum Teil. Ich wandte mich dem Prokurator zu und sagte: »Edler Herr, ich werde meinen Freunden sagen, daß Ihr mir die Gelegenheit gebt, morgen früh den Ozean zu überqueren.« Ich grüßte und verließ rasch das Zimmer.

Und so brach ich am nächsten Morgen nach Britannien auf.

2

Die Sonne schien wieder, und das Wasser glitzerte in ihrem Licht, als ich zum Kai hinunterging. Vor mir lag die unendliche Weite des Meeres, die Wellen kräuselten sich weiß in der Brise. Ich roch zum erstenmal in meinem Leben das Meer, es war ein salziger, fremdartiger Geruch. Trotz aller kühnen Entschlossenheit hatte ich Angst. Der Prokurator hatte es so eingerichtet, daß ich in seinem Kurierboot mitfahren konnte, einer kleinen Bireme, die Briefe und Botschaften zwischen der Flottenbasis im gallischen Bononia und der an der gegenüberliegenden britannischen Küste liegenden Basis in Dubris transportierte. Es handelte sich um eine schnelle, leichte Galeere mit einem großen Segel und zwei Reihen Ruderbänken mit fünfzig Ruderern. Sie hatte ein flaches Deck, eine dünne Außenhaut und schien nur durch ein paar Stücke Tau zusammengehalten zu werden.

Als ich an Bord ging, spürte ich, wie das Boot unter meinem Gewicht leicht schwankte. Ich war überzeugt, daß dieses schwache, unsolide Ding absinken mußte. Aber Arshak und Gatalas und alle meine Männer beobachteten mich, ich versuchte also, einen möglichst zuversichtlichen Eindruck zu machen, winkte und rief ihnen zu: »Bis morgen!« Dann suchte ich mir einen Platz zum Sitzen. Wegen meiner Beinwunde war ich ziemlich unbeholfen, und als ich mich humpelnd vorwärts bewegte, stieß ich gegen die Ruderbank. Der Kapitän kam herbeigeeilt, führte mich nach achtern, damit ich nicht im Wege war, und wies mir einen Platz neben dem Rudergänger zu. Einer der Matrosen begann auf einer kleinen Trommel den Takt zu schlagen, die Ruder tauchten ein, das Schiff legte vom Pier ab, und wir glitten durch das blaugrüne Wasser des Hafens. Ich hielt mich krampfhaft an der Reling fest, bis mir die Finger weh taten, und betete verzweifelt, das Schiff möge nicht untergehen.

Natürlich ging es nicht unter. Es machte die Reise alle paar Tage, und die Überfahrt war so sehr Routinesache, daß die Matrosen über meine Befürchtungen lächelten. (Ich wurde seekrank, und auch das fanden sie komisch.) Als wir auf offener See waren, machten sie die unteren Ruderluken dicht, damit die Wellen nicht eindringen konnten, setzten das Segel, und die Galeere galoppierte munter in weniger als fünf Stunden über das Meer. Es war erst früher Nachmittag, als ich Britannien auftauchen sah: eine Reihe von Klippen, weiß gegen die blaue See, und dahinter grüne Hügel. Dann erschien die Stadt Dubris mit ihrem Leuchtturm, der die tiefe Hafenbucht überblickte, und den Straßen, die den steilen Hügel hinaufkletterten. Die Matrosen zogen das Segel ein, öffneten die Luken der unteren Ruderbänke, und vorsichtig manövrierend legte die Galeere unter den grellen Schreien der Seemöwen und den Zurufen der Menschen am Pier an.

Ich saß im Heck und schaute staunend umher, auch nachdem das Boot festgemacht hatte. Die Ruderer nahmen ihre Sachen und machten sich auf den Weg zu ihren Baracken auf dem Flottenstützpunkt, die Ruder hatten sie über die Schultern gehängt. Der Kapitän und der Taktschläger holten die beiden Säcke mit der Kurierpost und kamen nach achtern.

»Der edle Valerius Natalis hat Anweisung gegeben, daß Euch seine Residenz für diese Nacht zur Verfügung steht«, sagte der Kapitän. (Es dauerte einen Augenblick, bis ich begriff, daß Valerius Natalis der Name des Prokurators war.) »Wenn Ihr es wünscht, kann ich Euch begleiten und ins Haus führen, damit die Sklaven wissen, wer Ihr seid. Oder wenn Euch das lieber ist, können wir uns heute abend hier treffen, nachdem ich dies abgeliefert habe.« Er hievte den Sack mit der Kurierpost auf seine Schulter.

»Ich werde Euch am Abend hier treffen«, sagte ich. Er war offensichtlich froh, einen Barbarentölpel wie mich loszuwerden, und machte sich mit seinem Begleiter auf den Weg.

Ich blieb noch einige Zeit sitzen. Das Wasser schlug plätschernd gegen den Kai, und das Schiff schaukelte leicht, wie ein Wagen bei Wind. Es war vollkommen ruhig, nicht ein Laut war zu hören, weder von Menschen oder Pferden noch von Wagen oder Waffen. Ich konnte mich nicht erinnern, wann ich das letztemal allein gewesen war.

Schließlich stand ich auf und trat zögernd auf den Landungssteg. Ich konnte seinen Schatten in dem seichten Wasser sehen, in dem ein Schwarm kleiner Fische herumschwamm. Ich humpelte sehr vorsichtig die Planke hinunter, trat auf den Kai – und blieb stehen. Ich hatte meinen Fuß auf den Boden Britanniens gesetzt, ich war auf der Insel, die Gefängnis oder Heimat für uns werden sollte – für eine so folgenschwere Sache schien dieser Vorgang fast zu simpel zu sein. War dies wirklich die unsichtbare Insel jenseits des Endes der Welt, die Insel der Geister?

Einen Augenblick später ging ich den Kai hinunter, verließ den

Flottenstützpunkt, der den Hafen umgab, und wanderte in die Stadt. Es war ein sehr seltsames Gefühl, zu Fuß zu gehen – wir waren gewohnt, auch bei den kleinsten Entfernungen zu reiten –, aber irgendwie kam es mir hier in einer Stadt natürlich und richtig vor.

Schmale Häuser säumten die gepflasterte Straße, die meisten aus Holz und Fachwerk, einige wenige aus Stein. Ein Tavernenschild in der Form eines Schiffes schwang über der Tür eines Hauses; das Erdgeschoß hatte Glasfenster mit Läden aus Weidengeflecht. Ein Mann verkaufte aus Holzfässern Fische vor seinem Laden. Zwei Frauen schwatzten an einem öffentlichen Brunnen, die eine hielt ein Baby auf dem Arm. Ein Mädchen trug einen Eimer Wasser, ganz vorsichtig, um nichts zu verschütten. Ich ging sehr langsam und versuchte, alles in mich aufzunehmen. Der kühle, klare Nachmittag mit seinem hellen Licht schien mir ein gutes Omen für meine erste Begegnung mit dieser neuen Welt zu sein.

Die Straße öffnete sich auf einen Marktplatz, auf dem die Bauern aus der Umgebung ihre Stände aufgeschlagen hatten. Ich ging langsam durch das geschäftige, lärmende Treiben und sah mir alles genau an. Einige der Leute hier, die wohlhabenderen offenbar, trugen römische Kleidung, Tunika und Mantel; die meisten aber waren wohl nach einheimischer Art gekleidet. Die Männer trugen Hosen und Ärmelkittel, die bis zur Mitte des Oberschenkels reichten, die Frauen lange, kittelartige Gewänder und Umschlagtücher. Die Kleidung war überwiegend aus Wolle; auch schien man hier eine Vorliebe für karierte Umhänge zu haben, die auf beiden Schultern festgesteckt wurden. Im Durchschnitt waren die Menschen, so schien es mir, ein bißchen kleiner als die meines Volkes und etwas dunkler, wenige waren blond oder rothaarig; aber überwiegend hatten auch sie blaue Augen. Ihre Gesichter waren ebenfalls von unseren verschieden – runder, weiter auseinanderstehende Augen, nicht so hohe Backenknochen. Die römisch gekleideten Männer trugen kurzes Haar und waren glattrasiert, die einheimischen waren langhaarig und trugen einen Bart, genau wie ich.

Sie sahen mich ebenso neugierig an wie ich sie, und ich konnte spüren, wie sie mir nachblickten und sich klarzuwerden versuchten, woher ich stammte. Ich war natürlich nicht nach römischer Art gekleidet. Ich trug Hosen wie ihre Männer, aber Hemd und Mantel statt ihrer Kittel und Umhänge. Da der Tag warm war, hatte ich den Mantel nur über die Schultern gehängt, so daß die Ärmel lose herabhingen, und ihn an der rechten Schulter festgesteckt. Dazu trug ich einen spitzen Lederhut, wogegen sie alle barhäuptig waren. Ich war offensichtlich ein Fremder, ein Barbar – aber ebenso offensichtlich war ich ein wohlhabender Mann. Mochten meine Kleider auch schmutzig sein, Hemd und Mantel waren aus feinstem Stoff und leuchtend rot gefärbt, mit Perlenstickerei verziert und mit einer goldenen Fibel befestigt, und mein Dolch hatte einen edelsteinbesetzten Griff. Ich war ein Mann, der ihnen Rätsel aufgab. Kein Wunder, daß sie starrten.

Ich blieb stehen, um mir einige Schafe anzusehen, die zwischen drei Hürden eingepfercht waren. Ihre Rasse war mir unbekannt, sie waren leichter gebaut als die Schafe, die wir hielten. Die meisten hatten eine graubraune Färbung, aber einige, die langschwänzig und stämmiger waren, hatten ein weißes Vlies. Bei einem Pferdehändler hielt ich mich länger auf. Seine Pferde waren klein und struppig, mit großem Kopf und dünnem Hals. Sie schienen mir nicht viel zu taugen, doch fiel mir auf, daß sie alle Hufeisen hatten. Bei uns ist es nicht üblich, die Pferde zu beschlagen – in einem Land ohne Straßen ist das nicht nötig –, und bei den römischen Hilfstruppen, die ich kannte, war das ebenso. Ich hatte schon Hufeisen gesehen, aber noch nie Gelegenheit gehabt, sie genauer zu untersuchen. Ich ging zu einem der Pferde hinüber, klopfte ihm beruhigend den Hals und kniete mich hin, um seine Hufe zu inspizieren. Der Händler kam herüber und fragte mich etwas in einer mir unbekannten Sprache.

»Ich verstehe Euch leider nicht«, sagte ich. »Sprecht Ihr Latein?«

»Natürlich, Mann...«, antwortete er, berichtigte sich aber gleich: »Ja, ich spreche Latein, Herr. Habt Ihr Interesse an dem Tier? Es ist ein ausdauernder Arbeiter, zieht ebensogut den Pflug wie den Wagen, erst vier Jahre alt. Ihr könnt es für nur dreißig Denare haben.«

»Wie weit kann es an einem Tag gehen?« fragte ich – die erste Frage, die ein Sarmate stellt, wenn er ein Pferd kauft.

Der Pferdehändler sah mich erstaunt an. »Wirklich, Herr, das weiß ich nicht.«

Ich war wie vor den Kopf geschlagen, ich mußte den Blick abwenden, damit er es nicht bemerkte. Ich tat so, als prüfte ich noch einmal den Huf. So intensiv hatte ich die Einsamkeit, das Verlorensein in einem fremden Land noch nie empfunden. »Wie weit kann es an einem Tag gehen?« – die Frage kam aus einer anderen Welt, einer Welt, in der die Menschen in Wagen lebten und von Weidegrund zu Weidegrund zogen, einer Welt, von der ich für immer abgeschnitten war. Hier lautete die Frage: »Kann es den Pflug gut ziehen?« Und ich würde die Eigenschaften, die diese Frage beantworteten, nicht einmal verstehen.

Ich setzte den Fuß des Pferdes ab, stand auf und gab ihm einen Klaps. »Danke«, sagte ich zu dem Pferdehändler und ging weiter.

Am öffentlichen Brunnen auf der anderen Seite des Marktplatzes trank ich einen Schluck Wasser. Eine dicke Frau, die Äpfel verkaufte, hatte mir einen Becher gegeben. Als ich ihn dankend zurückbrachte, sah ich mir die Äpfel an, die sie in einem Holzfaß hatte. Sie waren klein und rot. »Wieviel kosten sie?« fragte ich.

»Ich würde einen Korbvoll für ein paar Eier verkaufen, Herr«, antwortete die Frau. »Aber ich gebe Euch gern einen Apfel umsonst; ich sehe ja, daß Ihr aus einem fremden Land kommt.« Sie reichte mir einen Apfel. »Seid Ihr über das Meer gekommen, Herr?«

Sie sah mich mit lebhafter Neugier an. Ich biß in den Apfel, er war süß. »Das stimmt«, sagte ich, als ich den Bissen heruntergeschluckt hatte, »und ich habe Gefährten drüben. Könnte ich Eure Äpfel kaufen, Frau? Ich würde gern das Faß voll Äpfel nehmen.«

»Wie, das ganze Faß, meint Ihr?«

»Wenn es Euch recht ist.«

»Tatsächlich, Herr? Das ganze Faß? Dann braucht Ihr wohl außer den Äpfeln auch das Faß. Das würde machen... Laßt mich rechnen... Die Äpfel würde ich Euch für vier Asse lassen, dazu kämen fünf Asse für das Faß.«

Ich hatte eine Anzahl Münzen im Geldbeutel, und ich nahm neun Kupferstücke heraus. Die Frau warf einen Blick darauf und schüttelte den Kopf. »Das sind Sesterze, Herr«, sagte sie.

»Hm, und wie viele von denen machen einen As aus?« fragte ich.

Sie sah mich erstaunt an, dann kicherte sie. »Aber Herr!« rief sie. »Auf einen Sesterz gehen zweieinhalb Asse. Aus welchem fernen Land kommt Ihr, daß Euch römisches Geld unbekannt ist?«

Ich schwieg. Das Geld stammte von Stoßtruppunternehmen, und ich hatte es aufbewahrt für den Fall, daß ich einmal Gelegenheit haben könnte, etwas von Römern zu erwerben. Mein eigenes Volk benutzt es nicht. Jetzt würde ich also lernen müssen, was die Dinge in Geld wert sind. Wenigstens hatte die Apfelverkäuferin nicht versucht, mich übers Ohr zu hauen. Ich gab ihr fünf von den Sesterzen.

»Nur vier, Herr, nur vier, und Ihr bekommt noch einen As heraus«, sagte sie lachend und wollte mir einen zurückgeben.

Ich schüttelte den Kopf. »Der fünfte ist zum Dank für Eure Ehrlichkeit.«

»Ihr seid sehr freundlich, Herr«, sagte sie strahlend. »Schickt Ihr einen Wagen, um die Äpfel abzuholen? Oder soll mein Mann sie Euch bringen, wenn er heute abend heimkommt?«

Ich zögerte. Sollte ich die Äpfel zum Haus des Prokurators schicken lassen oder zum Schiff?

Ein plötzlicher Tumult, der von der Straße herunterkam, lenkte mich von meinen Überlegungen ab. Ich schaute auf und sah einen Schimmelhengst auf den Marktplatz traben. Dies war ein völlig anderes Pferd als die traurigen Klepper, die ich vorhin gesehen hatte. Es war einige Handbreit höher, mit geradem Rücken und gewölbter Brust, und bewegte sich fast tänzelnd. Es war ein edles Pferd. Ich hatte selbst edlere, sogar in Bononia, aber vielleicht hätte ich früher mit dem Besitzer verhandelt, um es zu kaufen – in den Tagen, als ich in meinem eigenen Land lebte und Herden besaß. Mir gefielen seine Hinterhand und die Linie seines Halses. Nach dem Geschirr zu urteilen, das es trug, war es vor einen

Wagen gespannt gewesen, doch die Zügel fehlten, und aus den Rufen der Leute war zu schließen, daß es sich losgerissen hatte und herrenlos herumtrabte. Ein junger Mann in vornehmer römischer Kleidung kam hinter ihm her auf den Markt gelaufen und blieb stehen. »Oh, *Deae Matres*!« stöhnte er, als er den Hengst über das Pflaster davontraben sah. »Fünfzehn Denare für den, der dieses Pferd einfangen kann!« rief er.

Ich hätte so etwas nie für möglich gehalten: Der ganze Marktplatz voller Leute, und nicht einer, der wußte, wie man ein Pferd einfängt. Sie liefen mit flatternden Umhängen auf den Hengst los – und natürlich scheute er. Sie rannten hinterher – und er schnaubte und legte die Ohren zurück. Sie riefen sich gegenseitig Ratschläge zu, versuchten, seine Mähne zu packen, ihn wie ein Schaf in eine Ecke zu drängen – und er schlug aus. Die wenigen Männer, die wie der Pferdehändler etwas Ahnung davon hatten, wie man den Hengst beruhigen konnte, waren in der Menge gefangen, die das arme Tier in Panik trieb. Nach wenigen Minuten hatte sich der Hengst in blinde Raserei gesteigert, er bäumte sich auf und schlug wild gegen alles aus, was in seine Nähe kam.

»Habt Ihr ein Seil?« fragte ich meine Äpfelverkäuferin, die das aufregende Schauspiel mit Entsetzen und Entzücken zugleich betrachtete.

Sie hatte ein Seil, und sie gab es mir eifrig. Ich ging auf den Hengst zu und knüpfte dabei ein Lasso aus dem Seil. Er bockte jetzt und schlug wie rasend Funken aus den Pflastersteinen, während der junge Mann die Hände rang.

Ich blieb etwa fünfzehn Schritt von dem Hengst entfernt stehen und begann das Lasso zu schwingen. Die Zuschauer liefen jetzt ängstlich zurück, und es dauerte nicht lange, bis ich eine freie Wurfbahn hatte. Ich schleuderte das Lasso um den Hals des Hengstes; als er wegsprang, ließ ich mich ein paar Schritte mitziehen, dann zog ich die Schlinge fester und begann ruhig zu ihm zu sprechen. Das Pferd stoppte und stand zitternd still, die Ohren zurückgelegt. Ich ging ganz langsam vorwärts, immer beruhigend zu ihm sprechend, bis ich nahe genug war, um es zu berühren. Die

Ohren schnellten nervös nach vorn, als meine Hand über den schweißnassen Hals strich.

Da stieß ein großer, rotgesichtiger Mann einen gellenden Schrei aus und stürzte von der anderen Seite auf den Hengst zu. »Ich hab' ihn!« rief er. Und natürlich versuchte das Pferd durchzugehen – über mich weg. Ich wurde auf das Pflaster geworfen, und das Pferd trat mich – zu allem Unglück genau auf mein verletztes Bein. Der plötzliche Schmerz fuhr wie ein Blitz durch meinen Körper, und ich schrie auf. Aus Instinkt und lebenslanger Erfahrung blieb ich still liegen und ließ das Seil los – man hält ein scheuendes Pferd nicht fest, wenn es über einem steht –, das Tier rannte davon. Der Mann mit dem roten Gesicht bekam das Seil zu fassen, und dann packten ein Dutzend Hände das Pferd und führten es weg.

»Ich hab' ihn eingefangen!« schrie der Rotgesichtige erneut.

»Nichts hast du!« widersprach meine Äpfelverkäuferin heftig. »Der fremde Herr hat ihn eingefangen, wir alle haben es gesehen, und als du deine gierige Hand dazwischengedrängt hast, wäre er fast wieder fortgerannt. – Seid Ihr in Ordnung, Herr?«

Ich lag auf dem Boden und hielt mein Bein krampfhaft umfaßt. Die Äpfelverkäuferin beugte sich über mich und versuchte, mir hochzuhelfen, aber die Bewegung verdrehte das Bein, und ich stöhnte vor Schmerz. Der vornehm gekleidete junge Mann kniete sich neben mich. Ich bemerkte zum erstenmal den schmalen Purpurstreifen auf seiner Tunika. »*Deae Matres!*« rief er erneut aus: »Ich hoffe, Ihr seid nicht verletzt. Ihr habt mir praktisch das Leben gerettet, weil Ihr das Tier eingefangen habt. Hat Euch ein Huf getroffen?«

Ich biß die Zähne zusammen und schaffte es, mich aufzusetzen. »Das nächste Mal könnt Ihr Euer Pferd selbst einfangen«, knurrte ich.

»Es ist nicht mein Pferd, es gehört der Frau meines Kommandeurs. Wenn es verletzt worden wäre, während es in meiner Obhut war« – er pfiff vielsagend –, »dann hätte ich besser gleich meinen Abschied von der Armee genommen. Priscus würde es mir nie vergeben haben. Bei Maponus! Das Bein blutet ja.«

Ich sah hin. An meinen Händen war Blut. Eine Narbe mußte wieder aufgerissen sein. Ich stieß den Atem zischend aus.

Die Äpfelverkäuferin beschimpfte den rotgesichtigen Mann. Der schrie zurück. Ich wollte weg. Ich versuchte, auf die Füße zu kommen, aber als mein Gewicht auf das verletzte Bein drückte, schoß ein so glühender Schmerz hindurch, daß ich mich wieder setzen mußte.

»Legt Euch zurück, legt Euch zurück«, sagte der junge Mann. »Laßt mich das Bein ansehen...« Er begann das Hosenbein hochzuziehen.

»Nein«, sagte ich, »das Pferd hat auf eine alte Wunde getreten. Laßt es.«

Er hörte nicht auf mich. »Ich kenne mich ein bißchen in Feldchirurgie aus«, erklärte er. »Mein Name ist Comittus, Lucius Javolenus Comittus, Tribun in der Sechsten Legion... Hercules!«

Er hatte das Hosenbein über mein Knie hochgeschoben und die Narben gesehen. Es waren drei, eine über der anderen, und da sie erst aus diesem Sommer stammten, waren sie noch rot. Zu meiner Erleichterung sah ich, daß es die oberste war, die blutete, direkt über dem Knie. Der Schmerz war so heftig gewesen, daß ich ihn gar nicht hätte lokalisieren können. Zum Glück war die oberste Wunde die leichteste von den dreien. Es war der niedrigste Hieb gewesen, der mir das Schienbein gebrochen hatte.

»Lucius Javolenus!« rief die Stimme einer Frau hinter uns. Comittus schaute sich rasch um, und ich folgte seinem Blick.

Ich vermutete, daß sie die Frau seines Legionskommandeurs war. Jedenfalls handelte es sich um eine Dame von Rang. Ihr blondes Haar war zu einem kunstvollen Lockengebilde frisiert, was die Dienste einer geschickten Sklavin verlangte; der Mantel, den sie sittsam vorn zusammenhielt, war aus kostbarem Material, in einem kräftigen Blau gefärbt und mit Blumenmustern eingefaßt. Und sie war jung und schön. Die runden Augen zeigten ein klares, tiefes Blau, eine Intensität der Farbe, die ich bei Römern noch nie gesehen hatte, die allerdings bei meinem eigenen Volk nicht ungewöhnlich ist. Arshaks Augen haben einen fast gleichen Farbton. Diese Augen, die mit unpersönlicher Neugier in meine Augen starrten, irritierten mich. Schlimm genug, sich in einer so lächerlichen Situation zu befinden; sich darin auch noch einer schönen Frau präsentieren zu müssen, war noch schlimmer.

»Aurelia Bodica«, rief Comittus, »dieser Mann hat Euer Pferd eingefangen, aber es hat ihn dabei gegen eine alte Wunde getreten. Glaubt Ihr, wir könnten Diophantes finden? Er braucht einen Arzt.«

Der Blick der blauen Augen wurde schärfer. Aurelia Bodica ignorierte Comittus' Frage und starrte auf die Narben. »Sieht aus, als hätte jemand versucht, Euer Bein mit einer Axt abzuhacken«, sagte sie in nüchtern diagnostizierendem Ton.

»Mit einem dakischen Langschwert«, korrigierte ich.

Und plötzlich überkam mich die Erinnerung mit entsetzlicher Klarheit: mein Pferd, das im Schlamm stürzt, und der brüllende Daker, der, während ich mich freirolle, auf mich zurennt, sein zweihändiges Schwert hoch über dem Kopf haltend. Ein verzerrtes weißes Gesicht, die eine Seite blutbedeckt, die langen, spitzen Hundezähne entblößt. Ich versuche wegzurobben, und das Schwert kommt herunter. Ich schreie, werfe mich herum, versuche aufzuspringen, und das Schwert kommt herunter. Ich rolle mich wieder auf den Rücken, versuche mein eigenes Schwert hochzubringen, und das Schwert kommt herunter. Dann schaffe ich es irgendwie, aus dem Sitz sein Schwert mit meinem zu treffen, und schlage es ihm aus der Hand. Schließlich trifft mich noch ein Schlag in den Rücken, und ich werde nach vorn auf mein Gesicht geworfen. Meine letzte klare Erinnerung ist, daß ich im Schlamm liege, mit Blut überströmt, zu kalt, um Schmerz zu empfinden, und beobachte, wie das Mondlicht den bronzenen Augenschutz meines vor mir liegenden Streitrosses silbern färbt.

Ich schob Comittus' Hand von meinem Bein weg. »Ich brauche keinen Arzt«, sagte ich. »Es schmerzt, aber es ist nichts Ernstes.«

Die Äpfelverkäuferin reichte mir ein stark abgenutztes, aber sauberes Leinentuch. »Ihr könnt das als Verband nehmen, Herr, und ich werde Euch ein schönes Stück rohes Fleisch holen, das Ihr auf die schlimme Stelle legt. Es gibt nichts Besseres in einem solchen Fall.«

»Danke für den Verband«, sagte ich und band das Tuch um mein Bein. »Das Fleisch brauche ich nicht.« Ich zog das Hosenbein herunter, brachte das andere Bein unter mich und stand vorsichtig auf. Das ganze Volk auf dem Marktplatz war jetzt um mich versammelt und sah mir zu. Der Hengst war links von mir an einem Pfosten angebunden. Ich kam mir vor wie ein Idiot.

»Möchtet Ihr die fünfzehn Denare haben, die ich für das Einfangen des Pferdes versprochen habe?« fragte Comittus.

»Ich fange keine Pferde für Geld ein«, sagte ich, während ich meinen Mantel zurechtzog und mich nach meinem Hut umsah.

»Ich habe das auch nicht angenommen«, sagte Comittus grinsend, »aber ich dachte, ich sollte es anbieten. Kann ich Euch auf einen Becher Wein einladen? Oder würdet Ihr mit mir zu Abend essen? Ihr habt mir praktisch das Leben gerettet.«

Ich entdeckte meinen Hut unter dem Fuß des rotgesichtigen Mannes und humpelte mühsam hinüber. »Mein Hut«, sagte ich zu ihm und sah betont hin. Er nahm sofort den Fuß weg, hob den Hut auf und versuchte, ihn abzustauben. Ich nahm ihn dem Kerl aus der Hand und rieb ihn an seinem Umhang sauber. Er knurrte wütend, wagte es aber nicht, zu protestieren.

»Wir sind auf dem Flottenstützpunkt einquartiert«, sagte Comittus zu mir. »Ich habe Aurelia Bodica zum Tempel der Minerva begleitet, der etwas außerhalb der Stadt liegt, und wir hatten eine kurze Pause eingelegt, weil sie noch etwas einkaufen wollte, als das Pferd sich irgendwie losriß. In meinem Quartier auf dem Stützpunkt habe ich leider nicht viel Platz, aber es gibt nicht weit davon eine gute Taverne...«

»Vielen Dank, nein«, sagte ich. Ich wandte mich an die Äpfelverkäuferin. »Laßt die Äpfel zum Haus des Valerius Natalis auf dem Flottenstützpunkt bringen. Laßt dort sagen, daß Ariantes sie gekauft hat und daß sie morgen mit dem Boot nach Bononia gebracht werden sollen.«

»Ihr seid Sarmate, nicht wahr?« fragte Aurelia Bodica plötzlich.

Ich drehte mich zu ihr um, und meine Augen begegneten kurz ihrem Blick. »Ja«, antwortete ich.

Einen Augenblick lang war ich versucht, mich vorzustellen: Ariantes, Sohn des Arifarnes, Zepterträger und Azatan der sarmatischen Jazygen, Fürst-Kommandeur des Sechsten Drachen; aber welchen Sinn hätte das schon? Die Titel würden ihr nichts sagen, und ich war jetzt kein Zepterträger oder Fürst: Ich war Kommandeur einer Abteilung berittener römischer Hilfstruppen.

»Tatsächlich?« rief Comittus erfreut. »Dann sind wir Kameraden! Wir sind von Eburacum nach Dubris gekommen, um euch in Empfang zu nehmen.«

»Wie meint Ihr das?« fragte ich, ihn verblüfft ansehend.

»Mein Kommandeur, Julius Priscus, ist Legat der Sechsten Legion Victrix in Eburacum und Oberbefehlshaber aller Streitkräfte im Norden der Provinz. Wir erhielten den Bescheid, daß drei Abteilungen sarmatische schwere Reiterei, die zum Einsatz in Nordbritannien vorgesehen sind, auf dem Marsch von Aquincum nach Bononia sind und bald erwartet werden. Wir sollen sie nach der Überfahrt in Dubris treffen. Ich werde den Befehl über eine der Abteilungen übernehmen.«

»Ihr?« fragte ich verwirrt und ungläubig. »Ihr werdet – sagtet Ihr, den Befehl übernehmen?«

»Nun ja... als Präfekt der Abteilung, der *ala*, wie sie in der Auxiliarreiterei genannt wird. Die Abteilungen werden ihre eigenen Offiziere behalten – ich nehme an, Ihr seid einer von ihnen –, aber als Präfekten werden römische Offiziere eingesetzt, da die Sarmaten... das heißt, ich habe gehört, sie wären mit den römischen Methoden nicht sehr vertraut.«

Ich starrte ihn entgeistert an. Meine Phantasie gaukelte mir plötzlich ein Bild vor, von einer Wildheit, wie ich sie seit Monaten nicht empfunden hatte: Comittus auf dem Pflaster vor mir liegend, meinen Speer in der Brust, und die Schneide meines Dolches läuft über seine Stirn, um den Kopf herum, und hebt den lockigen braunen Skalp vom blutigen Schädel. Wie konnte irgendein Römer, von diesem jungen Stutzer ganz abgesehen, meine Männer kommandieren – meine Schutzbefohlenen, meine Gefolgsleute? Und wenn die Römer die Absicht hatten, Offiziere aus ihren Reihen als Präfekten einzusetzen, was gedachten sie mit Arshak, Gatalas und mir zu tun? Stellvertretung des Präfekten, gemeinsames Kommando, oder was?

Selbst ein gemeinsames Kommando mußte in einer Katastrophe enden. Hier war ich, entschlossen, meinen Gefolgsleuten Sicherheit zu geben, indem ich Frieden mit unseren römischen Herren zu halten versuchte – und ich brannte darauf, den ersten römischen »Kameraden«, dem ich begegnete, zu skalpieren. Was würden meine Offiziere tun? Oder meine fürstlichen Freunde? Ich dachte an Arshak und seinen mit römischen Skalpen dekorierten Mantel. Dieser Comittus kam mir vor wie ein munterer, verspielter junger Hund. Angehörige des Ritterstandes beginnen ihre Karriere oft als Militärtribun im Stab einer Legion. Es wird von ihnen keinerlei militärische Erfahrung verlangt, und ich bezweifelte, daß Comittus je eine entsprechende Ausbildung erhalten hatte. Er würde mit Arshak ungefähr so gut zurechtkommen wie der rotgesichtige Mann mit dem Schimmelhengst, und das Ergebnis konnte nur eine Katastrophe sein. Irgend jemand in Britannien hatte sich da schlimm verkalkuliert: Vielleicht dachten sie, wie der Prokurator Valerius Natalis, wir wären unterworfene Barbaren.

Ich bemerkte, daß meine Hand auf dem Griff meines Dolches lag, und versuchte, die Vorstellung von Blut und Skalpen zu verjagen. »Vielleicht sollten wir doch besser zusammen zu Abend essen«, sagte ich ruhig. »Und vielleicht könnte ich auch mit dem Legaten Eurer Legion sprechen. Was Ihr da gesagt habt...« Ich schüttelte den Kopf. »Javolenus Comittus, wenn Ihr das zu Arshak gesagt hättet, dieses ›Ich werde den Befehl übernehmen‹ – glaubt mir, er würde Euch umgebracht haben.«

Comittus sah verwirrt aus. Die Frau, Aurelia Bodica, lächelte. »Ist dieser... Arsacus... Euer Kommandeur?« fragte sie.

»Er ist wie ich Fürst-Kommandeur einer unserer drei Abteilungen, edle Dame«, antwortete ich. »Aber er steht dem Rang nach über mir, da er dem königlichen Klan angehört.«

»Ist er auch hier in Dubris? Wir haben nicht gehört, daß Eure Truppen überhaupt schon in Bononia eingetroffen sind.«

»Wir sind gestern nachmittag in Bononia eingetroffen, edle Dame. Die anderen sind noch dort. Ich bin allein heute morgen herübergekommen. Die anderen werden folgen, wenn ich ihnen berichtet habe, daß alles in Ordnung ist.«

»Ich verstehe.« Sie lächelte. Es war ein sehr hübsches Lächeln. »Ich hatte gedacht, wir könnten alle heute abend zusammen essen, sarmatische und römische Offiziere. Und Ihr könntet uns bei dieser Gelegenheit erklären, wie wir Eure Truppen behandeln sollten. Statt dessen werdet Ihr wohl der einzige sarmatische Offizier gegenüber vier römischen Offizieren sein... Wie, sagtet Ihr, war Euer Name?«

»Ariantes.«

»*Fürst* Ariantes? Leider kann ich Euch nicht zu einem Festmahl einladen, da mein Gemahl und ich ebenfalls in Natalis' Haus zu Gast sind. Aber ich hoffe, Ihr werdet uns die Ehre geben, das Abendessen mit uns zu teilen, zu dem ich auch die Tribune einladen werde – Lucius Javolenus, Ihr seid hiermit eingeladen –, und Ihr könnt uns alles über die Sitten und Gebräuche Eures Volkes erzählen und wie wir es vermeiden können, Euch zu beleidigen.«

Ich dankte ihr und nahm die Einladung an. Comittus bedankte sich ebenfalls. Sie lächelte wieder und sagte, sie müsse jetzt eiligst nach Hause zurückkehren, um die Vorbereitungen für das Abendessen zu treffen, wünschte mir baldige Heilung meiner Verletzung und entfernte sich die Straße hinauf. Comittus band das Pferd los und folgte ihr.

Mein Bein schmerzte noch sehr, und ich konnte unmöglich eine längere Strecke zu Fuß gehen. Ich humpelte zum Brunnen zurück und setzte mich auf die Randmauer. Die Menge der Neugierigen war es schließlich leid geworden, mich anzugaffen, und zog sich zu den Marktständen zurück, um für diesen Tag zusammenzupacken; auch die Äpfelverkäuferin verabschiedete sich. Vermutlich, dachte ich, war Bodicas Ahnung, daß ich Sarmate war, nicht besonders überraschend; sie wußte ja, daß wir erwartet wurden, und ich hatte

Bononia erwähnt. Doch ich hatte das Gefühl gehabt, daß irgend etwas Seltsames in ihrem Blick und ihrem Lächeln lag, als ich davon sprach, daß Arshak den Tribun für dessen Äußerung umgebracht hätte. Es beunruhigte mich. Ich fragte mich, welchen Einfluß und welche Autorität sie hatte. Es war eigenartig, daß Comittus sie mit ihrem eigenen Namen – als Aurelia Bodica – angesprochen hatte. Eigentlich hätte sie Aurelia Julii genannt werden müssen, nach ihrem Ehemann. War es wirklich für ihre Umgebung so klar, daß sie nicht Julius' Aurelia war, sondern eine unabhängige Aurelia Bodica? Und für eine Frau von ihrem Rang war auch der Name Aurelia irgendwie merkwürdig. Viele Leute behalten, wenn sie das römische Bürgerrecht erwerben und sich römische Vornamen zulegen, ihren eigenen Namen als Beinamen und nehmen den Familiennamen des Römers an, von dem sie das Bürgerrecht erhalten haben; oft ist das der Kaiser. In diesem Fall war »Aurelius« vermutlich der Kaiser Marcus Aurelius, den ich in Aquincum getroffen hatte, oder hatte es einen Vorgänger mit diesem Namen gegeben? Das würde bedeuten, daß das Bürgerrecht der Familie Bodicas erst aus jüngster Zeit stammte, aber ihr Auftreten sprach dagegen.

Auch ohne dieses Rätsel, das mich verwirrte, schwindelte mir bei dem Gedanken, wie ich den vier römischen Offizieren bei einem Abendessen die Sitten und Gebräuche der Sarmaten und die Beziehungen zwischen den Fürst-Kommandeuren und ihren aristokratischen Gefolgsleuten erklären sollte. Wenn ich sie nicht überreden konnte, ihre Pläne zu ändern, dann würde es eine Meuterei in Britannien geben. Vielleicht würde ich sie sogar selbst anführen. Ich konnte nicht das Kommando über meine eigenen Männer irgendeinem unwissenden und unerfahrenen jungen Römer abtreten.

Der Schimmelhengst trabte wieder die Straße hinunter und über den Marktplatz; diesmal zog er einen nicht sehr stabil aussehenden kleinen Wagen aus bemaltem Holz und Leder, den Bodica selbst lenkte, und Comittus ritt auf einem glänzendschwarzen Hengst mit etwas zu flachen Sprunggelenken hinterher. Bodica bemerkte mich und winkte im Vorbeifahren, Comittus wendete sein Pferd und kam zu mir herüber.

»Ist Euer Bein wirklich in Ordnung?« fragte er. »Sonst würde ich vorschlagen, daß Ihr ›Donner‹ zum Stützpunkt reitet. Ich glaube, es ist auf jeden Fall besser. Hier, ich werde zu Fuß gehen.« Er saß ab und reichte mir die Zügel.

Ich sah ihn einen Augenblick unentschlossen an. Es widerstrebte mir, etwas zu borgen. Aber es war ziemlich sicher, daß ich diese Entfernung nicht zu Fuß zurücklegen konnte, ohne das verletzte Bein zu überanstrengen, und ich hatte schon so genügend Scherereien damit. (Reiten ist keine Anstrengung. Ich habe oft beim Reiten geschlafen.) »Danke«, sagte ich und nahm die Zügel.

»Ich helfe Euch hinauf...«, sagte er, aber da war ich schon im Sattel. Ich kontrollierte, wie das Pferd trainiert war, dachte daran, nach der römischen Methode die Knie zu benutzen statt, wie ich es bei meinen Pferden gewohnt war, die Fersen. Comittus sah aus, als hätte er vorgehabt, mir Instruktionen über das Pferd zu geben, es sich aber anders überlegt. »Hm«, räusperte er sich. »Wenn Ihr ihn zu Natalis' Haus reiten wollt, dann gebt ihn dort einfach einer der Ordonnanzen und sagt, daß ich im nördlichen Barackenblock bin. Sie werden mir das Pferd zurückbringen.«

Ich sah ihn etwas ratlos an. Es war eine freundliche Geste gewesen, mir sein Pferd zu leihen. »Ich weiß nicht, wo Natalis' Haus ist«, gestand ich. »Ich bin noch nicht dort gewesen. Wenn es Euch nichts ausmacht, Javolenus Comittus, würdet Ihr vielleicht mit mir kommen und mir den Weg zeigen?«

Sein Gesicht leuchtete auf, und er stimmte sofort zu.

»Was habt Ihr damit gemeint, Arshak würde mich umbringen, weil ich sagte, daß ich den Befehl über eine Eurer Abteilungen übernehme?« fragte er, als wir aufgebrochen waren.

»War das nicht klar?«

»Doch, aber... Was ist daran falsch, das zu sagen?«

»Arshaks Abteilung besteht aus Arshaks Männern. Er ist...« Ich suchte nach einer römischen Parallele. »Er ist ihr Patron, sie sind seine Klienten. Ihre Familien waren Klienten seines Vaters, und davor des Vaters seines Vaters. Ihr seid Römer – bis zu diesem Sommer ein Feind. Was würden Eure Klienten empfinden, wenn die Dinge umgekehrt lägen? Wenn sie in die Ebenen jenseits des Danuvius hinausgeführt würden, in das Land der Sarmaten, und man würde ihnen dann sagen, daß Ihr nicht länger ihr Patron wäret, daß sie von nun an einem sarmatischen Fürsten gehorchen müßten, der nichts von ihren Sitten und Gebräuchen weiß und nicht einmal ihre Sprache spricht? Würden sie sich nicht weigern? Und Arshak ist der Neffe eines Königs und wird nicht einverstanden sein, daß ein römischer Tribun sich in seine Angelegenheiten einmischt. Er ist kein geduldiger Mann.«

»Oh. Unter diesem Aspekt hatte ich die Sache noch gar nicht betrachtet.« Nach einer Weile fragte er nachdenklich: »Was sollen wir also tun?«

»Könntet Ihr Euch nicht als Berater bezeichnen? Oder als Vermittler? Oder vielleicht als ... Verbindungsoffizier, der für den Legaten spricht, aber das Kommando uns überläßt?«

»Das könnte ich! Das ist alles, was ich sein werde, wirklich.« Sein Gesicht hellte sich wieder auf. »Das ist also in Ordnung? Allerdings hoffe ich, daß ich nicht dazu bestimmt werde, mit diesem, hm, Arshak ... als Verbindungsoffizier zusammenzuarbeiten. Wenn es drei Abteilungen von Euch gibt und er kommandiert eine, Ihr die zweite, wer kommandiert die dritte?«

»Gatalas. Ich weiß nicht, ob es einfacher für Euch sein würde, mit ihm zusammenzuarbeiten als mit Arshak, Javolenus Comittus.«

»Nennt mich Lucius. – Wenn ich also Glück habe, werde ich Euer Verbindungsoffizier.«

»Wenn Ihr es unter diesem Blickwinkel sehen wollt.«

»Das tue ich«, erklärte er grinsend.

Er hatte zweifellos recht damit, mich Arshak oder Gatalas vorzuziehen. »Wie weit ist es bis Eburacum?« fragte ich.

Es machte ihm offensichtlich Spaß, von Eburacum und von seiner Reise hierher zu erzählen, und ich konnte den Rest des Weges über schweigend meinen Gedanken nachhängen.

Natalis' Haus auf dem Flottenstützpunkt Dubris war noch größer und prunkvoller als das auf dem Stützpunkt Bononia. Ich ließ mich zu Boden gleiten, dankte meinem Begleiter und wünschte ihm eine gute Zeit – allerdings vermied ich die Anrede Lucius, ich nannte ihn Lucius Javolenus. Es war mir einfach unmöglich, seinen Vornamen allein zu gebrauchen – das Bild seines an meinem Zügel hängenden Skalps stand mir noch zu lebendig vor Augen. Als er fortgeritten war, ging ich hinein und fragte nach dem Hausverwalter.

Die Kurierpost des Bootes, mit dem ich gekommen war, hatte einen Brief an den Hausverwalter gebracht, so daß ich schon erwartet worden war, bevor Bodica erschien, um die Abendgesellschaft für mich zu arrangieren. Die Sklaven waren höflich, trotz meines ungepflegten Aussehens und des Pferdegeruchs, der an meinen Kleidern haftete. Ich gab Anweisungen wegen der Äpfel und bat, jemanden zum Schiff zu schicken, um den Kapitän zu verständigen, daß er nicht auf mich zu warten brauchte. Dann führte mich der Hausverwalter die Treppen hinauf in einen Schlafraum, der auf den Hof hinausging; er sagte, der edle Julius Priscus und seine Gemahlin erwarteten mich in einer Stunde, so daß mir genügend Zeit bliebe, mich frisch zu machen, und ob ich vielleicht ein Bad nehmen möchte.

Ich hatte das dringende Bedürfnis, mich zu säubern, zumal ich mit diesen vornehmen Römern speisen würde, aber die römische Sitte, mit dem ganzen Körper in heißes Wasser einzutauchen, war mir nicht geheuer. Ich fragte nach einem Dampfbad, doch der Hausverwalter erklärte, daß nur die öffentlichen Bäder außerhalb des Stützpunkts darauf eingerichtet seien. Ich mußte mich also damit begnügen, so gut es ging mich mit Öl einzureiben und anschließend Öl und Schmutz mit einem Schaber abzustreifen. Mit der Kleidung war überhaupt nichts zu machen; nach dem langen Marsch hatte ich in Bononia keine sauberen Sachen zum Wechseln mehr gehabt. Ich kämmte mir das Haar, ohne in den Spiegel auf dem Tisch zu sehen.

Es blieb noch reichlich Zeit bis zum Abendessen. Ich sah mich im Zimmer um. Es schien mir sehr groß zu sein – ich hatte noch nie zuvor in einem Haus geschlafen. Die Wände waren verputzt und bemalt, aber der Fußboden war wenigstens nicht aus Stein und hatte einen Teppich. Man hatte nicht ganz so das Gefühl, in einem Grab zu sein, wie es in einem Zimmer im Erdgeschoß der Fall gewesen wäre. Ich nahm die Matratze vom Bett und legte sie in die Nähe des Fensters, drapierte einen Vorhang so, daß er einen Teil des höhlenartigen Raums abtrennte, und hoffte, dieser würde nicht zu kraß von der gewohnten Umgebung eines Wagens abstechen, damit ich etwas Schlaf fände. Dann setzte ich mich auf die Matratze und legte den Kopf auf die Knie. Ich stellte mir vor, wie meine Männer auf die Ankündigung, sie sollten dem Kommando eines Römers unterstellt werden, reagieren würden. Sie würden mit Sicherheit meutern. Und was würden die Römer dann mit ihnen machen? Ich betete zu Marha, dem Gott, den wir mehr als alle anderen Gottheiten verehren, er möge die Ohren des römischen Legaten meinen Worten öffnen und ihn seine Pläne ändern lassen. Der Hausverwalter klopfte zur vereinbarten Zeit an der Tür, und ich humpelte besorgt die Treppen hinunter zum Speiseraum.

Aurelia Bodica lag mit ihrem Gemahl, dem Legaten Priscus, auf einer der drei Klinen, die in Hufeisenform um die Tafel angeordnet waren, das Kerzenlicht warf einen warmen Schimmer auf ihr kunstvoll frisiertes Haar. Priscus war beträchtlich älter als sie, ein untersetzter, stämmiger Mann Ende Vierzig mit dunkelbraunem Haar. (Ich fand später heraus, daß sein voller Name Tiberius Claudius Decianus Murena Aufidius Julius Priscus war. Vornehme Römer sammeln Namen wie wir Sarmaten Skalpe.) Niemand von der Tischgesellschaft stand auf, um mich zu begrüßen. Priscus und die beiden Tribune, die ich noch nicht getroffen hatte, sahen mich an, wie es der Prokurator Natalis bei unserer ersten Begegnung getan hatte – als wäre ich ein gefährliches Raubtier, und die Frau des älteren Tribuns, die neben ihrem Mann lag, zuckte zusammen, als ich hereinkam; sie schien solche Angst vor mir zu haben, daß sie mich nicht einmal anzusehen wagte. Comittus lächelte mir äußerst verlegen zu und wandte gleich nervös den Blick ab.

»Ihr seid also Ariantes«, sagte der Legat in barschem Ton, mich von oben bis unten musternd.

»Seid gegrüßt, edler Julius Priscus«, antwortete ich ruhig, obwohl mir fast übel vor Aufregung war. »Meinen Gruß Euch allen.«

Priscus brummte etwas Unverständliches und nickte dem Hausverwalter zu, mit dem Einschenken des Weins zu beginnen. Der Legat und Aurelia Bodica lagen an der Kopfseite der Tafel, der verheiratete Tribun und seine Frau an der rechten und die beiden jüngeren Tribune an der linken Seite. Ich sah nirgendwo einen freien Platz und blieb daher stehen. Als der Hausverwalter mir meinen Becher reichte, trank ich wie die anderen einen Schluck Wein. Beunruhigt fragte ich mich, was wohl der Grund für diese verletzend unhöfliche Behandlung war, aber dann bemerkte ich einen Brief, der vor dem Legaten auf dem Tisch lag. Vermutlich stammte er von Facilis und war vorgelesen worden, bevor ich herunterkam; ich brauchte mich über den feindseligen Empfang nicht zu wundern.

»Stimmt es«, knurrte Priscus, »daß Ihr Lucius Comittus gesagt habt, er solle sich als Verbindungsoffizier zu Euren Truppen bezeichnen, nicht als Präfekt?«

»Ja«, bestätigte ich. Ich wiederholte kurz meine Erklärung, warum ich das für notwendig hielt. Comittus lächelte mir wieder nervös zu, dann raffte er seinen ganzen Mut zusammen und rückte weiter zur Mitte hinüber, um mir Platz zu machen. Ich war froh, mich setzen zu können. Mein Bein schmerzte stark.

»Und Ihr droht, uns Ärger zu machen, wenn wir nicht darauf eingehen?« fragte Priscus, als ich meine Erklärung beendet hatte. »Ihr habt Lucius gesagt, daß Euer Freund Arsacus ihn umbringen würde, wenn er sich als Kommandeur bezeichnet?«

»Nein, edler Legat«, erwiderte ich, »ich drohte nicht, ich warne lediglich vor unüberlegten Maßnahmen. Ich hätte diese Bemerkung über Arshak nicht machen sollen, ich kann nicht mit Bestimmtheit sagen, was er tun würde oder was nicht – aber ich weiß, daß unsere Männer rebellieren würden. Sie sind ohnehin schon aufgebracht nach den vielen ärgerlichen Vorkommnissen auf dem langen Marsch. Und sie haben Angst. Für sie ist der Ozean das Ende der Welt. Ich bin hier, weil sie nicht glauben, daß irgend etwas jenseits des Ozeans existiert, und weil sie ein Komplott der Römer befürchten, uns im Meer zu ertränken. Einem fremden Kommandeur gehorchen zu müssen, würden sie als schmachvolle Beleidigung ansehen. Ich wünsche ebensowenig wie Ihr, Probleme zu bekommen. Es ist mein eigenes Volk, das darunter am meisten leiden würde.«

»Wir haben über Euer eigenes Volk einiges gehört«, sagte Priscus.

»Edler Herr«, erwiderte ich, »wenn Flavius Facilis Euch geschrieben hat, dann bitte ich Euch, zu bedenken, daß sein Sohn in diesem Sommer im Krieg mit uns getötet wurde. Er ist vor Kummer außer sich. Sein Urteil über uns ist nicht sehr objektiv.«

Der Schuß traf. Sie schienen plötzlich zu begreifen, daß Facilis' Brief nicht der sachliche Bericht eines Zenturios war, der nach der Erfüllung seines Auftrags das Kommando an den zuständigen Legaten übergab, sondern der haßerfüllte Erguß eines Mannes, der von seinen Leidenschaften getrieben wurde. Die Situation entspannte sich etwas.

»Es ist also nicht wahr«, sagte Priscus, »daß dieser Bursche Arshak einen Mantel hat, der mit Skalpen römischer Soldaten vollgesteckt ist?«

Ich schwieg einen Augenblick. »Es ist wahr«, gab ich zu.

»Und daß er und Euer anderer Kamerad Gatalas sich aus der Haut von Römern, die sie im Kampf getötet hatten, Taschen für ihre Bogen angefertigt haben?«

»Das stimmt ebenfalls.«

»Und daß Ihr selbst«, fragte Priscus, mich scharf fixierend, »einmal einen römischen Zenturio getötet habt, der Euch aufzuhalten versuchte, als Ihr römische Siedlungen in der Provinz Pannonia Inferior angegriffen habt –, daß Ihr ihn mit einem Seil und einem Dolch getötet, ihm den Kopf abgetrennt und aus seinem Schädel eine Trinkschale gemacht habt, die Ihr bis zum heutigen Tag bei Euch habt?«

»Ich habe sie nicht bis zum heutigen Tag bei mir. Die Familie des Mannes kam in Aquincum zu mir, und ich habe den Angehörigen den Schädel übergeben, damit sie ihn bestatten konnten.«

»Aber sonst ist die Geschichte wahr?«

»Ja.«

»Ich kann mir nicht vorstellen, daß Ihr Euch für geeignet haltet, ein römischer Offizier zu sein. Beim Jupiter! Ihr verdient es nicht, zu leben!«

»Edler Legat«, sagte ich fest, »ich habe nie bemerkt, daß die Römer sich im Krieg ehrenhaft und maßvoll verhalten. Vielleicht sammeln sie keine Skalpe, aber haltet Ihr das grausame Erschlagen unserer Kinder und das brutale Schänden unserer Frauen etwa für human? Mir ist berichtet worden, daß römische Soldaten sarmatische Frauen als gemeine Hündinnen beschimpften, weil sie zu den Waffen griffen, um ihre kleinen Kinder zu schützen, und erst erschlagen werden mußten, bevor man sie vergewaltigen konnte.« Ich mußte einen Augenblick innehalten, so würgte mich die Erinnerung an diese Schandtaten. Es gelang mir, ruhiger fortzufahren. »Edler Legat, Ihr selbst werdet Männer für ihre Tapferkeit ausgezeichnet haben, weil sie im Krieg Dinge getan haben, die Ihr unter anderen Umständen mit dem Tode bestraft hättet. Welchen Sinn hat es, alte Wunden aufzureißen? Unser Volk betrachtet uns als tot, mich und alle meine Kameraden. Sie haben Totenfeiern für uns gehalten. Diejenigen von uns, welche Frauen hatten, haben jetzt Witwen, die frei sind, sich wieder zu verheiraten, und unser Eigentum ist unter unsere Erben aufgeteilt worden. Was ich oder irgend jemand sonst in der Vergangenheit getan haben mag, geht jetzt niemanden mehr etwas an.«

»Im Gegenteil, Ariantes, es geht mich sehr viel an. Wie kann ich fünfzehnhundert Sarmaten ihre Waffen aushändigen lassen, das Kommando über sie Männern übertragen, die aus römischen Schädeln trinken, und sie auf eine römische Provinz loslassen?«

»Edler Legat, wir haben dem Kaiser einen Eid geschworen. Wir können nicht in unsere Heimat zurückkehren. Wenn ich richtig unterrichtet bin, stehen in Britannien drei römische Legionen und mehr Hilfstruppen, als ich zählen könnte, mehr als genug, um uns zu vernichten. Wir müssen entweder römische Hilfstruppen werden oder sterben. Habt Ihr die Absicht, uns in Eure Streitkräfte einzugliedern, oder wollt Ihr uns töten?« Ich zögerte einen Augenblick, dann fuhr ich bewußt provozierend fort: »Der Kaiser war froh, uns zu bekommen. Selbst wenn er eine Zeitlang daran dachte, uns alle umzubringen, er wollte eine schwere Kavallerie wie unsere haben.

Ich sah ihn in Aquincum, als wir in die Stadt ritten und uns ergaben. Er freute sich wie ein Junge über ein neues Pferd. Er dürfte kaum Verständnis dafür haben, wenn Ihr uns zu verzweifelten Aktionen treibt.«

Priscus starrte mich wortlos an, das Kinn vorgestreckt, die Nasenspitze weiß vor Wut.

»Warum habt Ihr ein Seil und einen Dolch benutzt?« warf Aurelia Bodica mit sanfter Stimme ein, als wäre dies das eigentliche Problem, um das es hier ging. Auf ihren Lippen lag ein seltsames, verwirrendes Lächeln. »Als Ihr den Zenturio tötetet, meine ich.«

»Ich wünschte, es seinem Wagemut gleichzutun«, antwortete ich nach kurzem Zögern. Der rätselhafte Ausdruck ihrer Augen, die mich prüfend ansahen, irritierte mich. Ich fuhr widerstrebend fort: »Ich hatte mit einhundert gepanzerten Reitern und dreihundert berittenen Bogenschützen den Danuvius überquert, um ein Stoßtruppunternehmen durchzuführen. Es war während der Zeit, als der Kaiser Krieg gegen die Markomannen, unsere Verbündeten im Westen, führte. Wie trieben die Schaf- und Rinderherden von einer Siedlung fort, als ein Zenturio mit einer Zenturie und zehn Meldereitern sich uns entgegenstellte, neunzig Mann alles in allem. Ich weiß nicht, ob er die Größe unseres Stoßtrupps unterschätzt hatte oder ob er mit Verstärkung rechnete – meine schweren Reiter allein hätten mühelos mit der doppelten Zahl an Gegnern fertig werden können. Aber er rief in herrischem Ton zu uns herüber, wir sollten die Herden ihren Eigentümern zurückbringen und unverzüglich römisches Gebiet verlassen. Sein Mut beeindruckte mich. Ich dachte, die einzig ehrenvolle Antwort könne nur sein, mich dieser tapferen Herausforderung persönlich zu stellen. Ich bot ihm einen Kampf Mann gegen Mann an und ließ meine Leute schwören, ihm nichts anzutun, falls er mich tötete, sondern abzuziehen, wie er es verlangt hatte. Dann saß ich ab, legte meine Waffen und meine Rüstung beiseite und trat ihm, nur mit einem Lasso und einem Dolch bewaffnet, gegenüber. Er hatte seine Rüstung, Speer und Schwert. Er rief mir lachend zu, ich sei wahnsinnig, und ich rief lachend zurück, er sei auch wahnsinnig.

Ich verschonte seine Männer, als ich ihn getötet hatte. Ich würde nicht seinen Kopf als Trophäe genommen haben, wenn ich ihn nicht bewundert hätte.«

Und ich dachte daran, wie ich zurückgeritten war, der Kopf des Zenturios hing an meinem Sattel, ich war trunken von Ruhm, und meine Männer lachten und schrien und sangen. Welch großartige Tat! Wert, besungen zu werden, würdig eines Helden! Ich war nie in meinem Leben so stolz auf etwas gewesen. Als ich heimkam und zu meinem Wagen ging, riefen meine Männer die Geschichte meiner Frau Tirgatao zu, den Schädel schwingend – der jetzt skalpiert, ausgehöhlt und sauber ausgekratzt war, um ihn für den Gebrauch als Trinkgefäß vorzubereiten. Tirgatao nahm ihn und starrte ihn erstaunt an, dann legte sie ihn hin und schlug mir so hart ins Gesicht, daß ich fast umgefallen wäre. Sie packte mich bei den Schultern und schüttelte mich. »Willst du mich zur Witwe machen?« sagte sie. »Hast du nicht den Wunsch zu leben, um deinen Sohn zu sehen?« – Sie war zu dieser Zeit im siebten Monat schwanger. »Ich möchte, daß mein Sohn stolz auf seinen Vater ist«, antwortete ich ihr und legte die Arme um sie. »Stolz!« rief sie, legte ihre Arme um mich und küßte mich. »Du Wahnsinniger! Oh, mein Drache, mein Adler, mein goldener Held! Tu das ja nie wieder!« Sie weinte vor Stolz und Zorn, und unter beidem war Liebe. – Und jetzt war ich einer von den Toten, und die Geschichte, die mein Ruhm gewesen war, wurde von den Römern erzählt, um mich mit Schande zu bedecken.

Immerhin kamen ihnen die Details weniger schändlich vor, als sie erwartet hatten. Sie hatten offensichtlich Facilis' Hinweis auf Seil und Dolch für eine Art sarmatische Folter gehalten, und jetzt sahen sie mich eher verwirrt als entrüstet an.

»Und Ihr wollt nicht, daß Eure Leute uns Schwierigkeiten machen«, sagte Bodica. Es war keine Frage. Die blauen Augen sahen mich wieder mit diesem abschätzenden Blick an, den ich mir nicht erklären konnte.

»Ich will nicht, daß meine Leute in Schwierigkeiten geraten«, bestätigte ich. »Ich will, daß sie leben. Es sind in diesem Sommer bereits zu viele umgekommen.«

»Warum habt Ihr ihnen Äpfel gekauft?« Wieder dieses seltsame, verwirrende Lächeln. »Es waren doch Äpfel, die Ihr auf dem Markt gekauft habt, Fürst Ariantes?«

Bevor sie diese Frage stellte, hatte sie sich vergewissert, daß ich keinen Ärger mit den Römern wollte; sie mußte den Grund also ahnen. Aber warum versuchte sie, mir zu helfen? Ich sah Priscus an, er war verwirrt und gereizt. Er hatte keine Ahnung, worauf seine Frau hinauswollte.

»Wenn ich nach Bononia zurückkehre«, sagte ich langsam, »und wenn ich ihnen sage, daß es keine Falle ist, daß die Insel Britannien wirklich existiert, dann werden sie mir glauben, aber sie werden sich noch immer fürchten. Doch wenn ich ihnen etwas von der Insel bringe – wenn ich ihnen Äpfel bringe, die sie sehen und riechen und schmecken können, die sie essen und mit denen sie ihre Pferde füttern können –, dann wird ihnen das Zuversicht geben. Es wird so viel leichter für sie sein.«

Bodica sah ihren Gemahl an. »Tiberius«, sagte sie leise, »er würde sie besser davon abhalten, uns Ärger zu machen, als Lucius oder Gaius oder Marcus das könnten.«

»Scheint so«, brummte Priscus, dem es offensichtlich schwerfiel, seine Meinung über mich zu ändern; er kam mir vor wie ein Hund, der widerwillig von einem Knochen abläßt. »Also gut, wir wollen uns mit der Frage des Kommandos über die sarmatischen Truppen nicht weiter belasten. Wir werden sie vorläufig noch nicht zu *alae* einer regulären Auxiliarreiterei machen: Sie können *numeri* sein, unter ihren eigenen Offizieren. Ihr und Eure beiden Freunde, Ariantes, werdet das Kommando behalten, und Ihr drei Tribune werdet Euch Verbindungsoffiziere nennen und sicherstellen, daß die Barbaren unseren Befehlen folgen.«

Er klatschte in die Hände, zum Zeichen, daß die Sklaven den ersten Gang servieren konnten. »Wenn es allerdings Ärger gibt«, sagte er, mich über den gekochten Eiern in Knoblauchsoße anstarrend, »und wenn Ihr dafür verantwortlich seid, lasse ich Euch zu Tode peitschen. So, und jetzt werde ich Euch genau sagen, was von den sarmatischen Truppen verlangt wird.«

Als dieses gräßliche Zusammensein zu Ende war, als sie mit ihren Belehrungen und Befragungen aufgehört hatten und ich mich endlich auf mein Zimmer schleppen konnte, blieb ich einen Augenblick am Fenster stehen und sah hinaus. Vor Sorgen und Befürchtungen tat mir der Kopf weh, und mir war schwindlig von all dem Neuen, das auf uns zukam. Ich erinnerte mich mit jähem Erschrecken daran, wie Natalis die Probleme mit uns lösen wollte. Finde einen vernünftigen sarmatischen Kommandeur, benutze ihn als Werkzeug, um zu teilen und zu herrschen. Anführer anderer Sarmatenstämme hatten sich vernünftig gezeigt, und es hatte damit geendet, daß sie ihr eigenes Volk verrieten. War es das, was Aurelia Bodica im Sinn hatte? Ich hatte Angst – Angst vor der Insel, vor der römischen Armee, vor dem Stolz und den Leidenschaften meiner eigenen Leute, vor dem Legaten, vor seiner Frau und vor mir selbst. Aber ich fühlte mich seltsamerweise wacher und lebendiger, als ich seit langer Zeit gewesen war. Ich konnte nur den von Fackeln erhellten Hof unten sehen und Geräusche von den Sklaven hören, die den Speiseraum aufräumten, und von den anderen Gästen, die zu Bett gingen. Doch ich konnte das Meer riechen. Gatalas' Befürchtungen waren unbegründet gewesen: Ich würde nicht als Geist zurückkommen. Das Überqueren des salzigen Meeres hatte mich in die Welt zurückgezwungen, unter Schmerzen war ich in ein anderes Leben geboren worden.

Am nächsten Nachmittag war ich zurück in Bononia.

3

Die Äpfel halfen. Ich schüttete das Faß aus, sobald die Bireme in Bononia angelegt hatte, und die Männer reichten sie von Hand zu Hand, prüften sie und bissen hinein, um sie zu kosten. Als ich in die Mitte unseres Lagers ritt und ihnen von Britannien berichtete, waren sie bereit, sich überzeugen zu lassen. Dennoch war es keine leichte Sache für uns, über das unergründliche Wasser in ein neues, unbekanntes Land zu fahren, einem ungewissen Schicksal entgegen.

Ich bat den Prokurator Natalis, uns einen Tag zur Vorbereitung und zum Gebet zu gewähren.

»Natürlich, Ariantes«, sagte er mit wohlwollendem Lächeln. »Auch römische Soldaten haben oft den Wunsch, sich vor einer Reise zu reinigen und den Göttern zu opfern. Ich habe sogar Italer erlebt, die Angst hatten, den Ozean zu überqueren, und wir haben oft Scherereien mit den Pannoniern und den Leuten aus dem Osten des Reiches. Eure Männer sind nicht die einzigen, die glauben, daß die Welt hier vor dem Britannischen Ozean zu Ende ist. – Braucht Ihr Rinder für das Opfer?«

»Wir opfern Pferde«, erklärte ich ihm, und er sagte zu, uns einige zu beschaffen.

Ich nahm an, daß Facilis später mit ihm diskutierte. Sein Argument würde natürlich sein, ein Aufschub gäbe uns nur mehr Gelegenheit zur Meuterei, aber zum Glück ließ sich Natalis nicht von ihm dreinreden. Er war wirklich darauf bedacht, uns zu helfen. In Dubris hatte ich erfahren, daß er gewöhnlich auf der britannischen Seite des Kanals residierte und sich nur zum Stützpunkt Bononia begeben hatte, um unsere Verschiffung nach Britannien zu überwachen. Er sorgte dafür, daß wir ordentliches Essen bekamen, Leder zum Anfertigen von Bindungen für die Planen unserer Wagen, Arzneien für unsere kranken Männer und unsere lahmenden Pferde – alle die Dinge, die wir während des Marsches entbehrt hatten. Mir wurde allmählich klar, daß wir manches nur deshalb hatten ertragen müssen, weil Facilis allein für uns verantwortlich gewesen war. Zum Teil hing diese Wendung aber auch damit zusammen, daß ich jetzt wieder die Kraft hatte, mich um die Dinge zu kümmern und nach dem zu fragen, was wir brauchten, statt wie bisher blind im Nebel des Grauens und Schmerzes zu treiben – oder wie Arshak und Gatalas alles stolz zu ertragen und dabei von Rache zu träumen.

Wir hatten also Gelegenheit, die Götter um ihren Schutz anzuflehen, bevor wir uns einschifften. Wir wuschen unsere Kleidung, striegelten die Pferde und bauten Dampfzelte auf, um uns gründlich zu reinigen. Dann versammelten wir uns in der Mittagszeit, um Marha zu opfern und die Vorzeichen für die Reise zu lesen. Das

Opfer von drei Pferden verlief gut, und die Vorzeichen waren im großen und ganzen ermutigend. Jede unserer Abteilungen hatte ihren eigenen Weissager, der die Muster zu deuten verstand, die von den mit Kohle schwarz oder mit Kalk weiß gefärbten Weidenruten gezeichnet wurden, mit denen wir den Willen der Götter zu erforschen versuchen. Gatalas' Weissager sagte für seinen Drachen Leben und Glück jenseits des Meeres voraus, warnte aber vor Gefahr durch Lügen und Feuer. Er verhieß dem Drachen Ruhm im Krieg, was seine Männer mit einem lauten Freudenschrei aufnahmen, warnte jedoch den Kommandeur vor Hinterlist und Täuschung und prophezeite ihm, daß er in der Schlacht fallen werde. Arshaks Weissager drückte sich weniger eindeutig aus. Seinem Drachen wurde zwar ebenfalls Glück, aber auch Unglück verheißen. Die Botschaft für Arshak selbst war ebenso verwirrend: Gefahr durch Lügen, Gefahr im Dunkel; Leben und Tod schienen sich in sehr labilem Gleichgewicht zu befinden. Arshak nahm diese Prophezeiung mit einem Lächeln auf. »Ich werde sterben, wenn es mir bestimmt ist«, sagte er. »Aber ich vertraue darauf, daß mein Tod nicht ungerächt bleiben wird.«

Für meinen Drachen verhießen die Zeichen Sieg, was die Männer mit Jubel begrüßten. Aber die Prophezeiung für mich selbst war ebenso vage wie die für Arshak und zugleich noch grausamer: Gefahr durch Lügen, Gefahr im Kampf, Tod durch Ertrinken, Tod durch Feuer – und Sieg.

»Was hat das zu bedeuten?« fragte Arshak meinen Weissager Kasagos. »Du läßt Ariantes zweimal getötet werden und anschließend einen Sieg gewinnen. Ihr Roxolanen könnt die Ruten nicht ordentlich lesen.« (In meinem Drachen hatte ich fünf Schwadronen Roxolanen, und die Männer der anderen Drachen spotteten gern über sie. Sie waren die einzigen Roxolanen in unserer Armee, alle anderen gehörten, wie ich selbst auch, zum Stamm der Jazygen. Die Roxolanen sind ein Stamm des sarmatischen Volkes, nicht anders als wir, aber weniger alt und mit einer etwas abweichenden Geschichte.)

Arshak hatte keine Veranlassung, über Kasagos' verworrene Prophezeiung zu spotten, da ja sein eigener Weissager eine ähnlich rätselhafte Vorhersage gemacht hatte.

»Vielleicht soll ich, während ich den Sieg erringe, verwundet werden und später entweder durch Wasser oder durch Feuer sterben«, versuchte ich die Weissagung zu deuten. Ein entsetzlicher Gedanke kam mir: Ich könnte von einem besiegten Feind verwundet werden und ertrinken, und wenn die Flut meine Leiche an den Strand spülte, würden Römer sie nach ihren Bestattungsgebräuchen verbrennen. Diesen Gedanken behielt ich für mich. Tod durch Wasser ist ein schreckliches Schicksal, und die Leiche zu verbrennen, so glauben die Menschen meines Volkes, bedeutet, die Seele vernichten. Die bloße Vorstellung von einem solchen Schicksal mußte bei meinen Männern Bestürzung auslösen.

Kasagos sah mit gerunzelter Stirn auf die Ruten. »Das Zeichen für Sieg kommt *nach* den beiden Todeszeichen. Ich denke, mein Fürst, daß die Hinweise auf den zweimaligen Tod als Warnungen gelesen werden müssen. Wenn du dem Tod durch Wasser und durch Feuer entkommst, wirst du einen Sieg erringen.«

»Mit anderen Worten: Geh nicht schwimmen, und sei vorsichtig, wenn du ein Feuer anzündest«, sagte Arshak grinsend. »Ein guter Rat zu jeder Zeit, aber du brauchst kaum die Weidenruten, um das zu wissen.«

Immerhin hatten die Zeichen jedem unserer Drachen Glück verheißen, und als wir der Zeremonie ein Festmahl folgen ließen (das wir der Großzügigkeit des Prokurators der britannischen Flotte verdankten), sahen die Männer mit größerer Zuversicht in die Zukunft, zumal der Wein reichlich floß. Es gab keinen Widerstand, als am nächsten Tag die Einschiffung begann.

Es war harte Arbeit. Fünfzehnhundert Männer und fast viermal so viele Pferde mußten auf Transportschiffe verladen werden. Die Transporter waren größere, stabilere und langsamere Schiffe als die schnelle Bireme, aber nur drei von ihnen waren geeignet, eine größere Anzahl von Pferden zu transportieren. Die Pferde waren schon früher auf Boote verladen worden, wenn wir den Danuvius überquerten, aber vielen mußten die Augen verbunden werden, um sie an Bord bringen zu können. Ihre Besitzer blieben bei ihnen, um sie während der Fahrt zu beruhigen und zu verhindern, daß sie sich verletzten, wenn das Schiff rollte oder schlingerte. Da die meisten Männer drei Pferde besaßen und wir auch Reserven für die Wagenpferde mitführten, mußten viele der Männer zwei Fahrten machen. Nicht zu unterschätzen war auch das Problem der Priorität. Man stelle zwei sarmatische Adlige vor ein Tor, sie werden den ganzen Tag darüber diskutieren, wer zuerst hindurchgeht – und wir hatten hier fünfzehnhundert sarmatische Adlige vor drei Pferdetransportern!

Es half etwas, daß für unsere Abteilungen die Marschordnung seit langem festgelegt war. Arshaks Abteilung nannte sich Zweiter Drache, weil seine Drachenstandarte als zweite hinter der des Königs folgte. Gatalas führte den Vierten Drachen und ich den Sechsten. Arshaks Abteilung machte demnach den Anfang, Gatalas' kam als zweite und meine als letzte. Der Kommandeur mußte die ganze Zeit, während seine Abteilung sich einschiffte, auf dem Kai stehen, um jeder Schwadron und jedem einzelnen Mann den ihnen zustehenden Platz anzuweisen.

Dann tauchte das Problem mit den Wagen auf. Die römischen Kapitäne sahen nicht ein, warum man sie überhaupt transportieren sollte. Warum konnten wir nicht in Zelten und Baracken leben wie ihre Soldaten, fragten sie. Ich mußte darauf bestehen, mußte sie mit Drohungen, gutem Zureden und Schmeicheleien überreden, und als sie schließlich nachgaben, geschah das eher aus Verzweiflung darüber, daß die Wagen dort, wo sie standen, das ganze Werftgelände blockierten. Und schließlich gab es noch Probleme mit der Versorgung.

Meine fürstlichen Kameraden hielten sich stolz von den Römern fern und überließen alles Verhandeln mir. Ich wurde, wie ich befürchtet hatte, der »Vernünftige«, der, mit dem die Römer zusammenarbeiten konnten. Der Prokurator Natalis wandte sich an mich, um seine Anweisungen zu geben, welche Abteilung wann in Marsch gesetzt würde; er fragte mich nach der besten Methode, die Wagen zu sichern oder nervöse Pferde im Zaum zu halten. Mir mißfiel diese Position in höchstem Maße, aber ich konnte mich nicht weigern, und je mehr ich mit ihm zusammenarbeitete, um so ausschließlicher wandten sich alle an mich.

Gegen Mittag des ersten Tages kam Natalis zu den Schiffen herunter, während sie beladen wurden, unter dem Arm trug er eine Anzahl von Wachstafeln.

»Da seid Ihr ja, Ariantes«, sagte er und hielt mir die Tafeln hin. »Ich bin dabei, die Bevorratung der Abteilungen für die erste Woche in Dubris zu ordern, und ich habe eine Liste der Dinge vorbereitet, die ihr nach unserer Meinung benötigen werdet. Könnt Ihr sie Euch kurz ansehen und anmerken, wenn etwas auf der Liste fehlt oder wenn Dinge dabei sind, die ihr nicht braucht?«

Ich blickte auf die Tafeln, ohne sie zu berühren. »Ich kann nicht lesen«, erklärte ich ihm.

»Oh«, sagte er und zog die Tafeln zurück. »Nein, natürlich nicht. Ich habe nicht die Zeit, sie mit Euch durchzugehen. Ich werde Euch einen Schreiber schicken.« Er ging zurück zu seinem Stabsquartier.

Etwa eine Stunde später erschien ein Mann um die Vierzig, klein, dunkel, müde aussehend, mit den Schreibtafeln. »Seid Ihr der Kommandeur Ariantes?« fragte er mich, und als ich nickte, fuhr er fort: »Ich bin Eukairios, ein Sklave in der Kanzlei des Prokurators. Der edle Valerius Natalis schickt mich zu Euch. Er sagte, Ihr braucht einen Schreiber.«

Ich habe den Schock lange nicht vergessen, den ich an diesem Nachmittag bekam. Eukairios kannte sich sehr gut in seinem Metier aus. Wir gingen die Liste der Vorräte durch, es war alles falsch. Es waren große Mengen Weizen aufgeführt, den wir nicht gewohnt sind, dafür fehlten Käse und gedörrtes Fleisch, unsere wichtigste Nahrung. Es gab kein Holz, um Schäden an den Wagen zu reparieren, das Futter für unsere Pferde war ungeeignet; es war kein Filz vorgesehen, um die Planen zu flicken, und nicht genug Leder für die Bindungen – es war eine völlig nutzlose Liste.

Eukairios wußte genau, was zu tun war, um die Sache in Ordnung zu bringen. Den ganzen Nachmittag ging es hin und her. Ich sagte:

»Was wir brauchen, ist...«, und Eukairios antwortete: »Das würde unser Budget überschreiten, Herr, aber was wir tun könnten...«

Dann Briefe: »Ariantes, Kommandeur des Sechsten Numerus der sarmatischen schweren Reiterei, an Minucius Habitus, Prokurator der kaiserlichen Domänen. Seid gegrüßt. Edler Prokurator, wir ersuchen um die Lieferung von einhundert Fässern gepökeltes Rindfleisch aus den Beständen der kaiserlichen Landgüter, zu verschiffen nach Dubris. Mit der Vollmacht des Prokurators Valerius Natalis...« – »Ariantes... an Junius Coroticus, Schiffsagent. Seid gegrüßt. Der Prokurator Valerius Natalis ersucht Euch, ein Schiff zum Hafen Durobrivae Icenorum zu schicken, um einhundert Fässer gepökeltes Rindfleisch zu übernehmen...« – »Ariantes... an Marcius Modestus, Vorsteher der Flottenwerkstätten in Dubris. Seid gegrüßt. Der Prokurator ermächtigt Euch, uns einhundert Pfund an Faßdauben aus Eichenholz und zweihundert Pfund an Schalbrettern aus Buchenholz zuzuteilen.« – »Und nun, Herr«, sagte Eukairios dann, »setzt Euer Kreuz *hierher*, und ich vermerke darunter ›Schreibunkundig‹, und wir siegeln es *so*, und morgen früh schicken wir die Briefe gleich fort.«

Die Sache war mir etwas unheimlich: Man brachte die Briefe zum Kurierboot im Hafen von Dubris – und hundert Meilen entfernt würden wenig später Männer, die nie von uns Sarmaten gehört hatten, Fässer mit Pökelfleisch auf ein Schiff rollen, das dort erschienen war, um sie für uns abzuholen; das Schiff würde sie zu einem Lagerhaus in Dubris bringen, wo sie entladen und gestapelt würden, bis wir sie dort abholten. Briefe können erstaunliche Dinge bewerkstelligen.

Eukairios wurde mir nun jeden Tag zugeteilt, bis ich Bononia mit dem letzten Transport verließ. Wenn ich sage, daß ich ihn nützlich fand, dann heißt das nicht, daß ich mit Problemen der militärischen Planung nicht vertraut gewesen wäre. Ich hatte in der Vergangenheit Truppenbewegungen sorgfältig geplant und vorbereitet – ich hatte Stoßtruppunternehmen organisiert, meine Männer umsichtig für den Krieg ausgerüstet, und ich hatte den Nachschub sichergestellt. Aber immer konnte ich mich auf Menschen verlassen, die ich kannte, immer hatte ich uns aus meinen eigenen Reserven und denen meiner Gefolgsleute versorgt und ausgerüstet – und das alles hatte auch ohne Protokolle und Listen und Briefe reibungslos funktioniert. Aber die Möglichkeit, durch das Einsehen von Protokollen auf Vergangenes zurückzugreifen und durch Aufstellung von Budgets Einfluß auf die Zukunft zu nehmen, mit Briefen direkt zu unbekannten, weit entfernt lebenden Menschen zu sprechen, hatte etwas Faszinierendes. Es erschreckte mich, daß es mir so sehr gefiel und daß ich die beiden nächsten Tage Eukairios morgens ungeduldig erwartete – und daß ich auf ihn angewiesen war, um meine eigene Arbeit tun zu können. Gleichzeitig machte es mich wütend, daß ich von einem römischen Sklaven abhängig sein sollte, und ich konnte es kaum erwarten, ihn und Bononia endlich hinter mir zurückzulassen. Aber ich fürchtete auch die Gefahr, von jeder Kommunikation abgeschnitten zu werden, während um mich herum Briefe hin- und hergingen, in denen Römer mit Römern über uns sprachen und wir wie stumme und verwirrte Kinder in einer fremden Welt standen.

Schließlich brach ich mit Eukairios von Bononia auf – und mit Valerius Natalis und Flavius Facilis. Eukairios kam mit, weil wir einige Abrechnungen abzuschließen hatten, Natalis, weil er zu seinem Flottenstützpunkt Dubris zurückkehrte, aber Facilis war eine unangenehme Überraschung. Wir hatten seit Beginn der Einschiffung sehr wenig von ihm gesehen, und ich war überzeugt gewesen, daß er nach Beendigung seines Auftrags mit seinen Legionären nach Aquincum zurückkehren würde. Statt dessen stellte sich heraus, daß er an den Legaten Priscus geschrieben und ihm seine Dienste als Experte für Sarmaten angeboten hatte. Ich konnte ihn nicht nach dem Grund fragen. Ich vermutete, daß er trotz des unerfreulichen Zusammenstoßes im Hause des Legaten keinen direkten Plan hatte, Rache an uns zu nehmen, sondern daß er einfach sein Mißtrauen bestätigt sehen wollte und daß er uns weiter zu schikanieren gedachte, damit wir ihn nicht so rasch vergaßen, wie ich es ihm angekündigt hatte. Und wahrscheinlich wartete in

Aquincum nichts auf ihn als Trauer und schmerzliche Erinnerungen. Warum sollte nicht auch er ein neues Leben in Britannien beginnen?

Wie auch immer, Priscus hatte jedenfalls sein Angebot angenommen und ihm vorgeschlagen, den Posten des Lagerpräfekten eines Forts im Norden zu übernehmen, wo er uns im Auge behalten konnte. Ich war alles andere als glücklich darüber, daß Facilis mit uns kommen sollte – er hatte meine Leute zweimal fast zur Meuterei provoziert –, und es beunruhigte mich noch mehr, daß Priscus glaubte, ihn zu brauchen. Aber wenn ich schon nichts daran ändern konnte, versuchte ich wenigstens jedes Zusammentreffen mit ihm zu vermeiden. Ich hatte meine acht Pferde bei dem Transport und zog mich in den Frachtraum zurück, um sie zu beaufsichtigen, statt mich an Deck bei den Römern aufzuhalten – aber natürlich nahm ich Eukairios und die Abrechnungen mit mir.

Als wir etwa drei Stunden auf See waren, schickte Natalis einen Sklaven, um mich zu einem Glas Wein einzuladen. Die Pferde hatten sich inzwischen an das Schiff gewöhnt, ich konnte sie allein lassen. Da ich mich in Bononia so sehr auf die Autorität des Prokurators gestützt hatte, wollte ich ihn natürlich nicht brüskieren. Ich sagte Eukairios, er solle ebenfalls an Deck kommen und die Abrechnungen mitbringen, die wir inzwischen abgeschlossen hatten, und ging nach oben. (Ich war bei dieser Fahrt nicht seekrank geworden. Das Transportschiff bockte und rollte weniger, als es die Bireme getan hatte, und die See war ruhiger.)

Natalis saß in der geschlossenen Kabine am Achtersteven und beobachtete das Kielwasser des Schiffs. Er begrüßte mich mit einem wohlwollenden Lächeln, ließ einen Stuhl für mich bringen und bot mir einen Becher Wein an. »Ich dachte, wir sollten auf das gute Gelingen unserer Arbeit anstoßen«, sagte er. »Ich bin für Eure Hilfe dankbar, Ariantes.«

»Wir schulden Euch für Eure Hilfe unseren ganz besonderen Dank, Valerius Natalis«, erwiderte ich. Verlegen trank ich einen Schluck Wein.

»Ja, aber ich war durch meine Stellung verpflichtet zu helfen, und Ihr hättet Euch auch entscheiden können, zu... uns Schwierigkeiten zu machen. Ich glaube, ohne Euch hätten wir ernste Probleme in Bononia bekommen.«

»Es wären meine eigenen Leute gewesen, die am meisten darunter gelitten hätten«, erwiderte ich, ein bißchen zu scharf vielleicht.

»Oh, natürlich, natürlich«, räumte Natalis rasch ein. »Aber man erwartet von Barbaren nicht, daß sie so vernünftig sind – oder daß sie eine solche Begabung für administrative Dinge haben. Als Zeichen meiner Dankbarkeit möchte ich Euch ein Geschenk geben.«

»Edler Valerius Natalis, meine Handlungsweise war nicht von der Hoffnung bestimmt, eine Belohnung von einem Römer zu erhalten.«

»Dessen bin ich sicher, Ariantes. Es würde eine Beleidigung für Euch sein, etwas anderes anzunehmen, nicht wahr? Dennoch, es ist eine römische Sitte für ranghohe Offiziere wie mich, denjenigen, die ihnen geholfen haben, Geschenke zu geben. Ich bin überzeugt, Ihr werdet in Eurer zukünftigen Karriere einen zuverlässigen Schreiber brauchen; laßt mich Euch also Eukairios zum Geschenk machen.«

Eukairios, der die ganze Zeit über ruhig am Eingang zur Kabine gestanden hatte, ließ seine Mappe mit den Abrechnungen fallen und starrte Natalis entsetzt an. »Herr«, keuchte er, »bitte...«

»Ich könnte das nicht annehmen«, sagte ich. »Mein Volk hält keine Sklaven.« Ich sprach rasch, weil ich über mich selbst ärgerlich war. Ich wußte bereits, daß ich, wenn Natalis mich drängte, annehmen würde. Jetzt, da er mir angeboten worden war, wußte ich, wie heftig ich den Schreiber wünschte.

»Oh, Ihr müßt einige Sklaven haben!« protestierte Natalis. »Wie kann ein Edelmann ohne sie zurechtkommen? Was tut Ihr denn mit den Gefangenen, die Ihr in euren vielen Kriegen macht?«

»Wir machen keine Gefangenen, Prokurator. Wir können keine Fremden in unseren Wagen mitführen, und unsere eigenen Leute sind alle Freie, die Söhne und Töchter von Kriegern. Was sollte ich mit einem Sklaven anfangen? Eukairios kann nicht mal ein Pferd reiten.« (Ich hatte das in Bononia festgestellt, als ich ihn bat, eine

Botschaft zu überbringen, und es hatte mich sehr erstaunt.) »Und wo könnte ich ihn unterbringen?«

»Ich bin sicher, Ihr würdet das irgendwie einrichten«, sagte Natalis leichthin.

In diesem Augenblick unterbrach uns Eukairios. »Bitte, Herr«, stammelte er. »Ach bitte, Herr, schickt mich nicht von Bononia fort.«

»Ruhig, Mann! Nun, Ariantes? Es wäre jammerschade, Eure Talente zu vergeuden, nur weil Euch Tinte und Feder fehlen.«

»Aber Herr...«, flehte Eukairios.

»Ich sagte, du sollst ruhig sein!« fuhr Natalis ihn an.

Eukairios taumelte zu Natalis hinüber, fiel auf die Knie und streckte bittend eine Hand zu seinem Herrn aus. »Bitte, Herr, ich flehe Euch an, mein Herr, tut es nicht...«

Natalis schob die Hand weg. »Warum machst du eine solche Szene? Du hast keine Familie in Bononia.«

»Nein, aber ich habe dort Freunde«, wandte Eukairios ein, »alte und liebe Freunde, und...«

»Ich weiß alles über deine Freunde«, sagte Natalis ärgerlich, »und ich wünsche nicht, daß sie Verbindung zu irgend jemandem in meiner Kanzlei haben. Du würdest Schande über uns alle bringen, wenn es hier zu einem ähnlichen Skandal wie in Lugdunum käme. Denkst du, ich möchte zusehen, wie ein Schreiber aus meiner eigenen Kanzlei – der Kanzlei des Prokurators der britannischen Flotte! – in der Arena getötet wird, um den Mob zu amüsieren? Du kannst mit den Sarmaten nach Britannien gehen. Und selbst wenn du dort noch einige mehr von deinen ›Freunden‹ finden solltest, wird das niemanden interessieren.«

Eukairios wurde kreideweiß. Er kniete vor Natalis, die Hände auf den Boden gestützt. »Verzeiht, Herr«, flüsterte er. »Verzeiht mir. Ich... Ich... Ihr wißt...« Er rieb sich über die Augen. »O mein Gott, mein Gott!«

»Geh hinaus!« befahl Natalis ihm. »Du belästigst meinen Gast.«

Eukairios taumelte hinaus.

Mit einem gezwungenen Lächeln wandte Natalis sich wieder mir zu. »Offen gesagt, ich wäre froh, wenn Ihr ihn mir abnähmt«, sagte er etwas verlegen, um die Szene zu erklären. »Er ist ein guter, zuverlässiger Schreiber, aber er ist Christ. Ich habe in der Vergangenheit darüber weggesehen, in letzter Zeit ist jedoch in Gallien verschiedentlich die Forderung erhoben worden, die Sekte auszumerzen, und ich wünsche nicht, daß meine Kanzlei mit irgendeinem Skandal in Verbindung gebracht wird. In Britannien würde er nichts zu befürchten haben. Niemand interessiert sich da für die Christen.«

»Was ist ein Christ?« fragte ich; Eukairios tat mir leid, aber ich war mißtrauisch geworden gegen Natalis, der selbst zugegeben hatte, daß er den Mann loswerden wollte.

»Ein Anhänger eines illegalen Kults. Christus war ein jüdischer Sophist, der unter dem Kaiser Tiberius wegen Volksaufhetzung gekreuzigt wurde. Eine Gruppe von Juden war überzeugt, daß er ein Gott sei – und zwar nicht irgendein Gott, sondern der jüdische Gott, der nicht einmal mit Namen genannt werden darf. Die anderen Juden verfolgten die Gotteslästerer mit der rasenden Wut, die diesem Volk eigen ist. Daraufhin wandten sich diese Leute vom Judentum ab und wurden Griechen, und jetzt gibt es in jeder Stadt des Reiches, wo Griechen zu finden sind, Anhänger dieser verrückten Sekte. Natürlich findet sie nur Anklang bei Sklaven und Gesindel, nicht bei den höheren Klassen.«

Mit einem verächtlichen Runzeln seiner aristokratischen Stirn fuhr er fort: »Die Christen versammeln sich heimlich nachts in privaten Häusern, wo sie ekelhafte Rituale praktizieren sollen, in der Hoffnung, dadurch Unsterblichkeit zu gewinnen; sie lehnen es ab, andere Gottheiten zu verehren als ihren gekreuzigten Sophisten, und sie weigern sich sogar, dem Genius des Kaisers und der göttlichen Roma zu opfern; daher ist der Kult natürlich illegal. Er wurde fast unmittelbar nach seinem ersten Auftreten verboten, doch das hat seine Ausbreitung nicht aufhalten können. Persönlich halte ich nichts davon, die Christen zu bestrafen, und ich habe mich, soweit es möglich war, blind gestellt und ihre Existenz ignoriert. Die meisten Geschichten über sie sind meines Erachtens Erfindungen –

sie sind keine bösartigen Übeltäter, bloß alberne, verrückte Narren. Aber, wie gesagt, in Britannien hat sich kein Mensch jemals über diesen Kult aufgeregt – und selbst wenn jemand das täte, würde niemand auf den Gedanken kommen, daß Ihr, ein Barbarenfürst, auch nur die geringste Sympathie für diese Art von Unsinn haben könntet. Wenn hier allerdings eine Behörde offiziell Notiz von Eukairios und seiner verrückten Religion nähme, könnte der Mann hingerichtet werden. Es wäre schade um einen so guten Schreiber. So, jetzt wißt Ihr das Schlimmste über Eukairios. Das Beste – daß er ein unermüdlicher Arbeiter, erfahren und tüchtig ist – wißt Ihr ja schon. Ich kann vielleicht noch hinzufügen, daß er nicht trinkt, keine Weibergeschichten hat und nicht streitsüchtig ist. Dieser Kult ist das eine große verwegene Geheimnis seines farblosen Lebens.«

»Aber es hat in Gallien Ärger mit diesen Christen gegeben?« hakte ich nach kurzem Überlegen nach.

»Man hat eine Anzahl von Anhängern dieses Kults in Lugdunum hingerichtet«, gab Natalis zu. »Und einige Administratoren im Süden haben nach einer Säuberungsaktion gerufen. Ich hatte ohnehin vor, Eukairios nach Dubris zu versetzen. Aber ich würde ihn lieber Euch geben. Ich glaube, Ihr würdet ihn sehr nützlich finden.«

Ich schwieg und dachte nach. Daß der Schreiber mir gute Dienste leisten könnte, davon war ich überzeugt. Doch es war ein Verstoß gegen Sitte und Tradition meines Volkes, Sklaven zu halten, und außerdem mißfiel mir, was ich über diesen Kult gehört hatte – aber ich *wollte* den Mann, ich brauchte ihn. Ich hätte nicht gewußt, wie ich einen anderen Schreiber kaufen oder ausleihen könnte. Wieviel ein guter Schreiber kostete, davon hatte ich nicht die geringste Ahnung. Und vermutlich würde ich auch alles Geld, das ich mitgebracht hatte, brauchen, um meinen Männern einen guten Start zu ermöglichen.

»Ich danke Euch, edler Valerius Natalis«, sagte ich schließlich. »Ich nehme ihn.« Ich stand auf. »Aber erlaubt mir, Euch als Dank für Eure Geduld und für die Mühe, die Ihr Euch mit uns gemacht habt, ebenfalls ein Geschenk zu geben.« Ich löste die goldene Spange von meinem Mantel. Sie hatte die Form eines Drachen, war mit Rubinen besetzt und ungefähr so lang wie mein Mittelfinger. »Diese Spange habe ich als Fürst-Kommandeur eines Drachen der sarmatischen schweren Reiterei getragen«, sagte ich. »Sehr wenige Römer besitzen eine solche Spange, edler Valerius Natalis, vielleicht nur der Kaiser. Ich hoffe, Ihr werdet sie annehmen und uns in freundlicher Erinnerung behalten.« Ich legte sie ihm in die Hand.

Natalis wurde rot vor Freude. »Ihr habt mich mit Eurer Großzügigkeit in den Schatten gestellt, Fürst Ariantes! Ich danke Euch, ich danke Euch wirklich sehr!« Er nahm seine eigene Brosche ab und steckte seinen Mantel mit meiner fest. Liebevoll ließ er die Finger über die schön geschwungene Form der goldenen Nadel gleiten. »Ich werde Euch, dessen könnt Ihr versichert sein, in freundschaftlicher Erinnerung behalten.«

Ich hatte an diesem Morgen daran gedacht, ihm eins meiner Pferde zu schenken. Aber ich sah, daß es richtiger gewesen war, ihm diese Spange zu geben, obwohl sie für einen Sarmaten, vor allem in unserer Situation, weniger wertvoll war. Ich war erleichtert. Ich besaß noch eine zweite solche Spange, und es würde mir schwergefallen sein, mich von einem meiner Pferde zu trennen.

»So wie ich mich Eurer erinnern werde, edler Valerius Natalis«, sagte ich. »Aber jetzt darf ich Euch bitten, mich zu entschuldigen. Ich muß mich um meine Pferde kümmern, damit ihnen auf der Überfahrt nichts zustößt. Sie wären für mich nicht leicht zu ersetzen.«

Eukairios saß bei den Pferden, den Mantel über den Kopf gezogen. Als er mich kommen hörte, nahm er ihn herunter und rieb sich über die Augen. Der Laderaum war nur schwach von dem Licht erleuchtet, das durch die Luken hereinfiel, aber ich konnte sehen, daß er geweint hatte. »Was – was ist geschehen, Herr?« fragte er ängstlich.

»Ich habe das Geschenk des Prokurators angenommen, du bist also jetzt mein Sklave.« Nach einem Augenblick fügte ich, um mich gegen den unglücklichen Blick seiner Augen zu verteidigen, hinzu: »Er hätte dich sowieso von Bononia weggeschickt.«

»Nach Dubris?«

Als ich nickte, rieb er sich wieder mit der Hand über die Augen. »Ich ahnte nicht, daß es wußte«, sagte er niedergeschlagen. »Ich dachte immer, niemand in der Kanzlei wüßte es.« Das eine große verwegene Geheimnis seines farblosen Lebens, wie Natalis es genannt hatte, war nicht einmal ein Geheimnis gewesen. Der Schock der Erkenntnis traf ihn hart. »Hat er Euch gesagt, daß ich Christ bin?«

»Ja.«

»Oh. Und hattet Ihr vorher schon etwas über uns gehört?«

»Nein. Aber ich habe vom Prokurator Natalis erfahren, daß ihr eine illegale Sekte seid.«

»Es sind alles Lügen, was man über uns erzählt«, erklärte Eukairios verbittert. »Schändliche Lügen. Menschen sind deswegen gestorben, man hat sie gefoltert, bis kein Fleckchen heiles Fleisch mehr an ihrem Körper war, wo man die Eisen ansetzen konnte. Alles wegen dieser schändlichen Lügen. Wir halten nicht« – er schaute hoch und sah mir herausfordernd in die Augen –, »wir halten keine inzestuösen Orgien ab, bei denen wir Menschenfleisch essen. Es ist uns verboten, Blut zu vergießen; unsere Religion verlangt, daß wir unsere Feinde lieben, die uns verfolgen. Wenn ich die Freiheit hätte, selbst über mich zu entscheiden, würde mein Glaube mir nicht erlauben, für die reguläre Armee zu arbeiten, geschweige denn für einen Mann, der die Zügel seiner Pferde mit den Skalpen getöteter Feinde schmückt und aus einem römischen Schädel trinkt. Gott helfe mir.«

»Ich habe dieses Gefäß allerdings nicht mehr«, sagte ich. Seine herausfordernde Sprache wunderte mich um so mehr, als er vorher nie auch nur andeutungsweise die Skalpe oder die Schädelgeschichte erwähnt hatte. In Bononia war er mir stets als ein zurückhaltender, respektvoll höflicher Mensch erschienen, und seine Tüchtigkeit hatte in unsere Beziehung sogar eine freundliche Wärme gebracht.

»Ich werde von dir nicht verlangen, daß du Blut vergießt, Eukairios, oder irgend etwas tust, was dein Glaube verbietet. Ich will von dir nichts anderes, als daß du Briefe schreibst.«

Wieder rieb er sich über die Augen, dann gab er es auf, die Tränen zu unterdrücken, und vergrub sein Gesicht in den Händen.

»Gott helfe mir«, sagte er mit von Tränen erstickter Stimme. »Ich dachte, ich könnte in Bononia bleiben.«

»Bist du dort geboren?« fragte ich, um ihn abzulenken, aber auch, weil ich mißtrauisch geworden war und das Gefühl hatte, ich sollte mehr über ihn wissen. »Dein Name ist nicht lateinisch.«

Er verstand, worauf meine Frage abzielte. »Mein Name ist griechisch, ich bin es nicht«, antwortete er mit unsicherer Stimme. »Viele Angehörige der oberen Klassen sind der Meinung, daß es ihrem Haushalt eine zusätzliche Note von Eleganz verleiht, wenn sie ihren Sklaven griechische Namen geben. Meine Mutter war Köchin in einem herrschaftlichen Haus auf dem Lande, dreißig Meilen von Bononia entfernt. Mein Herr ließ mich erziehen und verkaufte mich, sobald ich genug gelernt hatte, um einen guten Preis zu erzielen. Damals war ich vierzehn Jahre alt. Die Kanzlei des Prokurators kaufte mich; das war das einzige Mal, daß ich einen neuen Besitzer bekam – bis jetzt. Ich habe nicht erwartet, noch einmal verkauft – oder weggegeben – zu werden.«

Seine Worte waren vor Tränen kaum noch zu verstehen. Er riß sich zusammen. »Ich habe meine übrigen Kleider in Bononia und ein paar Bücher, alles, was ich besitze. Ich habe mich von niemandem verabschiedet. Ich nahm an, wir würden morgen zurückkehren.«

»Dann fahre zurück, hole deine Sachen, verabschiede dich von deinen Freunden, und komm dann zurück«, sagte ich. »Ich werde Valerius Natalis bitten, daß er dich mit dem Kurierschiff schickt. Du weißt ja, daß wir die Vorräte für den Marsch nach Eburacum verladen und eine Menge sonstiger Dinge vorbereiten müssen; wir werden Dubris nicht vor zwei weiteren Tagen verlassen. Das gibt dir genügend Zeit.«

»Befürchtet Ihr nicht, daß ich entlaufe, wenn ich heimkomme?«

Der Gedanke war mir nicht gekommen: »Ich kenne mich mit Sklaven nicht aus«, sagte ich. »Ich habe nie welche besessen. Würdest du entlaufen?«

»Es wäre gegen meine Religion«, antwortete er, mich ansehend. »Wenn Ihr keine Sklaven besitzt und keinen Fremden in Euren Wagen aufnehmt, was wollt Ihr mit mir tun?«

Ich seufzte. »Ich werde dich wohl in meinen Wagen nehmen müssen, zumindest wärend des Marsches, obwohl es gegen unsere Gewohnheiten verstößt«, sagte ich zögernd. Ich stellte mir vor, was Arshak und Gatalas und was meine eigenen Männer davon halten würden. Unterschwellig quälte mich immer noch der entsetzliche Gedanke, die Römer könnten es schaffen, mich meinen eigenen Leuten zu entfremden, mich als Werkzeug gegen mein eigenes Volk zu benutzen. Aber ich brauchte die Briefe als Instrument, um uns besser verteidigen zu können. »Du mußt so rasch wie möglich reiten lernen. Wenn wir in Eburacum ankommen, werden wir sehen, wo wir dich endgültig unterbringen können.«

Lange Zeit saßen wir da, ohne ein Wort zu sagen. Eukairios starrte auf seine Hände. Das Schiff schlingerte, und eins meiner Pferde – ein besonders nervöses, empfindliches Rennpferd – wieherte und warf unruhig den Kopf hoch. Ich ging zu ihm, streichelte es und sprach beruhigend zu ihm. Als ich zurückkam, hatte Eukairios sich gefangen und sah mich unsicher und zweifelnd an. Was für eine Behandlung hatte er von einem Herrn wie mir zu erwarten – einem Barbarenfürsten, der hemmungslos Römer umgebracht hatte und der jetzt nicht nur uneingeschränkte Macht über ihn besaß, sondern auch ein Geheimnis kannte, das ihn sein Leben kosten konnte?

Ich hatte Mitleid mit ihm. »Du brauchst dir keine Sorgen zu machen, Eukairios«, versuchte ich ihn zu trösten. »Du möchtest mich nicht als Herrn haben, und ich möchte nicht Besitzer eines Sklaven sein. Aber du weißt selbst am besten, daß ich einen Schreiber brauche. Wenn du mir loyal dienst, dann werde ich dich gerecht und gut behandeln. Und ich werde dir die Freiheit schenken, sobald es mir möglich ist.«

Es war mir ernst mit dem Versprechen. Aber ich wußte, es würde eine lange Zeit vergehen, bis ich ihm die Freiheit schenken konnte. Fast wünschte ich, er würde seine religiösen Skrupel vergessen und sich aus dem Staub machen, sobald er in Bononia das Schiff verließ.

Es war schon dunkel, als das Transportschiff Dubris erreichte und, vom Feuer des Leuchtturms geleitet, vorsichtig in den Hafen einfuhr. Als es am Kai angelegt hatte, mußte es gleich entladen werden, eine Arbeit, die beträchtliche Zeit in Anspruch nehmen würde. Bevor Natalis sich zu seiner Residenz auf dem Flottenstützpunkt begab, verabschiedete er sich und wünschte mir Glück und Erfolg in Britannien. Ich bat ihn, Eukairios nach Bononia zurückzuschicken, damit er seine Sachen abholen konnte.

»Befürchtet Ihr nicht, daß er entlaufen könnte?« fragte der Prokurator.

»Er sagt, das würde gegen seine Religion verstoßen. Ich bin geneigt, das Risiko einzugehen.«

»Also gut, ich werde ihn mit in mein Haus nehmen und morgen früh nach Bononia zurückschicken, wenn Ihr es so wollt.«

»Danke, Prokurator.«

Ein Wagen, der aus dem Laderaum gezogen wurde, kam mit einem Rad von der Landungsbrücke ab; unsere Leute schoben ihn in eine, Natalis' Matrosen zogen ihn in eine andere Richtung; dahinter warteten die Pferde ungeduldig, ins Freie zu kommen, sie wieherten und stampften. »Lebt wohl!« rief ich dem Prokurator zu und beeilte mich, Ordnung beim Entladen zu schaffen.

»Lebt wohl!« rief mir Natalis nach. »Ihr wißt, daß Euren Männern der Paradeplatz zum Aufstellen der Wagen zugewiesen wurde?«

»Ich weiß es, Eukairios hat mir den Brief vorgelesen. Wir werden ihn finden.«

Mitternacht war vorbei, als wir den Lagerplatz erreichten. Die Wagen der Männer, die vor uns herübergekommen waren, standen bereits da, nach unserer gewohnten Ordnung in konzentrischen Kreisen aufgestellt, aber die Feuer waren mit Asche abgedeckt, und alles schlief. Es fing an zu regnen, ein feines Nieseln, das den Boden aufweichte. Wir waren zu erschöpft, um uns etwas zu essen zu machen, wir stellten nur unsere Wagen in den äußersten Kreis, versorgten die Pferde und legten uns schlafen.

Ich war müde, aber ich lag noch lange Zeit wach und horchte auf den Regen und auf das Schnauben der Pferde, die draußen angebunden waren. Ich dachte daran, wie ich in diesem Wagen gelegen und dem Regen gelauscht hatte, in den Armen meiner Tirgatao geborgen und sie in meinen Armen haltend, aufs innigste mit ihr vereint, ohne ein Wort sagen zu müssen. Der Kummer war wie ein schwarzer Abgrund, unergründlicher als das Meer, unbegreiflicher und grenzenloser als die tiefen Wasser. Was würde Tirgatao gesagt haben, wenn ich vorgeschlagen hätte, einen römischen Sklaven in unseren Wagen aufzunehmen?

Ich stand auf, ging nach draußen und sah nach meinen Pferden; dann ging ich wieder hinein und schlief wie ein Toter.

Am Morgen wachte ich spät auf, ich war ganz benommen und fühlte mich wie erschlagen. Arshak und Gatalas warteten draußen auf mich, wieder einmal bereit, zu meutern. Es regnete immer noch.

»Sie wollen uns unsere Waffen nicht geben!« erklärte Arshak zornig. »Sie haben geschworen, wir würden sie in Britannien zurückbekommen, doch jetzt sagen sie, wir müssen erst zu einem Platz mit Namen Eburacum reiten. Sie haben gar nicht die Absicht, sie uns jemals zurückzugeben!«

»Laßt mich erst was essen«, sagte ich.

Leimanos, der Führer meiner Leibwache, brachte mir ein großes Stück Brot und kredenzte mir dazu schwungvoll mit breitem Grinsen einen Becher Milch. Die Milch war das Resultat des Briefeschreibens in Bononia. Wir hatten auf dem Marsch keine bekommen, und ich hatte darum ersucht, uns für die wenigen Tage unseres Aufenthalts in Dubris eine Anzahl Kühe auszuleihen. Aber erwartungsgemäß hatte man in der Umgebung der Stadt nicht mehr als ein paar Tiere für uns auftreiben können, so daß die meisten Männer sich nach wie vor mit dem sauren Bier begnügen mußten, das man uns während des Marsches zu trinken gegeben hatte. Vermutlich hatte Leimanos diesen Becher Milch für mich reserviert, während die anderen sich um den Rest stritten. Noch eine Sache, um die ich mich kümmern mußte. Ich setzte mich auf die Wagenstufen und begann zu essen.

»Hast du es gewußt?« fragte Gatalas ärgerlich.

»Natürlich nicht«, antwortete ich scharf. »Und ich werde mich eurem Protest anschließen – wenn ich gegessen habe.«

»Protest?« rief Arshak höhnisch. »Was für einen Sinn hat es, zu protestieren? Wir müssen etwas tun, um ihnen zu *zeigen*, daß wir es uns nicht gefallen lassen, mit Lügen hingehalten zu werden. Gatalas und ich haben beschlossen, daß wir diese Stadt nicht ohne unsere Waffen verlassen. Wenn du mit essen fertig bist, kannst du hingehen und ihnen das sagen.«

»*Ich* kann hingehen und ihnen das sagen!« Mir stieg die Galle hoch. »Warum ich? Wenn du und Gatalas das beschlossen habt, dann könnt du und Gatalas ihnen das sagen.«

Bestürztes Schweigen. Ich sah meine beiden Kommandeurskameraden einen nach dem anderen an. Warum ich? Weil ich es war, der sich mit den Römern eingelassen, der sich bereits kompromittiert hatte? Wenn ich allein ging, brauchten sie sich nicht zu gemeinem Schachern herabzulassen – sie konnten den Vorteil einstecken und die Schande mir überlassen.

»Denkt ihr vielleicht, daß meine Natur sich besser dazu eignet, mit Römern zu verhandeln, als eure?« fragte ich ruhig. Am liebsten hätte ich einen von ihnen zum Kampf herausgefordert, um mich gegen ihre infamen Unterstellungen zur Wehr zu setzen.

Arshak und Gatalas sahen unbehaglich aus. »Du hast bisher einigermaßen erfolgreich mit ihnen verhandeln können«, sagte Arshak.

»Ich bin immer noch ein Fürst der Jazygen, nicht weniger als du, Gatalas, oder du, Arshak, bei all deinem königlichen Blut.«

»Ich bestreite das doch nicht«, sagte Arshak verlegen. »Aber du bist vor uns allen nach Britannien gefahren, und du hast diesen Legaten Priscus getroffen. Und du bist mit dem Prokurator in Bononia gut zurechtgekommen. Ich dachte, da du die Leute kennst...«

»Hast du nicht diesen Legaten selbst getroffen?«

»Kurz«, antwortete Gatalas für ihn. »Wir beide haben ihn kurz getroffen, als wir in Dubris ankamen.«

Dieses »kurz« war wahrscheinlich ein Glück. Ich hatte niemandem von den Plänen der Römer erzählt, nichts von dem, was ich in Bononia gehört hatte, und nichts von dem, wogegen ich mich in Dubris gewehrt hatte. Es hätte nur ihrem Mißtrauen und ihrer Wut neue Nahrung gegeben. Es war bestimmt gut, daß sie keine Gelegenheit gehabt hatten, das alles zu erfahren. Aber ich war nicht in der Stimmung, Genugtuung zu empfinden.

»Warum konntet ihr dann nicht selbst zu ihm gehen und ihm sagen, was ihr beschlossen habt?« fragte ich erbittert. »Warum sitzt ihr wie zwei Adler mit zerrupften Federn herum, zu großartig, um euch zu beschweren, und wartet auf mich? Tut nichts, wartet bloß auf den Augenblick, wo ich ankomme, um *mich* schicken zu können, mit ihnen zu verhandeln, als ob ich euer Botenjunge wäre.«

»Es tut mir leid, Ariantes«, sagte Arshak – seltene Worte aus dem Munde eines sarmatischen Fürsten, und aus seinem ganz besonders. »Wir haben uns geirrt, Gatalas und ich. Wir werden alle drei gehen und diesen Legaten gemeinsam aufsuchen.«

Ich fühlte mich beschämt. »Meine Brüder«, sagte ich mit großer Eindringlichkeit und tiefem Ernst, »verschwört euch nicht mit den Römern, um aus mir einen Römer zu machen. Ich habe versucht, unter ihren Bedingungen mit ihnen zu verhandeln, das ist richtig. Aber das habe ich nur deshalb getan, weil sie mich sonst nicht gehört hätten, und wir *müssen* unsere Stimme zu Gehör bringen. Aber ihr kennt die Devise der Römer: *divide et impera* – ›teile und herrsche‹. Ich bin mir völlig klar darüber, daß sie glauben, in mir den Mann gefunden zu haben, den sie benutzen können, den ›Vernünftigen‹, aus dem sie ein Werkzeug ihrer Politik zu machen gedenken. Helft ihnen nicht dabei, indem ihr alles Diskutieren und alles Verhandeln auf mich abschiebt.«

Arshak trat zu mir und reichte mir die Hand. »Wir werden zu dir stehen«, versprach er feierlich. Gatalas nickte, und auch er gab mir die Hand.

Ich stand da und hielt die Hände meiner beiden Freunde und Brüder. Die Furcht, die mich unterschwellig gequält hatte, war jetzt offen ausgesprochen; es war eine ungeheure Erleichterung, sie abzuschütteln und alle Mißverständnisse mit meinen Kameraden auszuräumen.

»Ich danke euch«, sagte ich. »Wir werden alle drei gehen und den Legaten aufsuchen. Doch ich denke, Arshak, du solltest vorher deinen Mantel wechseln.«

Er runzelte die Stirn. Er war sehr stolz auf diesen Mantel und trug ihn an diesem Tag lose über die Schultern gehängt. Die Skalpe waren in einer Art Muster angeheftet – die hellerfarbigen bildeten einen Streifen den Rücken und beide Ärmel hinunter, alle übrigen waren schachbrettartig in verschiedenen Schattierungen von Schwarz angeordnet; die rote Wolle des Mantelstoffs zeigte sich nur in den Ärmelaufschlägen. (Ich hatte beobachtet, daß er sorgfältig die Stelle für Facilis' Skalp ausgesucht und überlegt hatte, welche anderen er wohin umstecken sollte, um Platz für ihn zu machen.)

»Wir wollen den Legaten bitten, uns unsere Waffen zurückzugeben«, sagte ich, als er stumm blieb. »Es wird nicht gerade hilfreich sein, ihn daran zu erinnern, wie viele Römer wir mit ihnen getötet haben.«

Arshak seufzte. »Also gut. Ich werde den anderen tragen. Aber ich war der Meinung, wir würden unsere Waffen zurück*fordern*, nicht um sie *bitten*.«

Ich zögerte. »Wollt ihr meinen Rat hören?«

»Du kennst den Legaten besser als wir.«

»Dann sollten wir zuerst bitten, ruhig bitten, bevor wir fordern. Nach meinen bisherigen Erfahrungen ist der Legat ein hochmütiger und harter Mann, der es nicht mag, daß seine Entscheidungen kritisiert werden. Wenn wir fordern, wird er vermutlich nein sagen, nur um uns zu beweisen, daß er sich keine Vorschriften machen läßt. Weigern wir uns dann, die Stadt ohne unsere Waffen zu verlassen, wird er für den Augenblick vielleicht nachgeben müssen, weil er nicht genug Truppen hat, um eine Meuterei niederzuschlagen. Später aber wird er es uns um so härter heimzahlen. Er mag uns nicht, und er traut uns nicht, und er hat Facilis als Berater in seine Legion übernommen.«

»Was?« rief Gatalas. »Facilis geht nicht nach Aquincum zurück?«

Ich erzählte ihnen von Facilis' Angebot, das der Legat angenommen hatte.

»Kein Wunder, daß man uns unsere Waffen nicht zurückgegeben hat«, sagte Arshak nachdenklich. »Facilis hat den Legaten gegen uns aufgehetzt. Immerhin freut es mich, daß er nun doch nicht sicher heimkommt«, fügte er mit sardonischem Lächeln hinzu.

Ich haßte dieses Lächeln. Ich hätte Arshak gern gesagt, er solle den Zenturio in Ruhe lassen, weil die Genugtuung, sich an ihm zu rächen, die schlimmen Folgen für uns alle nicht aufwog. Doch da ich wußte, wie gereizt er reagieren würde, unterließ ich es.

»Wie, meinst du, könnten wir den Legaten herumkriegen?« fragte Gatalas.

»Wir gehen einfach zu ihm und sagen ihm, daß unsere Männer aufgebracht sind, weil sie erwartet hatten, ihre Waffen gleich nach der Überquerung des Ozeans zurückzubekommen. Vielleicht weiß er gar nicht, was man uns versprochen hat, er war ja nicht in Aquincum. Wir sagen ihm, daß es ihr Vertrauen zu ihm erschüttern müsse, wenn sie die Waffen nicht bekämen, und daß sie in Zukunft keinem seiner Worte, keiner seiner Versprechungen mehr glauben würden.«

»Welches Vertrauen?« fragte Gatalas.

»Das Vertrauen, das wir vielleicht haben werden, wenn er uns fair behandelt. Mein Bruder, er wird sich darüber klar sein, daß unsere Männer von der Ehrlichkeit seiner Worte überzeugt sein müssen. Welchen Grund hätten sie sonst, ihm zu gehorchen? Er weiß, daß er uns irgendwann die Waffen zurückgeben *muß*. Wir können ihm unser Ehrenwort geben, daß unsere Leute auf dem Marsch nach Eburacum keinem Römer Gewalt antun werden. Wenn wir unser Anliegen geschickt formulieren, wird er, denke ich, nachgeben. Arshak, du weißt, wie es gemacht wird – du hast uns das in Bononia demonstriert.«

»Nicht gerade dasselbe«, sagte Arshak. »Aber doch in etwa, ja. Allerdings« – er übernahm jetzt die Initiative – »sollten wir den Eindruck vermeiden, daß es unsere Absicht ist, uns zu beschweren.

Wir kommen lediglich, um ihm als unserem neuen Befehlshaber unsere Aufwartung zu machen und ihm ein Geschenk zu geben. Römer lieben es, Geschenke zu bekommen. Was geben wir ihm?«

»Ein Pferd?« schlug Gatalas vor.

»Sie schätzen Pferde nicht so hoch, wie wir das tun«, sagte ich. »Ein Schmuckstück vielleicht?« Meine Hand griff unwillkürlich zur rechten Schulter, wo die Spange fehlte.

Arshak sah mich von der Seite an. »Was hast du mit deiner Mantelspange gemacht?«

»Sie Valerius Natalis gegeben, wie du richtig vermutest«, antwortete ich gleichmütig, ohne mich allerdings zu dem Eingeständnis durchringen zu können, daß Natalis mir einen Sklaven geschenkt hatte. »Er hat sich sehr darüber gefreut.«

Gatalas fuhr auf. »Mußtest du ihm ausgerechnet einen Drachen geben?«

»Wenn uns das einen Freund im römischen Lager gekauft hat, war es gut angelegt«, sagte Arshak. »Aber da schon Natalis ein Schmuckstück bekommen hat, können wir Priscus nicht auch eins geben. Ich habe eine Bahn Seide, die ich von einer Karawane aus dem Osten gekauft und für Zwecke dieser Art mitgenommen habe. Meinst du, sie würde ihm gefallen, oder meinst du, er würde das für Weiberzeug halten und beleidigt sein?«

»Er hat eine schöne junge Frau«, antwortete ich. »Und wenn ich mich nicht täusche, hat sie auch großen Einfluß. Gib ihm das Geschenk, und erwähne dabei sie. Das müßte ankommen.«

»Und wir werden jeder nur zehn Mann von unseren Leibwachen mitnehmen«, fuhr Arshak fort, der jetzt das Kommando übernommen hatte. »Genug, um unseren Rang zu betonen, aber nicht genug, um als Machtdemonstration interpretiert zu werden. Also gut. Ich gehe jetzt die Seide holen und den Mantel wechseln; inzwischen sollen sich unsere Männer bereit machen. Wir treffen uns hier in ein paar Minuten.«

Er ging rasch fort; auch Gatalas machte sich auf den Weg zu seinem Wagen, aber langsam und mit finsterem Gesicht. Es widerstrebte ihm, um etwas zu bitten, was wir nach seiner Auffassung fordern sollten. Ich strich mit den Händen über mein zerzaustes Haar und wandte mich an den Führer meiner Leibwache.

»Leimanos, hat es Streit wegen der Milch gegeben? Wieviel war es?«

Er zog die Augenbrauen hoch und schnalzte mit der Zunge. Leimanos war ein Blutsverwandter von mir, ein hagerer, braunhaariger Mann mit Augen so blau wie die von Arshak, loyal und tüchtig. Wir waren miteinander geritten seit der Schlacht, in der ich meinen ersten Mann getötet hatte. »Es reicht für ungefähr zwanzig Mann in unserem Drachen. Die anderen Abteilungen haben die gleiche Menge bekommen. Ich habe einen Becher für dich eingeschenkt, mein Fürst, und den Männern gesagt, sie sollten ruhig abwarten, bis du getrunken hast und anordnest, wer das übrige bekommt.«

»Gut. Sie soll an die Männer verteilt werden, die krank sind. Wenn jeder von ihnen einen Becher Milch bekommen hat und noch etwas übrig ist, macht davon Käse.« Ich nahm meinen eigenen Becher, den ich nicht angerührt hatte, von den Wagenstufen. »Gib ihn dem Mann, der am schlimmsten krank ist.«

Leimanos runzelte die Stirn. »Der Rest kann an die Männer gehen, die krank sind. Dies hier trinkst du, mein Fürst. Du hast letzte Nacht nicht gegessen, und du hast heute morgen das Brot kaum angerührt. Du solltest wenigstens den Becher Milch trinken. Auch die anderen Kommandeure haben Milch getrunken. Es ist wahr, was du ihnen gesagt hast: Du bist kein geringerer Fürst der Jazygen als jeder von den beiden, und es wäre eine Schande für den Drachen, wenn dir weniger Ehre erwiesen würde als ihnen.«

Ich trank die Milch. Die Meinung meiner Gefolgsleute, was der Würde ihres Kommandeurs geziemt, mußte respektiert werden.

Leimanos lächelte befriedigt. »Soll ich dich mit den Ersten Zehn der Leibwache zu dem Legaten begleiten?« fragte er.

»Nein, bleib du hier und kümmere dich um die Milch. Sag Banaspados und den Zweiten Zehn, sie sollen sich und ihre Pferde bereit machen. Ich gehe in den Wagen, um mir eine andere Mantelspange zu holen und das Haar zu kämmen.«

»Ja, mein Fürst.« Doch statt sich auf den Weg zu machen, zögerte er.

»Ist noch was?« fragte ich.

»Nur daß ich froh bin, daß du diesem Paar Adler die Flügel gestutzt hast«, sagte er heftig. »Sie hatten kein Recht, sich für besser zu halten als dich. Sie sind froh genug gewesen über das Leder und die Arzneien und das Essen und die Milch, die du den Römern abgehandelt hast, ganz zu schweigen davon, daß sie sicher den Ozean überqueren konnten, statt in Bononia durch römische Schwerter zu sterben – aber die Männer haben getuschelt, du wärst ein Römerfreund, und sie haben dem nicht widersprochen.«

»Nun, es wird noch mehr Gerede geben, Leimanos«, sagte ich, mir ein Herz fassend. »Du weißt das Schlimmste noch gar nicht. Der Prokurator Natalis hat mir einen Sklaven geschenkt, einen Schreiber. Ich brauche jemand, der die Briefe schreibt.«

»Mein Fürst«, sagte Leimanos, »wenn du sagst, du brauchst einen Schreiber, dann brauchst du einen. Niemand, der dich kennt, der dir durch den Krieg gefolgt ist, wird dich einen Römerfreund nennen. Du bist unser Fürst« – Leimanos trat näher und legte meine Hand an seine Stirn –, »und wir wissen, die Götter haben sich uns gewogen gezeigt. Ich kann für den ganzen Drachen sprechen, wenn ich sage, daß wir darüber glücklich sind, daß du erfolgreich mit den Römern verhandeln kannst. Wie würden wir sonst leben?«

»Ich danke dir«, sagte ich. Zum zweitenmal an diesem Morgen fühlte ich mich von einer Last befreit. »Ich werde sehen, ob ich uns unsere Waffen wiederbeschaffen kann.«

4

Das Treffen mit dem Legaten verlief zufriedenstellend. Priscus war noch Gast in Natalis' Haus. Wir ließen uns anmelden und wurden sofort in den Speiseraum geführt. Außer dem Legaten waren die drei Tribune anwesend. Priscus stand auf und begrüßte uns höflich. Arshak zeigte sich von seiner liebenswürdigsten und charmantesten

Seite. Er hielt eine kleine Begrüßungsansprache, in der er unsere Erwartung und Hoffnung zum Ausdruck brachte, der Dienst unter einem so hervorragenden und berühmten Befehlshaber wie Julius Priscus werde uns Ehre und Ruhm bringen. Dann überreichte er ihm die Seide »als ein Zeichen der Hochachtung für Euch, edler Legat, in der Hoffnung, daß sie Euer Haus schmücken und Eurer edlen Gemahlin gefallen möge«. Aurelia Bodica war nicht zugegen, aber der Legat fühlte sich offensichtlich geschmeichelt. Er sah beinahe freundlich aus.

Arshak schnitt dann behutsam die Frage unserer Waffen an; sein Gesicht zeigte einen Ausdruck der Verlegenheit, als sei er mit einem Problem konfrontiert, für das er keine Lösung wisse, und wende sich daher an den Legaten um Rat und Hilfe. Gatalas fiel ein mit Bekundungen von Verständnis und Mitgefühl für die Befürchtungen der Männer, er brachte seine Sorge wegen einer Zerstörung des Vertrauens zu ihrem neuen Befehlshaber zum Ausdruck und verbürgte sich dafür, daß es keine Probleme geben werde, wenn sie ihre Waffen zurückerhielten. Das Gesicht des Legaten verfinsterte sich. Mit welchen Argumenten auch immer man ihn gewarnt hatte, uns die Waffen vor Erreichen seines befestigten Lagers Eburacum auszuhändigen, sie waren offenbar überzeugend gewesen. Aber auch Arshak war sehr überzeugend, und Priscus schwankte sichtlich.

Ich beeilte mich, die Gunst des Augenblicks zu nutzen, und führte ein neues Argument ein, das mir kurz zuvor eingefallen war: Mein Plan sei gewesen, die durch das Entladen der Waffen frei werdenden Wagen zum Transport von einhundert Fässern gepökeltem Rindfleisch sowie einer größeren Menge eichener Dauben und Buchenschalholz zu verwenden. Diese Güter eigneten sich nicht dazu, auf Packpferde verladen zu werden, und wenn wir die Waffenwagen nicht bekommen könnten, müßten wir zusätzliche Frachtwagen kaufen, womit wir unser Budget überschritten. Das gab den Ausschlag: Priscus willigte ein.

Er sagte: »Schließlich seid ihr als Soldaten hierhergeschickt worden, nicht als Gefangene – und ihr könnt wohl kaum über den

Kanal zurückschwimmen. Ihr schwört mir, daß Ihr Eure Männer in Zucht und Ordnung halten werdet?«

»Auf das Feuer schwören wir es!« riefen wir gemeinsam und streckten die rechte Hand über die glühenden Kohlen der Kohlenpfanne in der Ecke des Raums, die man wegen der Kälte der feuchten Septemberluft aufgestellt hatte.

Wir kamen überein, daß die Waffen an diesem Nachmittag vor der Tribüne auf dem Paradeplatz ausgegeben würden, und wir verabschiedeten uns, um unseren Männern die gute Nachricht zu überbringen. Als wir gerade den Raum verlassen wollten, kam Facilis.

Arshak lächelte ironisch. »Wie schön, daß Ihr noch bei uns bleiben wollt, Flavius Facilis«, sagte er.

»Ihr hofft wohl, daß Ihr eine weiße Halskrause für Euren anderen Mantel bekommen könnt?« knurrte Facilis zurück. Tatsächlich war das genau der Platz, den Arshak ausgewählt hatte.

Arshak lächelte nur, aber seine Augen funkelten. »Vergeßt eins nicht: Nicht wir sind Euch gefolgt« – seine Stimme war ganz sanft –, Ihr wart es, der unsere Gesellschaft gesucht hat. – Aber jetzt muß ich meine Männer darauf vorbereiten, daß sie ihre Waffen zurückbekommen«, warf er dem Zenturio wohlberechnet seinen Köder hin.

»Was?« rief Facilis, wie erwartet reagierend, und sah Priscus bestürzt an. »Ich dachte, Herr... Ihr wart doch einverstanden...«

»Es war mir nicht klar, daß die Sarmaten damit rechneten, ihre Waffen zurückzubekommen, sobald sie auf dieser Seite des Kanals angekommen waren«, erwiderte der Legat ungeduldig. »Wenn man es ihnen versprochen hat, oder wenn sie auch nur glaubten, es sei ihnen versprochen worden, dann würde es das notwendige Vertrauen in ihre Offiziere zerstören, sie länger warten zu lassen. Und außerdem brauchen wir die Wagen für den Transport von Vorräten.«

Facilis sah mich wütend an. »Wir brauchen die Wagen für Vorräte! Das war Eure Idee, Ariantes. Ich hätte es mir denken können.«

»Flavius Facilis«, sagte ich, »Ihr wißt, daß uns die Waffen hier zurückgegeben werden sollten. Und irgendwann müssen wir sie auf jeden Fall bekommen. Warum nicht gutwillig geben, was gegeben werden muß?«

»Euch gebe ich nichts gutwillig«, erwiderte er wütend, und leise fügte er hinzu: »Gerissener Bastard! Die anderen hätten geradeheraus gefordert, was sie wollten, und es wäre ihnen geradeheraus abgeschlagen worden.«

Ich schüttelte den Kopf und entschuldigte mich, ich müsse gehen. Arshak und Gatalas schlossen sich mir an. Als wir gerade aufsaßen, kam Lucius Javolenus aus dem Haus gerannt. »He! Wartet einen Moment!« rief er; grinsend und außer Atem lief er zu uns herüber.

»Ich habe mit den beiden anderen – äh – Verbindungsoffizieren gesprochen«, sagte er. »Es würde uns freuen, wenn Ihr heute abend mit uns essen würdet. Es gibt eine sehr gute Taverne hier beim Hafen...«

»Es wäre uns lieber, Ihr würdet unsere Gäste sein«, sagte Arshak mit gewinnendem Lächeln. Es war unter seiner Würde, in römischen Tavernen zu sitzen, und Comittus war noch tiefer in seiner Achtung gesunken, weil er einen solchen Vorschlag gemacht hatte. »Wir können das Mahl bei den Wagen einnehmen, und Ihr habt Gelegenheit, die Führer unserer Schwadronen kennenzulernen... die Dekurionen, so würdet Ihr sie nennen, glaube ich. Meine Männer werden einen Ochsen kaufen und am Spieß braten, und gegen den Regen bauen wir Schutzdächer auf.«

»Gut«, sagte Comittus freudig überrascht. »Eine ausgezeichnete Idee! Ich werde einen guten Wein mitbringen. Um welche Zeit sollen wir kommen?«

»Junger Dummkopf«, war Arshaks Kommentar, als wir zu unseren Wagen zurückritten. »Was, meinst du, tut ein ›Verbindungsoffizier‹?«

»Ist doch klar«, stellte Gatalas fest, »er bringt guten Wein mit, wenn er zum Essen eingeladen wird, und sitzt in Tavernen herum.«

»Na, ich schätze, dieses Joch ist leicht zu tragen«, bemerkte Arshak. »Er kann in Tavernen sitzen, und ich kann seine Existenz vergessen. Und wir bekommen unsere Waffen zurück!«

»Du hast zu dem Legaten wie ein Fürst gesprochen«, sagte ich. »So gewinnend und würdevoll, daß er an Facilis' Urteil zu zweifeln begann.«

»Ich kann meinen Mund mit Honig füllen, wenn ich das will«, sagte Arshak grinsend: »Aber es war diese Geschichte, mit der du herausgekommen bist, die den Ausschlag gegeben hat. Wo in aller Welt hast du diesen Ausdruck her – was war das noch? Unser Bugget überschreiten?«

»Unser *Budget*«, korrigierte ich. »Ein Budget ist eine Liste, in der aufgeführt wird, wieviel Geld man für eine bestimmte Sache ausgeben darf. Der Schreiber, den man mir in Bononia ausgeliehen hat, gebrauchte diesen Begriff sehr oft.«

»Schreibergeschwätz«, sagte Arshak verächtlich. »Und dieser Legat hört auf so was! Aber ich bin froh, daß du es gelernt hast.«

Es war bestimmt besser, meinen Status als Sklavenbesitzer selbst anzukündigen, als daß jemand anderer es ihnen hinter meinem Rücken erzählte. »Es ist eine nützliche Sache«, bekräftigte ich. »Und Natalis hat mir den Schreiber als Geschenk gegeben. Wenn es sich auch in Zukunft als nötig erweist, Briefe an die Römer zu schreiben, oder wenn wir Briefe zu lesen haben, die sie uns – oder über uns – schreiben, dann sind wir jetzt dazu in der Lage.«

Die beiden starrten mich entgeistert an, ohne ein Wort herauszubringen.

»Wo ist dieser Sklave denn jetzt?« fragte Gatalas nach langem frostigen Schweigen.

»Ich habe ihn nach Bononia zurückgeschickt, damit er seine Sachen in Ordnung bringen und sich verabschieden kann. Morgen nachmittag soll er hier sein.«

»Ariantes...«, begann Arshak, dann schüttelte er den Kopf. »Ich sehe ein, daß es nützlich sein wird. Für uns alle. Ich würde keinen Sklaven in *meinen* Wagen aufnehmen, aber es leuchtet mir ein, daß er uns gute Dienste leisten wird – wie kann ich also etwas dagegen sagen? Du hast es uns ja auch bereits bewiesen. Heute nachmittag« – er stellte sich in den Steigbügeln hoch auf und streckte den Arm aus –, »heute nachmittag werde ich meinen Speer wieder halten! Und *das* ist ein paar honigsüße Worte zu einem Legaten wert.«

Die Waffen wurden vor der Tribüne unter einem anhaltenden Nieselregen verteilt. Priscus hatte in einem Armstuhl Platz genommen, der für ihn auf der Steinplattform aufgestellt worden war; ein Sklave hielt eine Art Schutzdach über ihn. Er überwachte mit seinen Tribunen, wie wir aus den zwanzig Wagen unsere Waffen und Rüstungen in Empfang nahmen. Die Seidentücher unserer Standarten hingen, vom Regen durchnäßt, schlaff herab, und die Pferde, deren Hufe in dem aufgewühlten Schlamm feststeckten, warfen mißmutig die Köpfe hoch. Aber für unsere Männer war es ein großer Tag, ein strahlender Sonnentag. Die Wagen waren systematisch beladen worden, Abteilung für Abteilung, Schwadron für Schwadron, und so wurden sie jetzt auch entladen. In geordneter Reihe zogen die Reiter vorbei, jeder empfing Schwert, Lanze, Bogentasche und das wasserdicht verpackte Bündel, das die Rüstung für ihn und sein Streitroß enthielt. Arshaks Männer, wie immer die ersten, galoppierten, sobald sie ihre Waffen in Empfang genommen hatten, zum anderen Ende des Paradefeldes, um ihre Rüstung anzulegen. Gatalas wählte für seine Männer einen Platz näher der Tribüne; ich beobachtete, wie sie ihre Pferde sattelten und panzerten, während ich darauf wartete, daß meine Männer an die Reihe kamen. Das Klirren von Waffen und Panzern, für mich einst ein alltägliches Geräusch, erfüllte das ganze Paradefeld. Ich sah, wie die Römer auf der Tribüne zu starren begannen, als die sarmatischen Drachen in ihre glitzernde Metallhaut schlüpften und zum Leben erwachten.

Die Reihe kam an meinen eigenen Drachen. Wie es sich für den Fürst-Kommandeur ziemt, nahm ich als erster meine Ausrüstung in Empfang: Öltuchbündel, Bogentasche, Speer, Schwert, die ganze gewaltige Illusion der Unverwundbarkeit. Ich fühlte mich deprimiert, als ich das schwere Bündel mit der Rüstung aufhob; es machte mich seltsam traurig, sie wiederzusehen.

»Warum sollen wir sie anlegen?« fragte ich Leimanos, der sich zu mir gesellte, grinsend sein eigenes Bündel mit der Rüstung betrachtend. »Bei diesem Regen müssen sie, wenn wir sie auspacken, heute abend wieder getrocknet und gründlich geölt werden.«

Leimanos war entsetzt. »Wir müssen sie anlegen, mein Fürst!« sagte er. »Die anderen Drachen haben es auch getan. Außerdem haben sie mehrere Monate in den Wagen gelegen und müssen sowieso getrocknet und geölt und auch getragen werden, um sie geschmeidig zu halten.«

Ich konnte meinen Männern nicht die Schande antun, unbewaffnet und ungerüstet neben die beiden anderen Kommandeure zu treten, und ich konnte von ihnen nicht verlangen, den anderen Drachen nachzustehen. Ich saß ab und begann mich zu rüsten, meine Hände erinnerten sich an die alte Abfolge von Handgriffen, wenn mein Geist auch wie betäubt war. Farna, mein Streitroß, eine Stute aus nisäischer Zucht – hoch, mit breiter, starker Brust, kräftigen Fesseln, geradem Rücken, grau-braun gescheckt, ein edles, schnelles Pferd –, stand geduldig, als ich sie absattelte, nur von Zeit zu Zeit als Protest gegen den Regen mit dem Fuß scharrend. Ich warf ihr die gepanzerte Decke über den Rücken, legte ihr den Sattel wieder auf, befestigte die Decke am Sattel und zog den Gurt über die Brust. Dann kam der Stirnschild mit seinen feinen Filigranschalen zum Schutz der Augen, goldziselierte Bronze auf bemaltem Schuppenleder.

Und schließlich meine eigene Rüstung. Ich legte den Mantel ab und hängte ihn an den Sattel. Als erstes zog ich die Lederhose an, die mit sich überlappenden Schuppen aus vergoldetem Eisen belegt war: sehr dicht auf der Außenseite der Unterschenkel und Knie, weniger eng auf den Oberschenkeln und auf der dem Pferd zugewandten Seite. Die drei Schnitte von den Schwerthieben auf meinem linken Bein waren nur auf der Innenseite zu erkennen, wo das neue Stück Leder eingepaßt worden war; die Außenseite sah so glatt, goldschimmernd und undurchdringbar aus wie immer. Als nächstes folgte der den Oberkörper bedeckende Lederpanzer, ebenfalls mit Schuppen aus vergoldetem Eisen dicht belegt. Ich zog den Handgelenkschutz über die Handrücken, dann nahm ich den Mantel vom Sattel, hängte ihn über die Schultern und steckte ihn mit der Spange fest: kein Grund, die Rüstung unnötig dem Regen auszusetzen. Ich setzte den gepanzerten Helm auf, hängte die Bogentasche an die linke Seite des Sattels, schlang mein Schwertgehänge über die Schulter und saß auf; den Speer steckte ich in seinen Halter neben meinem rechten Fuß. Leimanos hatte sich beeilt und war bereits fertig, aber die meisten meiner Männer waren noch eifrig bei der Arbeit.

Das Klirren der Rüstungen ging unter im dumpfen Rollen der Pauken, und dann zitterte der Boden unter dem Donnern von Pferdehufen. Arshak kam an der Spitze seines Drachen vom hinteren Ende des Paradefeldes herangaloppiert. Über seiner vergoldeten Rüstung trug er wie ich einen Mantel – aber diesmal war es der Mantel mit den Skalpen, und er hatte die Lanze gesenkt und sein langes Schwert gezogen. Der rote Helmbusch aus Pferdehaar wehte, die Tücher der Drachenstandarte, die der ihm folgende Führer seiner Leibwache trug, blähten sich flatternd im Wind, und durch das Stampfen der Hufe und das Rollen der Pauken hörten wir das zischende Sausen des Windes im goldenen Mund des Drachen. Ich hatte vergessen, wie schrecklich und großartig dieses Schauspiel war. Der Paukenschlag änderte seinen Rhythmus; die Schwadronen teilten sich, eine ritt nach links und die nächste nach rechts, dann umgekehrt rechts vor links und so weiter. Sie breiteten sich über das Feld aus, kreisten es in einem eisernen Ring ein. Arshak und seine Leibwache sprengten jetzt direkt auf die steinerne Plattform zu; der Legat stand auf, er sah aus, als würde er sich gleich umdrehen und wegrennen.

Ich gab Farna die Sporen und galoppierte von der Seite auf die Tribüne zu, innerlich fluchend. Natürlich wußte ich, daß Arshak nur eine Schau abzog – aber der Legat wußte es nicht. Zum Glück sprang Priscus nicht in Panik von der Tribüne.

Doch dann zog Arshak mit einem so scharfen Ruck die Zügel an, daß sein weißer Nisäer, sich hoch aufbäumend, unmittelbar vor der Tribüne zum Stehen kam. Sobald die Vorderbeine des Pferdes wieder den Boden berührten, stieß Arshak die Füße aus den Steigbügeln, sprang und stand hoch aufgerichtet auf dem Sattel, die Augen fast in gleicher Höhe mit denen des Legaten. Er nahm den Helm mit einer schwungvollen Bewegung ab, neigte den blondhaarigen Kopf vor Priscus und legte ihm sein Schwert zu Füßen. Salutierend sagte er: »Arshak, Sohn des Sauromates, Zepterträger, Azatan, Fürst-Kommandeur des Zweiten Drachen der sarmatischen Jazygen, zu Euren Diensten, edler Julius Priscus.«

Priscus atmete hörbar aus, bückte sich und nahm das Schwert auf. »Danke«, sagte er.

Arshak grinste. Ich hatte vergessen, wie er war, wie er sein konnte – seine arrogante Überheblichkeit, seine Lust an der glanzvollen Inszenierung und der Zurschaustellung seiner Macht und Stärke. Er hatte alles, was er durch sein charmantes Auftreten am Morgen gewonnen hatte, wieder zunichte gemacht, als er sich in seinem mit Skalpen bedeckten Mantel vor dem Legaten in Szene setzte, aber mein eigenes Herz schlug höher beim Anblick dieses grandiosen Spektakels.

»Zeigt mir einen Feind, edler Legat«, erklärte er stolz, »und ich werde Euch seinen Kopf bringen, noch bevor die Sonne unter dem Horizont ist.«

»Es gibt keine Feinde Roms hier in Dubris«, antwortete Priscus kühl. Langsam reichte er das Schwert Arshak zurück. »Haltet es trocken und benutzt es nur, wenn es Euch befohlen wird.«

Arshak verbeugte sich, steckte das Schwert in die Scheide und setzte den Helm auf. Dann ließ er sich elegant in den Sattel zurückfallen, salutierte und galoppierte zurück. Priscus sah ihm nach und setzte sich.

Ich wendete Farna und ritt ruhig wieder zu meiner Abteilung. Eine Steinmauer verlief vom Fuß der Tribüne am Rand des Paradefeldes entlang, und als ich an ihrem äußersten Ende vorbeiritt, fiel mir ein Wagen auf der Straße dahinter auf, vor den ein Schimmelhengst gespannt war. Ich erkannte das Pferd und aufgrund dessen die Gemahlin des Legaten, die zum Schutz gegen den Regen den Mantel über den Kopf gezogen hatte. Nach der Haltung ihres Kopfes zu urteilen waren ihre Augen auf Arshak gerichtet.

»Was macht Ihr auf dieser Seite des Feldes, Ariantes?« hörte ich hinter mir Facilis' Stimme. »Es ist doch Ariantes, der in dieser Rüstung steckt?«

Ich drehte mich um und sah den Zenturio am Ende der Mauer stehen, wo sie einen gewissen Schutz vor dem Regen gab. Natürlich dachte ich nicht daran, ihm zu erklären, daß ich herübergekommen war, um, falls erforderlich, den Legaten über Arshaks Absichten zu beruhigen, und ich überlegte mir eine plausible Ausrede. Facilis jedoch fuhr schon fort: »Ihr dachtet, Ihr solltet dem Legaten besser erklären, daß Arshak nicht so gefährlich ist, wie er aussieht; habe ich recht? Zu spät. Jedermann kann sehen, daß er es ist.«

»Arshak wird seinen Eid nicht brechen«, erwiderte ich. »Er wird ebenso tapfer *für* Rom kämpfen, wie er *gegen* Rom gekämpft hat.«

»Und wenn es im Norden nichts anderes für ihn zu tun gibt als Patrouillen- und Wachdienst, keine Schlachten und keine Skalpe zu gewinnen? Was wird er dann tun? Er kann nicht leben, ohne zu kämpfen. Und von Zeit zu Zeit muß er ja auch die Accessoires an seinem Mantel auffrischen.«

Es war sinnlos, mit dem Mann zu sprechen. Ich ließ Farna antraben, ohne ein Wort zu sagen.

»Werdet Ihr auch so eindrucksvoll auf dem Sattel stehen und Euer Schwert dem Legaten zu Füßen legen?« höhnte Facilis, als ich an ihm vorbeiritt. »Oder ist Euer Bein zu steif dafür. Und ... Ach ja, das wollte ich noch fragen: Habt Ihr es eigentlich geschafft, den wackeren Mann zu töten, der es zerhackt hat?«

Ich hielt Farna an und sah zu Facilis zurück. Einen Augenblick lang konnte ich kaum das Verlangen bezähmen, Arshak den Skalp des Zenturios streitig zu machen. Aber ein Kommandeur sollte nicht mit dem Dolch denken. »Warum wollt Ihr unbedingt einen Zusammenstoß mit uns provozieren?« fragte ich.

»Weil Ihr uns später keine Schwierigkeiten mehr machen könnt, wenn wir die Sache jetzt ausfechten und Euch zerbrechen«, sagte er heftig. »Es steht das Leben von Römern auf dem Spiel. Ich mache mir keine Illusionen.«

»Ich glaube doch«, entgegnete ich ihm. »Warum muß ein Zusammenstoß unvermeidbar sein? Natürlich wird es keinen Frieden geben, solange sich nicht beide Seiten ernsthaft darum bemühen. Dazu braucht es Geduld, gegenseitiges Verständnis und guten Willen. Aber es ist möglich. Wir sind entschlossen, dem Kaiser zu dienen, sofern man uns nicht zwingt, die Sitten und Lebensformen unseres eigenen Volkes zu verraten. Ihr seid dazu keine Hilfe. Wenn einer meiner Männer Euch eben hätte reden hören, würde er Euch auf der Stelle getötet haben. Und dann müßte er selbst dafür sterben, daß er meine Ehre verteidigt hat. Ist das gerecht, Facilis? Wir sind Diener Roms jetzt; wir versuchen jedenfalls, es zu sein.«

»Warum solltet Ihr Frieden wünschen?« fragte Facilis bitter.

»Weil ich vom Krieg genug habe«, antwortete ich. »Weil ich das sinnlose Töten und Sterben nicht mehr ertragen kann.« Ich verstand plötzlich, warum es mich so deprimiert hatte, meine Rüstung wieder in der Hand zu halten.

Er starrte mich ungläubig an. »Ihr? Ein Sarmate?«

»Ich. Ein Sarmate. Und Ihr, ein Römer, liebt den Krieg noch immer?« Auf einen Druck der Fersen flog Farna das Feld hinunter, bevor ich seine Antwort hören konnte.

Ich verfluchte ihn im stillen, als ich meinen Drachen zur Parade vor den Legaten führte und diesem mein Schwert überreichte – ohne auf dem Sattel zu stehen. Natürlich hatte der Zenturio im Grunde recht – aber seine Schlußfolgerung war trotzdem falsch. Wir Sarmaten sind kein friedliebendes Volk, und wenn ich meinen Männern gesagt hätte, daß ich vom Krieg genug habe, würden sie mich verständnislos angesehen und mich angefleht haben, nicht wie ein Feigling zu reden. Und doch ist es so, daß für jeden einmal der Augenblick kommen kann, wo es ihm unerträglich wird, Menschen sinnlos sterben zu sehen. Ich fühlte mich in einer Situation gefangen, die so verworren und ausweglos war, daß mir schauderte.

Beim Essen mit den Tribunen an diesem Abend drehte sich das Gespräch hauptsächlich um Waffen und Rüstungen und Pferde. Die Atmosphäre war im großen und ganzen angenehm freundlich.

Wir hatten beim Hauptlagerfeuer Schutzdächer aus Buschholz aufgebaut und sie mit Stroh abgedeckt, das jetzt in der Erntezeit auf den Feldern der Umgebung reichlich zu finden war. Auch den Boden hatten wir dick mit Stroh belegt, und Teppiche und Kissen aus den Wagen ermöglichten es uns, unseren Gästen einen relativ komfortablen Rahmen für die Party zu bieten. Ich hatte frisches Fleisch beschafft, bevor ich von Bononia aufbrach; aber Arshak hatte für dieses Festmahl auf dem Markt in Dubris einen Ochsen gekauft, dazu gutes römisches Brot, Äpfel, Karotten und Lauch, frischen Käse und eine Art Süßspeise aus mit Honig gerösteten Nüssen. Einer der Tribune brachte als Geschenk ein parfümiertes Öl mit, das die Römer gern verwenden, um sich vor dem Mahl zu salben, und Comittus hatte sein Versprechen, einen guten Wein zu besorgen, gehalten. Ich holte aus meinem Wagen die goldenen Trinkbecher, und wir tranken etwas Wein und aßen Käse dazu, während wir genüßlich warteten, bis das Fleisch des Ochsen gar war, der vor unseren Augen am Spieß gebraten wurde. Wir Sarmaten saßen mit gekreuzten Beinen, die Römer lehnten sich gegen die Strohballen. Keiner der Tribune machte eine Bemerkung darüber, daß die Trinkbecher offensichtlich römischer Herkunft waren. Vielleicht nahmen sie auch an, ich hätte sie gekauft.

Wir stellten den Tribunen unsere Schwadronsführer vor und erhielten im Gegenzug die wichtige Information, daß der älteste der drei Männer, der verheiratete Marcus Vibullus Severus, Arshak zugeteilt worden war; der zweite, Gajus Valerius Victor, war als Gatalas' Verbindungsoffizier und Lucius Javolenus Comittus als mein Verbindungsoffizier vorgesehen. Comittus lächelte mir zu, als er das bekanntgab. Ich war mit dieser Einteilung zufrieden. Severus machte einen ernsteren und verantwortungsbewußteren Eindruck als seine jüngeren Kameraden und würde mit Arshak wohl besser zurechtkommen als diese. Allerdings stieg Comittus bei diesem Abendessen wieder etwas in der Wertschätzung meiner fürstlichen Freunde – hauptsächlich durch seine Bewunderung für unsere Waffen und unsere Pferde.

»Ich hatte bis heute keine Vorstellung davon, was ›gepanzerte Kavallerie‹ bedeutet!« rief er enthusiastisch aus. »Bei Andate! Diese Parade heute nachmittag war faszinierend. Es überrascht mich nicht, daß noch niemand euch geschlagen hat, wenn ihr eure schwere Reiterei zum Einsatz bringen konntet.«

Arshak lächelte und strich mit der Hand über den Knauf seines Schwertes. »Wir sind die beste Kavallerie der Welt«, sagte er selbstgefällig. Er und Gatalas trugen noch die Rüstung. Ich hatte sie abgelegt und einen meiner Leibwächter beauftragt, sich um sie zu kümmern, wenn er mit dem Einölen seiner eigenen Rüstung fertig war.

»Wie stark ist dieser Panzer?« fragte Severus. »Ist er so gut wie ein Plattenpanzer?«

Als Antwort streckte Gatalas seinen Arm Severus hin; der Tribun klopfte darauf, dann prüfte er mit den Fingern die Schuppen; die beiden anderen standen auf und untersuchten die Rüstung ebenfalls. »Zwei Lagen tief?« fragten sie.

»Wie ist das mit den Rüstungen, die Schuppen aus Horn statt aus Eisen haben, was sind die Vor- und Nachteile? – Wie lange halten sie? – Wie lange dauert es, die Rüstung herzustellen? – Kann sie einen Schwerthieb abfangen?« Gatalas und Arshak spreizten sich wie Pfauen und prahlten mit der Stärke ihrer Rüstung.

Ich beobachtete sie gereizt. »Ein direkter Hieb mit einem guten Schwert kann hindurchschneiden«, sagte ich – und bedauerte es gleich. Sie alle blickten auf mein Bein. Ich hatte es hochgestellt, weil die Wunde über dem Knie noch nicht ganz verheilt war und es zu sehr schmerzte, das Bein beim Sitzen unterzuschlagen.

»Der Mann, der dein Bein verwundet hat, war Daker«, sagte Gatalas langsam und etwas stockend. Wir unterhielten uns in der Sprache der Römer, und er sprach Latein nicht so flüssig wie Arshak oder ich. »Er benutzte eines ihrer langen zweihändigen Schwerter.«

Arshaks Augen glitzerten. Er hob beide Hände über den Kopf und brachte ein imaginäres Schwert auf mein Bein herab, drei Schläge hintereinander. Ich war durch seine Augen gewarnt und schaffte es, nicht zurückzuzucken. Es war keine wirklich bösartige, gehässige Geste – aber er würde das nicht getan haben, wenn mein Eingeständnis, daß die Rüstung nicht undurchdringlich war, ihn nicht geärgert hätte. »Es war beinahe wie ein Axthieb«, sagte er und steckte sein imaginäres Schwert wieder weg. »Mit einer weniger guten Rüstung würdest du mit Sicherheit das Bein verloren haben. Einen Mann in dieser Rüstung zu verwunden ist fast unmöglich.«

Ich sah die Szene wieder vor mir, wie ich im Schlamm lag und der Daker mit seinem Zweihänder mein Bein zerschmetterte. Arshak glaubte immer noch an seine Unverwundbarkeit. Das ist überhaupt das Problem bei der gepanzerten Kavallerie, das war auch das Problem für unser ganzes Volk gewesen. Wenn wir geglaubt hätten, wir könnten den Krieg mit den Römern verlieren, hätten wir ihn nie angefangen.

»Ein langer Speer, als Wurfspieß oder Lanze gebraucht, kann ebenfalls hindurchgehen«, fuhr ich fort. »Und ein Katapultbolzen. Und ein von einem hunnischen Bogen abgeschossener Pfeil.«

»Der hunnische Bogen!« höhnte Gatalas. »Immer erzählen uns die Männer, die nach Osten geritten sind, wie gut und wie stark der hunnische Bogen ist. Wenn er wirklich so gut ist, warum hast du nicht einen gekauft, als du im Osten warst?«

»Ich besaß einen. Ich habe ihn verloren, als ich von dem dakischen Zweihänder verwundet wurde. Aber ich habe ihn im Krieg benutzt, wenn ich überhaupt mit dem Bogen kämpfte – was nicht oft vorkam. Wir kämpften ja meist mit Lanze und Schwert, weil es ehrenvoller ist. Wenn diese hunnischen Bogen sich weiter im Westen und auch in unserem Land durchsetzen sollten, sind die Tage der gepanzerten Reiterei gezählt.«

»Es ist wirklich eine sehr gute Rüstung«, sagte Severus, taktvoll das Thema abschließend. »Ich nehme allerdings an, man braucht ein großes, starkes Pferd, um das alles zu tragen.«

So kam das Gespräch dann auf Pferde – die Römer waren vor allem von unseren Nisäern beeindruckt – und dann auf die Jagd und dann auf Bogen und Lanzen und Krieg. Ich beteiligte mich sehr wenig an dem Gespräch; mein Bein schmerzte, und ich war erschöpft. Wir aßen den Ochsenbraten mit Karotten und Lauch und tranken dazu Wein. Das Feuer zischte vom Regen.

»Was mich verblüfft«, sagte Comittus, als wir bei den Äpfeln und den mit Honig gerösteten Nüssen angelangt waren, »das ist, wie sehr die Art eurer Truppenorganisation der unseren ähnlich ist.«

»Eine Legion zum Beispiel?« fragte Arshak mit ausdrucksloser Stimme. Comittus bemerkte die Ironie der Frage nicht. Ein sarmatischer Drache hat so gut wie nichts mit einer römischen Legion gemein.

»Nein, nein, ich denke an die Ala der Auxiliarreiterei«, antwortete Comittus, der keineswegs dieser alberne Dummkopf war, für den Arshak ihn hielt. »Eure Drachen haben fünfhundert Mann; unsere *alae quingenariae* haben ebenfalls fünfhundert Mann. Ihr unterteilt die Drachen in Schwadronen zu dreißig Mann; wir unterteilen die *alae* in *turmae* zu dreißig Mann. Eure Schwadronsführer entsprechen unseren Dekurionen. Es ist genau die gleiche Organisation. Habt ihr uns, oder haben wir euch kopiert?«

»Ich möchte wetten, daß wir beide die Parther kopiert haben«, sagte Severus. »Sie haben ebenfalls eine schwere Reiterei, die in Drachen gegliedert ist. Ich habe das in einem Buch gelesen. Und die Sarmaten haben früher im Osten gelebt, in der Nähe der Parther.«

»Zur Zeit der Königin Tirgatao«, sagte Arshak, »haben wir gegen beide, die Parther und die Römer, gekämpft. So heißt es jedenfalls in unseren Liedern.«

Ich schaute zu Boden. Ich mochte es nicht, daß der Name meiner Frau erwähnt wurde, auch wenn sie nicht gemeint war, sondern die Königin, nach der sie benannt war.

»Und wie ging die Sache aus?« fragte Comittus interessiert.

»Sie hat ihr Volk zum Sieg geführt und fiel in der siegreichen Schlacht.«

»Kämpfen denn eure Frauen im Krieg mit?« fragte Severus.

»Jetzt nicht mehr«, antwortete Arshak. »Aber in den Tagen der Großmütter unserer Großväter schon. Es gibt bei uns viele Lieder über die Heldenköniginnen. In der damaligen Zeit konnte eine Frau nicht heiraten, bevor sie nicht einen Feind ihres Stammes getötet hatte.« Er zuckte die Achseln. »Damals war das für sie leichter zu schaffen, denke ich. Man war nicht so schwer gerüstet wie heute. Die meisten unserer Frauen können auch jetzt noch reiten und mit dem Bogen schießen, und früher war das vermutlich alles, was verlangt wurde.«

»Auch in Britannien haben Königinnen Heere angeführt«, sagte Comittus. »Cartimandua von den Briganten, Boudicca von den Icenern.«

»Bodica?« fragte ich. Meine Aufmerksamkeit erwachte wieder. »Wie die Frau des Legaten?«

»Ja«, sagte Comittus stolz. »Tatsächlich ist Aurelia Bodica in der mütterlichen Linie mit Königin Boudicca verwandt, und zwar über die Familie der Coritanerkönige. Die Schwester des Icenerkönigs Prasutagus heiratete...«

Der dritte Tribun, Gajus Valerius Victor, der älter war als Comittus, lachte hämisch. Er hatte dem Wein ziemlich kräftig zugesprochen und war leicht betrunken. »Hört bloß, wie unser *Brittunculus* über das Königtum der Stämme faselt! An einem Lagerfeuer zu sitzen, ist dir wohl in den Kopf gestiegen, Comittus? Du phantasierst wie ein alter Barde über die Heldentaten deiner Ahnen.«

Comittus wurde rot. *Brittunculus* – kleiner Brite – war ein verächtliches, beleidigendes Diminutiv. »Du hast kein Recht, mir dieses Wort an den Kopf zu werfen, Gajus«, sagte er. »Du bist selbst Brite; deine Familie ist seit Generationen in Verulamium ansässig.«

»Ja, aber mein Urgroßvater war ein Veteran der Armee des göttlichen Claudius, kein coritanischer Stammeskrieger, der seinen Körper blau anmalte!«

»Meine Vorfahren waren Könige!« brauste Comittus auf.

»Das reicht!« fuhr Severus dazwischen und warf den beiden einen scharfen Blick zu. Sie erinnerten sich wieder an unsere Gesellschaft und schwiegen. Wir blickten ausdruckslos in das Feuer und warteten auf den Zweikampf. Kein Sarmate würde einem anderen Mann so beleidigende Worte ins Gesicht sagen, wenn er nicht die Absicht hatte, mit ihm zu kämpfen – und kein Sarmate nahm eine Beleidigung seiner Ahnen friedlich hin. Das Feuer zischte und sprühte, das Schweigen schleppte sich dahin. Comittus lehnte sich wieder zurück, verärgert dreinblickend, und wir verstanden, daß nichts passieren würde.

»Ihr seid ein Nachkomme von Königen?« fragte Arshak, um das Schweigen aufzubrechen. »Und diese Dame auch, die Frau unseres Legaten?«

»Nun – Aurelia Bodica«, sagte Comittus, der noch immer ziemlich unglücklich aussah, »stammt in der väterlichen und in der mütterlichen Linie direkt von Königen ab. Ihr Vater ist ein Nachkomme der Könige der Regner, ihre Mutter stammt von den Königen der Coritaner ab. Meine Familie ist mit der ihrer Mutter verwandt. Ihr habt wahrscheinlich bemerkt, daß ich einen britischen Namen habe.«

Wir hatten das natürlich nicht bemerkt, und ich war mir nicht einmal sicher, welcher seiner Namen der britische war, nur daß es nicht Lucius sein konnte.

»Diese ... Coritaner, Regner, Icener ... das sind Stämme?« fragte Arshak weiter.

»Einheimische britannische Stämme«, ergänzte Severus. »Britannien war früher in eine Anzahl verschiedener Stammeskönigtümer unterteilt. Ein paar Stammesorganisationen bestehen noch als Verwaltungseinheiten weiter; im übrigen aber sind sie heute ohne größerer Bedeutung.«

»Wir haben auch Stämme«, erklärte Arshak, »aber ich denke, unsere sind größer. Wir Jazygen halten das ganze Land zwischen Danuvius und Tisia unter unseren Speeren, und wir stehen in hohem Ansehen, auch bei Eurem Kaiser. Wir sind alle Jazygen hier, abgesehen von Ariantes' Roxolanen. Ist die Verwandtschaft mit dieser Dame der Grund, Lucius Javolenus, daß Ihr Tribun seid?«

»Hm – ja.«

Victor blickte wieder finster drein, und Severus schien sich unbehaglich zu fühlen. Irgend etwas war an diesem Thema, das sie beunruhigte oder ärgerte – vermutlich dasselbe, was diese Streiterei eben verursacht hatte –, und das war nicht die Tatsache, daß Comittus seine Stellung durch Protektion erlangt hatte; solche Dinge waren bei den Römern durchaus üblich. Ich hakte vorsichtig nach: »Die Dame Aurelia Bodica schien mir sehr klug und scharfsinnig zu sein.«

Ich hatte ins Schwarze getroffen. Irgend etwas im Zusammenhang mit der Gemahlin des Legaten mißfiel den beiden anderen Tribunen, sie sahen nervös zu mir herüber. Comittus hingegen strahlte. »Das ist sie, das ist sie!« rief er eifrig. »In ganz Britannien gibt es keine Frau, die es mit ihr aufnehmen kann. Julius Priscus war ihr in dem Augenblick verfallen, als er ihr zum erstenmal begegnete, und er würde Euch selbst bestätigen, welch große Hilfe sie ihm gewesen ist. Er kann sich wirklich glücklich schätzen. Ihr wißt sicher, daß dem Legionslegaten in Eburacum die Zivilverwaltung des nördlichen Britannien ebenso untersteht wie die gesamte militärische Organisation« – wir hatten es nicht gewußt –, »und Aurelia Bodica kennt sich in Prozeßsachen hervorragend aus. Ihr würdet staunen.«

»Ja«, fiel Severus rasch ein, wandte sich Arshak zu und sagte: »Ihr stammt auch von Königen ab, nicht wahr, Fürst Arsacus?«

»Mein Vater steht im Rang an nächster Stelle hinter dem König«, erklärte Arshak stolz, womit er alle Großtuerei über vornehme Geburt zum Schweigen brachte.

Ich lag in dieser Nacht längere Zeit wach und versuchte zu interpretieren, was ich gehört hatte. Mir war bisher nicht klar gewesen, daß die einheimische Bevölkerung der Provinz einen Machtfaktor darstellte, der von den herrschenden Römern unterschieden war, vielleicht im Gegensatz zu ihnen stand. Victor hatte Comittus als Briten verhöhnt: Es gab da also eine gewisse Spannung. Aurelia Bodica stammte von zwei einheimischen Königsfamilien ab, und ihre einflußreiche Stellung bereitete einigen der Offiziere ihres Gemahls Unbehagen. Gegen wen würden wir im Norden zu kämpfen haben? Facilis hatte Zweifel geäußert, daß wir überhaupt zum Kampf eingesetzt werden sollten. »Und wenn es im Norden nichts anderes zu tun gibt als Patrouillen- und Wachdienst?« hatte er gesagt. Immerhin wies auch das darauf hin, daß es dort oben irgendeine Macht gab, gegen die die Römer wachsam sein mußten.

Ich hatte nichts über Britannien gewußt, und ich versuchte immer noch, mir Klarheit darüber zu verschaffen, wie groß die Insel war.

Auf dem Marsch von Aquincum nach Bononia hatte ich geglaubt, wir würden hauptsächlich deshalb nach Britannien geschickt, um uns daran zu hindern, den Römern Ärger zu machen, nicht weil die Römer uns haben wollten, um ihnen Ärger mit anderen Barbaren vom Leibe zu halten. Aber Priscus war in der Annahme nach Dubris gekommen, man habe ihm Auxiliartruppen geschickt, die er dem Befehl römischer Offiziere unterstellen und gegen Feinde Roms einsetzen konnte. Facilis' Brief mit der Enthüllung, wie gefährlich wir für Rom sein konnten, hatte ihn mit Abscheu gegen uns erfüllt. Und aus dem, was ich in Bononia zufällig gehört hatte, wußte ich, daß noch mehr sarmatische Truppen kommen sollten. Wenn weitere viertausend von den achttausend Mann der schweren Reiterei, die unser Volk den Römern hatte ausliefern müssen, nach Britannien kamen, würden schließlich elf der insgesamt sechzehn Drachen hier sein. Das ließ nicht gerade darauf schließen, daß dies eine völlig befriedete Provinz war.

Was würde unsere Aufgabe sein? Die Tribune hatten nichts darüber gesagt, wahrscheinlich war ihnen das ausdrücklich eingeschärft worden. Julius Priscus hatte es sorgsam vermieden, uns sehen zu lassen, wie viele Männer er in Dubris hatte. Zu der Waffenübergabe war er nur mit den drei Tribunen und zwanzig Meldereitern erschienen. Facilis war vermutlich aus rein persönlichem Interesse dagewesen. Konnte man daraus schließen, daß der Legat nicht mit Schwierigkeiten gerechnet und nur eine kleine Eskorte mitgebracht hatte? Eine Handvoll Männer seiner Legion sollte fünfzehnhundert sarmatische schwere Reiter unter Kontrolle halten – kein Wunder, daß er uns im unklaren lassen wollte, welches unser Ziel und was unsere Aufgabe sein würde. Nur er selbst und seine Offiziere kannten die Route und die Versorgungsstützpunkte. Wir hatten unsere Waffen zurückbekommen – was der Legat jetzt wahrscheinlich sehr bedauerte –, aber wir waren keineswegs römische Soldaten. Wir waren Barbaren, und man würde uns über alles in Unkenntnis lassen, was wir nicht unbedingt wissen mußten.

Ich konnte mir gut vorstellen, wie die Römer auf dem Flottenstützpunkt geschäftig dabei waren, Briefe zu schreiben. Die

Marschroute war festzulegen und unsere Versorgung auf dem Weg sicherzustellen; es mußten Truppen in Alarmbereitschaft versetzt werden für den Fall, daß es Schwierigkeiten mit uns gab. Natürlich hatte ich nicht die Absicht, die geringe Zahl unserer Bewacher auf irgendeine Weise auszunutzen. Aber ich wollte ebensowenig darauf verzichten, eine gewisse Kontrolle über das zu behalten, was mit meinen Freunden, meinen Gefolgsleuten und mir geschehen würde.

Nachdem ich am nächsten Morgen überprüft hatte, daß die Wagen und Pferde für den Marsch nach Eburacum bereit waren und der Marschproviant ausgegeben worden war, ritt ich ohne meine Leibwache in die Stadt, um Lucius Javolenus Comittus aufzusuchen.

Ich fand ihn in seinem Quartier auf dem Flottenstützpunkt – ein paar kleine Zimmer am Ende eines der Barackenblocks. Er öffnete auf mein Klopfen selbst – mit zerzaustem Haar, schlecht gelaunt und offensichtlich überrascht, mich zu sehen.

»Oh!« sagte er. »Ariantes. Äh... ich war gerade dabei, den Marschplan für Eure Truppen aufzustellen.«

»Deswegen bin ich gekommen«, erklärte ich. »Kann ich mit Euch sprechen, Lucius Javolenus?«

»Hm... ja, ja, natürlich! Kommt herein, Ihr steht ja im Regen.«

Ich nahm meinem Pferd den Sattel ab und band es an, dann humpelte ich hinein. Der Raum war klein. Fußboden, Decke, Wände waren aus Stein. Ich empfand die Kälte und das Eingeschlossensein als äußerst unangenehm. Comittus hatte einen Tisch unter das Fenster geschoben, um genügend Licht zu haben; der Tisch war mit Pergamentblättern und Schreibtäfelchen übersät.

»Danke für das gute Mahl gestern abend«, sagte Comittus.

»Wir haben uns über Euren Besuch gefreut. Ich bin gekommen, Lucius Javolenus, weil ich hoffte, Euch vielleicht behilflich sein zu können. Als der Prokurator Natalis Vorräte für uns bestellen wollte, erlaubte er mir, seine Listen zu überprüfen. Ich stellte fest, daß er eine ganz falsche Vorstellung davon hatte, was wir benötigten. Er bestellte Weizen, und meine Männer hatten sehr darüber geklagt, auf dem ganzen Weg von Aquincum her immer nur Getreide essen zu müssen. Sie sind es nicht gewohnt; es tut ihren Zähnen weh, sagen sie.«

»Oh!« rief Comittus bestürzt und holte eine der Schreibtafeln heraus. »Ich habe ihn auch aufgeführt. Eßt ihr überhaupt keinen Weizen?«

»Nur sehr wenig; wir brauchen ihn nur zum Eindicken von Schmorgerichten oder um bei festlichen Anlässen flache Kuchen zu backen. Aber niemals, wie ihr es tut, zum Brotbacken oder für eure verschiedenen Brei- und Grützesorten. Für uns ist Getreide etwas, das wir im Tauschhandel erwerben müssen und mit dem wir daher sparsam umgehen. In unserem eigenen Land essen wir hauptsächlich Fleisch – frisches oder getrocknetes Rind-, Hammel- und Pferdefleisch – und verzehren Milch und Käse – von Stuten, Schafen und Kühen. Wie ich gehört habe, eßt ihr Römer kein Pferdefleisch und trinkt keine Stutenmilch, aber getrocknetes und gepökeltes Rindfleisch und Käse müßten leicht zu beschaffen sein. Wäre es möglich, statt eines Teils der Weizenbestellung Fleisch und Käse zu ordern?«

Wir gingen die Liste durch und legten fest, welche Vorräte wo geordert werden sollten. Comittus bemühte sich, die Marschroute vor mir geheimzuhalten, und sprach von Nachschubdepot eins, Nachschubdepot zwei und so fort, aber ich konnte aus seinen verschlüsselten Angaben immerhin entnehmen, daß wir am dritten Marschtag Londinium, die Hauptstadt der Provinz, erreichen würden, dann vier Tage später irgendwo weiter nördlich Vorräte aufnehmen und zwei Tage danach einen Ort namens Lindum erreichen sollten, wo Comittus zu Hause war. Eburacum war drei Tagesmärsche nördlich von dort. »Und da werden wir bleiben?« fragte ich.

»Hm, nicht wir«, antwortete er. »Das heißt, wir werden dort nur kurz haltmachen, aber ... ich sollte Euch das eigentlich nicht sagen.«

»Warum ist es geheim? Sollen wir nicht wissen, daß unsere Drachen auseinandergerissen werden?«

»*Deae Matres!* Woher wißt Ihr das?«

Ich sah ihn überrascht an. »Wir waren uns von Anfang an darüber klar, daß man uns auf verschiedene Lager aufteilen würde, sobald wir unseren Bestimmungsort erreichten. Die ganze Zeit über war es die Befürchtung der Römer, daß eine so große Ansammlung sarmatischer Krieger eine erhebliche Gefahr sei. Als wir Aquincum verließen, hatten die Verantwortlichen große Bedenken, ob unsere Truppe nicht zu groß war, um sie auf dem Marsch in Schach halten zu können.«

Comittus lachte. »Das nenne ich strikte Geheimhaltung!«

»Sagtet Ihr nicht, es sei Eure Aufgabe, mich zu beraten? Darf ich nicht einmal erfahren, wo mein Standort sein wird?«

Er lachte wieder. »Na gut, in ein paar Tagen werdet Ihr es ohnehin wissen. Wir werden mit unserer Abteilung nach Cilurnum kommen, am Wall. Gatalas' Drache wird in Condercum postiert werden, das ebenfalls am Wall liegt, und Arsacus' Drache bleibt in Eburacum.«

»Und was ist dieser Wall?«

Comittus zog ein Blatt Pergament unter den Wachstafeln hervor und breitete es auf ihnen aus. »Schaut her«, sagte er und legte den Finger auf eine Stelle des Blattes; ich beugte mich vor und sah ein unverständliches Gewirr von Linien und winzige schwarze Schriftzeichen überall verstreut. »Hier ist Eburacum«, erklärte er – das Blatt entpuppte sich als eine Landkarte. Ich versuchte zu verstehen, was die Linien bedeuteten. Wir benutzen auch Karten, aber ihre Zeichen markieren nur Lager, Orientierungspunkte, Sonnenstellungen und Strecken für Tagesmärsche; römische Landkarten sind anders.

»Dieses ganze Gebiet« – seine Hand bedeckte einen Teil der Karte oberhalb des Kreises, der Eburacum darstellte – »von Meer zu Meer gehört den Briganten. Sie sind ein großer Stamm, ein bißchen wild, die meisten sind Schafhirten, es gibt aber auch einige Bauern. Sie haben in der Vergangenheit manchmal Schwierigkeiten gemacht – Aufstände. Der letzte war vor fünfundzwanzig Jahren, aber sie haben sich immer noch nicht ganz damit abgefunden, von Rom regiert zu werden – das ist jedenfalls die Lesart der Provinzregierung in Londinium. Nach meiner Ansicht sind sie einfach darüber verärgert, daß sie ihre Befehle von einem Haufen romanisierter Briten aus den südlichen Stämmen der Provinz bekommen.

Wie auch immer, dieses hier« – er zeigte auf ein Territorium oberhalb des Gebiets der Briganten – »gehört kaledonischen Stämmen, den Selgoven, den Votadinern und den Novanten. Die machen uns allerdings schwer zu schaffen. Wir hatten die Grenze bis hier oben vorgeschoben«, er zog mit dem Finger eine Linie oberhalb des Gebiets, das er mir anfangs gezeigt hatte, »und einen durch Kastelle geschützten Wall durch das kaledonische Territorium gezogen, doch er hat uns nichts als Ärger eingebracht. Sie kamen immer wieder über den Wall, stahlen Schafe, überfielen aus dem Hinterhalt unsere Wachen – und, was schlimmer war, sie verbündeten sich mit den Briganten in unserem Rücken. Vor ungefähr zwölf Jahren nahmen wir daher die Grenze nach Süden an den alten Wall zurück, den der göttliche Hadrian hatte erbauen lassen, und verstärkten seine Befestigungen.

Das ist der Wall, an den wir verlegt werden. Er verläuft von hier bis dort«, er fuhr mit dem Finger über eine Linie zwischen dem Gebiet der Briganten und dem kaledonischen Territorium, die in Ost-West-Richtung von Meer zu Meer reichte. »Etwa alle sechs Meilen ein großes Kastell, dazwischen jede Meile ein kleines Kastell für ein paar Dutzend Mann; und durchgehend eine Steinmauer, Erdwälle und Gräben. Auch jenseits des Walls gibt es ein paar vorgeschobene Kastelle, um die Kaledonier in Schach zu halten, aber die Überfälle hören nicht auf. Sie halten es für eine kühne und tapfere Tat, nachts über den Wall zu klettern, die Wachen zu ermorden und das Eigentum von Römern zu stehlen.«

»Sie können mitten in der Nacht keine Rinder über eine Mauer bringen«, sagte ich.

»Nein, aber Schafe«, sagte Comittus. »Und alle möglichen beweglichen Gegenstände. Und Sklaven.«

An Sklaven hatte ich natürlich nicht gedacht. Bei unseren eigenen Invasionen auf römisches Gebiet hatten wir keine Gefangenen gemacht.

»Es ist ihnen erlaubt, die Kastelle zu passieren«, fuhr Comittus fort. »Sie können die Märkte im Süden besuchen, vorausgesetzt, sie lassen ihre Waffen zurück und bezahlen Zoll. Aber die Plünderer mischen sich oft unter die heimkehrenden Marktbesucher, verstekken ihre Waffen und geben die gestohlenen Güter als ihr Eigentum aus. Manchmal werden die Eindringlinge auch gestellt und getötet, und auch das bringt Ärger, denn ihre Verwandten im Norden meinen, wir schulden ihnen den Blutpreis für die Getöteten, und die Überfälle und Raubzüge nehmen zu. Von Zeit zu Zeit führen die Kaledonier größere Stoßtruppunternehmen durch – eine Mischung aus Rachsucht, Abenteuerlust und Habgier scheint die Triebfeder zu sein. Dann müssen Truppen aus dem Hinterland des Walls schnellstens zusammengezogen werden, um die Angreifer zurückzuschlagen. Das ist auch der Grund, weshalb wir froh sind, schwere Kavallerie zu bekommen. Ihr werdet leicht mit jedem größeren Stoßtruppunternehmen fertig, und Ihr könnt rasch jeden Punkt des Walls erreichen. Wenn etwas passiert, können die in Eburacum stationierten Truppen nicht rechtzeitig zur Stelle sein.«

»Dann solltet Ihr Arshak nicht in Eburacum stationieren.«

»Nun ... also ...«, Comittus räusperte sich verlegen.

Ich sah von der Karte auf. »Damit wollt Ihr vermutlich ausdrücken, Arshak hätte gestern nachmittag den Mantel nicht wechseln sollen.«

»Hm ... ja«, antwortete Comittus grinsend.

Ich beugte mich wieder über die Karte und folgte mit dem Finger der Linie des Walls. Die Situation schien dort nicht so gefährlich zu sein, wie ich in der Dunkelheit der letzten Nacht befürchtet hatte. Arshak würde in diesem abgelegenen Legionslager vor Wut schäumen, aber selbst er dürfte kaum eine Meuterei inszenieren, nur weil es nichts zu kämpfen gab. »Wie ist dieses Cilurnum eigentlich?« fragte ich.

Draußen waren Schritte zu hören. Flavius Facilis tauchte vor dem Fenster auf und starrte uns mit puterrotem Gesicht an. Es war absurd, aber wir fuhren beide schuldbewußt zusammen – wie zwei kleine Jungen, die der Vater dabei ertappt, wie sie in seinem Köcher gefangene Frösche heimbringen.

»Julius Priscus wünscht Euch zu sehen, Tribun«, knurrte Facilis. »Wir sind alle dabei, unsere Aufzeichnungen über den Marsch zu vergleichen.«

Comittus packte rasch seine Wachstafeln zusammen und ging zur Tür. Ich folgte ihm.

»Der Legat hat nicht nach Euch gefragt, Ariantes«, sagte Facilis, »und ich schätze, der Tribun hatte das auch nicht getan.«

»Er hat mich beraten, welche Vorräte wir bestellen sollen«, verteidigte Comittus sich.

»Er hat versucht, sich Informationen zu beschaffen«, korrigierte Facilis. »Warum wäre er sonst heimlich hierhergekommen, ohne seine Leibwache mitzubringen?«

»Und warum sollte ich die Dinge nicht erfahren, die meine Abteilung betreffen?« fragte ich ihn. »Wir sind Soldaten, nicht Gefangene, das hat der Legat uns bestätigt. Und ich denke, Flavius Facilis, daß Ihr ein paar Ratschläge über die Art der Vorräte, die wir brauchen, dringend benötigt. Ich habe neunzehn Männer, die zu krank sind, um zu reiten, und eine ganze Schwadron klagt über Zahnschmerzen, gar nicht zu reden von fast dreizehnhundert Pferden mit wunden Füßen. Und das alles, weil wir auf dem Marsch von Aquincum nach Bononia nicht die Dinge bekommen haben, die wir brauchten.«

Ich erwartete eine zornige Reaktion von Facilis, statt dessen sah er mich lange an und erklärte dann: »Der Legat hat mir gestern fast genau das gleiche gesagt. Es gibt Augenblicke, Ariantes, da seid Ihr fast wie ein Römer. Was halten Eure Männer davon?«

Ich hob den Sattel auf, der vor der Tür lag, und ging zu meinem Pferd. »Ich habe Euch schon einmal gewarnt, mich zu beleidigen«, sagte ich, als ich dem Pferd den Sattel auflegte. Der Zorn machte mich so ungeschickt, daß ich mir die Hand aufritzte.

Er grunzte verächtlich, dann sagte er: »Ihr möchtet also dem Legaten Eure Ratschläge geben?«

»Würde er auf mich hören?« fragte ich bitter.

»Ja. Wenn Ihr Euch auf Vorräte beschränkt.«

Ich hielt mit dem Festschnallen des Sattels inne.

»Ja, Ihr Bastard, er wird auf Euch hören!« rief Facilis. »Er will, daß Ihr in Eburacum in guter Form und gefechtsbereit ankommt. Er erwartet von mir, daß ich Euren Haufen vor Dummheiten bewahre, aber er wird auf Euch hören. Kommt schon mit. Wahrscheinlich wird er Euch den Auftrag geben, Eure verdammten Vorräte zu beschaffen – und ich darf die Briefe für Euch schreiben, weil er weiß, daß ich den Mund fester geschlossen halte als der Tribun.«

»Und Ihr wärt einverstanden, die Briefe für mich zu schreiben?« fragte ich ungläubig.

Er schwieg lange, sein Gesicht war noch immer rot, und die Adern waren geschwollen. Aber was ich in seinen Augen sah, war eher Bitterkeit als Zorn. »Ja«, sagte er schließlich. »Ja, ich muß wohl mit Euch arbeiten. Ihr seid nun einmal da, und Ihr werdet sowieso Briefe schicken, sobald Ihr diesen Schreiber hier habt, den Natalis Euch gegeben hat. Und ich werde Lagerpräfekt in Cilurnum sein. Ich kann nicht ewig hassen. Warum sollte ich mich selbst kaputtmachen?«

Ich fing an, mein Pferd wieder abzusatteln. »Es verlangt niemand, daß wir uns mögen«, bemerkte ich.

Er knurrte: »Das wäre ja wohl das letzte.«

5

Der Schreiber Eukairios tauchte an diesem Tag nicht auf, und allmählich begann ich zu glauben, daß er sich tatsächlich in Bononia aus dem Staube gemacht hatte. Am nächsten Morgen jedoch, als wir dabei waren, das Lager abzubrechen und uns marschbereit zu machen, brachte einer meiner Männer ihn zu meinem Wagen. Ich hatte gerade meine Rüstung für den Marsch angelegt und war auf Farna aufgesessen, dem besten meiner Streitrösser. Der Sklave blieb furchtsam stehen und sah mich trübselig, aber zugleich entschlossen an. Er wirkte noch kleiner und farbloser unter so vielen glänzenden sarmatischen Reitern; er trug sein Kleiderbündel an einem Stock über der Schulter.

»Es tut mir leid, daß ich mich verspätet habe, Herr«, sagte er. »Das Kurierboot ist erst gestern abend spät in Dubris eingetroffen, deshalb bin ich bis heute morgen im Haus des Prokurators geblieben.«

»Hauptsache, du bist noch rechtzeitig angekommen«, beruhigte ich ihn. »Wir brechen in Kürze auf. Du solltest dich beeilen, auf den Wagen zu kommen.«

Die Männer schliefen zu sechst in einem Wagen, als Kommandeur hatte ich einen Wagen für mich allein. Dies waren die leichten, von Pferden gezogenen Wagen, die wir bei Feldzügen mitführten, nicht die schweren Ochsenwagen, in denen wir zu Hause lebten. Mein Wagen war allerdings größer als die anderen, er war rot gestrichen, die Holzteile wie auch die Filzplane. Die vier Pferde, die ihn zogen, waren bereits angeschirrt. Es waren zueinander passende Rotfüchse, nicht groß, aber kräftig, ausdauernd und recht lebhaft. Sie warfen die Köpfe hoch und scharrten und stampften ungeduldig. »Ich... ich kann nicht fahren...«, sagte Eukairios, der sie ängstlich und mutlos anschaute.

»Niemand erwartet das von dir. Meine Leibwächter wechseln sich ab. Steig einfach in den Wagen und setz dich hin.«

Er stieg hinein; einen Augenblick später kroch er nach vorn und setzte sich auf die Fahrerbank – an den äußersten Rand.

Comittus kam auf seinem schwarzen Hengst herangaloppiert. Er trug einen vergoldeten Brustpanzer und einen ebensolchen Helm und die Purpurschärpe des Militärtribuns. »Wir sind bereit zum Aufbruch!« rief er mir zu; seine Augen glänzten vor Erregung. Ich machte kehrt und gab dem Trommler ein Zeichen, das Signal zum Sammeln zu schlagen: Ich hatte dem ganzen Drachen ein paar Dinge zu sagen, bevor wir uns in Marsch setzten.

Wenige Minuten später waren die Wagen an die Seite gefahren, und mein Drache war vor mir versammelt. Der Regen hatte endlich aufgehört, und es schien eine strahlende Septembersonne. In einem weiten Halbkreis vor mir sah ich ein Feld schimmernder Rüstungen. Die Pferde stampften und tänzelten, die Banner der Schwadronen flatterten in der leichten Brise. Links hinter mir hielt der Führer meiner Leibwache mit der Standarte, und ich hörte den Wind durch den Mund des Drachen zischen.

»Meine Azatani-Brüder«, rief ich mit so hoher Stimme, daß mich alle verstehen konnten, »wir brechen jetzt zur letzten Etappe unseres Marsches auf, und ich bitte euch um zwei Dinge. Erstens: Ich habe auf das Feuer geschworen, daß wir unterwegs keinem Römer Schaden zufügen werden. Ich verlasse mich darauf, daß ihr meinen Eid achtet. Ich muß von euch verlangen, daß ihr nicht nur Leben und Eigentum der Menschen respektiert, sondern daß ihr sogar einen Dieb, der *uns* bestehlen sollte, nicht selbst zur Rechenschaft zieht. Nehmt ihn lebend gefangen und übergebt ihn dann dem Legaten zur Bestrafung. Zweitens: Denkt daran, jetzt, wo ihr wieder bewaffnet seid, daß wir nicht in unserem Land sind und nicht die Freiheit haben, unseren eigenen Sitten und Gebräuchen zu folgen. Wenn ihr unter euch Zweikämpfe austragt, sterben in Zukunft beide Beteiligten: der erste durch seinen Gegner, der zweite wird von den Römern als Mörder hingerichtet. Ich kann euch davor nicht schützen. Sogar wenn ihr, um meine eigene Ehre zu verteidigen, einen Mann von einer anderen Abteilung im Zweikampf tötet, kann ich euch nicht schützen. Wenn ihr also kämpfen müßt, tut das mit stumpfer Waffe und nicht bis zum Tod.

In zwölf Tagen werden wir in Eburacum sein und vier Tage danach in Cilurnum, das uns als Standort zugewiesen ist. Wie ich höre, ist das ein angenehmer Platz, an einem Fluß gelegen, wo es reichlich Weidegrund für unsere Pferde gibt, und in der Nähe befindet sich ein gutes Jagdgebiet. Wir marschieren nicht mehr als dreißig römische Meilen am Tag, und die Verpflegung dürfte diesmal auch besser sein. Es sind keine Ozeane mehr zu überqueren, und wir werden jetzt als Krieger marschieren, bewaffnet und gerüstet, nicht mehr als rechtlose Gefangene. Möge der Gott uns gnädig sein!«

Sie jubelten mir zu und schwenkten die Speere und riefen »Marha!«.

Ich gab dem Trommler ein Zeichen, und er schlug das Signal zum Abmarsch, das von den Bannerträgern der Schwadronen aufgenommen wurde. Arshak und Gatalas sprachen noch zu ihren Männern, daher ritten wir so lange um den Paradeplatz herum, bis sie sich in Marsch gesetzt hatten. Ich lasse meine Männer nach Möglichkeit nie wartend herumstehen.

»Was habt Ihr zu ihnen gesprochen?« fragte Comittus, der sich an meine Seite gesetzt hatte.

Ich gab ihm eine kurze Zusammenfassung.

»Würden sie wirklich Zweikämpfe austragen, wenn Ihr sie nicht gewarnt hättet?« fragte er erstaunt.

Ich sah zu ihm hinüber und fragte mich, wie es wohl sein mochte, eine Abteilung von Männern zu führen, die *nicht* wegen jeder kleinsten, oft auch nur eingebildeten Beleidigung zu den Waffen griffen. »Natürlich«, antwortete ich. »Allerdings nicht so oft mit Männern von unserem eigenen Drachen. Wir kennen uns alle gut. Aber es gibt den einen oder anderen Konfliktpunkt mit den Männern von Arshaks und Gatalas' Drachen.«

»Was für Punkte sind das? Ich sollte es wissen, um meine Aufgabe als Verbindungsoffizier ordentlich wahrnehmen zu können.«

»Die anderen machen manchmal abfällige Bemerkungen über die Roxolanen in meiner Abteilung, und die reagieren entsprechend. Zum Glück ist Kasagos, der rangälteste der roxolanischen Schwadronsführer, der zugleich unser Priester und Weissager ist, ein vernünftiger Mann. Er versteht es, seine Stammesgenossen zu beruhigen und ihre Gegenspieler von Händeln abzuhalten – aber manchmal fechten sie eben doch. Hinzu kommt, daß wir in der Marschordnung hinter Gatalas folgen. Unsere Männer haben nichts dagegen, daß Arshaks Drache vor ihnen marschiert, denn Arshak ist von königlichem Blut, aber Gatalas, sagen sie, ist nicht mehr als ich. Also gibt es ein ständiges Gerangel zwischen Gatalas' und meinen Männern; beide Seiten prahlen, daß sie die schnelleren Pferde hätten, daß ihre Rüstung stärker, ihre Geschicklichkeit größer und ihr Kommandeur tapferer und ruhmvoller sei – und manchmal kommt es deswegen zu Zweikämpfen.« Nach kurzem Schweigen fügte ich hinzu: »In einem gewissen Ausmaß gab es das sogar während des Marsches von Aquincum nach Bononia. Aber da waren sie unbewaffnet und deprimiert und von der schlechten Ernährung zu sehr geschwächt, um Lust zum Streiten zu haben. Jetzt wird es schlimmer sein.«

Ich hätte auch noch erwähnen können, daß Gatalas' Männer jetzt zweifellos sagen würden: »Euer Kommandeur ist ein Römerfreund.« Und meine Männer würden wahrscheinlich dagegenhalten: »Wer hat euch denn das Fleisch besorgt, das ihr eßt?« Ein neuer Punkt zum Streiten. Aber welchen Sinn hatte es, die Gefahr und die Schmach der Romanisierung einem Römer zu erklären?

Die Römer warteten vor der Tribüne auf uns. Priscus hatte noch weniger Truppen mitgebracht, als ich vermutet hatte: fünfzig Reiter und eine Zenturie. Er schickte Arshaks Drachen mit einem Führer an die Spitze, dann folgte er mit seinen Truppen und dem Troß. Gatalas' Drache kam als nächster, dann folgten unsere Wagen, und mein Drache bildete die Nachhut. Normalerweise bekam die Nachhut eine Menge Staub ab, aber alles war so naß, daß wir von diesem Übel verschont blieben. Das einzige Problem war, daß die Pferde in dem aufgewühlten Schlamm am Rand der Straße ihre »Sandalen« verloren. Sobald meine Schwadronen das Paradefeld verlassen hatten und ich sichergestellt hatte, daß die Marschordnung eingehalten und die Pferdesandalen nicht im Schlamm zurückgelassen wurden, mußte ich den Drachen sich selbst überlassen und mich dem Legaten anschließen. Während die sarmatischen Kommandeure üblicherweise bei ihren Drachen bleiben, ist es bei den Römern Brauch, daß die Kommandeure zusammen reiten, wenn ihre Truppen auf dem Marsch sind. Facilis hatte uns beim Marsch von Aquincum nach Bononia die römische Marschordnung aufgezwungen, hauptsächlich um uns Kommandeure immer im Auge zu behalten und uns von unseren Gefolgsleuten zu trennen. Es überraschte mich nicht, daß Priscus diese Vorsichtsmaßnahme beibehielt.

Ich fand Priscus an der Spitze der Zenturie; er ritt einen kräftigen, etwas schläfrig aussehenden Grauschimmel – die Legionäre marschierten natürlich zu Fuß. Arshak und Gatalas und ihre Verbindungsoffiziere waren bereits an der rechten Seite des Legaten, als Comittus und ich herangaloppierten. Facilis hatte sich etwas von den anderen abgesetzt. Aurelia Bodica war an der linken Seite ihres Gemahls, sie fuhr wieder in ihrem leichten offenen Wagen, der von dem Schimmelhengst gezogen wurde. (Ich hatte ihre ge-

107

schlossene Kutsche beim Troß bemerkt; sie wurde von einem weniger temperamentvollen Pferd gezogen.) Sie war noch schöner, als ich in Erinnerung hatte, und sie lächelte uns strahlend an.

»Sei gegrüßt, Vetter! Ich grüße Euch, Fürst Ariantes!« rief sie uns zu. »Ist es nicht herrlich, daß der Regen aufgehört hat?«

»Gerade rechtzeitig für die Reise«, stimmte Comittus ihr zu und lenkte sein Pferd links neben ihren Wagen.

Sie bedachte mich mit einem freundlichen Blick. »Zu meinem Bedauern habe ich erfahren, daß Ihr im letzten Monat bei sehr nassem Wetter reisen mußtet, Fürst Ariantes. Mein Gemahl«, sie sah zu ihm hinüber, »hat mir erzählt, daß Ihr eine so lange und schwierige Reise hattet, daß eine Anzahl Eurer Männer zu krank zum Reiten ist und in den Wagen liegen muß. Wir hoffen, daß sie bald wieder gesund sein werden.«

Ich fühlte mich beschämt und bedauerte, ihr gegenüber so mißtrauisch gewesen zu sein. »Ich bin überzeugt, edle Dame«, erwiderte ich, »sie werden sich bei der besseren Ernährung und Versorgung rasch erholen.« Es freute mich, daß sie mir die Chance gegeben hatte, die Aufmerksamkeit des Legaten noch einmal auf die Wichtigkeit des Versorgungsproblems zu lenken.

Priscus brummte etwas Unverständliches.

»Ich werde gern helfen, wenn ich kann«, erklärte Aurelia Bodica ernst. Sie sah zu Arshak und Gatalas hinüber und hob die Stimme, damit auch sie ihr Angebot hören konnten. »Wie mein Gemahl Euch bestätigen kann, meine Herren, besitzen meine Familie und meine Freunde bedeutende Ländereien und Viehherden in Nordbritannien, und ich werde gern mein Vermögen und meinen Einfluß einsetzen, um Euch und Euren Leuten zu helfen, sich dort oben gut und angenehm einzurichten.«

Der Legat lächelte und lehnte sich aus dem Sattel hinüber, um ihr die Hand zu streicheln. »Du brauchst dir keine Sorge zu machen, meine Liebe«, sagte er. »Ich bin sicher, wir können sie ordentlich unterbringen, ohne unsere privaten Mittel anzugreifen. Aber danke für deinen guten Willen.«

Bodica gab ihm ein etwas zögerndes Lächeln zurück. Ich dankte ihr mit einer Verneigung für ihr freundliches Angebot. Arshak und Gatalas folgten meinem Beispiel. Offenbar waren sie ihr bereits vorgestellt worden, sie schienen sehr beeindruckt von ihr zu sein.

»Oh, Fürst Ariantes«, wandte Bodica sich wieder mir zu, »ich glaube, ich habe mich noch gar nicht richtig bedankt, daß Ihr mein Pferd damals eingefangen habt. Bitte entschuldigt meine Vergeßlichkeit! Ich war so überrascht, jemanden von Eurem Volk in Britannien anzutreffen, daß ich einfach nicht mehr daran gedacht habe. Glaubt mir, ich bin Euch wirklich sehr dankbar. Ich liebe dieses Pferd, und wer weiß, was ihm passiert wäre, wenn Ihr es nicht eingefangen hättet!«

»Es freut mich, daß ich Euch zu Diensten sein konnte, edle Dame«, antwortete ich.

Arshak wendete, ritt um den Wagen herum und setzte sich neben mich. »Was ist denn das, Ariantes?« fragte er, mit Rücksicht auf die Gesellschaft Latein sprechend. »Du hattest das Glück, der Dame helfen zu können?«

Bodica lachte. »Hat er Euch das gar nicht erzählt, Fürst Arshak?« (Ich bemerkte zu meiner Überraschung, daß sie seinen Namen korrekt aussprach, auch den Zischlaut, der den meisten Römern Schwierigkeiten macht.) »War das Bescheidenheit, Fürst Ariantes, oder fandet Ihr, das Abenteuer sei es nicht wert, Euren Freunden erzählt zu werden?«

Ich war verblüfft. Von einem Pferd umgerannt und getreten zu werden, ist nicht gerade meine Vorstellung von Abenteuer.

»Ariantes ist ein Mensch, der sich nicht gern rühmt«, antwortete Arshak an meiner Statt und warf mir einen leicht ironischen Blick zu. »Sonst würde er uns einen Dienst, den er einer Dame wie ... Eurer Gemahlin, edler Julius Priscus (die Pause vor der taktvollen Einbeziehung des Legaten in die Unterhaltung war kaum bemerkbar), erweisen durfte, mit Freuden erzählt haben.«

Bodica bedankte sich mit einem Lächeln für die Schmeichelei. Priscus jedoch runzelte besorgt die Stirn. »Wie ist das passiert?« fragte er. »Du hast nicht erwähnt, meine Liebe, daß das Pferd sich losgerissen hatte. Du sagtest nur, du hättest einen unserer Sarmaten auf dem Marktplatz getroffen. Sturmvogel hat... ich meine, das Pferd hat dich doch nicht verletzt?«

Bodica erklärte ihm die Geschichte. Priscus warf Comittus einen finsteren Blick zu, den der Tribun mit einem nervösen, beschwichtigenden Lächeln aufnahm. »Ihr wart mit der Begleitung beauftragt, Tribun«, sagte Priscus grollend. »Wie konnte es passieren, daß das Tier sich losriß? Wo wart Ihr mit Euren Gedanken? Sturmvogel ist ein sehr wertvolles Pferd, ich habe es eigens von Iberien kommen lassen, einen sehr weiten Weg! Ihr hättet dafür sorgen müssen, daß es sicher angebunden war.«

»Ich weiß nicht, wie es passiert ist, Legat«, erwiderte Comittus. »Ich dachte, der Hengst *wäre* sicher angebunden.«

Priscus schnaubte verächtlich. »Denkt nicht, kontrolliert! Dieses Pferd ist nicht nur wertvoll, es ist auch stark und sehr ungestüm. Es könnte Bodica verletzen, wenn es sich losreißt und durchgeht.« Er sah seine Frau besorgt an. »Wirklich, meine Liebe, ich wünschte, du würdest den Wallach nehmen.«

»Oh, aber ich liebe starke, feurige Hengste, Tiberius, du weißt das!« Ihr Lächeln und ein rascher verschleierter Blick gaben den Worten einen doppelten Sinn.

Priscus brummte geschmeichelt. »Trotzdem, ein Pferd, das zuviel Feuer hat, kann gefährlich sein. Erinnere dich, das letzte Tier, das du hattest, hat beinahe einen Stallknecht getötet, und ich möchte nicht...«

»Tiberius!« rief sie warnend, obwohl sie dabei lächelte; und er schwieg. Ihre Vorliebe für feurige Pferde war offenbar ein wunder Punkt zwischen ihnen. Ich verstand jetzt Comittus' Reaktion auf dem Marktplatz.

»Ein Hengst wie der Eurer Gemahlin ist nicht gefährlicher als irgendein anderes Pferd«, sagte ich zu Priscus, um ihn zu besänftigen. Das stimmte natürlich, wenn ich selbst auch, wie die meisten Kavalleristen, eine gute ruhige Stute vorzog, vor allem in Situationen, die ein Pferd erschrecken und ängstigen können, zum Beispiel in der Schlacht.

Bodica sah mich lächelnd an, aber jetzt war wieder dieser rätselhafte Ausdruck in ihren Augen, der mich schon früher beunruhigt hatte. Priscus warf mir einen frostigen Blick zu. Nach kurzem Schweigen begann Bodica Fragen über unsere Reitpferde und unsere Wagen zu stellen.

Es war ein leichter Tagesmarsch, wie ich es meinen Männern versprochen hatte. Wir bezogen nur zwanzig römische Meilen von Dubris entfernt Quartier, bei einem Ort mit Namen Durovernum. Die Männer waren in guter Stimmung, glücklich, ihre Waffen wiederzuhaben, glücklich, vernünftiges Essen zu bekommen, glücklich, über sanfte grüne Hügel zu reiten – die ersten Sarmaten, die den Ozean überquert hatten. Sie sangen, während sie ritten, und abends, als sie um das Feuer saßen, erzählten sie Geschichten.

Ich war nicht so glücklich, ich machte mir Sorgen über die Zukunft. Jetzt mochten sie noch fröhlich sein, aber wenn sie nach Cilurnum kamen, würde ihnen bewußt werden, daß sie für immer hier waren. Dann würden sie ihre Frauen und ihre Familien vermissen, sie würden anfangen, die Kameraden zu hassen, mit denen sie den Wagen teilten. Sie würden sich nach den weiten, offenen Ebenen sehnen, nach den Herden und den Wagen, die sie zurückgelassen hatten. Sie würden zuviel trinken, und der Alkohol würde sie streitsüchtig machen. Sie würden sich um Frauen schlagen, die es sicher in der Nähe des Lagers gab. Und ihre Ehrenhändel würden sich vervielfachen. Bis jetzt sprachen sie noch nicht genug Latein, um sich mit Römern anzulegen – aber sie würden es lernen.

Der einzige trübsinnige und unglückliche Mann in meinem Drachen schien Eukairios zu sein. Er war schwerfällig und steif vom Wagen abgestiegen und saß jetzt schweigsam am Feuer, während die anderen lachten und sich in einer Sprache unterhielten, die er nicht verstand. Nach einiger Zeit fragte er mich, wo er schlafen könne, und ich ging mit ihm zum Wagen, um ihm einen Schlafplatz anzuweisen.

Ich wurde mitten in der Nacht durch ein Geräusch geweckt, das sich wie ein Schluchzen anhörte. Ich hatte tief geschlafen, und einen Augenblick war mir nicht klar, wo ich war. Ich glaubte, wieder in meiner Heimat bei meiner Familie zu sein. »Artanisca?« sagte ich und setzte mich auf. »Artanisca, Liebling, ich bin ja bei dir. Weine nicht.«

Das Schluchzen hörte abrupt auf, und jetzt wurde mir bewußt, daß es nicht das Schluchzen eines Kindes gewesen war, was mich geweckt hatte, sondern das harte quälende Schluchzen eines Mannes. Ich erinnerte mich wieder an Eukairios.

»Verzeiht, Herr«, kam die gepreßte Stimme des Sklaven aus der Dunkelheit. »Ich wollte Euch nicht aufwecken.«

Ich legte mich wieder hin und starrte in die Nacht. »Nein, natürlich nicht«, sagte ich. »Tut mir leid, daß du dich so sehr um Bononia grämst.«

»Es ist nicht so, daß ich mich beklage. Dazu habe ich keinen Grund. Ihr seid sehr gut zu mir gewesen. Es war ein großer Trost für mich, daß ich mich von meinen Freunden verabschieden konnte und daß ihre Gebete mich begleiteten, als ich endgültig von Bononia fortging. Ich bin Euch dankbar. Aber es ist so... fremd für mich. Mit der Zeit wird es sicher besser werden. Ich werde die Sprache lernen.« Er sprach sich selbst Mut zu.

»Ja«, sagte ich. Ich schloß die Augen und versuchte, wieder einzuschlafen.

»Was bedeutet ›Artanisca‹? Das war es doch, was Ihr eben gesagt habt?«

Ich schwieg eine lange Zeit. »Es ist ein Name«, antwortete ich schließlich. »Mein kleiner Sohn. Er ist tot.«

»Oh!« Dann nach einem Augenblick: »Entschuldigt, Herr.«

»Schon gut.« Ich preßte die Hände gegen mein Gesicht, um meine eigenen Tränen zurückzuhalten. Artanisca würde mich nie mehr nachts aufwecken, nie mehr; Tirgatao würde nie mehr aufstehen, um ihn aus seiner Wiege aufzunehmen und seinen runden warmen Körper zwischen uns zu betten, nie mehr ihren schlanken Arm um meinen Nacken legen und ihren Kopf gegen meinen lehnen. Nie mehr. Nie, nie.

»Was sagen eure Leute von den Toten?« fragte ich. Es war besser, zu sprechen, irgend etwas zu sagen, als in diesen schrecklichen tiefen Abgrund zu starren. »Verbrennen die Anhänger eures Kultes die Toten, wie das die Römer tun, oder legen sie sie in die Erde?«

»Wir tun beides, Herr«, antwortete Eukairios, erstaunt über meine Frage. »Begraben, wenn es möglich ist, verbrennen, wenn es nicht möglich ist. Wir sind überzeugt, daß es für den, der im Glauben stirbt, ohne Bedeutung ist, was mit seinem Körper geschieht.«

»Aber ihr glaubt doch an die Unsterblichkeit.« Ich erinnerte mich, wie Natalis auf dem Schiff von widerwärtigen Ritualen gesprochen hatte, mit denen sie die Unsterblichkeit zu gewinnen hofften.

»Wir glauben, daß eines Tages diese Erde ihre Haut wie eine Schlange abstreifen und sich erneuern wird; daß sie jetzt leidet wie eine Frau in den Wehen, aber wenn das Leiden vorbei ist, wird Freude sein. Dann wird alles neu gemacht werden, und die Toten werden aus der Asche oder der Erde auferstehen, und alles, was zerbrochen war, wird ganz werden.«

»Ihr glaubt, daß die Körper der Toten aus der Asche zurückkehren können?«

»Wenn sie einst im Mutterleib gemacht worden sind, können sie auch aus der Erde oder dem Rauch oder der Asche neu gemacht werden. Wichtig ist, was sie waren, als sie lebten, nicht was danach mit ihnen geschah.«

»Die Menschen meines Volkes glauben, wenn Feuer den Körper zerstört, wird auch die Seele zerstört. Das Feuer ist heilig, und der Tod entweiht es.«

»Wenn Ihr glaubt, daß das Feuer heilig ist, sollte es dann nicht den Tod reinigen?«

Wir schweigen eine Weile. Ich sah im Geiste vor mir, wie Tirgatao brannte, und der Schmerz war so groß, daß ich kaum atmen konnte. Ich sprach. Ich mußte sprechen, selbst wenn ich mich schwach zeigte, selbst wenn ich ausgerechnet vor einem Sklaven meine Schwäche offenbarte.

»Der Körper meiner Frau wurde verbrannt, der meines kleinen Sohnes auch. Sie waren alle in den Wagen. Die Römer kamen – die

Zweite Pannonische Kavallerieala. Tirgatao nahm Artanisca und sprang aus ihrem Wagen; sie hoffte, fortrennen und sich mit ihm in Sicherheit bringen zu können; aber sie war hochschwanger mit unserem zweiten Kind und konnte nicht schnell genug laufen. Sie sahen sie. Sie hatte ihren Bogen bei sich und schoß auf sie. Man hat mir berichtet, daß sie einen Mann tötete. Die anderen fielen mit ihren Schwertern über sie her und töteten sie. Dann töteten sie auch Artanisca. Sie waren wütend, weil wir ihnen im Kampf große Verluste zugefügt hatten und weil Tirgatao einen von ihnen umgebracht hatte. Sie plünderten die Wagen und setzten sie in Brand. Sie schnitten ihr den Leib auf und zogen das Kind aus ihrem Schoß und schleuderten es ins Feuer. Ich hoffe, daß es tot war! Sie nahmen einen Pferdekopf und steckten ihn in ihren offenen Leib und warfen sie so ins Feuer, Artanisca hinterher.

Eine Frau, die sich in einem Brunnen versteckt hatte, hat das alles gesehen. Ich lag verwundet auf dem Schlachtfeld, fünf Meilen entfernt. Als meine Männer mich am nächsten Morgen fanden, sagten sie mir nicht, was geschehen war. Ich fragte immer wieder nach Tirgatao, und sie sagten, sie sei nicht da. Ich dachte, sie hätten sie fortgeschickt, in Sicherheit.«

Ich hörte die Bretter des Fußbodens knarren, als Eukairios sich bewegte. »Christus, erbarme dich!« flüsterte er.

»Ich glaube nicht, daß ein gekreuzigter Römer ihnen helfen würde.«

»Aber Ihr glaubt, daß das Feuer heilig ist und daß Euer Gott Marha heilig und gut ist?«

»Das glauben wir Sarmaten.«

»Dann ... dann müßte Feuer für Eure Frau und Euer Kind doch Befreiung, nicht Zerstörung sein.«

»Vielleicht«, sagte ich. »Die Römer verbrennen ihre Toten, um die Seele zu befreien. Vielleicht haben sie recht. Ich hoffe, sie haben recht, und ich hoffe, auch du hast recht.«

Und nach einiger Zeit sagte ich: »Es ist der Gedanke an Artanisca, der mich am meisten quält. Wie er neben seiner Mutter lag, als sie bereits tot war. Er war zwei Jahre alt. Ich sehe ihn immer, wie er weint, und meine Frau, wie sie brennt. Ich war machtlos, es zu verhüten, und machtlos, sie zu rächen, und ich bin noch immer machtlos. – Sage niemals ein Wort von dem, was ich heute nacht gesprochen habe. Zu niemandem.«

»Gott bewahre!« sagte er heftig. »Eher würde ich mir die Zunge ausreißen.«

Ich fühlte mich erschöpft und schämte mich meiner Schwäche. Aber die Beklemmung hatte sich ein wenig gelöst, und ich konnte wieder freier atmen. »Es tut mir leid, Eukairios, daß du durch mich leiden mußt. Ich habe in diesem Jahr so viel Leid gesehen, daß ich nie wieder in meinem Leben einen Menschen leiden sehen möchte. Aber wenn du irgend jemandem gegenüber erwähnen solltest, was ich gesagt habe, müßte ich dich töten. Ein Kommandeur darf keine Schwäche zeigen.«

»Ihr braucht mich nicht durch Drohungen zum Schweigen zu zwingen, Herr. Ich werde auch so verschwiegen sein.«

Es war ein seltsames Gefühl, von einem Sklaven bemitleidet zu werden. Es hätte mich ärgerlich machen müssen, tat es aber nicht. Es war tröstlich, ein anderes menschliches Wesen im Wagen zu haben und nicht allein zu sein, tröstlich, meinen Kummer zeigen und über ihn sprechen zu können.

»Gute Nacht dann«, sagte ich, schon halb schlafend.

»Gute Nacht, Herr.«

Am nächsten Morgen vermied ich es peinlich, seinen Augen zu begegnen. Aber er kam zu mir herüber, als ich Farna sattelte, und fragte mit seiner ruhigen, etwas heiseren Stimme, die mir aus Bononia vertraut war, ob ich Briefe zu schreiben oder Abrechnungen zu machen hätte. Ich befragte ihn über einige Punkte der römischen Abrechnungsmethoden, die mir unklar geblieben waren, und er begann sie zu erklären. Währenddessen erschien Comittus und beteiligte sich an der Diskussion. Wir wurden unterbrochen, als das Signal zum Aufbruch kam; dann nahmen Comittus und ich das Gespräch wieder auf und diskutierten das Thema noch eine Zeitlang während des Marsches weiter. Als wir nach vorn ritten, um uns dem Legaten anzuschließen, bemerkte ich, daß Eukairios sich dem Fahrer meines Wagens zugewendet hatte und ein paar Worte Sarmatisch zu lernen versuchte.

»Er ist ein tüchtiger Schreiber«, stellte Comittus fest. »Natalis hat Euch ein gutes Geschenk gemacht.«

»Ja«, sagte ich. Natalis' Geschenk war zweifellos sehr nützlich, aber es hatte mich in eine schwierige Situation gebracht. Ich konnte den Mann jetzt nicht mehr wie einen Sklaven behandeln. Eigentum wacht nachts nicht weinend auf, und es hat auch kein Mitleid mit den Tränen, die du vergießt. Entweder würde ich den Mann zu hassen beginnen, weil er meine Schwäche kannte – oder wir würden schließlich Freunde werden. Wie sich das Dilemma lösen würde, blieb abzuwarten.

»Ich schätze, ich sollte auch etwas Sarmatisch lernen«, sagte Comittus nachdenklich.

Ich nickte beifällig. »Die Männer werden sicher bald Latein lernen. Aber sie werden sich auch freuen, wenn Ihr ein paar Worte in ihrer eigenen Sprache zu ihnen sagt.«

»Ich werde es versuchen«, erklärte er eifrig. »Allerdings, das muß ich sagen, bin ich froh, daß Ihr so gut Latein sprecht. Euer Latein ist sehr viel besser als das der anderen – ein bißchen schulmäßig vielleicht, aber es ist ein gebildetes Latein. Wo habt Ihr es gelernt?«

»Mein Vater hatte einen ... ich weiß das richtige Wort nicht – eine Art Klienten oder Pächter. Ein Mann, dem er gestattete, ein Stück Land zu bebauen, auf dem er die Weiderechte besaß. Als Entgelt hatte der Mann einen Teil seiner Produkte abzuliefern. Es gab mehrere Ackerbauern dieser Art auf den Winterweiden nahe der Tisia, aber dieser Mann war gebildet. Jedenfalls pflegte mein Vater ihm einen Teil seiner Abgaben im Austausch gegen Lateinunterricht für mich und meine Schwestern zu erlassen. Er wollte, daß wir gebildetes Latein sprachen. Die Aristokraten in unserem Volk versuchen, wenigstens etwas Latein zu lernen, vor allem der höhere Adel – aber wir haben wenig Gelegenheit, es praktisch anzuwenden, und benutzen es eigentlich nur bei Handelsgeschäften. Ich hatte einen besseren Lehrer als die meisten.«

Ich sagte ihm nicht, daß mein Latein deshalb so gut war, weil mir der Unterricht viel Freude gemacht hatte, so daß ich auch außerhalb der Stunden den alten Mann öfter besucht hatte, um mit ihm zu reden. Ich hatte das immer vor den anderen geheimgehalten, weil es mir peinlich war. »Er pflegte uns aus Dichtungen vorzulesen«, ergänzte ich.

Comittus lachte. »›Kampf und den Helden besing' ich, den einst von Trojas Gestaden...‹?«

»Ja, aus der *Aeneis* auch.«

»Und hat Euch Roms Heldenepos gefallen?«

Ich schüttelte den Kopf. »Wir haben unsere eigenen Heldengesänge; sie sind kriegerischer und entsprechen auch unserem Wesen besser. Mir gefielen einige der anderen Dichtungen, die er uns vorgelesen hat. Seid Ihr mit der lateinischen Sprache aufgewachsen?«

Er errötete leicht. »Ja, natürlich! Was Gajus da an dem Abend gesagt hat, diese ›Brittunculus‹-Stichelei – das war bloß ein Scherz. Ich bin ebensosehr Römer wie er. Meine Familie hat das Bürgerrecht seit der Zeit meines Großvaters.«

»Ich hatte nicht die Absicht, Euch zu beleidigen. Ich fragte mich nur, ob ich vielleicht etwas Britisch lernen sollte.«

Er entspannte sich wieder. »Ach so. Tatsächlich *ist* Britisch meine Muttersprache – obwohl ich Latein gelernt habe, bevor ich lesen konnte.« Offenbar war er nicht sehr stolz auf seine britische Herkunft, wenn er auch seine Verwandtschaft mit der von britischen Königsfamilien abstammenden Bodica gern betonte.

»Ist Javolenus ein britischer Name?«

Er sah mich erstaunt an. »Nein, natürlich nicht. Nein, er war Prokurator, als mein Großvater das römische Bürgerrecht erhielt – der erste Javonelus, meine ich. Wieso dachtet Ihr, es sei ein britischer Name?«

»Ihr sagtet einmal, Ihr hättet einen britischen Namen, und Comittus hört sich für mich lateinisch an«, antwortete ich. »*Comitia, comites, comitatus...*«

»Die schreiben sich mit nur einem t.« Er grinste plötzlich. »Zu Hause nennen mich alle Comittus; Lucius bin ich nur in der Armee.

Wenn Ihr wollt, könnt Ihr mich natürlich auch Comittus nennen; Ihr seid ja ebenfalls kein Römer.«

Ich nickte, und ich fragte mich, ob er sich darüber klar war, was er gerade mit dem Wörtchen »ebenfalls« verraten hatte.

Am dritten Tag unseres Marsches kamen wir vor Londinium an. Priscus brauchte einen Tag, um einige dienstliche Angelegenheiten mit dem Statthalter in der britannischen Hauptstadt zu erledigen, aber er wollte nicht, daß wir die Stadt betraten. Er nahm mit seiner Gemahlin Quartier in einem Haus, das ungefähr eine Meile südlich der Stadt auf einem Feld mit einem klaren Bach stand. Wir kampierten auf diesem Feld. Am nächsten Morgen ritt er mit den drei Tribunen und einem Dutzend Reiter in die Stadt; die übrigen Reiter und die Zenturie ließ er unter dem Kommando von Flavius Facilis zurück – mit der Instruktion, ein wachsames Auge auf uns zu haben.

Eukairios bat mich um die Erlaubnis, ebenfalls in die Stadt zu gehen. »Ich könnte ein paar Schreibtäfelchen kaufen und sonstige Schreibmaterialien«, sagte er. »Und ich würde gern Freunde aufsuchen – wenn Ihr mir das gestattet, Herr.«

»Du hast Freunde in Londinium?« fragte ich. »Gibt es da auch Christen?«

Er zuckte heftig zusammen, dann lächelte er entschuldigend. »Ich vergaß, daß Ihr Bescheid wißt. Es wäre besser, Herr, diesen Namen nicht auszusprechen. Jedenfalls nicht so laut. Man hat mir in Bononia ein paar Namen genannt... und ein Kennwort. Ich hoffte...«

»Besuche sie, wenn du es willst. Und kaufe die Sachen. Ich habe etwas Geld; wieviel brauchst du?«

Er nahm einen Silberdenar für die Schreibsachen. »Gibt es noch etwas, was du kaufen möchtest?« fragte ich ihn.

Er sah mich einen Augenblick unentschlossen an, dann gluckste er plötzlich, entschuldigte sich aber gleich verlegen. »Ihr kennt wirklich nichts von Sklaven, Herr«, sagte er. »Ich nahm einen Sesterz mehr, als ich für die Waren brauche – und *ich* bin ein ehrlicher Mensch.«

Ich gab ihm noch drei Sesterze. »Ehrlichkeit wird belohnt«, sagte ich. »Brauchst du ein Pferd?«

Er nahm die Münzen erfreut und steckte sie rasch in seinen Geldbeutel. »Damit könnte ich ein Buch kaufen! Vielleicht sogar zwei, wenn ich einen guten Laden für gebrauchte Bücher finde. Aber Ihr habt vergessen, Herr, daß ich nicht reiten kann.«

Ich hatte mich noch immer nicht daran gewöhnt, daß es Menschen gab, die nicht reiten konnten. »Gut, dann geh zu Fuß – und genieße den Tag in Londinium. Du kannst über Nacht in der Stadt bleiben, wenn du willst, sei aber morgen früh rechtzeitig zurück.«

Als er fort war, ging ich in die Mitte des Lagers, und während ich dort mit Arshak und Gatalas einige Dinge besprach, kam Aurelia Bodica mit ihrem kleinen Wagen ins Lager gefahren. Sie war ohne Begleitung, auch ihren Reitknecht hatte sie nicht mitgebracht; sie lenkte den Wagen selbst. Sie kurvte geschickt um die Wagendeichseln und die angebundenen Pferde herum und hielt direkt vor uns. Der blaue Mantel war ihr von der Schulter geglitten, ihre Wangen waren vom Wind gerötet, und in ihren Augen tanzten Funken.

»Fürsten der Sarmaten!« rief sie uns lächelnd zu. »Ich bin gekommen, Euch um eine Gefälligkeit zu bitten.«

Arshak sprang gleich vor und reichte ihr die Hand, um ihr beim Aussteigen zu helfen. Gatalas war einen Augenblick langsamer und mußte sich damit begnügen, die Zügel des Hengstes zu halten. »Edle Aurelia«, sagte Arshak, ihr zulächelnd, »Ihr braucht nicht zu bitten, Euer Wunsch ist uns Befehl.«

»Oh, ich danke Euch, Fürst Arshak! Ich habe mich plötzlich entschlossen, in die Stadt zu fahren, und das kann ich nicht ohne Begleitung tun. Mein Mann ist bereits losgeritten und hat die Tribune mitgenommen. Deshalb komme ich zu Euch mit der Bitte, mir Geleit zu geben.«

»Es wird mir eine Ehre sein«, erwiderte Arshak sofort. »Ich werde Euch mit meiner Leibwache begleiten.«

»Edle Dame«, warf ich ein, »Euer Gemahl wünschte, daß wir im Lager bleiben. Habt Ihr den Lagerpräfekten über Eure Absicht informiert?«

Sie sah mich mit spöttischem Lächeln an. »Das habe ich nicht. Ich weiß ganz genau, was Facilis sagen würde: ›Ihr könnt Sarmaten nicht trauen, ich gebe Euch ein Dutzend Legionäre mit.‹ Aber ich ziehe das Geleit sarmatischer Aristokraten vor. Legionäre sind langweilig. Wenn ich mit ihnen in die Stadt käme, würde jeder mich für die Frau eines Zenturios halten. Doch wenn ich mit Fürst Arshak und seiner Leibwache komme, wird die ganze Stadt zusammenlaufen und uns anstarren, vor allem, wenn Ihr und Eure Männer in voller Rüstung erscheint. Bitte, legt doch die Rüstung an! Warum sollten wir in der Hauptstadt nicht ein bißchen auftrumpfen? Macht Euch keine Sorgen wegen meines Gemahls, Fürst Ariantes. Er wird es nicht übelnehmen, wenn ein sarmatischer Kommandeur das Lager verläßt, um mir Geleit zu geben.«

Gatalas lachte. Ich fluchte innerlich. So wie Bodica es formuliert hatte, hörte es sich an, als hätte ich Angst vor dem Legaten. Vielleicht glaubte sie das wirklich.

»Über den Ärger Eures Gemahls mache *ich* mir keine Gedanken«, erklärte Arshak. »Es ist mir eine Ehre und eine Freude, eine so edle und schöne Dame zu begleiten, und ich möchte die Stadt auch selbst gern sehen. Ariantes und Gatalas werden hierbleiben und sich um die Männer kümmern, ja?«

»Nein«, sagte Gatalas, »ich komme auch mit. Ich werde Parspanakos (der Führer seiner Leibwache) den Befehl über den Drachen übertragen, und ich werde zehn Mann mitnehmen.«

Ich zögerte. Mir lag nichts daran, Londinium zu besuchen. Städte hatten mich nie sonderlich interessiert, und es behagte mir auch nicht, meine Männer in einem Lager ohne Aufsicht zu lassen, in dem Facilis Präfekt war. Auf der anderen Seite, wenn Arshak und Gatalas sie begleiteten und ich zurückblieb, würde das wieder Anlaß zu neuen Spekulationen geben – vor allem nach Aurelia Bodicas Kommentar. »Dann werde ich auch mitkommen«, sagte ich. »Ich möchte keineswegs versäumen, der Gemahlin unseres Legaten den geschuldeten Respekt zu erweisen.«

»Wunderbar«, sagte sie. »Dann werde ich also unter dem Geleit von drei sarmatischen Fürsten, von denen einer der Neffe eines

Königs ist, nach London fahren! Nicht viele Frauen können sich eines solchen Geleites rühmen.«

Aurelia Bodica wollte einen Tempel besuchen und dann einige Einkäufe machen. Sie hatte die Bahn Seide, die Arshak dem Legaten geschenkt hatte, bei sich; sie wollte einen Teil mit Leinenfasern verweben und verlängern lassen. Londinium war anscheinend der beste Platz in Britannien für solche Arbeiten. Sie plauderte unterwegs angeregt über die Tempel und die vielen vornehmen Läden der Stadt, und als wir zu der Brücke kamen, die den Fluß Tamesis überspannt, hielt sie an, damit wir die auf der anderen Seite des Flusses liegende Stadt in Ruhe betrachten konnten.

»Das ist Londinium, Hauptstadt und Handelszentrum der Provinz Britannien«, sagte sie und zeigte mit einer ausladenden Bewegung auf die weiträumige Ansiedlung – die Kais mit den vielen Schiffen, die dort angelegt hatten, die Lagerhäuser, die große Menge der Hausdächer, die sich hinter ihnen zusammendrängten. Gleich hinter dem Fluß lag etwas links von uns ein größeres Gebäude mit einer kunstvoll gearbeiteten Fassade. »Der Palast des Statthalters«, erklärte Bodica. »Tiberius wird jetzt dort sein.« Sie nahm die Zügel auf und fuhr wieder an. »Aber man kann die Brücke vom Palast aus nicht sehen. Alle Fenster gehen auf den Innenhof. Sehr römisch, wie mir scheint, sich an der eigenen importierten Großartigkeit zu weiden, statt den Blick auf die Lebensverhältnisse der umgebenden Provinz zu richten. Schaut einmal da vor uns!«

Ein Skelett mit zerfetzten Kleidern baumelte am mittleren Bogen der Brücke. Ein paar große Vögel krallten sich daran und pickten.

»Sie hängen oft Verbrecher dort auf«, erklärte Bodica uns. Sie fuhr langsam an den mittleren Bogen der Brücke heran und sah mit diesem kühl abschätzenden Blick, den ich so beunruhigend fand, auf die Leiche hinunter. »Als Warnung. Als meine Vorfahrin, die Königin der Icener, Londinium eroberte, ließ sie die Stadt plündern und ... römische Bürger ... an der Tamesisbrücke, der Vorgängerin dieser Brücke, aufhängen. Hunderte römische Bürger.«

Arshaks Augen funkelten. Er sah Bodica scharf an. »Sie ließ die britannische Hauptstadt plündern? Hatte sie viele Anhänger?«

»Oh, sehr viele! In jener Zeit brannte ganz Britannien darauf, das römische Joch abzuwerfen und wieder frei unter seinen eigenen Königen und Königinnen zu leben. Sie hielten es für eine Schande damals, von Steuereinnehmern gedemütigt zu werden und Beamten Bestechungsgelder zu zahlen. Wir waren damals ein Volk tapferer Krieger, wie Euer eigenes Volk.«

Sie erzählte uns mehr über die Icenerkönigin Boudicca, während wir durch die Brückentore nach Londinium hineinritten: wie ein ungerechter römischer Statthalter den Befehl gab, sie auszupeitschen und ihre Töchter zu vergewaltigen, wie sie dann den Süden des Landes zum Aufstand gegen die Römer aufwiegelte und die beiden größten Städte eroberte und plünderte, aber zuletzt, nachdem eine ganze römische Legion in einer blutigen Schlacht vernichtet worden war, geschlagen wurde; wie sie Gift nahm, um nicht die Schande zu erleben, bei einem römischen Triumphzug mitgeführt zu werden. Es war eine bewegende Erzählung von Mut und verzweifeltem Heroismus.

»Aber das liegt lange zurück«, schloß Bodica ruhig. »Mehr als ein Jahrhundert. Das britische Volk ist jetzt endgültig unter das Joch gezwungen und wagt es nicht mehr, sich gegen Rom aufzubäumen – außer im Norden, wo es immer noch ein wenig gärt. Es wird nicht lange dauern, nehme ich an, bis Euer Volk auch unter Roms Joch gezwungen ist.«

Wir sahen sie konsterniert an. »Unser Volk ist niemals unterworfen worden«, sagte Arshak heftig.

»Aber Ihr seid hier«, betonte sie – ihre Stimme klang traurig.

»Wir sind der Preis, den unser Volk für einen Waffenstillstand gezahlt hat. Mein Onkel Zanticus ist noch immer König der Sarmaten. Der Kaiser haßt ihn, aber der Kaiser mußte trotzdem einen Vertrag mit ihm schließen. Wir sind ein Volk freier Menschen, keine Sklaven.«

Bodica senkte den Kopf mit dem goldschimmernden Haar. »Manchmal«, flüsterte sie, »wünsche ich, ich könnte das auch von meinem Volk sagen.«

Ihre Stimme war sanft und traurig – aber es war ein Ausdruck in ihren Augen, der dieser Sanftheit widersprach. Es war der Ausdruck eines Ringers, der den schwachen Punkt seines Gegners entdeckt hat. An jedem Tag des Marsches hatte sie uns befragt, sie wollte alles wissen über unser Leben, unsere Bräuche, unseren Glauben – es waren bohrende Fragen gewesen, immer mit einem reizenden, unschuldigen Lächeln gestellt; jetzt, so war mein Eindruck, war die Testzeit vorbei, und sie fing an, ihre Netze auszuwerfen. Arshak bemerkte nichts davon, er genoß es, der bevorzugte Begleiter der schönen Dame zu sein.

Als wir durch die Straßen der Stadt ritten, kamen die Menschen tatsächlich aus ihren Häusern gelaufen und starrten uns bewundernd an. Bodica fragte Arshak nach seinen Kämpfen gegen die Römer, und natürlich kam das Gespräch bald auf das Skalpieren der getöteten Feinde. Gatalas war weniger zufrieden mit der Entwicklung des Gesprächs, er konnte ja nicht mit so vielen Skalpen prahlen wie Arshak. Ich sagte kein Wort. Mein altes Mißtrauen war wieder da, stärker als zuvor, und ich hatte nur einen Wunsch, wegzukommen.

»Ihr seid sehr schweigsam, Fürst Ariantes«, sagte Bodica, als wir bei dem Tempel ankamen, den sie besuchen wollte. »Widerstrebt es Eurer Bescheidenheit, Euch Eurer Heldentaten zu rühmen? Wenn ich richtig unterrichtet bin, habt Ihr den Feinden Eures Volkes fast ebensoviel Schaden zugefügt wie Fürst Arshak.«

»Was Überfälle auf römisches Gebiet und Plünderungen betrifft, habe ich ihnen mehr Schaden zugefügt«, antwortete ich. »Und wegen dieser Taten wurden wir gezwungen, unseren Feinden zu dienen. Ich sehe keinen Anlaß, mich dessen zu rühmen.«

Der Ausdruck befriedigten Stolzes über die Anerkennung seiner ruhmreichen Taten verschwand aus Arshaks Gesicht. Gatalas sah mürrisch, Arshak ärgerlich aus.

»Ich bin stolz darauf, für unser Volk gekämpft zu haben«, erklärte Arshak. »Wir haben verloren – aber wir sind nicht unterworfen worden.«

Die Römer wollten uns gar nicht unterwerfen, dachte ich. Facilis hatte ganz richtig gesehen, daß man ein Volk, das keine Städte hat, nicht beherrschen kann. Wenn wir sie nicht immer wieder mit unseren Invasionen gereizt hätten, würden sie Frieden gehalten haben. So aber sahen sie sich gezwungen, etwas gegen uns zu unternehmen; und da sie uns nicht unterwerfen konnten, beschlossen sie, uns auszurotten. Es war unsere Gier nach Reichtum und Ruhm, die uns ins Verderben gestürzt hatte, und daß die Katastrophe nicht noch schlimmer geworden war, hatten wir ebenso einem Aufstand im Osten des Reiches wie unserer Tapferkeit zu verdanken. Aber das konnte ich Arshak nicht sagen, ohne ihn tödlich zu beleidigen.

»Was bringt es uns, das alles jetzt in Erinnerung zu rufen?« sagte ich statt dessen. »Wir haben alle auf das Feuer geschworen, Rom zu dienen, und ständig an unsere Heldentaten im Kampf gegen Rom zurückzudenken, macht es nur noch schwerer.«

»Und möchtest du auch den Ruhm vergessen, den du für dich selbst in Pannonien gewonnen hast, Sohn des Arifarnas?« fragte Arshak ruhig.

Darauf hatte ich keine Antwort. Ich hatte einst den Ruhm so heftig begehrt, daß ich mein bestes Pferd Farna – Ruhm – genannt hatte. Ich starrte deprimiert und hoffnungslos auf Farnas edlen Kopf.

»Ich denke, Euer Volk liebt den Ruhm ebenso wie meines«, kommentierte Bodica. Ich schaute auf und sah, daß sie lächelte. Ihr Lächeln war an mich gerichtet, aber ihre Augen glitten über mich hinweg, ihr Blick begegnete dem Arshaks, und plötzlich waren sie Verbündete, die mich einluden, meine vorsichtige Zurückhaltung zu vergessen und gleich ihnen den Ruhm über alles andere zu stellen. Ein Teil meines Wesens verlangte verzweifelt nach Übereinstimmung mit ihnen – doch das Gefühl, getäuscht und benutzt zu werden, machte mich mißtrauischer, als ich es je gewesen war.

Als Bodica aus dem Tempel zurückkehrte, entschuldigte ich mich mit der Begründung, daß zumindest ein Kommandeur im Lager anwesend sein sollte – allerdings ließ ich fünf Mann meiner Leibwache zu ihrem Geleit zurück, um klarzustellen, daß nicht Angst vor dem Legaten meine Entscheidung beeinflußte. Mit den anderen fünf brach ich zum Lager auf.

Wir kannten uns mit Städten nicht aus. Die engen Straßen, die vielen gleichförmigen, eng aneinandergedrängten Häuser mit den fensterlosen Fassaden verwirrten uns. Wir irrten einige Minuten lang hilflos herum und hielten Ausschau nach einem Orientierungspunkt. Schließlich hielt ich vor einem Laden an und fragte den Besitzer nach dem Weg zur Brücke.

»Meint Ihr die Frauenbrücke?« fragte er.

»Wenn es die ist, die über die Tamesis führt, ja«, antwortete ich.

»Das ist die Frauenbrücke«, sagte er. »Ihr reitet zurück bis zur nächsten Ecke, dann biegt Ihr nach rechts und bei der nächsten Kreuzung nach links ab. Ihr seht sie dann direkt vor Euch liegen.«

»Danke.«

Der Ladenbesitzer sah neugierig zu mir hoch, als ich die Zügel wieder aufnahm. »Wir nennen sie die Frauenbrücke«, erklärte er, »wegen all der Frauen, die dort aufgehängt wurden, als Königin Boudicca die Stadt plünderte.«

Ich sah ihn erstaunt an.

Er nickte, offensichtlich erfreut, daß ein Fremder sich für sein Wissen über die Stadtgeschichte interessierte. »Ihr seid nicht aus Britannien, nehme ich an. Habt Ihr von der Königin Boudicca gehört?«

»Ein wenig.«

»Dann werdet Ihr wohl gehört haben, daß ihre Truppen Londinium geplündert und verwüstet haben. Es heißt, alle Männer seien bei der Verteidigung der Stadt gefallen, bevor die Königin sie einnehmen konnte; sie rächte sich daher an den Frauen. Ihre Krieger schlachteten die meisten der Einwohner ab, sogar Kinder, aber den Frauen und Töchtern der römischen Bürger ließ sie die Kleider vom Leibe reißen, sie verstümmeln und pfählen und entlang der Brücke zur Schau stellen. Daher stammt der Name Frauenbrücke.«

Ich bedankte mich noch einmal, und wir ritten in die Richtung, die er uns gezeigt hatte.

Warum, fragte ich mich, hatte Aurelia Bodica diese grausame Hinrichtung wehrloser Frauen aus ihrer Heldensage fortgelassen und statt dessen von römischen Bürgern gesprochen, die an den Brückenbogen aufgehängt worden seien? Weil sie ihre Vorfahrin bewunderte und ihr solche Schandtaten nicht zutraute? Oder weil sie wußte, daß Grausamkeit gegen die Frauen besiegter Feinde bei ihren Zuhörern auf Unverständnis stoßen und ihre Sympathie für die britische Sache beeinträchtigen mußte?

Wir fanden die Brücke, und ich ließ Londinium mit einem Gefühl der Erleichterung hinter mir zurück. Das Quartier des Legaten lag nahe der Straße, die Legionäre hatten ihre Zelte in einem ordentlichen Viereck auf der Pferdekoppel aufgeschlagen; unser eigenes Lager war dahinter. Als ich von der Straße zum Tor abbog, sah ich Facilis mit puterrotem Gesicht dort stehen.

»Wo sind die anderen?« fragte er. »Wo ist die Dame Aurelia Julii? Warum seid Ihr in die verdammte Stadt – die Götter sollen sie zerstören – geritten?«

Er mußte ihr ganz bewußt den Namen ihres Mannes gegeben haben; ich hatte noch niemanden sie so nennen hören. Ich erklärte ihm, wo sie und unsere Männer waren, und er fluchte wütend. »Der Gemahl der Dame hat ihr heute morgen eine Eskorte angeboten, eine *römische* Eskorte. Sie sagte, sie habe Kopfweh und wolle diesen Tag ruhig im Haus bleiben. Sie hat ihr kleines Sklavenmädchen, das vor Angst weint, im Haus eingeschlossen, und ihr Reitknecht sitzt untätig und verdrossen im Stall herum. Soll mich der Blitz erschlagen, wenn ich weiß, was sie im Schilde führt.«

Ich zuckte die Achseln und bedeutete meinen Männern, zu ihren Wagen weiterzureiten.

Facilis sah ihnen mürrisch nach, dann sagte er: »Sie hat Euch zur Schau gestellt, mit Euch geprotzt wie ein Feldherr beim Triumphzug, nehme ich an. ›Seht meine großartige Sammlung von Barbarenfürsten!‹ Ich hoffe, Ihr habt es genossen.«

»Das habe ich nicht«, erwiderte ich. Einen Augenblick saß ich schweigend da und beobachtete Facilis. Ich mochte den Mann nicht, aber er war scharfsinnig und ein guter Menschenkenner. Er nahm an den Debatten der Römer teil, von denen ich ausgeschlossen war – und ganz offensichtlich traute er Aurelia Bodica nicht mehr als ich selbst.

»Ihr meint also, daß sie etwas im Schilde führt?« fragte ich ruhig.

Facilis stieß langsam und hörbar den Atem durch die Nase aus. »Ich sage nichts gegen die Gemahlin eines Legaten, Ariantes. Merkt Euch das.«

»Lucius Javolenus Comittus bewundert sie außerordentlich. Die beiden anderen Tribune scheinen... nicht glücklich zu sein, wenn man sie erwähnt.«

»Sie haben Angst, meint Ihr.« Facilis hatte die Stimme zu einem Flüstern gesenkt; ich mußte den Helm abnehmen, um ihn zu verstehen. »Sie, und die meisten unserer Leute, haben Angst vor ihr. Und ich habe keine Ahnung, warum.«

»Javolenus Comittus ist gebürtiger Brite«, sagte ich langsam. »Er ist mit ihr verwandt. Die beiden anderen sind italischer Abstammung.«

»Und sie stammt von einheimischen Königsfamilien ab.« Facilis sah sich kurz um, dann kam er näher und faßte meinen Steigbügel. »Verdammt, Ariantes, ich kenne Britannien nicht besser als Ihr. Ich bin Pannonier, in diesem Land bin ich noch nie gewesen. Irgend etwas ist im Gange, da bin ich sicher; ihr ganzes Reden und Tun hat etwas Doppeldeutiges. Hinter allem scheint ein verborgener Sinn zu stecken, aber ich verstehe ihn nicht und kann ihn nicht herausfinden. Ihre königliche Abstammung hat etwas damit zu tun, doch es ist viel mehr dahinter. Alle Männer in dieser Zenturie sind gebürtige Briten, und die meisten sind von den nördlichen Stämmen, die sich vor ein oder zwei Generationen mit Aufständen gegen die römische Herrschaft zur Wehr gestzt haben. Es sind gute Kerle, loyal gegenüber dem Kaiser. Auch sie haben Angst vor ihr.«

Ich saß ab und stand, Farnas Zügel haltend, direkt vor ihm. »Und was ist mit uns?«

Er pfiff durch die Zähne. »Ihr habt es also bemerkt. Ja, sie hat es auf Euch abgesehen. Arshak vor allem, aber auf Euch und Gatalas ebenfalls. Sie hat mich über Euch alle ausgefragt, immer und immer wieder. Natürlich könnte es harmlose Neugier sein, ist es aber nicht.«

»In Britannien haben Königinnen Armeen geführt.«

»Genau wie bei den Sarmaten. Ich würde mich verdammt unbehaglich fühlen, wenn eine sarmatische Prinzessin mit einem Legionslegaten am Danuvius verheiratet wäre. Aber es ist hier viel komplizierter. Am Danuvius waren wir auf der einen Seite des Flusses, und Ihr wart auf der anderen, und jeder wußte, wer wohin gehörte. Hier ist alles verworren und undurchsichtig.«

»Außer bei den südlichen Stämmen, die völlig romanisiert sind.«

Wir sahen uns einen Augenblick stumm an. Dann fragte er: »Was halten Eure beiden Freunde von der Dame Aurelia Julii?«

»Sie denken, sie ist eine edle und schöne Dame von königlichem Blut, und es gefällt ihnen, daß die Frau ihres Befehlshabers ihrem eigenen Rang ebenbürtig ist. Sie fühlen sich von ihrer Aufmerksamkeit geschmeichelt.«

»Arrogante Bastarde! Sie und ihre verdammten Ahnen!«

Ich schüttelte den Kopf. »Ihr solltet das nicht zu mir sagen, Flavius Facilis. Es wird...«

»...nur Ärger machen«, führte er den Satz zu Ende. »Schon gut, Ihr seid selbst ein aristokratischer Bastard, ich werde in Zukunft meinen plebejischen Mund geschlossen halten und nicht über Eure Ahnen lästern. Wenigstens habt Ihr mehr Verstand als die beiden anderen.«

»Was denkt der Legat von ihr?« fragte ich. Das war die Frage, auf die es wirklich ankam.

»Julius Priscus ist zweiundvierzig, er war Witwer. Er hat die Dame voriges Jahr geheiratet. Er denkt, sie ist wunderschön und die intelligenteste und gescheiteste Frau, die er je getroffen hat; und er ist überzeugt, daß ihr Interesse für Euch sarmatische Fürsten keinen anderen Grund hat, als ihm zu helfen, Eure Leute in Schach zu halten. Vielleicht ist es so, ich weiß es nicht. Sie waren alle erschüttert, als sie die Wahrheit über die Sarmaten hörten, und sie glauben sie immer noch nicht so recht.«

Er sah mich einen Augenblick zweifelnd an, dann sagte er: »Ich hätte erwartet, Ihr würdet ohne Zögern auf ihr Angebot eingehen, was immer das sein mag. Ihr seid kein Freund Roms, und vielleicht ist hier Eure Chance, einmal selbst *divide et impera* zu spielen.«

»Ich habe einen Eid geschworen, Flavius Facilis. Und...«

Und – ja, ich mochte die Frau nicht. Ich konnte nicht erklären, warum, auch mir selbst nicht. Ich kannte sie erst ein paar Tage. Sie war immer freundlich und charmant gewesen, und sie hatte mir geholfen, meine Forderungen beim Legaten Priscus durchzusetzen. Aber mich störten dieser abschätzende Blick und die bohrenden Fragen, und daß sie durch ein reizendes Lächeln und eine überzogen wirkende Begeisterung getarnt waren, machte mich mißtrauisch. Vielleicht war ich unfair. Ich hatte schließlich selbst Informationen zu beschaffen versucht, von Comittus, Eukairios und, in gewissem Ausmaß, auch von Natalis. Trotzdem, ich wünschte mich und meine Leute von ihr fernzuhalten. Der Preis für eine Opposition gegen Rom war zu hoch, als daß wir sie uns jetzt hätten leisten können. Und es würde schwierig genug sein, uns in Britannien einzuleben, auch ohne uns zusätzlich mit einem solchen Problem zu belasten.

»Ich hätte eigentlich gedacht, Ihr würdet in ihr eine Verbündete sehen, Flavius Facilis«, wich ich einer direkten Antwort aus. »Vielleicht versucht sie wirklich nur, ihrem Mann zu helfen, uns in Schach zu halten. Wir haben keinen Grund, etwas anderes zu glauben.«

»Nein«, räumte er ein. »Aber wir beide tun es trotzdem. Vielleicht hängt es einfach damit zusammen, daß wir hier Fremde sind und uns über Dinge wundern, die den Einheimischen ganz selbstverständlich vorkommen. Und... ich muß zugeben, für mich gibt es noch einen anderen Grund, der allerdings in keiner Weise dazu berechtigt, die Frau irgendwelcher Machenschaften zu verdächtigen. Ich mag die Art nicht, wie sie das junge Ding behandelt, das ihr das Haar richten muß. Ich habe es in Natalis' Haus gehört und hier ebenfalls: ›Bitte, Herrin, ich habe es nicht absichtlich getan, bitte, Herrin, nicht...‹, und das Geräusch, wie das verdammte Weib sie mit dem Stock schlägt.«

»Was hatte das Mädchen getan?« fragte ich verblüfft.

»Nichts. Eine Locke nicht richtig gelegt, als sie das Haar ihrer Herrin frisierte, oder das Wasser zum Haarewaschen war nicht warm genug. Das Mädchen schrie und schluchzte, es kann nicht älter als sechzehn sein. Ich würde einen gesunden, kräftigen jungen Rekruten nicht so behandeln, geschweige denn ein schwaches kleines Sklavenmädchen, fast ein Kind – das, nach ihrem Aussehen zu urteilen, auch noch schwanger ist. Es macht mich krank. Wo ist eigentlich Euer Sklave?«

»Was soll die Frage in diesem Zusammenhang, Facilis?« fragte ich ärgerlich. »Er ist in Londinium, wo er Schreibsachen kauft und Freunde besucht.«

Er sah mich lange schweigend an. »Nein«, sagte er schließlich, »ich hätte das nicht im selben Atemzug fragen sollen. Ihr würdet keinen Sklaven schlagen. Sogar diese Seil- und Dolch-Geschichte in Dubalia spricht dagegen. Ihr würdet auch nicht einen Mann niederstechen, der sein Schwert weggeworfen hatte und seinen Schild als Tragbahre für einen verwundeten Freund benutzte.«

»Wer behauptet das von mir?« fragte ich zornig.

»Niemand. Einer von euch Bastarden hat das getan – aber ich schätze, Ihr wart es nicht.« Er drehte sich abrupt um und ging steifbeinig auf das Haus zu, wobei er mit seinem Stock aus Rebenholz – dem Symbol der Gewalt eines Zenturios – auf die Büsche am Rand der Straße einschlug.

Ich saß wieder auf und galoppierte zu den Wagen. Jetzt wußte ich, wie sein Sohn gestorben war. Es war eine Erleichterung für mich, daß ich ihn jedenfalls nicht getötet hatte.

Arshak und Gatalas kehrten am Nachmittag aus der Stadt zurück. Sie waren in überschwenglicher Stimmung, lachten und sprachen angeregt miteinander über die charmante Aurelia Bodica und über das, was sie in Londinium gesehen hatten. Aber Banaspados, den ich mit meinen restlichen Leibwächtern in der Stadt zurückgelassen hatte, schien über irgend etwas verärgert zu sein. Ich fragte ihn, was sie unternommen hätten, und er sagte schulterzuckend, sie hätten lediglich die Dame zu verschiedenen Läden begleitet. »Sie ist eine sehr schöne Dame, die Frau des Legaten«, sagte er, »und nach dem zu urteilen, was ich verstehen konnte, auch sehr klug. Aber sie ist nicht gut mit Pferden.«

Er selbst war sehr »gut mit Pferden«, der Beste im ganzen Drachen. Ich hatte ihn, obwohl er nicht von adliger Geburt war, wegen seines Geschicks im Umgang mit Pferden in meine Leibwache aufgenommen, und weil ich ihn wegen seiner Intelligenz und Loyalität besonders schätzte, war er sogar der Stellvertreter von Leimanos geworden.

»Was meinst du damit?« fragte ich ihn.

Er zuckte wieder die Schultern. »Dieser Hengst, der ihren Wagen zieht, nahm auf dem Marktplatz den Geruch einer Stute auf. Er versuchte immer wieder, in eine andere Richtung zu ziehen, als die Dame wollte, wieherte und schlug aus. Hengste tun das nun mal! Aber sie verlor die Geduld, gab ihm die Peitsche und zerrte an den Zügeln, bis blutiger Geifer aus seinem Maul triefte. Die Gebißstange des Zaums war wie ein Fangeisen. Wie kann man ein Tier so behandeln! Für jeden von uns wäre es ein leichtes gewesen, den Hengst zur Räson zu bringen, aber sie wollte sich nicht helfen lassen. Wenn sie mit einem Hengst nicht fertig werden kann, sollte sie ihren Reitknecht mitnehmen oder einen Wallach oder eine Stute einspannen lassen. Ich kann es nicht ertragen, mein Fürst, ansehen zu müssen, wie ein gutes Pferd so mißhandelt wird, und nach meiner Meinung hätten die beiden Kommandeure das nicht zulassen dürfen.«

»Ich glaube, sie würde nicht gern zugeben, daß es etwas gibt, was sie nicht schaffen kann«, sagte ich. »Und um Hilfe zu bitten, wäre ihr wohl noch mehr zuwider.«

»Da hast du zweifellos recht, mein Fürst«, stimmte Banaspados zu. »Aber diese Briten verstehen alle nichts von Pferden.«

Trotz meiner bösen Vorahnungen verlief der Rest des Marsches ohne Zwischenfall. Eukairios kam am Morgen aus Londinium zurück; er machte einen recht zufriedenen Eindruck und schien Bononia weniger zu vermissen als vorher.

6

Ein paar Tage später bekamen zwei meiner Männer Streit mit Männern aus Gatalas' Drachen, aber sie fochten ihre Zweikämpfe ohne Aufsehen mit stumpfen Waffen aus, und es gab keine schlimmeren Verwundungen als einen gebrochenen Arm bei jeder der beiden Parteien.

Aurelia Bodica bekam keine weitere Gelegenheit mehr, ihre Netze auszuwerfen, und wir erreichten Eburacum acht Tage nachdem wir Londinium verlassen hatten. Es war, wie ich meinen Männern versprochen hatte, ein müheloser Marsch – wenn man vom Regen absah.

Arshak war, wie vorherzusehen, außer sich, als er erfuhr, er müsse mit seinem Drachen in Eburacum zurückbleiben, obwohl die Chance von Kampfeinsätzen weiter nördlich am Wall sehr viel größer war. Aber dem Tribun Severus gelang es, ihn mit Andeutungen über die Möglichkeit einer baldigen Einsatzänderung zu besänftigen, und er akzeptierte es schließlich friedlich. Die Aufteilung der Drachen wurde von uns und unseren Männern unerwartet gleichmütig hingenommen, wenn man bedenkt, daß wir einen so langen Weg gemeinsam zurückgelegt hatten und so weit von unserem Land entfernt waren.

»Immerhin«, sagten Gatalas und ich zu Arshak, als wir uns in Eburacum von ihm verabschiedeten, »werden wir nur vier Tagesritte weiter nördlich und unter demselben Oberbefehlshaber sein. Wir werden uns oft treffen.«

»Immerhin«, sagten Gatalas und ich zueinander, als wir Corstopitum knapp südlich vom Wall erreichten, »werden unsere Lager nur einen Tagesritt voneinander entfernt sein. Wir werden uns zu Jagdausflügen treffen, und unsere Drachen können Reiterwettspiele austragen.«

Er ritt mit seinem Drachen in östlicher Richtung nach Condercum weiter, während ich mit meinem Drachen den Weg zum westlich gelegenen Cilurnum einschlug. Ich sah ihn nie wieder.

Es waren nur noch mein eigener Drache und die beiden römischen Offiziere, die am Nachmittag eines goldenen Tages Anfang Oktober auf der alten Straße von Corstopitum nach Westen trabten. Wir ritten das Tal des Flusses Tinea aufwärts, durch eine liebliche, leicht hügelige Landschaft mit einzelnen Wäldern; die Bäume begannen sich zu verfärben, und die reifen Brombeeren am Rand der Straße dufteten. Nach Norden zu bekamen wir manchmal einen kurzen Ausblick auf das Hochland von Kaledonien, purpurn schimmerndes Heideland, in dem vereinzelt Schafherden zu erkennen waren. Hier unten im Tal, wo es saftigere Wiesen gab, weideten Rinder und Pferde.

An der Stelle, wo sich die beiden Arme der Tinea treffen – ein Arm fließt von West nach Ost dem Tal entlang, der andere vereinigt sich, von Norden kommend, mit ihm –, verließen wir die alte Straße und ritten in nördlicher Richtung auf der neuen Militärstraße weiter, die schon bald am Wall endete. Drei Mannesgrößen hoch, aus goldgelbem Sandstein erbaut, zog der Wall sich nach Osten und Westen, so weit wir sehen konnten, jede Viertelmeile von einem Wachtturm überragt. Wo er den Fluß überspannte, war er auf einer Brücke aufgesetzt, die aus dem gleichen Stein gebaut war, dann führte er direkt in das Kastell Cilurnum. Ich hielt an, um einen Blick auf das Fort zu werfen, und Comittus und Facilis, die neben mir ritten, hielten ebenfalls. Hinter uns gab der Trommler das Signal zum Halt.

»Das ist das Badehaus«, sagte Comittus und zeigte auf einen Bau am Fluß, gleich außerhalb des Forts. Er hatte den Platz schon vorher besucht. »Es ist ein gutes Bad. Auch in Cilurnum gibt es gutes Wasser – ein Aquädukt führt es direkt durch das Lager vom einen Ende bis zum anderen, und es durchspült auch die Latrinen. Und unter der Brücke befindet sich eine Wassermühle, die das ganze Getreide für das Fort mahlt...«, er räusperte sich, »wenn Ihr Getreide wollt, heißt das.«

Ich nickte. Mein Herz schlug höher beim Anblick von Cilurnum. Das Fort selbst hatte den Standardgrundriß des römischen Castellum – ein langes Rechteck mit abgerundeten Ecken, vier Tore,

Wachttürme, der Wall lief durch das obere Drittel der Längsseite hinein. Im Innern würden die üblichen zwei sich rechtwinklig kreuzenden Hauptstraßen sein, das übliche Stabsgebäude und das Haus des Kommandanten würden sich in der Mitte des Kastells gegenüberliegen und die üblichen schmalen Barackenblocks exakt gitterförmig angeordnet sein. Ein Dorf, wie man es bei jedem römischen Kastell findet, breitete sich, wahllos hingestreut, nach Süden hin aus. Aber es war ein Kavalleriefort mit ausgedehnten Weiden im Norden jenseits des Walls, wo bereits Pferde grasten. Eine leicht gewellte freundliche Landschaft zu beiden Seiten des seichten, braunen Flusses, dazu die saftigen, tiefgrünen Wiesen, in denen einzelne große, schattenspendende Bäume standen – ich war sehr zufrieden mit dem, was ich sah. »Wir können die Wagen dort aufstellen«, sagte ich, auf das Gelände nördlich des Forts zeigend.

Comittus und Facilis sahen mich an, Comittus überrascht, Facilis gereizt. »Ihr werdet die Wagen nicht mehr brauchen«, sagte Comittus. »Ihr wißt selbst, wie viele Briefe wir geschrieben haben; es ist alles arrangiert. Die Zweite Asturische Kavallerieala hat hier ihren Standort, aber mehr als die Hälfte von ihnen sind anderswo eingesetzt, und es gibt in den Baracken genügend Platz für euch und für sie.«

»Irgendwann müßt ihr damit anfangen, in Häusern zu schlafen, Ariantes«, sagte Facilis. »Wir können römische Hilfstruppen nicht in Wagen außerhalb ihres eigenen Forts einquartieren. Noch dazu auf der falschen Seite des Walls.«

Mit Abscheu betrachtete ich die Steinmauern. Was für ein Gefühl würde es wohl sein, in ihnen zu schlafen, Nacht für Nacht? Es mußte schrecklich sein, den Wechsel der Jahreszeiten von einem festen Platz aus zu beobachten, an den man für immer gebunden war, unbeweglich, begraben wie die Toten. »Nicht heute nacht«, sagte ich schließlich. »Noch nicht.« Ich sah die beiden an. »Es ist genug, daß wir hier sind. Gebt uns Zeit. Wir sind keine römische Auxiliarreiterei, Flavius Facilis, wir sind irreguläre Hilfstruppen.« Ich gab dem Trommler ein Handzeichen, das Signal zu schlagen, und trabte an.

»Aber ... wirklich ... ich meine ...«, sagte Comittus, sich neben mich setzend. »Baracken sind viel *komfortabler* ...«

Sie gaben nicht so leicht auf. Wir ritten in das Fort – wir mußten es sowieso durchqueren, um zu den Feldern zu kommen, von denen der Wall uns abschnitt. Der rangälteste Dekurio der restlichen sechs Turmae der Zweiten Asturier kam zu unserer Begrüßung herbeigeeilt, gefolgt von seinen Männern und den meisten Einwohnern des Dorfes. (Trotz ihres Namens stammte die Zweite Asturische Kavallerieala nicht aus der Stadt Asturica in Iberien; zwar war sie dort ursprünglich aufgestellt worden, aber das lag eine lange Zeit zurück, und diese Männer hier kamen meist aus dem Hinterland des Walls.) Der Dekurio war ein dunkelhaariger Mann um die Dreißig, mit einem langen Gesicht, was ihm ein etwas melancholisches Aussehen gab. Sein Name war Gajus Flavinus Longus – ich vermutete, daß »Longus« ein Spitzname war, denn er war der größte und dünnste Mann, den ich je gesehen hatte. Comittus und Facilis erwiderten seinen höflichen Gruß und zogen ihn dann gleich in die Diskussion mit herein, ob wir oder ob wir nicht in unseren Wagen schlafen könnten. Er hatte eine beträchtliche Menge Arbeit aufgewendet und argumentierte noch heftiger als die beiden anderen. Ich nickte, ignorierte sie alle und führt meine Männer durch das Tor auf der entgegengesetzten Seite des Forts in die Felder hinaus. Die drei römischen Offiziere, die meisten Asturier und viele Dorfbewohner folgten uns, wobei sie es nicht an erstaunten Ausrufen über unsere wilden barbarischen Sitten fehlen ließen.

»Ihr Bastarde seid hier nicht einmal verschanzt!« schrie Facilis mich an, während ich Farna an der Stelle anhielt, die ich für das große Lagerfeuer ausgewählt hatte, und die Wagen einwies. »Hört zu, Ariantes, die verdammten Dorfleute werden Tag und Nacht hier ein und aus gehen, wie sie wollen, und die Hälfte von ihnen sind Diebe. Und was ist mit den Latrinen?«

»Leiht uns ein paar Schaufeln, und wir werden einen Graben ausheben, der sie mit den Latrinen im Lager verbindet«, antwortete ich, ohne ihn anzusehen.

»Ihr habt Anspruch auf das Haus des Kommandanten, wißt Ihr«, versuchte Comittus mich zu überreden – »zumindest könnten wir es miteinander teilen. Es ist ein großes Haus, und es hat ein Hypokaustum und ein eigenes Badehaus mit Dampfraum, und sein letzter Bewohner hat im Speisezimmer einen feinen Mosaikfußboden legen lassen...«

»Comittus«, erwiderte ich ihm, »als ich ein Fürst in meinem eigenen Land war, hatte ich kein großes Haus mit einem Mosaikfußboden. Ich brauche und wünsche das auch jetzt nicht. Vielleicht im Winter, wenn es sehr kalt ist, mögen Baracken und Warmluftheizungen zweckmäßig sein. Nicht heute nacht.«

»Da soll mich doch der Henker holen!« rief Longus, erbost, daß alle seine Vorbereitungen vergeudete Zeit und Mühe waren. »Was für Leute haben sie uns da bloß geschickt?«

Ich sah ihn an. »Sie haben euch Sarmaten geschickt«, sagte ich ruhig. »Wir sind es gewohnt, in Wagen zu wohnen.«

»Sie haben uns eine Bande Verrückter geschickt! Wer sonst würde lieber in dreckigen Pferdewagen als in guten Steinbaracken wohnen!«

Die Asturier und die Dorfleute lachten. Meine Männer hörten es. Sie verstanden die Worte nicht, aber sie begriffen ihre Bedeutung. Ich bemerkte, daß Facilis' Gesicht blaß wurde, offenbar war er alarmiert. Er hatte uns ähnliche Dinge an den Kopf geworfen, noch schlimmere – aber er war ein rangältester Offizier und wußte genau, wie weit er unter welchen Umständen gehen konnte. Er würde eine solche Sprache nie vor einer Zuhörerschaft gebraucht haben, die sie verstand.

Ich sah Longus nachdenklich an. Er war zu Pferde gekommen, um uns zu begrüßen, und er war bewaffnet und trug ein Panzerhemd. Aber er war nicht auf der Hut. »Ihr solltet uns nicht beleidigen, Flavinus Longus«, sagte ich ruhig. »Bedenkt, daß wir zusammenarbeiten müssen.« Ich hob die Hand, um meine Männer ruhig zu halten.

»Ich kann sagen, was ich...«, begann Longus.

Auf einen Druck meines Absatzes sprang Farna zur Seite, ich riß die Lanze heraus, schwang sie herum und stieß den Dekurio rückwärts vom Pferd. Dann wendete ich Farna, so daß sie fast über ihm stand, und rammte die Lanzenspitze ungefähr zwei Zoll von seiner Schulter entfernt in den Boden. Er zuckte, und ich hatte das Schwert an seiner Kehle. »Nicht eingreifen!« rief ich meinen Männern auf sarmatisch zu. Es war so schnell vorbei, daß die Asturier noch verblüfft starrten und auch meine Männer noch nicht versucht hatten, etwas zu unternehmen. Aber ich hörte, wie hinter mir Bogen gespannt wurden.

»Ihr solltet uns nicht beleidigen«, sagte ich noch einmal zu Longus. Er sah an der Schwertklinge vorbei zu mir hoch. Sein Gesicht war grau. »Wenn Ihr Flavius Facilis fragt, wird er Euch erklären, wie wir mit Männern verfahren, die uns beleidigen. Ihr hättet das nicht sagen sollen, nicht bei unserer ersten Begegnung und vor allen Euren und meinen Männern. Es war dumm und hat nur böses Blut gemacht. Aber ich bin sicher, es war eine unüberlegte Äußerung, weil unsere Gewohnheiten Euch noch fremd sind, und es tut Euch jetzt leid.« Ich nahm das Schwert von seiner Kehle und steckte es in die Scheide, zog die Lanze aus dem Boden und ließ Farna zurückgehen.

Longus stand auf, noch immer grau im Gesicht. Einer von meinen Männern hatte sein Pferd an sich genommen; ich nickte ihm zu, es zurückzugeben.

Wahrscheinlich war es ganz gut, daß es diesen kleinen Zwischenfall gegeben hatte, der zum Glück glimpflich abgelaufen war. Jetzt wußten die Asturier, daß es gefährlich war, Sarmaten gegenüber beleidigende Redensarten zu führen, wenn sie selbst es auch wohl gewohnt waren, solche von Römern einzustecken. Ich bedauerte es, Longus gedemütigt zu haben, aber immerhin hatte er einen niedrigeren Rang als ich, und wenn er wieder ruhig denken konnte, würde er sich sagen müssen, daß er dem Kommandeur einer anderen Einheit Achtung schuldete, selbst wenn er sein Verhalten für stupide und lächerlich hielt.

»Wir haben dem Kaiser geschworen, daß wir für ihn kämpfen werden«, sagte ich zu den römischen Offizieren. »Wir haben nicht geschworen, in Gräbern zu schlafen. Wir haben sehr vieles zu lernen; Patrouillen- und Wachdienst zu machen, an einen festen Platz gebunden zu sein, mit Geld umzugehen. Wir müssen eine andere Sprache und eine andere Lebensweise erlernen. Das können und werden wir tun. Wenn Ihr Fremde von unserem Lager fernhalten wollt, Flavius Facilis, können wir eine Palisade bauen. Wir sind bereit, uns anzupassen. Aber Ihr müßt ein wenig Geduld mit uns haben.«

Sie gaben nach, wenn Facilis auch noch wegen der Latrinen murrte; wir stellten also unsere Wagen auf dem Feld auf, ließen die Pferde weiden und versuchten, uns an ein neues Leben zu gewöhnen.

Dieses Leben in Cilurnum war von einer monotonen Langeweile. Alle meine Vorahnungen über Grenzkämpfe und Auseinandersetzungen mit den Kaledoniern erwiesen sich als völlig falsch. Die Hauptaufgabe des Forts war das Kassieren von Zollgebühren. Das Fort war der offizielle Grenzübergang für Leute aus der Umgebung, die auf der jeweils anderen Seite des Walls Geschäfte zu erledigen hatten, und hier war auch die einzige Brücke über die nördliche Tinea. Tag für Tag trieben Schäfer ihre Herden durch die Tore, und an Markttagen drängten sich Bauern und Händler mit ihren Karren vor der Zollstelle, um sich mit einer Kupfermünze das Recht zu erkaufen, die Grenze zu überschreiten.

Außerdem hatte das Fort die Aufgabe, sechs »Meilenkastelle« zu bemannen – kleine Forts, die im Abstand einer römischen Meile entlang dem Wall errichtet waren. Die Meilenkastelle ihrerseits bemannten je drei Wachttürme, auf denen die Posten allerdings nicht viel mehr zu Gesicht bekamen als Schafe, die auf den Hügeln im Norden weideten. Wir schickten unsere Männer für jeweils zehn Tage in die Meilenkastelle, die Schwadronen lösten sich dabei turnusmäßig ab.

Diejenigen Schwadronen, die keinen Wachdienst hatten, wurden zu Arbeiten im Lager eingeteilt – allerdings nahmen diese im allgemeinen nicht viel Zeit in Anspruch, nachdem inzwischen der Bau der Palisaden um unser Lager und das Ausheben der Latrinen beendet waren. Ich schlug Facilis und Comittus vor, eine Anzahl Schafe und Rinder für den Eigenbedarf zu kaufen; sie könnten uns nicht nur mit Milch, Fleisch und Wolle versorgen, sondern den Männern auch mehr zu tun geben. Aber man erklärte mir, römischen Soldaten sei es nicht gestattet, Vieh zu halten oder Land zu bebauen, denn man befürchte, sie könnten sich zu weit entfernen und außerhalb des Forts leben. Statt dessen mußte man Arbeit für sie erfinden – Gefechtsausbildung, Zusatzpatrouillen, Wettkämpfe. Es kam mir lächerlich vor, aber ich mußte mitmachen, und wenn nur, um meine Leute davon abhalten, sich mit den Asturiern anzulegen.

Wenn es meinen Leuten an Beschäftigung fehlte, mir jedenfalls nicht, und die Streitereien mit den Asturiern zu schlichten, war meine Hauptarbeit. Die Asturier, so schätzten meine Männer, eigneten sich perfekt als Gegner im Zweikampf, viel besser als Gatalas' Männer. Ihre Speere waren kürzer, sie konnten nicht ordentlich schießen, sie trugen keine annähernd so gute Rüstung, und sie waren nicht so geschickt im Reiten wie wir – mit einem Wort, sie waren Gegner, die man ohne große Mühe schlagen konnte. Schon bald fingen meine Leute an, zu sticheln und sich aufzuspielen, wenn sie die armen Asturier nur zu Gesicht bekamen. Es war erstaunlich, wie wenig Latein sie brauchten, um einen Streit zu provozieren. Und es gab, wie ich vorausgesehen hatte, Probleme mit Alkohol und Frauen. Immerhin, es hätte schlimmer sein können. Die Asturier waren so ungeschickt, daß niemand auf die Idee kam, sie zu töten. Aber ich mußte ständig auf der Hut sein, um auch nur einigermaßen Frieden zwischen den beiden Einheiten zu bewahren.

Longus verstand sich darauf besser als ich. Trotz seines melancholischen Aussehens hatte er einen ausgeprägten Sinn für Humor. Er konnte mit gleichgültiger Stimme und ohne das Gesicht zu verziehen, Witze erzählen, über die seine Zuhörer brüllend lachten. Wenn ich mit einer Streiterei konfrontiert wurde, konnte ich nur Befehle geben oder mit Argumenten zu schlichten versuchen. Wenn er in einem solchen Fall rechtzeitig zur Stelle war, löste sich das Ganze in Gelächter auf. Er hegte keinen Groll gegen mich, weil ich ihn bei unserer ersten Begegnung vom Pferd gestoßen hatte – ganz im Gegenteil wurde dieser Zwischenfall eine seiner Lieblingsgeschichten: »Das nächste, was ich wußte, ich war wie ein Klotz vom Rücken meiner Stute gefallen, und Ariantes haut den Speer, mit dem er das getan hat, direkt neben meinen Hals, wumm! Und er sieht an seinem Schwert entlang auf mich, als ob er überlegt, welches Stück von mir er zuerst abhacken soll. Ich glaubte, mein letztes Stündlein wäre gekommen. O Götter und Göttinnen, dachte ich bei mir, helft mir aus diesem Schlamassel heraus, und ich werde nie wieder ein Wort gegen Wagen sagen, so wahr mit Epona helfe, die Göttin der Pferde. Und dann sagte er, ganz ruhig und sanft: ›Ihr solltet uns nicht beleidigen‹, und glaubt mir, ich konnte ihm nur aus ganzem Herzen beipflichten. Ich hätte zur Bestätigung gern genickt, etwa so, aber da ist dieses Schwert an meiner Kehle, und ich habe aus Angst, ein Nicken könnte Konsequenzen haben, wenn ihr versteht, was ich meine...«

Ich lernte Longus sehr rasch schätzen. Eigentlich mochte ich alle Männer, mit denen ich in Cilurnum zu tun hatte, Facilis ausgenommen, und selbst er suchte nicht länger Streit mit mir. Comittus war mir von Anfang an freundlich entgegengekommen, und als er sich schließlich damit abgefunden hatte, das Haus des Kommandanten allein zu beziehen und mich in meinem Wagen zu lassen, kamen wir gut miteinander aus. Etwas angeberisch und unerfahren mochte er wohl sein, aber er war tüchtig und intelligent, und er verstand die Mentalität der Briten viel besser als wir anderen.

Ich ließ Eukairios in den Sklavenquartieren im Haus des Kommandanten wohnen, denn der Schreiber war es nicht gewohnt, in einem Wagen zu schlafen, und jetzt, wo der Winter näher rückte, wäre es ihm sicher sehr schwer gefallen. Aber ich konnte mich auf Eukairios absolut verlassen. Gemeinsam erledigten wir in diesem Herbst eine Menge Arbeit. Wir versuchten, die Entlohnung und die Arbeits- und Lebensbedingungen für meine Männer nach meinen Vorstellungen zu arrangieren, und wir waren inzwischen ein gut aufeinander eingespieltes Team geworden. Er hatte ein erstaunliches Gedächtnis, und seine genaue Kenntnis des römischen Verwaltungssystems war für mich enorm wertvoll; er wußte, an welche Beamten man schrieb, wenn man etwas brauchte, und wieviel man ihnen geben sollte, um sie freundlich zu stimmen. In diesem Herbst in Cilurnum war ich im großen und ganzen recht zufrieden, trotz der Streitereien zwischen unserem Drachen und der asturischen Ala. Aber diese Zufriedenheit wurde jäh erschüttert, als die Nachricht über Gatalas eintraf.

Es war ein kalter, feuchter Tag Anfang Dezember, als ich die Nachricht hörte. Wir hatten wieder einmal einen dieser lächerlichen Wettkämpfe. Es waren gemischte Mannschaften aufgestellt worden, zu jeder gehörten Sarmaten und Asturier – wir hofften, sie auf diese Weise miteinander versöhnen zu können. Bei diesem Wettspiel gab es viel Herumgaloppieren in voller Rüstung und über aufgeweichten, schlammigen Boden, Schleudern von stumpfen Speeren – Speerwerfen war so ziemlich das einzige, worin die Asturier uns überlegen waren. Jetzt waren die Männer dabei, im öffentlichen Badehaus sich den Schlamm abzuwaschen und sich aufzuwärmen, und die Offiziere taten dasselbe im Badehaus des Kommandanten. Comittus und Longus hatten sich auf den Bänken ausgestreckt; Leimanos und Kasagos, die ich mitgenommen hatte, saßen mit gekreuzten Beinen und hatten die Augen gegen die Hitze halb geschlossen. (Leimanos kam bei solchen Gelegenheiten gewöhnlich mit, und Kasagos' Schwadron hatte sich bei dem Wettkampf besonders ausgezeichnet.) Facilis saß etwas abseits von uns, die Ellbogen auf die Knie gestützt, in sich gekehrt und schweigend. Hier war er jetzt der Außenseiter, ein alternder Fußsoldat unter den jungen Kavallerieoffizieren, und meist verließ er uns gleich nach dem Bad und ging nach Hause. Die körperliche Übung hatte uns allen gutgetan, wir waren müde, aber in guter Stimmung.

»Ich denke, wir sollten den Tag mit ein paar Bechern Wein abschließen«, sagte Longus. »Oder vielleicht zusätzlich mit etwas Unterhaltung. Fortunatus hat ein paar neue Mädchen.«

»Was Gutes dabei?« fragte Comittus.

Longus rollte die Augen. »Mir gefällt die Griechin. Trufosa heißt sie. Klein und zierlich und heiß wie Pfeffer – so sagt man. Ich hatte noch nicht die Ehre. Ihr solltet einmal hingehen, Ariantes. Fortunatus sagt, wenn Ihr kommt, könnt Ihr jedes Mädchen haben, das Ihr wollt, ohne etwas zu bezahlen.«

»Damit meine Männer in sein Bordell gehen und nicht in das andere?«

»Das bezweifle ich. Es fehlt ihm nicht an sarmatischen Kunden. Jedesmal, wenn ich in dieses Bordell komme, ist es voll von Betrunkenen, die in ihren Wein heulen, während sie den Mädchen von den herrlichen Pferden erzählen, die sie in Sarmatien zurücklassen mußten. Manchmal weinen sie auch über ihre Frauen und Kinder.« Kasagos und Leimanos lachten. »Nein, Fortunatus möchte wohl eher seinem Etablissement einen Anstrich von Klasse geben – ›Bevorzugt von Fürsten und höheren Offizieren!‹. Aber ein paar von den Mädchen haben gesagt, sie würden Euch jederzeit mit dem größten Vergnügen alle Wünsche erfüllen. Lupicilla kann sich immer noch nicht einkriegen vor Kichern, wenn sie daran denkt, wie Ihr mich vom Pferd gestoßen habt. Ihr solltet wirklich mal mitkommen.«

Ich sah ihn nachsichtig lächelnd an. »Danke, Flavinus Longus. Und dankt Fortunatus für sein Angebot. Nein.«

Wenn die Göttin der Liebe selbst mir erschienen wäre, nackt und golden und nach Myrrhe duftend, ich wäre vor ihr auf die Knie gefallen und hätte sie angefleht, mir Tirgatao wiederzugeben. Ich war voll Verlangen, voll heftigstem Verlangen, aber ein Mann, der vor Durst verschmachtet, kann nicht Brot essen.

Die Tür zum Dampfraum öffnete sich plötzlich, und Eukairios kam herein. »Kann ich Euch einen Augenblick sprechen, Herr?« fragte er mich.

Ich winkte ihm, sich zu setzen, aber er blieb stehen und blickte zur Tür, die er offenhielt. Ich stand auf und ging zum Umkleideraum, um meine Kleider zu holen.

Facilis hob den Kopf. »Worum handelt es sich?« fragte er mißtrauisch.

»Eine Nachricht für meinen Herrn«, antwortete Eukairios höflich. »Wenn ich vielleicht kurz mit ihm sprechen könnte...«

»Einen Augenblick, Mann. Wenn es so wichtig ist, daß es nicht warten kann, bis dein Herr aus dem Dampfraum herauskommt, dann wird es wohl wichtig genug sein, daß auch wir anderen es hören.«

Eukairios sah mich nervös an. »Was ist passiert?« fragte ich ihn.

Er schüttelte resigniert den Kopf und schloß die Tür. »Ich bekam einen Brief von . . . von einem Korrespondenten in Corstopitum. Er teilt mir mit . . . Es tut mir leid, Herr, Euer Freund Fürst Gatalas ist tot.«

»Tot?« fragte ich entsetzt. »Wie?«

»Bei einer Meuterei«, erklärte Eukairios unglücklich. »Anscheinend hat er sich vor zwei Tagen mit dem Lagerpräfekten von Condercum und mit seinem Verbindungsoffizier Gajus Valerius Victor gestritten. Er wies sie aus dem Fort und übernahm selbst mit seinen Leuten das Stabsquartier. Die beiden Offiziere ritten sofort zu den benachbarten Forts, alarmierten die in Segedunum und Pons Aelius stationierten Infanteriekohorten sowie die Kavallerieala aus Vindovala und marschierten mit ihnen zurück nach Condercum. Er kam heute morgen aus dem Fort, begleitet nur von seiner Leibwache, dreißig Mann. Sie dachten, er wolle mit ihnen verhandeln – aber er war herausgekommen, um zu sterben. Er hatte seinem Drachen befohlen, sich zu ergeben, selbst aber stellte er sich zum Kampf. Er und seine dreißig Leibwächter töteten viermal so viele Männer, als sie selbst waren, darunter auch den Lagerpräfekten, bevor sie alle tot waren. Die anderen Männer seines Drachens haben sich ergeben und stehen in Condercum unter Arrest.«

»Marha!« flüsterte ich. Fassungslos senkte ich den Kopf. Gatalas tot.

»Warum hat uns das niemand gesagt?« schrie Leimanos und sprang wütend auf.

»Redet keinen Unsinn!« fuhr Facilis ihn an. »Das Ganze war in zwei Tagen vorbei. Und Euch würde das sowieso niemand sagen. Ihr wärt gleich losgeritten, um ihm zu helfen. Einhundertundzwanzig römische Soldaten tot. Götter und Göttinnen! Ich habe versucht, sie zu warnen.«

Ich ging in den Umkleideraum, um mich anzuziehen. »Leimanos«, sagte ich, »wir müssen alle Männer zusammentrommeln.«

»Was soll das heißen? Was führt Ihr im Schilde?« fragte Facilis und kam mir nach.

»Haltet Ihr es für besser, daß sie dies in den Tavernen erfahren?« fragte ich ihn, als ich den Gürtel meiner schlammverkrusteten Hose festzog. Ich nahm mein Hemd und warf dem Zenturio einen ärgerlichen Blick zu. »Keine Sorge, Flavius Facilis. Ich werde nicht das Leben meiner Männer wegwerfen, um Rache zu nehmen. Gatalas hat sich selbst gerächt.« Ich zog das Hemd über den Kopf.

»Gerächt für was?« fragte Facilis erbittert. »Dafür, daß man ihn in ein Kavalleriefort geschickt hat, daß er in einem freundlichen Land leben kann, daß er gut ernährt, gut untergebracht, gut bezahlt wird? Einhundertundzwanzig Römer tot! Und wahrscheinlich wegen nichts als ein paar Worten!«

»Man hätte Geduld haben müssen!« gab ich zurück. »Er war entschlossen, seinen Eid zu halten, wenn er seinen Befehlshabern trauen konnte.«

Ich setzte mich und zog die Schuhe an. Leimanos weinte, während er sich ankleidete. Kasagos murmelte ein Gebet für die Toten. »Eukairios, sobald ich zu den Männern gesprochen habe, müssen wir einige Briefe schreiben.«

Eukairios räusperte sich. »Der Brief, der mir dies mitgeteilt hat ... er kam zusammen mit einigen Depeschen. Ein Sonderkurier hat sie gebracht. Deshalb mußte ich Euch gleich sprechen.«

Einen Augenblick wußte ich nicht, was er damit sagen wollte. Dann begriff ich. Der Kurier hatte Depeschen für Comittus, Longus und Facilis gebracht, wahrscheinlich mit dem Befehl, mich zu verhaften und meine Männer zu entwaffnen und im Lager einzuschließen.

Ich sah die Römer fest an. »Wenn die Depeschen Euch anweisen, etwas zu unternehmen«, flüsterte ich, »tut es noch nicht! Bitte! Gebt mir eine Chance, meine Leute zu beruhigen. Wenn sie dies in den Tavernen hören, Longus, dann werden sie auf Eure Männer losgehen, und es wird ein Blutbad geben. Ich muß den Drachen zusammenrufen und noch heute abend zu ihm sprechen. Morgen früh können wir Marha opfern, und die Weissager werden die Ruten lesen. Und wir werden für die Seelen unserer Freunde beten. Danach werden die Männer ruhiger sein, und sie werden nichts Törichtes unternehmen.«

Die drei Römer schwiegen lange. Dann sagte Longus: »Wir hatten nicht die Absicht, die Depeschen heute abend zu lesen – nicht wahr, Comittus?«

»Nein«, bestätigte Comittus. »Nein – wir haben einen anstrengenden Tag hinter uns, und es ist spät geworden. Wir werden noch ein paar Becher Wein trinken und dann zu Bett gehen.«

»Und morgen früh können wir sie auch nicht gleich öffnen«, nahm wieder Longus das Wort. »Wenn Ihr eine Opferfeier abhaltet, um die Götter zu verehren, sollten wir das natürlich auch tun. Die Depeschen können bis zur Mittagszeit warten.«

Ich sah Facilis an.

»Sollen die Götter diese Depeschen vernichten!« sagte er. »Ich werde sie heute abend sicher nicht lesen. Ich gehe gleich zu Bett.«

»Ich danke Euch allen«, sagte ich erleichtert. Dann nahm ich meinen Mantel und eilte in die feuchte, kalte Nacht hinaus, um meine Männer zu versammeln.

Sie hörten die Nachricht mit einem Aufschrei des Entsetzens und mit Jammern und Klagen, nachdem die Trommeln sie aus dem Badehaus, den Tavernen und Bordellen von Cilurnum zusammengeholt hatten. Aber es gab keine zornigen und ärgerlichen Rufe, und das Versprechen, am Morgen den Göttern zu opfern und alles ihrem Willen anheimzustellen, beruhigte sie. Als sie auseinandergingen, erinnerten sie sich gegenseitig daran, daß die Weissagungsruten Gatalas den Tod in der Schlacht verheißen, aber ihnen selbst und Gatalas' Drachen Glück prophezeit hatten. Ich bemerkte während der Nacht, daß die Asturier eine Wache auf den Mauern des Forts aufgestellt hatten, von wo sie unsere Wagen beobachten konnten – aber so unauffällig, daß es niemanden beleidigen konnte.

Wir wurden vor Tagesanbruch durch Geschmetter von Trompeten im Fort geweckt, die das Signal zum Alarm gaben. Ich stürzte aus meinem Wagen, schnappte mir das nächste Pferd, und ohne mich damit aufzuhalten, es zu satteln, galoppierte ich wie wild zum Tor, leise vor mich hin fluchend. Ich war überzeugt, die Römer hätten sich schließlich doch entschieden, die Depeschen zu lesen, und ich befürchtete die schlimmsten Folgen. Aber als ich das Westtor erreichte, kam ein Bote von Comittus herausgesprengt. »Fürst Ariantes!« rief er, wild mit den Armen fuchtelnd, so daß mein Pferd sich aufbäumte und die Ohren zurücklegte. »Fürst Ariantes, der Tribun bittet Euch, sofort zu ihm zu kommen, nachdem Ihr dem Numerus das Signal zum Alarm gegeben habt. Die Barbaren haben den Wall überschritten!«

Es dauerte länger als sonst, meine Männer zu alarmieren. Ich wollte absolut sicher sein, daß es kein Mißverständnis gab – daß ihnen klar war, es ging nicht gegen die Asturier, sondern gegen feindliche kaledonische Stammeskrieger. Als ich schließlich das Stabsquartier erreichte, brannten alle Lampen, und die Männer im Fort waren dabei, ihre Rüstungen anzulegen und ihre Pferde zu satteln. Comittus, Longus und Facilis befanden sich im inneren Stabsraum am westlichen Ende der Haupthalle, auf dem Tisch war eine Karte ausgebreitet. Sie waren gerüstet und bewaffnet, die drei Helme hielten die Ecken der Karte fest.

»Warum seid Ihr noch nicht bewaffnet?« knurrte Facilis.

»Ich mußte meinen Männern als erstes klarmachen, gegen wen sie kämpfen werden«, antwortete ich. »Was ist geschehen?«

»Starke kaledonische Kräfte sind über den Wall gekommen«, sagte Comittus. Er war blaß, und seine Augen waren zu glänzend. »Ich weiß nicht genau, wie stark. Sie müssen einige Posten ermordet haben, irgendwo, ich weiß nicht wo – ich denke, es ist wahrscheinlich hier«, er stieß den Finger auf die Karte, »zwischen uns und Onnum. Das Signalfeuer wurde zuerst auf dem Signalturm westlich von uns angezündet, zwei Feuer zum Zeichen, daß der Feind nahe ist. Und vor wenigen Minuten kam ein Bauer, dessen Hof ein paar Meilen westlich von uns ist, zum Tor galoppiert und berichtete, daß

Tausende von Barbaren in Richtung Corstopitum marschieren. Beritten, sagte er, er war sicher, sie hatten Pferde. Von Onnum aus werden sie sie niemals erreichen, selbst wenn sie alarmiert worden sind. Es ist ein Infanteriefort. Und die gesamte Kavallerie von Vindovala ist nach Condercum abgezogen worden. Es ist unsere Sache, sie zurückzuschlagen.«

»Tausende?« fragte ich. »Wie gut sind sie bewaffnet?«

»Tausende heißt nicht, daß es Tausende sind«, sagte Facilis ungeduldig. »Ich weiß nicht, wie oft ich meine Männer herausgescheucht habe, wenn ein Angriff von Tausenden von Sarmaten gemeldet wurde, die den Danuvius überschritten hatten – und dann stellte sich heraus, daß es sich um einen Stoßtrupp von vielleicht dreihundert Mann handelte. Und sie werden nicht so gut bewaffnet sein wie Euer Drache, Ariantes. Nicht annähernd.«

»Schwerter, Wurfspieße und Holzschilde«, ergänzte Longus. »Das ist gewöhnlich ihre Bewaffnung. Wir haben bereits Kuriere nach Onnum, Corstopitum und Brocolitia losgeschickt, aber ich bezweifle, daß sie rechtzeitig ankommen werden, um noch etwas zu bewirken – ausgenommen die Burschen in Corstopitum, falls die Barbaren wirklich vorhaben, die Stadt zu plündern. Ihr solltet jetzt zurückreiten und Euch bereit machen, wir treffen Euren Drachen an der Brücke.«

Ich nickte, galoppierte zu den Wagen zurück, legte die Rüstung an und führte den Drachen durch das Fort zur Brücke. Die Asturier warteten ungeduldig auf der Straße an der anderen Seite der Brücke. Die Dämmerung brach gerade an.

Es war, alles in allem, ein seltsames Gefühl, gemeinsam mit römischen Truppen loszureiten, um einen Stoßtrupp von Barbaren zu stellen. Ich hatte mir das in Gedanken schon früher ausgemalt – wie Alarm gegeben wurde, wie die Soldaten sich gefechtsbereit machten, wie sie durch die Felder galoppierten, ohne genau zu wissen, in welcher Richtung der Feind war; die spärlichen Nachrichten, die sie von verängstigten Hirten oder Bauern bekamen, und schließlich der Augenblick, wenn sie vom Kamm des Hügels den Feind vor sich sahen. Ich hatte mir das ausgemalt, weil es mich interessierte, wie es für sie sein mochte, für meine Gegner. Das, was ich jetzt selbst erlebte, entsprach so sehr dem, was ich mir früher ausgemalt hatte, daß ich ein Gefühl der Unwirklichkeit hatte. Ich glaubte zu träumen.

In Corstopitum stießen wir auf die Eindringlinge. Für eine Invasion dieser Größenordnung war der Ort das ideale Angriffsziel. Es ist eine richtige Stadt, keins der üblichen Dörfer, die sich um ein Fort herum ansiedeln. Es hat einen Marktplatz und Läden, und das Fort ist Nachschubzentrum für alle Forts am westlichen Teil des Walls – auch für die Soldzahlung. Der Hauptteil der Stadt liegt am Nordufer der Tinea, über die hier eine Brücke führt. Wir hatten uns der Stadt mit großer Vorsicht von Norden her genähert, wo eine Hügelkette gute Sicht gab. Es war noch vor Mittag, ein grauer Dezembertag, der Himmel verhangen. Die nördlichen Außenbezirke der Stadt brannten. Der schwarze Rauch stieg senkrecht in die kalte, feuchte Luft auf. Wir sahen kleine Gruppen von Reitern, die sich dunkel gegen das Grün der Felder abhoben, in südlicher Richtung die Stadt umkreisen. Es war unmöglich zu sagen, wie stark die Angreifer waren. Die Hirten und Bauern, die wir unterwegs befragt hatten, waren sehr vage in ihren Angaben gewesen, die einen hatten von Hunderten, die anderen von Tausenden gesprochen.

»Ich hoffe nur, daß die Garnison die Tore des Forts rechtzeitig geschlossen hat«, sagte Longus. »Wahrscheinlich befindet sich unser Sold in ihrem Stabsquartier!«

»Hoffen wir, daß die Garnison nicht überrascht worden ist«, sagte Comittus. »Wenn ich mich nicht täusche, ist hier eine teilweise berittene Kohorte stationiert, die Erste Thrakische, glaube ich. Wie groß ist der Anteil der Reiterei?«

»Ein Viertel«, sagte Longus. »Aber der Präfekt ist in puncto Disziplin ein bißchen lasch. Ich möchte wetten, daß eine große Zahl der Männer in Urlaub ist. Höchstwahrscheinlich haben die Thraker sich beim Auftauchen des Stoßtrupps im Fort verschanzt und überlassen die Stadt den Plünderern. Aber sie werden einen Ausfall machen, wenn sie uns sehen. Wir werden so in der Lage sein, die Brittunculi von beiden Seiten zu packen, wie in einem Nußknacker.«

»Die Angreifer müssen sich sehr stark fühlen«, sagte ich, »um es zu wagen, die Stadt in Brand zu setzen. Sie müssen sich darüber klar sein, daß das Feuer im weiten Umkreis zu sehen ist.«

»Angst?« fragte Longus grinsend.

Ich schüttelte den Kopf. Aber ich hatte doch ein seltsames Gefühl. Seit dem »Donnersieg« des Kaisers war ich in keiner Schlacht mehr gewesen. Und ich hatte niemals in einer Schlacht eine Truppe geführt, die ausschließlich aus gepanzerter schwerer Reiterei bestand. Wir waren es gewohnt, immer in gemischten Verbänden zu kämpfen – höchstens ein Drittel schwere Reiterei, der Rest berittene Bogenschützen.

»Wir müssen sie aus der Stadt herauslocken«, sagte ich. »In den Straßen würden die Pferde völlig nutzlos sein.«

»Es wäre reiner Wahnsinn, uns da hineinzuwagen, wenn wir nicht einmal wissen, mit wie vielen wir es zu tun haben«, sagte Facilis. »Wir sollten mit großem Getöse vom Hügel hinunter auf sie zugaloppieren. Dann werden die Plünderer im Nu aus der Stadt herauskommen, vor allem da sie selbst beritten sind und einen Ausfall aus der Garnison befürchten müssen. In den Straßen würden sie in der Falle sitzen. Worüber wir uns wahrscheinlich am meisten Sorge machen müssen, ist, daß sie unsere Linien durchbrechen und uns entwischen.«

»Ich werde mit der Hälfte des Drachen auf dem Hügel westlich der Straße Aufstellung nehmen, wenn Ihr damit einverstanden seid«, sagte ich, »und Leimanos wird die andere Hälfte auf die Ostseite führen. Die Asturier sollten direkt den Hang hinunter angreifen. Wenn Ihr sie aufhalten könnt, werden wir einmal an ihnen vorbeireiten und schießen und sie dann von beiden Seiten angreifen.«

Es war völlig unüblich, gepanzerte Kavallerie als Bogenschützen einzusetzen; aber ich hielt es für riskant, ganz auf diese Waffe zu verzichten, zumal da ich nicht sicher war, wie zahlreich die Feinde waren.

Comittus schluckte hart und nickte. Er war immer noch sehr blaß, und er hielt die Zügel so krampfhaft fest, als hinge er an ihnen von einer Klippe herab. »Und wenn es wirklich ›Tausende‹ sind?« fragte er.

»In dem Fall ist der sicherste Platz für uns das Fort, und wir versuchen, durchzubrechen oder sie zu umgehen«, sagte Facilis. »Wenn sie von allen Seiten beschossen werden, wird eine solche Verwirrung herrschen, daß wir zurückgehen und uns neu gruppieren können. Ich werde, wenn es nötig ist, den asturischen Trompeter das entsprechende Signal blasen lassen – kennen Eure Leute es, Ariantes?« Ich nickte, wir hatten es alle bei den lächerlichen Wettkämpfen oft gehört, und Facilis fuhr fort: »Wie lange braucht Ihr, um Eure Männer in Stellung zu bringen?«

»Ein paar Minuten! Wir werden das Signal mit unseren Trommeln geben.« Ich klopfte das langsame Rollen des Signals »Vorrücken« auf meinem Sattel. »Laßt mich nur kurz den Schwadronsführern meine Befehle geben.« Ich wendete, ritt zu meinem Drachen zurück, gab die Befehle, und wir teilten uns. Meine Hälfte des Drachen trabte durch ein paar lichte Gehölze und nahm auf der Höhe westlich der Straße Aufstellung.

Das scharfe, metallische Rollen unserer Trommeln wurde von den Trompeten der Asturier und den Trommeln der anderen Hälfte des Drachen aufgenommen. »Marha!« schrien wir gellend und begannen, den Hügel hinabzureiten, mit fliegenden Standarten und lautem Kriegsgeschrei.

Der Feind kam tatsächlich aus der Stadt heraus, sobald er uns bemerkt hatte. Die Felder zu beiden Seiten der Straße waren schwarz von ihnen, bevor wir noch die Hälfte des Hangs erreicht hatten. Es war schwer, ruhig weiterzutraben, während immer mehr Feinde unten zusammenströmten und uns mit wahnsinnigem Gebrüll und gellenden Schreien aufgepeitschter Wut erwarteten. Ich gab meinen Männern das Signal, weiter nach links auszuschwenken, um zu verhindern, daß sie uns seitwärts auswichen.

Je näher wir herankamen, um so deutlicher konnten wir die kaledonischen Krieger erkennen. Sie waren groß, hatten langes

Haar und Bart und das Gesicht mit blauen, grünen und roten Mustern bemalt. Sie ritten kleine zottige Pferde, kaum größer als Ponys, und ihre Satteldecken waren mit Bronze- und Kupfermedaillen behängt, manche auch mit Gold verziert. Ihre Bewaffnung schien in etwa dem zu entsprechen, was Longus uns gesagt hatte.

Inzwischen hatte der Zustrom aus der Stadt aufgehört, und sie waren dabei, sich zu einer Art Schwadron zu gruppieren – wie viele mochten es sein? Es war in einem solchen Augenblick völlig unmöglich, ihre Zahl einigermaßen genau zu schätzen: mehr als meine eigenen Männer sicherlich, aber wohl nicht über zweitausend. Es kam kein Signal zum Rückzug, und wir trabten weiter, das Tempo jetzt beschleunigend. Ich zog meinen Bogen aus dem Behälter und spannte ihn, hinter mir hörte ich über das Klirren der Rüstungen und das Stampfen der Hufe hinweg das scharfe Summen des Bogenspannens, als die Männer meinem Beispiel folgten.

Die Kaledonier hatten ihre Streitkräfte formiert. Unter gellendem Geschrei schlugen sie mit den Schwertern auf ihre Schilde und begannen, die Straße hinaufzugaloppieren, direkt auf die Asturier zu. Auf dem Hügel gegenüber sah ich Leimanos und die andere Hälfte des Drachen in ihren schimmernden Rüstungen den Hügel herabkommen, im scharfen Galopp schräg auf die Feinde zu. Es sah aus, als wollten sie an ihnen vorbei in die Stadt eindringen. Die Kaledonier brachen in ein Triumphgeschrei aus, als sie merkten, daß wir nicht angriffen.

Ich hatte in vielen Schlachten gekämpft, von meiner ersten, als ich mit noch nicht ganz fünfzehn Jahren im Verband der Bogenschützen ritt, bis zu meiner letzten, der Entscheidungsschlacht gegen die Römer, die mit dem »Donnersieg« des Kaisers Marcus Aurelius endete. Diese Schlacht hier aber war die jämmerlichste, die ich je erlebt hatte. Die Kaledonier schienen noch nie zuvor einen berittenen Bogenschützen oder auch nur einen starken Kampfbogen gesehen zu haben. Sie hielten weiter auf die Asturier zu – Longus hatte wahrscheinlich recht, daß sie versuchen würden, unsere Reihen zu durchbrechen und zu flüchten. Ich sah, wie Leimanos' Männer kehrtmachten, sobald sie sich ihnen auf Schußweite genähert hatten

– wir hielten uns wie geplant ein wenig zurück, die Kaledonier jubelten wieder, als sie sie zurückreiten sahen – bis die Pfeile sie trafen. Es gab ein Aufheulen des Entsetzens, Angst- und Schmerzensschreie. Jetzt waren auch wir fast auf Schußweite herangekommen. Ich streckte den linken Arm aus, wir wendeten und ritten schießend an ihnen vorbei.

Ihre Reihen waren zerschlagen, bevor sie die Asturier erreicht hatten. Die Pfeile fanden leichte Ziele in den ungepanzerten Menschenleibern, die Pferde toter und verwundeter Männer stürzten, und alles verknäulte sich ineinander. Wir ritten um sie herum auf den Hügel zurück, verstauten unsere Bogen, machten kehrt und zogen die Schwerter.

Die Trommeln schlugen das Signal zur Attacke. Leimanos' Trommler nahmen das Signal auf. Auf der Straße bliesen die Trompeten der Asturier zum Angriff.

Die Kaledonier waren tapfere und kriegserfahrene Männer. Sie schafften es, sich wieder zu formieren, während wir den Hang hinunter auf sie zugaloppierten, und sie empfingen uns mit einem Hagel von Wurfspießen – aber ein Spieß durchdringt gewöhnlich den Schuppenpanzer nicht. Wir ritten direkt durch ihre Reihen hindurch, von beiden Seiten, und die Asturier griffen von vorn an. Die Überlebenden ließen sich von den Pferden fallen und warfen sich, um Gnade flehend, zu Boden. Zu der Zeit, als die Garnison der Thraker aus der Stadt eintraf, war bereits alles vorbei, und meine Männer sammelten ihre ersten britischen Skalps. Es waren keine »Tausende« von Kaledoniern gewesen, aber ihre Zahl mußte irgendwo zwischen zwölf- und sechzehnhundert liegen. Die Hälfte von ihnen war jetzt tot.

Der Präfekt der Thraker war überglücklich. Er erklärte uns, daß sie nicht erwartet hatten, jemand würde ihnen rechtzeitig zu Hilfe kommen. »Die Garnison aus Onnum hätte niemals mit dieser Masse von Angreifern fertig werden können, selbst wenn sie rechtzeitig eingetroffen wäre, und die Erste Dalmatische Ala aus Vindovala ist noch in Condercum. Außerdem nahm ich an ... nun, es gab Befehle, daß der Sechste Sarmatische Numerus in Cilurnum entwaffnet und im Lager eingeschlossen werden sollte, bis der Legat selbst an Ort und Stelle über weitere Maßnahmen und ihren zukünftigen Einsatz entscheiden würde. Den Göttern sei Dank, daß Ihr die Depeschen noch nicht bekommen hattet!«

»Vielleicht sollten wir jetzt besser nach Cilurnum zurückreiten«, sagte Comittus. Sein Gesicht sah ein bißchen grün aus.

»Niemand kann erwarten, daß diese herrlichen Truppen jetzt in ihren Baracken unter Arrest gestellt werden!« erklärte der Präfekt der Thraker überschwenglich. »Welch ein Sieg! Es ist der größte Überfall, den ich je erlebt habe; sie waren schon bis auf den Marktplatz vorgedrungen, als Ihr eintraft, und ich befürchtete, sie würden es schaffen, das Fort zu überrennen. Wir haben im Augenblick den Sold für die meisten Forts am Wall hier; wir warteten nur noch auf das Eintreffen der Sendungen für Cilurnum und Condercum, um die Soldpakete weiterzuschicken. Ich mag gar nicht daran denken, was diese Wilden damit gemacht hätten, wenn sie ihnen in die Hände gefallen wären!«

»Ich... ich denke, wir sollten jetzt wirklich nach Cilurnum zurückkehren«, sagte Comittus nervös. »Es wird spät, und die Sarmaten schlafen nicht in Baracken.«

»Tatsächlich?« fragte der Präfekt überrascht. »Die in Condercum tun es.«

»Ich würde gern mit den Männern in Condercum sprechen«, warf ich ein. »Ließe sich das einrichten?«

»Der Legat wird das sicher genehmigen, sobald er eintrifft«, antwortete der Präfekt. »Wir haben ihm einen Eilkurier geschickt, als uns die ersten Meldungen über den bevorstehenden Angriff erreichten. Er wird bestimmt in einigen Tagen selbst erscheinen. Ich werde ihm Euren Wunsch vortragen, Ariantes.«

»Wenn es möglich ist, würde ich sie gern früher sehen«, sagte ich.

Er warf mir einen verlegenen Blick zu und zuckte die Achseln. Es war klar, daß man mir nicht erlauben würde, auch nur in die Nähe von Condercum zu kommen, bevor nicht der Legat mit mehr *römischen* Truppen eingetroffen war. »Ich werde einen Brief nach Condercum schicken, um ihn zu verständigen«, versprach der Präfekt, um mich zu beschwichtigen. »Wollt Ihr mit Euren Truppen nicht doch über Nacht hierbleiben? Wir sind ein bißchen beengt, aber wir könnten sicher Platz für Eure Männer schaffen.«

Wir lehnten das Angebot ab und ritten nach Cilurnum zurück. Comittus sprach während des Marsches kaum ein Wort. Als wir nach Norden schwenkten, um entlang des Flusses weiterzureiten, sah ich, daß er weinte.

»Habt Ihr vorher noch nie eine Schlacht gesehen?« fragte ich ihn ruhig.

Er schüttelte den Kopf. »Nein. O Götter, war es so offensichtlich?«

»Nicht so sehr. Fast alle Männer sind vorher nervös. Aber wenn sie den Krieg schon erlebt haben, sind sie hinterher nicht so entsetzt.«

Er schniefte. »Ich hatte mir nie vorgestellt ... und ... verdammt, Ariantes, wißt Ihr, was sie mit den Gefangenen machen werden, die sich ergeben haben?«

»Die Arena?« fragte ich. Das war es, was die Römer immer mit ihren sarmatischen Gefangenen gemacht hatten.

Er nickte. »Arme Teufel! Ich weiß, es ist ihre Schuld, sie waren die Angreifer, aber trotzdem ...« Er sah auf, und unsere Augen begegneten sich. »Ihr habt wahrscheinlich keine Vorstellung davon, wie schaurig das alles aussah. Götter und Göttinnen! Ihr wart wie ... wie diese Mähmaschinen, die sie im Süden verwenden. Ich werde das Bild mein Leben lang nicht loswerden, wie ihr auf die armen, elenden Wilden hinabstürmt, sie buchstäblich zerhackt, über sie hinwegstampft, während sie vor Entsetzen schreien ... Es war einfach grauenhaft!«

»Ja. – Konntet Ihr eigentlich erkennen, von welchem Stamm sie waren?«

Er rieb sich mit der Hand über die Augen. »Die meisten waren Selgoven. Ich erkannte die Embleme einiger ihrer Häuptlinge. Auch Votadiner waren dabei – das waren diejenigen, die ihr Gesicht mit der Habichtszeichnung bemalt hatten. Und das ist eine sehr merkwürdige Sache: Die südlichen Votadiner sind eigentlich nie als

Verbündete der Selgoven in Erscheinung getreten. Sie haben in der Vergangenheit häufig gegeneinander gekämpft, und es bestehen so viele Blutfehden zwischen ihnen, daß sie kaum zu einem Waffenstillstand kommen können, selbst wenn sie das möchten.«

Ich schwieg eine Weile. »Es war in vieler Hinsicht eine seltsame Angelegenheit. Sie müssen gewußt haben, daß es im römischen Lager, hm... Ärger gegeben hat.«

Er warf mir einen Blick zu, den ich nicht deuten konnte.

»Sie haben es gewußt«, sagte er nach einer Pause flüsternd. »Ich hörte sie darüber reden, als die Thraker sie fesselten und abführten. Sie hatten gehört, es gäbe eine Meuterei unter den Truppen am Wall, und sie glaubten, das sei ein guter Zeitpunkt, um zuzuschlagen. Aber«, er senkte die Stimme noch mehr, so daß ich mich weit auf meinem Pferd hinüberlehnen mußte, um ihn zu verstehen, »aber ich begreife nicht, wie sie ihre Streitkräfte rechtzeitig hätten zusammenbringen können, zumal vorher alle diese Blutfehden beigelegt werden mußten – wenn sie nicht darüber Bescheid gewußt hätten, *bevor* es zu der Meuterei kam.«

»Vielleicht hat es schon vorher eine Meuterei gegeben, von der wir nichts erfahren haben«, sagte ich nach kurzem Überlegen. »Wie Facilis gestern bemerkte, sind wir die letzten, die von einer solchen Sache informiert würden.«

»Bei Maponus! So muß es sein«, rief Comittus, dessen Gesicht sich wieder etwas aufhellte. Offenbar hatte er eine andere Möglichkeit gesehen, und die hatte ihm Sorge gemacht. Ich hatte zwar auch einen vagen Verdacht, aber begründete Spekulationen waren bei meinem augenblicklichen Wissensstand unmöglich. Über eins war ich mir allerdings völlig sicher: Gatalas wäre gar nicht in der Lage gewesen, seine Meuterei mit einer Invasion der Kaledonier zu koordinieren, selbst wenn er das gewollt hätte. Wir alle waren mit dieser Welt zu wenig vertraut, um uns an Ränkespielen irgendwelcher Art beteiligen zu können. Und schließlich hatte der Bericht über Gatalas' Meuterei keinerlei Hinweis darauf enthalten, sie könnte mit irgend etwas anderem koordiniert gewesen sein. Viel näher lag die Vermutung, er habe durch diese verzweifelte Geste seine Ehre rächen wollen. Aber wieso? Was war geschehen? Zweifellos war er gezwungen worden, sich tiefer unter das Joch der römischen Disziplin zu beugen, als ich es getan hatte – wäre er sonst mit seinem Drachen in Baracken gezogen? Aber das hätte nicht ausgereicht, um ihn zur Meuterei zu treiben. Er hatte auf dem ganzen Marsch von Aquincum bis Bononia Facilis' Beschimpfungen geschluckt und nur deswegen mit einem Aufstand gegen die Überquerung des Ozeans gedroht, weil er sie für eine Todesfalle hielt. Er hatte nach Ruhm im Kampf gedürstet, sich auf Schlachten gefreut, wie wir gerade eine siegreich beendet hatten. Er hatte gehofft, er könnte hier glücklich werden. Und er mußte immer noch einen Rest von Vertrauen zu den Römern gehabt haben, sonst hätte er seinen Männern nicht befohlen, sich zu ergeben, als er mit seiner Leibwache hinausritt, um zu sterben.

Gefahr durch Lügen, hatten die Ruten der Weissager in Bononia gewarnt. Ich argwöhnte, daß jemand Gatalas Lügen erzählt hatte, jemand mit Kontakten zu den kaledonischen Stämmen – und aus Comittus' Andeutungen schloß ich, daß ihm der gleiche Gedanke durch den Kopf gegangen war. Und ohne detaillierte Vorstellungen und ohne den geringsten Beweis zu haben – wie ein Mensch, der im Dunkel auf Echos horcht, fragte ich mich, ob der Legat wohl seine Gemahlin mitbringen würde, wenn er aus Eburacum kam.

7

Julius Priscus traf fünf Tage später in Corstopitum ein und beorderte mich, Comittus und Facilis sofort zu sich. Wir übergaben Leimanos und Longus die Verantwortung für das Fort und ritten, begleitet von meiner Leibwache, hinüber. Ich nahm auch Eukairios mit. Der Schreiber hatte versucht, reiten zu lernen, und war inzwischen soweit, daß er nicht mehr abgeworfen wurde, das heißt, falls das Pferd sich nicht in den Kopf setzte, ihn loszuwerden. Er fühlte sich zwar immer noch nicht recht wohl auf dem Pferderücken, aber er wollte in die Stadt, um seinen »Korrespondenten« dort zu treffen. Ich hatte mich über diese Person nicht näher erkundigt, da es sich vermutlich ebenfalls um einen Christen handelte und es mir lieber war, nichts Genaueres über diese illegalen Verbindungen zu wissen. Es war anzunehmen, daß Eukairios den Namen und ein Kennwort in Londinium erhalten hatte oder vielleicht in Eburacum. Aber wer der Mann auch sein mochte, ich war ihm jedenfalls sehr dankbar für seine Warnung.

Bei unserer Ankunft stellten wir fest, daß der Legat mit der Hälfte seiner Legion angerückt war, mehr als genug Truppen, um mit rebellischen Sarmaten fertig zu werden. Auch Gajus Valerius Victor und ein weiterer Offizier aus Condercum waren herzitiert worden. Und Arshak war mit dem Legaten gekommen, der tatsächlich seine Frau mitgebracht hatte. Aurelia Bodica hatte neben ihrem Gemahl in der Haupthalle des Stabsquartiers Platz genommen, während die anderen sich stehend an der Diskussion über die Frage beteiligten, die zu lösen Priscus hierhergekommen war: »Was soll mit den Sarmaten geschehen?« Ich nehme an, es war ein großes Zugeständnis und nur dem Sieg über die Kaledonier zu verdanken, daß es Arshak und mir gestattet wurde, an der Konferenz teilzunehmen. Zunächst hatte ich allerdings viel eher das Gefühl, als Angeklagter vor Gericht zu stehen.

»Einhundertvierundzwanzig römische Soldaten tot!« begann der Legat fast mit den gleichen Worten, die Facilis gebraucht hatte, nur daß Priscus die genaue Zahl hatte. »Und warum? Weil der blutdürstige Wilde, der den Vierten Sarmatischen Numerus befehligte, es sich irgendwie in den Kopf gesetzt hatte, daß man ihn seines Kommandos entheben wollte! Wer hat ihm das eingeflüstert, he?« Er starrte mich an.

»Legat«, sagte ich, verblüfft von dieser Anschuldigung, »wenn das wirklich geplant war, so hatte ich jedenfalls nichts davon gehört; und wenn es nicht der Fall war, so bin ich der letzte, solche Lügen auszustreuen.«

»Ihr wart vor den anderen in Dubris«, fuhr Priscus mich barsch an. »Ihr wart es, der gesagt hat, es würde eine Meuterei geben, wenn wir an unseren ursprünglichen Plänen festhielten, eure Abteilungen zu regulären Hilfstruppen unter römischem Kommando zu machen. Ihr seid es, der einen Schreiber hat und meine Dienststelle mit Briefen überschwemmt und meinen Stab zu bestechen versucht.«

»Das ist alles richtig, Legat. Aber ich habe nicht an Gatalas geschrieben. Er hat keinen Schreiber, und er kann nicht lesen.«

»Er konnte leicht genug jemanden finden, der ihm einen Brief vorliest! Ihr wart unzufrieden mit der Besoldung Eurer Leute. Ich halte es für sehr wahrscheinlich, daß Ihr Euch darüber bei ihm beklagt habt. Ich habe Euch seinerzeit gesagt: ›Wenn es Ärger gibt und Ihr dafür verantwortlich seid, lasse ich Euch zu Tode peitschen.‹ So wie es jetzt aussieht – wenn Eure Truppen nicht diese Stammeskrieger besiegt hätten...«

Er ließ die Drohung in der Schwebe hängen.

»Legat«, sagte ich, mit Mühe meinen Zorn beherrschend, »wenn ich mich um eine Erhöhung des Soldes für meine Männer bemüht habe, dann deshalb, weil ich Probleme vermeiden wollte. Beim jetzigen Niveau der Bezahlung werden sie in Schulden geraten, und das muß unausweichlich zu Schwierigkeiten führen. Ich habe keinem Sarmaten gegenüber ein Wort über Euren Plan erwähnt, uns dem Kommando römischer Offiziere zu unterstellen. Ich war der Meinung, Ihr hättet diese Absicht aufgegeben, und es würde nur Ärger und Unmut auslösen, wenn man ein solches Gerücht in die Welt setzte.«

Ich sah kurz zu Arshak hinüber. Die Enthüllung schien ihn nicht zu überraschen. Er mußte davon gehört haben, als die Nachricht von Gatalas' Rebellion in Eburacum kommentiert wurde. Er sah gut aus, besser als ich erwartet hatte. Ich hatte befürchtet, ihn von der Anspannung gezeichnet zu finden, unruhig wie ein im Käfig eingesperrter Falke. Aber er war wie immer prächtig anzusehen in seiner goldschimmernden Rüstung, arrogant wie eh und je – auch wenn er nicht den Mantel mit den Skalpen trug.

»Ariantes spricht die Wahrheit!« warf Facilis unerwartet ein. »Er hatte keinerlei Kontakt mit Condercum, und er ist auch nicht der Mann, der andere zur Meuterei anstiften würde. Er weiß sehr gut, daß seine eigenen Leute die Verlierer wären, wenn es zu einer bewaffneten Auseinandersetzung mit den Legionen käme, und er würde alles tun, um sie zu beschützen. Javolenus Comittus und ich waren beide mit ihm zusammen, als er die Nachricht von der Meuterei bekam; er war entsetzt, und sein erster Gedanke war, seine eigenen Männer zu beruhigen. Wenn Gatalas geglaubt hat, er solle als Kommandeur abgelöst werden, dann wahrscheinlich deshalb, weil er ein solches Gerücht gehört oder irgendeine Äußerung falsch verstanden hat. Gab es häufig Auseinandersetzungen mit ihm, Tribun?«

Valerius Victor zuckte die Achseln. »Wir hatten ständig irgendwelche Querelen. Sie wollten nicht in Baracken schlafen; sie wollten mehr frisches Fleisch und Milch, als sie bekommen konnten; sie hatten dauernd Streit mit den anderen Garnisonstruppen und mußten die halbe Zeit in Lagerarrest gehalten werden. Ein paar Männer der alten Garnison wurden im Zweikampf getötet, und die Verantwortlichen mußten hingerichtet werden. O ja, die Atmosphäre war durch und durch vergiftet. Aber ich habe niemals gesagt, daß ich Gatalas' Ablösung als Kommandeur betreiben wolle. Es war mir völlig klar, daß er mich auf der Stelle umbringen würde, wenn ich mich zu einer solchen Äußerung hinreißen ließe.«

Priscus atmete hörbar durch die Nase aus. »Wir hatten ähnliche Auseinandersetzungen in Eburacum.« Er starrte Arshak an, der höflich lächelte. »Allerdings nicht so schlimme. Und wie ist es bei Euch, Lucius – habt Ihr in Cilurnum ebenfalls solche Probleme?«

»Nein«, erklärte Comittus prompt. »Wir sind in Cilurnum gut miteinander ausgekommen. Es gab ein paar Streitereien zwischen den Sarmaten und den Asturiern, aber im großen und ganzen hat der Drache sich sehr gut in seine neue Situation eingelebt. Stimmt das nicht, Marcus Flavius?«

»Ja«, antwortete Facilis knapp.

»Tatsächlich«, erklärte Comittus, sich in die Brust werfend, »habe ich volles Vertrauen in die Mannschaften und Offiziere des Sechsten Numerus der Sarmatischen Kavallerie, und ich glaube, sie sind ein unschätzbarer Gewinn für die Verteidigung der Provinz.

Was Ariantes angeht, so bin ich bereit, jeden Eid zu schwören, den Ihr wollt, daß er nicht das geringste mit der Meuterei in Condercum zu tun hatte. Niemand könnte den Drachen besser führen, als er es tut, und ohne ihn wären wir völlig aufgeworfen.«

»Einverstanden«, brummte Facilis. »Ich unterschreibe jedes Wort, das Javolenus Comittus gesagt hat. Und wenn Ihr mit Flavinus Longus oder den anderen römischen Offizieren in Cilurnum sprecht, Legat, werden sie Euch das gleiche sagen.«

Einen Augenblick herrschte verblüfftes Schweigen.

»Na gut«, sagte Priscus schließlich, »freut mich, das zu hören. Ich war sehr zufrieden mit der Leistung der Sarmaten in Corstopitum. Sie waren schnell zur Stelle und haben hart zugeschlagen. Und ich bin froh, daß es in Cilurnum keine disziplinären Probleme gibt; ich hätte es bedauert, ihren Kommandeur ablösen zu müssen. Dieser Bursche Gatalas ist tot, und abgesehen von seiner Leibwache haben die Männer des Vierten Numerus sich nicht an diesen Mordtaten beteiligt und sich friedlich ergeben. Wir werden also die jetzige Kommandostruktur beibehalten und die Meuterei als Ergebnis der unkontrollierten Leidenschaften eines labilen Mannes betrachten. Ich werde den Vierten Sarmaten einen neuen Kommandeur geben und sie mit mir nach Eburacum zurücknehmen. Die Zweiten Sarmaten werden an ihrer Stelle nach Condercum versetzt. Ariantes, da Euer Verbindungsoffizier und Euer Lagerpräfekt sich für Euch verbürgen, könnt Ihr vorübergehend das Kommando über den Vierten und den Sechsten Numerus übernehmen.«

»Bitte nicht, Legat«, warf ich rasch ein. »Es würde für Gatalas' Männer eine schwere Beleidigung sein.«

»Warum sollte es sie beleidigen?« fuhr er mich an.

Ich zuckte hilflos die Schultern. In Cilurnum war die Kluft zwischen römischer und sarmatischer Denkungsart weniger spürbar gewesen, aber jetzt wurde ich wieder voll damit konfrontiert. »Edler Herr, die Männer des Vierten Drachen waren alle... Klienten... von Gatalas. Die Schaf- und Rinderherden, die sie hielten, als wir in unserem eigenen Land lebten, waren sein Eigentum; er gab ihnen Weiderechte und schlichtete ihre Streitigkeiten. Er führte sie bei Stoßtruppunternehmen und im Krieg. Ich und meine Gefolgsleute, wir waren für sie bestenfalls Freunde und Rivalen und schlimmstenfalls Feinde. Jetzt haben sie ihren Fürst-Kommandeur sterben sehen, und auf seinen Befehl haben sie nicht einen Speer zu seiner Verteidigung erhoben. Sie sind entwaffnet und als Verräter unter Lagerarrest gestellt worden, während ich und mein Drache in den Kampf gezogen sind und eine Schlacht gewonnen haben. Sie sind gedemütigt worden – und meinem Kommando unterstellt zu werden, würden sie als noch größere Demütigung empfinden. Sie brauchen nachsichtige Geduld und die Hoffnung auf Ruhm, wenn sie loyale Diener Roms werden sollen. Nein, edler Herr. Laßt mich nach Condercum reiten und mit ihnen sprechen. Ich werde herausfinden, wer von den Schwadronsführern am besten geeignet ist und den Willen hat, mit den Römern loyal zusammenzuarbeiten, und Ihr solltet ihm und Valerius Victor gemeinsam das Kommando übertragen.«

Bodica meldete sich zum erstenmal zu Wort. »Sicherlich, Fürst Ariantes«, sagte sie mit sanfter Stimme, »werden sie glauben, daß Gatalas' Rebellion berechtigt war, wenn sie nun unter ein gemeinsames Kommando gestellt werden, denn auch das hätte er niemals akzeptiert.«

»Nicht, wenn es korrekt durchgeführt wird«, erwiderte ich. »Gatalas war ein Fürst der Jazygen, ein Zepterträger. Seine Männer werden nicht erwarten, daß ihnen die gleiche Ehre zuteil wird wie ihrem Fürsten.«

Wieder schwieg der Legat lange – doch plötzlich zerbarst die starre Fassade seines Gesichts in ein unerwartetes Grinsen.

»Was in den Köpfen von Barbaren vorgeht, wird mir immer ein Rätsel bleiben«, sagte er. »Der Platz eines sarmatischen Fürsten kann nicht von einem anderen sarmatischen Fürsten eingenommen werden, er kann nicht von einem Sarmaten eingenommen werden, der kein Fürst ist, aber er kann zur Not von einem sarmatischen Adligen und einem römischen Tribun gemeinsam ausgefüllt werden. Fürst Ariantes, Ihr seid ein tüchtiger Mann. Sogar Eure Briefe wegen des Soldes waren vernünftig, sowenig sie mir auch gefielen, und nun hat sich der Lagerpräfekt von Cilurnum, der bestimmt kein Freund der Sarmaten ist, für Eure Vertrauenswürdigkeit verbürgt. Habt Ihr nicht verstanden, daß ich Euch eine Beförderung angeboten habe?«

Ich hatte das nicht so aufgefaßt, und dieses plötzliche Umschwenken war mir unerklärlich. »Legat«, sagte ich verwirrt, »ich danke Euch. Aber wenn Ihr Euch in Gatalas' Drachen eine loyale und zuverlässige Truppe schaffen wollt, dann solltet Ihr das Kommando so einrichten, wie ich es vorgeschlagen habe.«

Er knurrte und lehnte sich kopfschüttelnd zurück. »Wenn ein Mann einen Rat gibt, der seinem eigenen Vorteil abträglich ist, dann ist der Rat wahrscheinlich gut. Also schön, einverstanden. Ihr habt die Genehmigung, nach Condercum zu reiten, mit Gajus Valerius, und das Kommando des Vierten Sarmatischen Numerus so zu regeln, wie Ihr und der Tribun es einverständlich für das beste haltet. Arsacus, Ihr könnt Euch Ariantes anschließen und in Condercum die Ablösung des Vierten Numerus vorbereiten. Aber zunächst, Ariantes, werdet Ihr mir erklären, warum Eure Leute nicht mit dem normalen Hilfstruppensold zurechtkommen können und Schulden machen müssen. Ihr anderen seid entlassen.«

Als ich das Dienstzimmer des Legaten etwa eine Stunde später verließ, sah ich Arshak unter den Kolonnaden des Hofes sitzen. Offenbar hatte er auf mich gewartet. »Ich grüße dich, mein Bruder!« sagte er, als er aufstand und herüberkam. »Meinen Glückwunsch zu dem Sieg. Beim nächsten Mal werde ich ihn hoffentlich mit dir teilen können.«

Ich schüttelte ihm die Hand. »Es war kein großer Kampf«, sagte ich, »aber ich werde froh sein, dich an meiner Seite zu haben. Es ist eine gute Nachricht, daß du aus Eburacum fortkommst.«

Er grinste. »Ich habe lange genug darauf gewartet. Ich hätte nie gedacht, daß ein Mensch Steine so sehr hassen kann.«

»Du siehst gut aus, trotz allem.«

»Das verdanke ich der Gemahlin des Legaten. Ich glaube, wenn sie nicht gewesen wäre, hätte ich längst jemanden umgebracht. Sie ist eine wundervolle Frau, Ariantes, eine sehr kluge Frau und eine echte Königin.«

Mir behagten seine überschwenglichen Äußerungen über die Dame Aurelia Bodica gar nicht, und er schien es zu merken, denn er ließ das Thema fallen. »Victor wartet bei den Ställen auf uns, falls du jetzt nach Condercum aufbrechen willst. Was bedeutete dieses ganze Gerede über den Sold?«

Ich erklärte es ihm auf dem Weg zu den Ställen. Unsere Abteilungen bekamen den Standardsold der regulären Hilfstruppen, zweihundert Denare im Jahr, dazu den Kavalleriezuschuß von zweihundert Denaren für den Unterhalt eines Pferdes. Die meisten unserer Männer hatten jedoch mehr als ein Pferd, und wir alle trugen mehr Rüstung als die Römer oder ihre Hilfstruppen. Auch wenn wir für Instandhaltung und Erneuerung der Ausrüstung unserer Drachen unsere eigenen Fachkräfte hatten und nicht auf fremde Schmiede und sonstige Handwerker angewiesen waren, würden die Kosten für die Rüstung hoch sein. Eukairios und ich hatten ausgerechnet, wie hoch der Zuschuß sein mußte, um die Kostendifferenz auszugleichen, und ich hatte in mehreren Briefen an den Legaten darauf gedrängt, den Sold entsprechend zu erhöhen. Priscus hatte mir soeben in der Besprechung einen Teil der Summe zugesagt und vorgeschlagen, wir sollten die Zahl unserer Pferde reduzieren. Aus verschiedenen Gründen war ich damit nicht zufrieden und erklärte Arshak, warum – meine Gedanken hatten sich noch nicht von dem Thema gelöst, und ich sprach mit der Eindringlichkeit dessen, der überzeugen will. Arshak runzelte die Stirn und stellte Fragen.

»Eins verstehe ich nicht«, sagte er, als wir dieses Gespräch beendet hatten. »Woher weißt du solche Dinge? Was es kostet, Rüstungen instand zu setzen oder Futter für die Pferde zu besorgen?«

Seine Stimme klang, als interessierte ihn das nur am Rande, aber plötzlich wurde mir klar, was er wirklich meinte: »Du denkst und sprichst wie ein Römer, du hast dich noch stärker angepaßt, als ich erwartete.« Und ich sah im selben Augenblick, daß es die Wahrheit war, eine schreckliche Wahrheit.

»Ich habe einen guten Schreiber, der es mir erklärt«, antwortete ich kühl. »Ich mußte lernen, und ich habe es getan.«

Er blieb plötzlich stehen und packte meine Schultern. Wir waren gerade am Ende des schmalen Weges angekommen, der zu den Stallungen führt. »Was geschieht mit uns?« fragte er, mir ernst in die Augen blickend. »Was tun sie uns an?«

»Was meinst du damit?« fragte ich. Ich mußte versuchen, ruhig zu bleiben, ich mußte mir nüchtern und emotionslos Klarheit verschaffen, wie wir zueinander standen.

»Gatalas ist tot, du sprichst von Verhandlungen über Kosten und Soldanpassungen und bringst Facilis dazu, für dich zu bürgen, und ich... Ariantes, wir sind Zepterträger der Königlichen Sarmaten. Oder wir waren es jedenfalls.«

»Wir waren es«, sagte ich ruhig. »Aber jetzt sind wir Kommandeure von Numeri im Dienste Roms.«

»Im Dienste Roms! Weder du noch ich mögen die Römer. Wie könnten wir für sie kämpfen?«

»Wir haben dem Kaiser persönlich in Aquincum geschworen, daß wir es tun werden.«

»Wir wußten nicht, was dieser Schwur bedeutete. Wir hatten keine Ahnung davon, was der Kaiser wirklich mit uns vorhatte. Wir dachten, wir könnten Sarmaten bleiben, die nur unter einem anderen Befehlshaber kämpften – aber sie machen Römer aus uns. Wir essen Brot und schlafen in Gräbern und bestechen Beamte. Marha! Macht dich das nicht krank? Widert es dich noch immer nicht an?«

Ich schwieg eine Weile und überlegte. »Ich und meine Männer haben unsere Wagen behalten«, sagte ich schließlich. »Nein. Es widert mich nicht mehr an, als es das von Anfang an getan hat.«

»Sie haben unsere Wagen zerstört«, sagte Arshak erbittert. »Die Männer wurden in Baracken untergebracht, und mir stellte man ein Haus zur Verfügung. Es steht in einer Reihe mit den Häusern der Tribune, und es ist aus Stein. Alles steht in Reihen, und alles ist aus Stein – so wie hier.« Wütend zeigte er auf die monotonen, gleichförmigen Hausreihen um uns. »Und die Römer meinen noch, wir müßten dankbar für den Komfort sein, den sie uns bieten. Ich würde sie in Brand setzen, aber sie brennen nicht einmal!« Er ließ meine Schultern los. »Aber dir scheint es hier zu gefallen!«

»Was habe ich jenseits des Danuvius zurückgelassen?« sagte ich langsam.

Er sah mich mit glühenden Augen an. »Die Dinge hier könnten ganz anders sein.«

»Und ich versuche, sie zu ändern.«

»Du änderst nichts als dich selbst. Du sprichst mit ihren Worten, wirst jeden Tag mehr wie sie, ohne es zu merken. Sold! Wagen! Das ist nicht das Problem. Das Problem sind die Römer. Die einheimischen Briten haben viel mit uns gemein; wir würden uns sehr gut mit ihnen verstehen, wenn dies ein britannisches Königreich wäre. Sie haben Könige und Königinnen von edlem Blut, die Mut und Tapferkeit belohnen, nicht gemeine Habgier. Warum sollten wir gegen sie kämpfen?«

»Wer hat dir das gesagt?« fragte ich. Das Aufflackern seiner Augen war Antwort genug.

»Muß mir das jemand sagen? Du kannst doch nicht wünschen, für Rom zu kämpfen – für die Menschen, die deine Frau und dein Kind ermordet, ihre Leichen geschändet und sie ins Feuer geworfen haben.«

Ich schlug ihm hart ins Gesicht. »Kein Wort über sie, Arshak!« sagte ich leise, während er mich zornig und überrascht anstarrte. »Erwähne sie nicht noch einmal!« Ich drehte mich abrupt um, blaß vor Wut, und ging in den Stall.

Nach einer Minute folgte mir Arshak. Ich erwartete fast, er würde mich zum Zweikampf fordern, aber er sagte nichts – und als wir Valerius Victor trafen, zeigte er sich sofort von seiner charmantesten Seite.

Der Tribun hatte eine Turma der Dalmatischen Kavallerieala aus Condercum mitgebracht, und wir machten uns mit dieser Eskorte auf den Weg. Man hatte mir höflich zu verstehen gegeben, daß meine eigene Leibwache dort nicht willkommen sei. Als wir am Abend das Fort erreichten, hatte ich das Gefühl, selbst hier ebensowenig willkommen zu sein. »Die Atmosphäre war durch und durch vergiftet«, hatte Victor gesagt, und in der Tat bekamen wir das auf Schritt und Tritt zu spüren. Die Soldaten der römischen Garnison starrten Arshak und mich, als wir durch das Tor einritten, mit einem dumpfen, mürrischen Haß an, der mich sehr beunruhigte, und das blieb unverändert die ganze Zeit so, die wir dort waren.

Obwohl es schon spät war, bat ich Valerius Victor, die Schwadronsführer von Gatalas' Drachen sofort in die Haupthalle des Stabsgebäudes rufen zu lassen, wo ich mit ihnen sprechen wollte. Die Garnison fügte sich murrend und stellte Fackeln auf, die ein flackerndes Licht über den Raum warfen, so daß die überlebensgroße Statue des Kaisers, die von Standarten umgeben in einer Nische am Ende der Halle stand, lebendig zu werden und uns zu beobachten schien. Als Gatalas' Offiziere unter Bewachung hereinkamen, starrten sie die Statue und die Römer mit dem gleichen dumpfen, mürrischen Haß an, mit dem die Römer uns angestarrt hatten.

Meine Frage an Gatalas' Schwadronsführer, wie es ihnen gehe, löste einen Schwall von Äußerungen ohnmächtigen Schmerzes und Zorns aus. Ihre Wagen hatte man zerstört, einige ihrer Freunde waren exekutiert worden, weil sie Römer im Streit getötet hatten, manche von ihnen waren wie Sklaven geprügelt worden, ihr Fürst war tot, und er hatte ihnen befohlen, ihn nicht zu rächen. Was schlimmer war, viel schlimmer: Die Römer hatten seine Leiche verbrannt. Sie hatten ohnmächtig dabei zusehen müssen, entwaffnet, eingesperrt, entehrt. Ihr einziger Trost war, daß Gatalas und seine Leibwächter mit heldenhafter Tapferkeit so viele Römer getötet hatten, bevor sie starben.

»Er hat sich selbst gerächt«, sagte ich, um sie ein wenig aufzurichten, denn ich war über ihre Verzweiflung und Hoffnungslosigkeit entsetzt. »Und er hat, wie die Götter ihm verheißen haben, den Tod in der Schlacht gefunden. Er war vor Gefahr durch Feuer gewarnt worden, aber nicht vor Zerstörung; vielleicht ist seine Seele der Vernichtung entgangen, da er sich gegen die Zerstörung seines Leibes durch das Feuer nicht wehren konnte. Wir haben in Cilurnum drei Pferde für ihn und für die Männer geopfert, die mit ihm in der Schlacht gefallen sind, und wir haben für sie alle zu den Göttern gebetet. Aber seinem Drachen war Glück und Ruhm im Krieg verheißen worden, und euer Fürst hat euch ausdrücklich befohlen, nicht mit ihm zu sterben, damit sich auch für euch die Verheißung erfüllen kann. Ich bin gekommen, um euch zu helfen, einen neuen Kommandeur zu wählen, der Gebete und Opfer für Gatalas' Seele und für eure eigene Zukunft darbringen kann.«

»Wir haben nicht die Macht, zu bestimmen, wer unser Kommandeur sein soll«, erwiderten sie. »Das war es, wogegen unser Fürst sich auflehnte. Er hatte erfahren, daß sie die Absicht hatten, ihn abzulösen und den Tribun an seine Stelle zu setzen.« Sie warfen haßerfüllte Blicke auf Victor, der mit ausdruckslosem Gesicht auf der Tribüne saß. Er verstand die sarmatische Sprache nicht.

»Das entsprach nicht der Wahrheit«, sagte ich. »Sie haben daran gedacht, bevor wir eintrafen, aber sie änderten ihre Meinung, und es gab keine Pläne, irgendeinen von uns abzusetzen.«

Sie sahen mich mürrisch an, als ob sie sicher wären, daß ich sie belog. Dann blickten sie zu Arshak hinüber, der am Tisch saß und mit den Füßen wippte, als ob ihn die Sache nichts anginge.

»Hast du uns nicht eine Botschaft geschickt, um uns zu warnen, Fürst Arshak?« fragte einer der Schwadronsführer. Er war ein junger Mann, aber ich hatte ihn als einen möglichen Kandidaten für die Führung des Drachen in Erwägung gezogen. Er schien mir der intelligenteste und einer der loyalsten von Gatalas' Offizieren zu sein. Sein Name war Siyavak, er war schlank, und er hatte dunkles Haar und dunkle Augen, was ihn von den anderen unterschied.

Arshak hörte auf, mit dem Fuß zu wippen. »Ich?« fragte er erstaunt. »Nein, ich habe keine Botschaft geschickt.«

Sie waren verwirrt. »Fürst Gatalas hat uns die Botschaft gezeigt und gesagt, daß sie von Eburacum kam.«

»Wenn es eine Botschaft von Eburacum gab, so kam sie nicht von mir«, sagte Arshak, der jetzt ärgerlich geworden war. »Habt ihr diesen Brief noch?«

»Es war kein Brief«, antwortete Siyavak. »Aber wir haben die

Botschaft noch. Unser Fürst hat sie uns hinterlassen, und wenn die Römer es mir erlauben, werde ich sie holen.«

Die Römer erlaubten es, und er brachte ein in schwarzes Tuch eingeschlagenes Bündel zurück. Er legte es vor Arshak auf den Boden, kniete sich hin und wickelte das Tuch auf. Ein Satz von Weissagungsruten fiel heraus. Mit scharfen, zornigen Bewegungen zählte Siyavak sie aus, und ich sah, daß sie der Reihe nach einzeln durch eine rote Kordel zusammengehalten waren. Die Ruten waren alle schwarz, es gab keine mit Kreide weiß gefärbten unter ihnen.

»Sie verheißen Tod und Zerstörung«, flüsterte Siyavak. »Er hat sie von unserem Weissager deuten lassen. Und auf der letzten Rute...«, er zog eine heraus, »...dies.«

Auf der geschwärzten Oberfläche der Rute war ein seltsames Muster eingeritzt, kleine Linien, die parallel oder in Winkeln zueinander verliefen. Es waren keine lateinischen Schriftzeichen, aber die Anordnung der Linien schien eine Bedeutung zu haben.

»Was ist es?« fragte ich und nahm das Bündel auf, um die Rute, die noch mit den anderen durch die blutrote Kordel verbunden war, genauer anzusehen. Dieses Bündel schwärzlicher Ruten, das in meiner Hand vibrierte, hatte etwas Unheimliches. In ihm schien etwas Bedrohendes zu lauern, etwas wie ein übernatürliches Verhängnis, etwas, das jenseits alles dessen war, was dem Verstand zugänglich ist.

»Gatalas sagte, daß der Bote, der dieses Bündel gebracht hatte, ihm den Namen eines hier lebenden Mannes gegeben hat, der die Zeichen deuten könnte«, fuhr Siyavak flüsternd fort. »Und er sagte, er habe die Rute dem Mann gezeigt, und der habe die Zeichen gelesen, als wenn sie eine Schrift wären. ›Sieh dich vor‹, bedeutete es, ›die Römer haben die Geduld verloren. Du wirst festgenommen werden, und Victor wird deine Stelle einnehmen.‹«

Ich sah den Tribun an, der näher gekommen war, sich über die Ruten gebeugt hatte und sie verwirrt und verständnislos anschaute. Offensichtlich hatte er keine Ahnung, was sie bedeuteten.

»Habt Ihr sie schon früher gesehen?« fragte ich ihn.

Er schüttelte den Kopf. »Sie sehen aus wie die Weissagungsruten, die ihr verwendet, um den Willen der Götter zu erforschen«, sagte er. »Warum sind sie so wichtig?«

Ich erklärte es und zeigte ihm die Rute mit den Markierungen. Ein Vorhang schien sich plötzlich hinter seinem Gesicht zu schließen. »Großer Jupiter!« flüsterte er.

»Was ist das?« fragte ich.

»Es sind keltische Runenzeichen«, antwortete er. »Ich kann sie nicht lesen.«

Und er wollte sie nicht ansehen. Aber er hatte etwas verstanden, was uns verborgen war.

»Jemand von einem der britannischen Stämme muß das geschickt haben«, fuhr er fort. »Wahrscheinlich war es der Versuch, durch Provozieren einer Meuterei die Aufmerksamkeit unserer Truppen abzulenken, um ungehindert in unser Land einfallen zu können.«

»Hat Gatalas dies den Römern gezeigt?« fragte ich Siyavak.

Er lehnte sich zurück und sah Victor scharf an. »Dies hat er ihnen nicht gezeigt«, sagte er, ins Lateinische wechselnd, und jetzt nicht an mich, sondern an Victor gewandt. »Nein. Er ging jedoch zu Euch und fragte, was Ihr mit dem Kommando des Drachen plantet.«

»Ich verstand nicht, worauf die Frage abzielte«, sagte Victor. »Ich nahm an, er suche nur wieder einen Grund zum Streiten.«

»Ihr sagtet ihm, es sei einmal geplant gewesen, daß Ihr an seiner Stelle Kommandeur werden solltet.«

»Das habe ich gesagt, weil ich dachte, er wüßte es! Und ich habe hinzugefügt, daß der Plan aufgegeben worden war!«

»Wie konnte jemand Euch glauben, so wie die Dinge hier standen?« Siyavak wandte sich erneut Arshak zu. »Wir nahmen an, daß die Botschaft von dir käme, Fürst Arshak, daß du in Eburacum etwas gehört hättest.«

»Nein«, erwiderte Arshak. Er nahm das Bündel und löste die Rute aus der Schlinge; dann drehte er sie in den Händen, um sie zu prüfen. Er sah aus, als ob der Anblick ihn erschreckte. »Nein, für mich gab es in Eburacum keine Möglichkeit, irgend etwas zu schicken. Und die Botschaft war falsch.«

»Wer war der Bote, der es gebracht hat?« fragte ich. »Und wer hat die Zeichen auf der Rute gedeutet?«

»Ich weiß es nicht«, antwortete Siyavak. »Unser Fürst hat es uns nicht gesagt.« Er sah mich düster an. »Dann ist er also für nichts gestorben?«

»Nein«, antwortete ich. »Er ist für eine Lüge gestorben.«

»Wir werden ihn rächen«, sagte Siyavak, und seine Augen glühten wie brennende Kohlen. »Marha! Wer immer ihm dies geschickt hat, hat ihn ermordet, so sicher, als wenn er ihm Gift geschickt hätte. Wir werden unseren Fürsten Gatalas rächen!«

»Dafür müßtet Ihr mit den Römern zusammenarbeiten«, sagte ich.

Er sah Victor an; sie alle sahen Victor an. »Dann werden wir auch das tun«, sagte Siyavak zornig.

Als ich am nächsten Morgen aufbrach, hatten sie sich mit einem gemeinsamen Kommando von Siyavak und Victor einverstanden erklärt, und sie bereiteten das Opfer für die Seelen ihres Fürsten und seiner Leibwächter vor, die für eine Lüge in der Schlacht gefallen waren. Die Atmosphäre war noch immer gespannt, aber der Haß wurde durch das gesetzte Ziel verdrängt. Ich hatte die Hoffnung, wenn sie von Condercum fort waren, könnten sie vielleicht einen Weg finden, glücklich zu werden.

Victor blieb in Condercum, um gemeinsam mit Siyavak das Kommando zu übernehmen; daher ritten Arshak und ich allein nach Corstopitum zurück. Es war kälter geworden, und ein paar Schneeflocken fielen von einem schiefergrauen Himmel. Ich war müde – in dem steinernen Barackenblock hatte ich nicht viel geschlafen –, und diese Welt der Lager und Kriege erschien mir sinnloser und bedrückender als je zuvor. Es war mir heute morgen nicht danach zumute, die Rüstung anzulegen. Ihr Gewicht und das ständige Klirren schreckten mich ab. Ich packte sie hinter den Sattel. Warum sollte ich sie unnötig naß werden lassen, redete ich mir ein, und außerdem waren Mantel und Hut wärmer. Arshak, der für den langen Ritt trotz des Schnees die Rüstung angelegt hatte, musterte mich mit einem verächtlichen Blick.

Wir ritten schweigend eine Straße entlang, auf der wir fast keinem Menschen begegneten. Wir hatten seit seiner Anspielung auf Tirgatao nicht miteinander gesprochen, und jetzt saß er mit gesenktem Kopf auf dem Pferd, die grimmig und wild starrenden Augen auf die Mähne des Tiers fixiert. Wir waren fast zehn Meilen über die Militärstraße geritten und hatten das Fort Vindovala passiert, als Arshak sich plötzlich gerade aufsetzte und seine starrenden Augen auf mich richtete.

»Du hast mich in Corstopitum ins Gesicht geschlagen«, sagte er.

»Das habe ich.« Inzwischen hatte ich Zeit gehabt, mich zu beruhigen, und ich wußte, wie ich ihm antworten würde. »Ich bitte dich für den Schlag um Verzeihung. Aber du hast etwas erwähnt, das wie ein glühendes Eisen in meinem Herzen ist, und du kannst nicht überrascht sein, daß ich aufgebracht war.«

Das Starren lockerte sich ein wenig. »Müssen wir Feinde sein?« fragte er mit fast flehender Stimme.

»Wir sind es nicht – wieso glaubst du das?« gab ich zurück.

»Du hast dich auf die Seite der Römer gestellt.«

»Wir haben beide in Aquincum geschworen, daß dies unsere Seite sein wird.«

»Das ist sie nicht! Sie war es nie! Sie kann es nicht sein!«

»Und wessen Seite ist unsere Seite? Die Seite der Leute, die diese Botschaft geschickt haben, um Gatalas zu ermorden?«

Er zog den Atem zischend ein und schaute weg. »Was tun sie uns an?« hatte er gefragt. Gatalas war tot, ich angepaßt, und er ... das hatte er nicht gesagt. Aber er hatte gewußt, wie schrecklich das war, was mit ihm selbst geschah. »Ich weiß nicht, was du meinst«, sagte er mit frostiger, unnatürlich klingender Stimme.

Mir war klar, wenn ich noch mehr sagte, würde ich mit ihm kämpfen müssen, und das konnte nur zu einer neuen Katastrophe führen, ganz gleich, wie es ausging. Ich sagte nichts.

Wir ritten eine weitere Meile und näherten uns der Einbiegung in die alte Straße, die nach Corstopitum führte, als wir vor uns ein Geräusch wie von Pferdegeschirr hörten und gleich darauf Bodicas Wagen in die Militärstraße einbog.

Sie war allein. Sie hatte den blauen Mantel gegen die Kälte fest um sich geschlungen und die Kapuze über den Kopf gezogen. Die Zügel hielt sie unter dem Mantel. Für einen Augenblick sah es aus, als würde der Schimmel, der auf uns zutrabte, von einem gestalt- und gesichtslosen Schatten gelenkt. Dann hielt der Wagen an, das Pferd stand zitternd da, während wir auf das Gespann zuritten.

Unmittelbar bevor wir den Wagen erreichten, schlug Aurelia Bodica die Kapuze zurück und verwandelte sich wieder in ein anmutiges weibliches Wesen. »Da seid Ihr ja!« rief sie und sah uns mit ihrem bezaubernden Lächeln an. »Ich dachte mir, ich sollte dem Pferd etwas Bewegung verschaffen, und hoffte, Euch vielleicht auf dem Rückweg von Condercum zu begegnen. Ich möchte mit Euch sprechen.«

Arshak sagte nichts. Er saß ab, ging zu dem Wagen hinüber und reichte ihr die Weissagungsrute mit den Markierungen.

Ihr Lächeln verschwand. Sie drehte das Stäbchen zwischen ihren Fingern, dann schüttelte sie den Kopf und gab es Arshak mit ein paar leisen Worten zurück, die ich nicht verstehen konnte. »Können wir hier halten und reden?« fragte sie lauter und sah mich mit ihren lebhaften blauen Augen ernst an. »Ich habe wegen der Kälte etwas heißen Wein zum Aufwärmen mitgebracht.«

»Seid gegrüßt, edle Aurelia«, sagte ich. »Besten Dank, aber mich bitte ich zu entschuldigen.«

Sie sah Arshak an. »Wir müssen miteinander reden. Alle drei. Hast du nicht mit ihm gesprochen?«

Er nickte. »Ariantes, bleib einen Augenblick hier.«

Ich sah die beiden an und nahm die Zügel auf. Die plötzliche Offenheit, mit der sie ihre Verschwörung zugaben, erschreckte mich. Ich wünschte, ich hätte meine Rüstung doch angelegt. Aber vor allem war jetzt eine Frage zu klären, und ich mußte diese Frage stellen.

»Aurelia Bodica«, sagte ich, »wart Ihr es, die Gatalas diese Rute geschickt hat?«

Sie sah mich mit ausdruckslosen Augen an, ohne auf meine Frage zu antworten. »Ich bin hierhergekommen, um mit Euch zu sprechen«, sagte sie. Dann wandte sie sich zur Seite und holte unter der Sitzbank eine Feldflasche hervor, die in ein Wolltuch eingewickelt war. »Ich hoffe, ich spreche mit einem Freund. Ich biete Euch Gastfreundschaft an, und für uns alle wird, was hier gesagt wird, unter dem geheiligten Gesetz dieser Gastfreundschaft stehen. So werden wir, ganz gleich was danach geschieht, wissen, was jeder von uns denkt.«

Ich ließ mein Pferd näher an den Wagen herangehen, ohne aber abzusitzen. Jetzt, wo die Enthüllung des Komplotts unmittelbar bevorstand, wollte ich nichts davon wissen. Wenn ich eingeweiht war, würde ich mich im offenen Gegensatz zu Arshak befinden, vielleicht zu allen unseren Männern.

»Hast du nicht gesagt, wir sind keine Feinde?« fragte Arshak mich.

Ich konnte nicht ablehnen, seine Erklärung anzuhören. Achselzuckend nickte ich. Bodica zog zwei Becher unter dem Sitz hervor und schenkte den Wein ein; er dampfte leicht in der kalten Luft. Sie reichte mir einen Becher, nahm einen Schluck aus dem anderen und gab ihn Arshak weiter. Ich trank ebenfalls einen Schluck, der Wein war mit Honig gesüßt und eher lau als heiß.

»Ihr könnt kein Freund Roms sein«, sagte Bodica.

Ich schwieg.

»Ihr seid ein Mann mit sehr großen Fähigkeiten und ein Fürst aus eigenem Recht«, fuhr sie fort – vielleicht hoffte sie mich durch Schmeicheleien zu gewinnen. »Warum solltet Ihr nicht dem Königreich der Briganten dienen statt den Herren einer Stadt in Italien?«

»Es gibt kein Königreich der Briganten«, entgegnete ich.

»Aber es könnte wieder eines geben! Rom hat bis vor wenigen Jahren Hunderte von Quadratmeilen Land jenseits des vom Kaiser Hadrian erbauten Walls beherrscht, aber die Verteidigung dieses Gebiets war den Römern eine zu große Belastung, und so gaben sie es wieder auf. Wenn wir dafür sorgen, daß es ihnen auch zu kostspielig wird, das Land der Briganten zu halten, werden sie das ebenfalls aufgeben. Seht Ihr nicht, daß wir Euch viel ähnlicher sind als die Römer, daß Ihr unser natürlicher Verbündeter seid? Wir beten nicht das Geld an, wir töten nicht zu unserem Vergnügen Gefangene in der Arena, und wir ermorden keine Frauen und Kinder, wenn wir Krieg führen.«

»Eure Vorfahrin, die Königin der Icener, hat Frauen und Kinder ermordet, als sie Krieg führte«, erwiderte ich, »so hat man mir jedenfalls berichtet. Ihr übertreibt die Ähnlichkeit mit uns. Und Ihr seid keine Brigantin. Eure Vorfahren waren Könige und Königinnen, aber von südlichen Stämmen. Ihr würdet keinerlei Rechtsanspruch auf den Thron des Königreichs der Briganten haben, wenn ein solches existierte, und es erscheint mir höchst unglaubwürdig, daß Ihr ein unabhängiges brigantisches Königreich zu errichten plant, in dem nicht Ihr die Königin wäret.«

»Sie ist eine Königin, durch Geburt und durch Weisheit«, sagte Arshak ärgerlich. »Warum sollte sie es nicht auch in Wirklichkeit sein? Die Briganten würden sich freuen, sie zur Königin zu haben.«

»Und die Krieger der kaledonischen Stämme, die die Mauer überschritten und Corstopitum überfallen haben?« fragte ich ihn. »Würden sie sich auch freuen? Jemand hat ihnen versprochen, die Streitkräfte der Römer würden durch eine Meuterei gebunden sein, durch Gatalas' Meuterei. Aber Gatalas ist tot, und tot sind auch die meisten der kaledonischen Krieger.«

Bodicas Augen, die sich zu Schlitzen verengt hatten, blitzten gefährlich. »Gatalas hätte Erfolg haben müssen! Er hätte seinen Männern niemals den Befehl geben dürfen, sich zu ergeben. Es war ein Fehler von mir, daß ich nicht selbst mit ihm gesprochen habe. So ist ihm leider nicht klargeworden, daß wir gewinnen konnten, und er hat versucht, seinen Gefolgsleuten das zu ersparen, was er für das unvermeidliche Ende hielt. Ich werde den gleichen Fehler nicht noch einmal machen. Mit Euch spreche ich. Wir können gewinnen – wenn wir genug wagen, werden wir gewinnen! Was die Invasion der Kaledonier betrifft, so wart Ihr es, der sie zurückgeschlagen hat, aber auch das ist geschehen, weil Ihr nicht Bescheid wußtet.«

»Nein«, sagte ich erbittert, »es ist geschehen, weil wir Frieden in Cilurnum hatten. Ihr nahmt an, ich stände unter Arrest, weil man mich eines Komplotts mit Gatalas verdächtigte; aber die römischen

Offiziere in Cilurnum vertrauten mir und ließen mich in Freiheit. Mit gefallen Eure Pläne nicht, Aurelia Bodica, sie sind voller Lügen und nehmen keinerlei Rücksicht auf Eure Verbündeten. Ich würde mich und meine Männer niemals Eurem selbstsüchtigen Ehrgeiz anvertrauen.« Ich trank den Rest des Weins in einem Zug aus und reichte ihr den Becher zurück.

Sie sah mich mit einem rätselhaften Blick an. »Ihr werdet Euch also nicht uns anschließen? Ihr wollt mich nicht einmal zu Ende anhören?«

Ich schüttelte den Kopf und wandte mich Arshak zu, der, wie ich bemerkt hatte, zu seinem Pferd zurückgegangen und aufgesessen war. »Ich habe keinen Beweis für irgend etwas«, erklärte ich ihm. »Und was gesagt worden ist, stand unter dem Gesetz der Gastfreundschaft. Wenn du es wünschst, bin ich auch bereit, auf das Feuer zu schwören, daß ich über dieses Gespräch zu niemandem sprechen werde. Ihr beide werdet allerdings darauf zu achten haben, daß ich keinen Beweis in die Hand bekomme. Ich wünsche eine gute Zeit.«

»Du stehst also auf der Seite der Römer«, sagte Arshak bitter und zornig. Seine Hand lag am Schaft des Speers.

»Ich stehe auf der Seite meiner eigenen Männer; sie verlassen sich darauf, daß ich tue, was für sie das Beste ist.«

»Verräter!« rief Arshak und zog den Speer aus dem Halter.

Ich berührte Farnas Flanken leicht mit den Absätzen. Sie sprang mit gewaltigen Sätzen vorwärts, die Straße hinauf, während ich meinen Bogen aus dem Behälter zog. Arshak stieß einen gellenden Schrei aus und senkte den Speer. Ich machte kehrt, spannte den Bogen, legte einen Pfeil an die Sehne und kanterte über das Feld seitlich auf den Wagen zu. Farna bäumte sich auf, als ich den Zügel scharf anzog. Den Pfeil hielt ich auf Bodica gerichtet. »Laß mich nach Corstopitum zurückkehren«, rief ich Arshak zu.

»Kämpfe gegen *mich*!« schrie Arshak, der sein Pferd zwischen mich und Bodicas Wagen zu bringen versuchte. »Laß Bodica aus dem Spiel! Ich fordere dich zum Kampf heraus!« Aber ich lenkte Farna so herum, daß mein Pfeil immer auf Bodica gerichtet blieb.

»Ich habe nicht die Absicht, mit dir zu kämpfen. Selbst wenn es mir gelänge, dich zu töten, würden die Römer mich wegen Mordes vor Gericht stellen, und meine Männer würden meutern und müßten sterben. Ich habe dir einen fairen Vorschlag gemacht. Akzeptiere ihn, und laß mich weiterreiten.«

»Dann reitet!« sagte Bodica. Sie stand hoch aufgerichtet im Wagen, ihren blauen Mantel hatte sie fest um die Schultern gezogen, die Kapuze aber stolz zurückgeworfen, wie um zu zeigen, daß meine Drohung sie nicht einschüchterte. Sie hob die Hand: »Reitet – wenn Ihr könnt!«

Ich lenkte Farna auf die Straße zurück, den Bogen mit dem Pfeil hielt ich gespannt. Aber bevor ich noch das Pflaster erreichte, schien ein dunkler Nebel über meine Augen zu fallen. Mir wurde schwindlig. Farna sprang auf die Straße, ihre Hufe schlugen gegen die Steine. Dann blieb sie stehen; sie spürte, daß etwas nicht in Ordnung war. Meine Hände, die den Bogen hielten, schienen plötzlich sehr weit weg zu sein. Als ob ich mir selbst von fern zuschaute, sah ich, wie der Bogen schlaff wurde. Meine Finger lösten sich von der Sehne, und der Pfeil fiel herab. Arshak senkte den Speer und starrte mich verwundert an. Farna schnaubte leise und schüttelte verwirrt den Kopf.

Bodica stieg vom Wagen und kam auf mich zu. Ich konnte mich nicht bewegen. Sie nahm mir den Bogen aus den Händen, als wäre ich ein Kind. Wenn es mir doch nur gelänge, diese Müdigkeit zu überwinden! Ich tastete an meiner Schulter nach dem Schwertgriff, konnte ihn aber nicht finden. Bodica gab mir einen leichten Stoß, und ich fiel. Ich lag auf dem Rücken, sah an der Flanke meines Pferdes vorbei, dessen Fell in der Kälte dampfte, den grauen Himmel, aus dem einige leichte Schneeflocken fielen. Alles schien seltsam fern zu sein, so als läge es am Ende eines langen Tunnels, durch den ich hindurchschaute.

»Was hast du mit ihm gemacht?« rief Arshak.

»Dachtest du, wir könnten ihn nach Corstopitum zurückkehren lassen?« entgegnete sie. »Seine Zusammenarbeit mit den Römern hat uns bereits mehr als tausend Menschenleben gekostet, und jetzt, wo er weiß, daß wir seine Feinde sind, würde er uns noch gefährlicher sein, viel gefährlicher.«

»Ich hätte mit ihm gekämpft«, protestierte Arshak. »Er ist gut, aber ich hätte ihn besiegt.«

»Alle Welt weiß, daß du Condercum mit ihm zusammen verlassen hast. Wenn man ihn fände, von einem Speer getötet – ich zweifle nicht daran, mein teures Herz, daß du ihn im Kampf besiegt hättest –, dann wäre es offensichtlich, daß du es getan hast, und was würde dann aus uns und unseren Plänen werden?«

»Was hast du mit ihm gemacht?« wiederholte Arshak. »Er ist ein Fürst der Jazygen, er verdiente es, im Kampf zu sterben.« Aber sein Widerspruch hörte sich nur noch halbherzig an.

Ich versuchte, mir darüber klarzuwerden, was geschehen war. Der Wein mußte ein Betäubungsmittel enthalten haben. Nein, das war unmöglich, sie hatte selbst davon getrunken, und Arshak auch. Der Becher, mein Becher, der Becher, den sie mir »unter dem geheiligten Gesetz der Gastfreundschaft« gereicht hatte. War sie so sicher gewesen, ich würde es ablehnen, mich mit ihnen zu verbünden? Wie konnte Arshak das akzeptieren? Ich versuchte hochzukommen, schaffte es, mich auf einen Ellbogen zu stützen – und fiel zurück.

»Er verdient den Tod«, entgegnete Bodica auf Arshaks Vorwurf. »Daß er ein Fürst der Jazygen ist, macht seine Anbiederung an die Römer nur noch schlimmer. Reite zurück nach Corstopitum, aber halte dich unterwegs eine Zeitlang auf, um zu jagen. Leg die Rüstung ab. Sag ihnen, ihr hättet auf dem Rückweg von Condercum Wild gesehen, einen Hirsch oder eine Kette Rebhühner, und ihr hättet euch entschlossen, auf die Jagd zu gehen. Du hast ihn aus den Augen verloren und gedacht, er wäre allein nach Corstopitum zurückgekehrt. Es wird nach einem Unfall aussehen.«

»Aber...«

»Er hat dich verraten, mein Herz! Siehst du das nicht? Mein Gemahl vertraut ihm, er wollte ihn sogar befördern, wie du selbst gehört hast. Er hätte ihn sicherlich zu seinem Berater in allen Angelegenheiten der Sarmaten ernannt; damit wäre er dein Vorgesetzter geworden, und du würdest die längste Zeit Kommandeur gewesen sein. Eine solche Schande könnte ich nicht ertragen, ich würde sterben. Mach dich auf den Weg, rasch. Ich werde allein mit ihm fertig.«

»Laß mich dir wenigstens helfen. Du kannst das nicht allein.«

»Ich kann es. Sei vernünftig! Die Straße ist jetzt leer, aber wer weiß, ob nicht bald jemand vorbeikommen wird. Wir dürfen nicht zusammen gesehen werden. Hilf mir nur eben, ihn in den Wagen zu legen, den Rest schaffe ich allein.«

Arshak hob mich an den Schultern hoch, hängte mich über Farnas Rücken und führte sie zum Wagen hinüber. Ich nahm das alles wie durch einen Nebelschleier wahr, konnte mich jedoch nicht bewegen. Das einzige, was ich schaffte, war, den Kopf einen Augenblick lang anzuheben, er fiel gleich wieder zurück. Ich wurde wie eine Leiche in den Wagen gelegt und unter die Sitzbank geschoben. Ich bemerkte noch, wie Bodica und Arshak miteinander flüsterten und sich verabschiedeten; dann setzte sich der Wagen mit einem Ruck in Bewegung.

Er rollte eine Zeitlang über die gepflasterte Straße, und ich lag hilflos unter der Bank, manchmal bewußtlos, dann halb wach. Aber auch wenn mein Geist für kurze Zeit den Nebel und die Dunkelheit durchbrechen konnte, es gelang mir einfach nicht, meine Gedanken zu konzentrieren; die Phantasie gaukelte mir vor, endlich sei mir gelungen, was ich mir so viele Jahre gewünscht hatte: das Jadetor zu erreichen. Es war kalt. Nach einiger Zeit wurde mir bewußt, daß wir die gepflasterte Straße verlassen hatten und der Wagen holpernd über einen rauheren Grund fuhr. Ich versuchte, mich auf die Seite zu drehen, schaffte es aber nur, den Kopf ein wenig zu bewegen. Ich sah den Saum von Bodicas Gewand, ihre Füße in den reich verzierten Lederschuhen, und dahinter einen ausgefahrenen Karrenweg. Der Wagen bog ab, und die Fahrt ging weiter über Gras, braunes, leicht mit Schnee gesprenkeltes Wintergras. Der Wagen hielt.

Die Welt verblaßte, ich versank in einen Dämmerzustand, mir war entsetzlich kalt und übel. Bodica zerrte mich aus dem Wagen und ließ mich auf das Gras fallen, dann ging sie fort und machte sich an meinem Pferd zu schaffen, das, wie ich jetzt sah, hinter dem Wagen angebunden war. Sie kam zurück, beugte sich über mich und löste mein Schwertgehänge, nahm es mir ab und befestigte das Gehänge mit dem Schwert an meinem Sattel. Dann nahm sie den Bogen und legte ihn mir in die linke Hand. Sie kniete sich neben mich und schaute mir ins Gesicht. »Du kannst mich sehen, nicht wahr?« flüsterte sie. Ihre Augen waren unnatürlich glänzend, ihr Gesicht glühte wie im Fieber, und sie lächelte. »Ich habe dir den Bogen gegeben, damit sie glauben, du warst auf der Jagd. Das Schwert habe ich an den Sattel gehängt, denn du hättest es sicher abgenommen, wenn du in das Wasser waten wolltest, um ein erlegtes Flugwild herauszuholen.«

Wasser. Ich versuchte, den Kopf zur Seite zu drehen. Nach einer, wie mir schien, sehr langen Zeit bewegte er sich ein wenig, und ich sah den Fluß, nur wenige Fuß entfernt.

»Ja, dort«, sagte Bodica mit hämischem Lachen. »Du wirst ertrinken. Ich habe noch nie einen Menschen ertränkt. Nur Tiere.« Sie setzte sich und zog die Schuhe aus. »Ihr Sarmaten glaubt, daß Menschen, die ertrinken, für ewig verdammt sind, habe ich mir sagen lassen.« Sie kicherte.

Ich konnte mich weder bewegen noch sprechen. Bodica beugte sich wieder über mich, ihr Gesicht war meinem ganz nahe. Sie ließ ihre Hand über meinen Arm hinaufgleiten und preßte meine Schulter. »Du bist stark«, flüsterte sie. »Ein großer, starker Krieger, ein Kommandeur und ein Fürst, der über Männer gebietet. Und du wirst ertrinken wie ein hilfloser junger Hund.« Sie kicherte wieder, rieb meine Schulter wie eine Liebende, ihr Gesicht kam mir noch näher, und sie küßte mich, mit geöffnetem Mund, heiß und feucht. Es war ekelhaft und grausig. Es war mein Tod, den sie küßte, und die Lust, die sie dabei empfand, war irgendwie noch abscheulicher als der Akt selbst.

Sie stand auf, legte ihre Schuhe und Socken in den Wagen und stieß mich mit den nackten Füßen vorwärts; hilflos rollte ich auf den Fluß zu. Ich schloß die Augen. Tirgatao, dachte ich, werde ich Tirgatao finden, wenn ich tot bin? Marha, Jupiter, alle Götter der

Welt – laßt das, was die Menschen meines Volkes glauben, falsch sein, laßt mich Tirgatao und Artanisca wiederfinden.

Bodica gab mir noch einen Stoß, und ich rollte ins Wasser. Sie schürzte ihr Gewand, schritt in das seichte Wasser und gab mir einen weiteren Stoß, so daß ich mit dem Gesicht nach unten lag. Das letzte, was ich wahrnahm, war das Gewicht ihres Fußes, der mich herunterdrückte.

8

Das erste Mal wachte ich im Dunkeln auf und roch Feuer. Ich hatte kein Gefühl in den Gliedern, aber die Kälte schnitt scharf wie Messer in Brust und Leib. Ich hustete, und jemand richtete mich auf. Die Haut der Hände, die meinen Körper berührten, schien glühend heiß zu sein. Ich hatte den Geschmack des Flußwassers im Mund, und ich spürte, wie es mir die Brust zusammenschnürte. Ich kämpfte, um mich von dem Druck zu befreien, hustete, keuchte, erbrach mich. Das Wasser gluckste in meiner Lunge und lief mir aus der Nase. Die Person hielt mir eine Schüssel unter den Mund, sprach beruhigende Worte, und als die Krämpfe schließlich aufhörten, legte sie mich zurück und deckte mich zu. Ich lag still da; dann wieder schien mein erstarrter Körper schwebend dahinzutreiben; ich schlief; ich wachte wieder auf und fühlte mich wärmer. Nach wie vor umgab mich die nach Feuer riechende Dunkelheit. Meine Hände und Füße brannten, mein Kopf schmerzte, und mir war noch immer übel. Ich versuchte mit aller Kraft, mich zu bewegen, und eine Frauenstimme sagte etwas, sanft und tröstend, und eine weiche Hand strich mir das Haar aus dem Gesicht. Die Spannung löste sich.

»Tirgatao«, sagte ich. Ich hatte das Gefühl, als ob ich aus einem schweren Alptraum ins Leben zurückkehrte. Ich öffnete die Augen und versuchte, sie zu sehen.

Aber es war nicht Tirgatao. Das rötliche Licht des Feuers zeigte mir eine Frau, die nahe bei mir stand, aber es war eine fremde, seltsam aussehende Frau mit einem langen, ovalen Gesicht, dunklem Haar – die Farbe war bei dem schwachen Licht nicht zu erkennen –, einem sanften Mund und zarten Händen. Ich starrte sie lange verwirrt an. »Wo ist Tirgatao?« fragte ich schließlich.

Ich fragte auf sarmatisch, und die Frau sagte etwas in einer mir unbekannten Sprache. Ich sah sie verständnislos an, und sie sagte etwas in einer anderen Sprache. Ich hatte das Gefühl, ich müßte verstehen, was sie gesagt hatte, aber ich konnte es nicht, und ich weinte, weil ich es nicht konnte. Die Frau strich mir wieder sanft übers Haar und sagte »schhh, schhh«, wenigstens das verstand ich. Ich wurde ruhig, nach einer Weile sank ich in den Schlaf zurück.

Als ich das nächste Mal aufwachte, war es heller, und ich fühlte mich weniger schlecht. Auch jetzt war der Geruch von Feuer da. Ich lag auf der Seite und schaute auf eine Mauer. Nach einiger Zeit streckte ich die Hand dahin aus und fühlte, daß sie aus Stein war. Da wußte ich, daß ich tot war und in meinem Grab lag. Ich blieb lange ruhig liegen und dachte darüber nach, ohne Kummer oder Schmerz zu empfinden. Seltsamerweise überraschte es mich nicht, aber ich konnte mich nicht erinnern, wie ich gestorben war.

Nach einer Weile jedoch fiel mir plötzlich ein, ich könnte, wenn ich tot war, vielleicht Tirgatao finden. Ich zog mich mühsam hoch, stützte mich auf Knie und Hände ab und sah umher. Die Steinmauern schlossen mich ringsum ein, aber zu meiner Linken war ein Herd, und unter dem Rost war rote Glut zu sehen. Der Fußboden aus gestampftem Lehm war mit getrocknetem Adlerfarn bedeckt, und von der Decke hingen Kräuter und getrocknetes Fleisch. Ich setzte mich auf die Hacken zurück. Ich war auf einer Art Bett, hatte eine Wolldecke über mir, aber alle meine Kleider fehlten. Ich zog die Decke um meine Schultern und stand auf. Meine Knie waren weich, und mein krankes Bein gab fast unter dem Gewicht meines Körpers nach. Ich schwankte und legte eine Hand gegen die Mauer, um das Gleichgewicht zu bewahren. In der gegenüberliegenden Wand war eine Tür, und ich tastete mich an der Mauer entlang darauf zu.

Eine Frau trat plötzlich durch eine Tür an der anderen Seite des Herdes und kam auf mich zugelaufen, wobei sie etwas in der unbekannten Sprache sagte. Ich erinnerte mich an sie, es war dieselbe, die in der Dunkelheit neben mir gestanden hatte. Sie faßte mich beim Ellbogen, sprach zu mir und versuchte, mich zum Bett zurückzuführen.

»Ich muß Tirgatao finden«, sagte ich.

»Ihr solltet nicht aufsein«, erwiderte sie in ihrer anderen Sprache – und jetzt begriff ich, daß es Latein war. »Versteht Ihr mich? Ihr solltet Euch erst von Zeit zu Zeit im Bett aufsetzen, bevor Ihr zu gehen versucht. Und Ihr müßt vor allem essen, um kräftiger zu werden.«

»Aber Tirgatao... Ich muß Tirgatao finden«, sagte ich, diesmal auf lateinisch. »Sie wurde verbrannt, nicht begraben, aber vielleicht irrt sie umher, um mich zu suchen, und wird kommen, wenn ich sie rufe. Vielleicht ist sie draußen. Bitte, ich muß sie finden.«

»Es ist niemand draußen«, sagte die Frau.

Ich schob sie weg und ging schwankend zur Tür. Als die Klinke nach mehreren vergeblichen Versuchen endlich nachgab, stieß ich die Tür auf. Vor mir lag der Wirtschaftshof einer Farm, Hühner kratzten im frischen Schnee nach Futter, und im Hintergrund waren weiße Hügel und dunkle, unbelaubte Bäume unter einem grauen Himmel. Ich lehnte mich gegen den Türrahmen und starrte. Es war alles falsch. Das war gar nicht mein Land. Sie hatten mich am falschen Platz begraben. »Tirgatao!« rief ich, verzweifelt hoffend, daß sie mich doch irgendwie hören konnte: »Artanisca! Tirgatao!«

»Bitte kommt zurück, und laßt mich die Tür schließen«, sagte die Frau. »Ihr solltet nicht halb nackt in der Kälte stehen. Ihr wart fast erfroren, kaum noch am Leben, als wir Euch gefunden haben.«

Ich ließ sie die Tür schließen, und sie führte mich zum Bett zurück. Meine Kräfte verließen mich, ich brach neben dem Bett zusammen und weinte bitterlich, dann hustete ich unter Krämpfen noch mehr Wasser aus.

»Sie haben ihre Leiche verbrannt«, erklärte ich der Frau, als ich wieder sprechen konnte. »Deshalb ist sie nicht hier. Und sie haben mich am falschen Platz begraben, und jetzt kann ich sie nicht finden.«

»Keiner der Lebenden kann die Toten finden«, entgegnete sie.
»Aber jetzt, wo ich tot bin...«

Um ihren Mund spielte ein leises, amüsiertes Lächeln. »Ihr glaubt, daß Ihr tot seid? Nein.«

Ich sah sie verständnislos an. Sie nahm meine Hand, drehte sie um und ließ ihren Daumen mit festem Druck über mein Handgelenk gleiten: Die blaue Blutader wurde weiß, dann sprang sie wieder vor, gefüllt mit der Kraft des Lebens. »Ihr seid lebendig«, sagte sie sanft.

Ich sah sie zweifelnd an. »Wenn ich lebendig bin, warum bin ich dann in einem Grab?«

»Wieso denkt Ihr, daß Ihr in einem Grab seid?«

Ich legte meine Hand wieder an die Wand. »Es ist Stein.«

»Verwenden sie da, wo Ihr herkommt, Steine nur zum Bau von Gräbern? Dies ist ein Haus. Ihr seid auf der Flußau-Farm, fünf Meilen von Corstopitum in der Region Brigantia. Mein Name ist Pervica, Witwe des Saenus, und das Haus und die Farm gehören mir.«

Ich runzelte die Stirn und berührte die Wand noch einmal mit der Hand. Mein Verstand war noch immer nicht klar. Ich hatte das Gefühl, von Corstopitum schon gehört zu haben, aber ich konnte keine Vorstellung damit verbinden und gab den Versuch auf, mich zu erinnern.

Pervica kniete sich neben mich auf den Boden und legte meinen Arm über ihre Schultern. »Ihr gehört ins Bett«, sagte sie und half mir hinein. »Wie sieht es aus, ist Euch noch übel, oder meint Ihr, Ihr könntet etwas Gerstensuppe essen?«

Ich nickte, und als sie die Suppe brachte, trank ich sie. Ich gab ihr den leeren Napf zurück und bemerkte plötzlich, daß ich nichts anhatte als die Decke, die ich über die Schultern gehängt hatte. Ich deckte mich rasch zu. »Wie bin ich hierhergekommen?« fragte ich.

»Wir haben Euch gestern nachmittag aus dem Fluß gezogen«, antwortete sie. »Wie Ihr dahin gekommen seid, weiß ich nicht.«

»Ich kann mich nicht daran erinnern«, sagte ich.

»Ihr wart fast tot. Ich denke, wenn es Euch etwas bessergeht, wird die Erinnerung zurückkommen. Wo lebt Eure Familie, oder wo wohnen Eure Freunde? In Corstopitum?«

»Ich kann mich nicht erinnern«, wiederholte ich. »Irgendwann... bin ich dort gewesen, denke ich.«

»Wie heißt Ihr?«

»Ariantes.«

»An die wichtigsten Dinge könnt Ihr Euch also doch erinnern. Macht Euch keine Sorgen, der Rest wird auch wiederkommen. Ich schicke Cluim heute nachmittag nach Corstopitum, um zu fragen, ob jemand Euch dort vermißt. Cluim ist der Mann, der Euch gefunden hat. Er sah einen roten Mantel gegen das Grün des Flußufers, als er gestern hinausging, um die Schafe zurückzuholen, und er zog Euch aus dem Wasser – zuerst hielt er Euch für tot, aber Eure Augen bewegten sich ein wenig; daher machte er rasch ein Feuer, deckte Euch mit seinem Mantel zu und lief frierend zurück, um Hilfe zu holen. Ihr verdankt ihm das Leben.«

Ich nickte hilflos, ohne etwas zu begreifen, und versuchte, mich wieder aufzusetzen. »Wo sind meine Kleider?« fragte ich.

»Dort.« Sie zeigte auf einen Ständer am Fuß des Bettes, wo sie ordentlich aufgereiht hingen; der Griff des Dolches schimmerte in dem dämmrigen Licht. »Sie sind noch ein bißchen klamm, ich würde empfehlen, sie noch nicht anzuziehen. Versucht, etwas zu schlafen.«

»Habt Ihr sie mir ausgezogen?«

»Wie hätten wir Euch sonst warm kriegen sollen?« fragte sie.

Es war warm in dem Bett beim Feuer.

»Ja«, sagte ich schläfrig. »Danke.«

Als ich das nächste Mal aufwachte, war es wieder dunkel, und ich fühlte mich etwas kräftiger. Ich setzte mich auf und sah in die verlöschende Glut des Herdes. Nach einiger Zeit stand ich auf und legte etwas Holz nach. Ich beobachtete, wie aus der Glut leuchtend gelbe Flammen schlugen: Sinnbild Marhas, des heiligen, des reinen Gottes. Ich streckte meine Hand zu ihm aus, und plötzlich lief mir ein Schauer über den Rücken. Ich betrachtete meine Finger, die Gelenke, die sich nach meinem Willen bewegten, die Hand, die sich ausstreckte, um den Gott zu verehren: Ich lebte. Seit langer Zeit war mein Leben nur bitterer Kummer und Trauer gewesen. In meinem Herzen brannte der Schmerz, daß ich nicht am Tage des Donners den Tod gefunden hatte, daß es mir nicht erspart geblieben war, die Niederlage zu erleben und vom grausamen Tod derer zu hören, die ich am meisten liebte. Und jetzt, ganz plötzlich und spontan, erwachte in mir die Freude, am Leben zu sein, das Feuer brennen zu sehen und den schweren, süßlichen Rauch zu riechen, zu spüren, wie die Kraft in meinen Körper zurückkehrte. Die Welt der Toten ist eine Welt, an der wir nicht teilhaben können. Wie lange wir auch sehnsüchtig am Grab stehen mögen, am Ende müssen wir uns abwenden und fortgehen. Unser Geist ist auf wunderbare und geheimnisvolle Weise in ein Gewebe aus Knochen, Fleisch und Blut eingebunden, wir sind fähig, zu denken und uns zu bewegen, zu lieben und zu glauben. Lebendig! Den Göttern sei Dank!

Ich konnte nicht wieder ins Bett gehen. Wenn ich jetzt auch wußte, daß ich in einem Haus war und nicht in einem Grab, empfand ich es doch als tödliche Bedrohung, zwischen hohen Steinmauern eingeschlossen zu sein. Ich zog beim Licht des Feuers mühsam und umständlich meine Kleider an, darüber den Mantel, schlang die Decke um die Schultern und ging zur Tür.

Der Vollmond schien auf den Schnee im Hof, und die Sterne standen weiß und hoch an einem klaren, kalten Himmel, so leuchtend hell, daß die Nacht in ein geisterhaftes Licht getaucht war. Die Hügel schimmerten im Mondschein, und alles war still, wie erstarrt in unwirklicher Schönheit. Mein Atem dampfte. Ich trat ins Freie, schloß die Tür hinter mir und humpelte an der Seite des Hauses entlang. Als ich die Ecke erreichte, zitterte ich vor Kälte und Anstrengung. Gleich hinter dem Haus sah ich einen Holzbau, vielleicht war es eine Scheune, in der ich Unterschlupf finden konnte. Ich öffnete die Tür und blieb stehen; die dunstige Wärme eines Stalls schlug mir entgegen, der Geruch von Kühen und der noch vertrautere von Pferden. Ich merkte, wie erschöpft ich war; in einer Ecke fand ich einen Haufen sauberes Stroh, legte mich hinein, wickelte mich in die Decke und schlief sofort ein.

Das Krähen der Hähne weckte mich; ich fühlte mich hungrig, und mein Kopf schien wieder ganz klar zu sein. Ich streckte mich wohlig und stand auf, schüttelte das Stroh aus der Decke und hängte sie über die Wand einer Box. Dann öffnete ich die Tür und trat hinaus. Der anbrechende Tag legte einen rosigen Schimmer über die schneebedeckte Landschaft. Sechs Kühe beobachteten mich friedlich wiederkäuend vom anderen Ende des Stalls, als ich wieder hineinging. Offenbar warteten sie darauf, daß jemand kam, um sie zu melken. Zwei Pferde standen lose angebunden ihnen gegenüber, und ein drittes Pferd war in der Box, über deren Wand ich die Decke gehängt hatte; es war angebunden und stand mit dem Kopf zum Eingang. Dieses Pferd sah mich mit zurückgelegten Ohren an.

»Guten Morgen«, sagte ich zu ihm.

Es rollte die Augen und stampfte nervös. Ich trat an die Box heran und sah mir das Tier genauer an. Es war ein Hengst, braun mit weißen Fesseln und einer Blesse, ein feines Pferd, rundhufig, mit kräftigen Sprunggelenken, groß genug, um als Streitroß geeignet zu sein – allerdings war es, wie die meisten britischen Pferde, etwas leicht in der Vorhand. Aber es hatte auf dem Widerrist Narben von Peitschenhieben, und weitere Narben waren in den Maulwinkeln zu erkennen. Es war nervös, weil es mißhandelt worden war.

Nicht einen Augenblick dachte ich, daß Pervica dafür verantwortlich sein könnte. Die sanfte Berührung ihrer Hand hatte mich ins Leben zurückgebracht, und ich konnte mit diesem gütigen Gesicht und diesem amüsierten Lächeln keine Grausamkeit in Verbindung bringen. Vielleicht hatte das geschundene Tier ihr Mitleid erregt, auch mich hatte sie ja aus Mitleid in ihr Haus aufgenommen. Ich empfand für diese gequälte Kreatur ein Gefühl der Verbundenheit. Mit sanften, leisen Worten versuchte ich, den Hengst zu beruhigen, aber er rollte die Augen und legte die Ohren zurück, als wollte er sagen: »Komm mir nicht zu nahe. Ich lasse mich nicht von dir schlagen.«

Ich schaute mich um und fand einen Lappen, der zum Reinigen des Geschirrs benutzt wurde. Ich nahm ihn und ging damit zu den anderen Pferden. Eins von ihnen war eine Stute; ich rieb mit dem

Tuch kräftig über ihre Hinterbacken, ging dann zu dem Hengst zurück und hielt es ihm vor die Nüstern. Die Ohren kamen nach vorn, als er an dem Tuch schnupperte – ein alter, aber bewährter Trick. Ich streichelte seinen Hals, sprach ruhig zu ihm, bückte mich unter dem Türbalken hindurch und betrat die Box. Die Ohren schnellten vor und zurück, der Hengst schnaubte, konnte sich aber nicht entschließen, anzugreifen. Ich streichelte ihm weiter den Hals und murmelte zärtliche Worte in sein Ohr, bis er anfing zu glauben, daß es ihm vielleicht doch gefiel. Dann ging ich hinaus, holte eine Handvoll Hafer, ging wieder in die Box und fütterte ihn, wobei ich weiter beruhigend zu ihm sprach.

In diesem Augenblick öffnete sich die Stalltür, und ein Mann kam herein. Er trug die übliche graubraune Wollkleidung der Briten, Hose und Ärmelkittel, aber statt des karierten Mantels einen Schafpelz. Er starrte mich an und stotterte etwas in der einheimischen Sprache.

»Schhh«, sagte ich, da der Hengst wieder die Ohren zurücklegte.

Der Mann lief hinaus. Ein paar Minuten später kam er in Begleitung von Pervica zurück. Sie blieb auf der Türschwelle stehen und sah überrascht zu uns hin. Die Strahlen der aufgehenden Sonne spielten um ihre Gestalt, die sich wie in einem Rahmen schwarz gegen das weiße Winterlicht abhob – eine hochgewachsene Frau mit breiten Hüften und vollen Brüsten, ungemein anmutig. Begehren ist, so glauben manche Menschen, etwas so Elementares und Selbstverständliches wie Durst und Hunger. Aber alles, was ich an Begehren empfinden konnte, hatte ich nicht den Lebenden, sondern den Toten zugewendet – bis zu diesem Augenblick, als es sich ganz plötzlich Pervicas Liebreiz öffnete. Das Glücksgefühl, das mich durchströmte, war unermeßlich, es erfüllte mein ganzes Wesen, Leib und Seele.

»Seid vielmals gegrüßt, Frau Pervica«, sagte ich und duckte mich unter dem Türbalken der Box hindurch.

»Ich wünsche Euch einen guten Morgen«, erwiderte sie meinen Gruß und kam langsam näher, erstaunt bald auf mich, bald auf den

Hengst blickend. »Cluim hat mir berichtet, daß Ihr hier im Stall seid und daß Wildfeuer Euch aus der Hand frißt. Ich hatte gerade festgestellt, daß das Bett leer war, und ich hatte keine Ahnung, wohin Ihr gegangen wart.«

Bei Tageslicht sah ich, daß sie braunes Haar hatte und ihre Augen von einem hellen Blaugrau waren. Sie trug wie die meisten britischen Frauen, die ich gesehen hatte, ein langes graubraunes Gewand unter einem karierten Umhang. Sie war attraktiv, wenn auch keine blendende Schönheit. Vielleicht wäre sie mir auf dem Marktplatz in Dubris gar nicht aufgefallen, aber wenn ich sie bemerkt hätte, würde ihre Erscheinung mich sehr beeindruckt haben. Sie besaß eine Anmut und Würde, wie man sie selten findet. Und ich ahnte bereits jetzt, daß ihr Gesicht zu denen gehörte, die erst in der Liebe ihre volle Schönheit entfalten.

»Das tut mir leid«, antwortete ich. »Ich bin es nicht gewohnt, in Häusern zu schlafen. Ist dies Cluim, der mir das Leben gerettet hat?«

Sie bejahte es und sagte etwas zu Cluim in britischer Sprache. Er grinste und nickte mir freundlich zu. Er war ein kleiner, dunkelhaariger Mann in den Zwanzigern, sehr schmutzig aussehend.

»Sagt ihm bitte, daß ich ihm dankbar bin.« Pervica übersetzte, und Cluim nickte scheu.

Ich löste meinen Dolch vom Gurt und hielt ihn Cluim hin, den Griff nach vorn. »Dies ist kein Entgelt für ein Leben, aber er hat einigen Wert. Vielleicht würde er ihn annehmen, als Zeichen meiner Dankbarkeit?«

»Unwahrscheinlich, daß er ihn ablehnen wird«, sagte Pervica trocken. Beim Anblick des Dolches hatte Cluims Gesicht aufgeleuchtet, er nahm ihn und betastete mit Ausrufen freudigen Erstaunens die Edelsteine auf dem Griff. Er zog den Dolch aus der Scheide und prüfte mit dem Daumen die Schneide, die so scharf war, daß sie ihm die Haut aufritzte. Dann packte er meine Hand und schüttelte sie heftig, übers ganze Gesicht strahlend.

»Euch bin ich nicht weniger dankbar«, wandte ich mich an Pervica, als Cluim stolz den Dolch an seinem eigenen Gurt befestigte.

»Ich weiß, daß ich auch nach der Errettung aus dem Fluß ohne Eure Pflege gestorben wäre. Eine solche Schuld kann ich nicht einlösen, ich kann Euch nur danken, und ich bete zu den Göttern, daß sie mir eines Tages Gelegenheit geben, Eure Güte zu vergelten.«

Ihre Wangen röteten sich leicht. »Ihr seid ein sehr höflicher Mensch. Ich konnte wohl kaum etwas anderes tun, als zu versuchen, Euch zu helfen, und Ihr habt mir meine Fürsorge bereits dadurch vergolten, daß Ihr lebt. Ich habe sicherlich nicht erwartet, Euch heute morgen so wohlauf zu sehen. Aber wollt Ihr nicht wenigstens zum Frühstück ins Haus kommen?«

»Wenn Ihr es wünscht, Frau Pervica.«

»Das tue ich.« Sie drehte sich um und ging zum Haus zurück; ich begleitete sie.

»Ihr arbeitet also mit Pferden, Ariantes?« fragte sie.

»Ja«, antwortete ich. »Dieser Hengst ist ein feines Tier. Woher habt Ihr ihn?«

»Mein Mann hat ihn auf dem Markt in Corstopitum gekauft. Für vierhundertdreißig Denare, er war ganz stolz auf den günstigen Kauf und voller Pläne, mit ihm als Zuchthengst hier auf der Farm ein Gestüt aufzubauen. Nichts wurde daraus, außer daß wir um vierhundertdreißig Denare ärmer geworden waren. Es überrascht mich, daß der Hengst Euch an sich herangelassen hat. Er duldet kaum mich in seiner Nähe, und wir haben ihn, seit er bei uns ist, zu nichts gebrauchen können.«

»Er ist nicht bösartig, nur verängstigt. Er wurde mißhandelt.«

»Natürlich. Das war ja der Grund, weshalb er billig verkauft wurde – vergleichsweise billig, heißt das. Für uns war der Preis höher, als wir uns leisten konnten.«

»Ich könnte ihn für Euch trainieren«, sagte ich, als wir die Tür des Hauses erreichten und den Schnee von unseren Schuhen abstreiften. »Und ich habe eine Stute, die ich vielleicht von ihm decken lassen könnte.«

Sie lächelte mich amüsiert an. »Ach, könntet Ihr das? Handelt Ihr auch mit Pferden? Oder züchtet Ihr sie nur?«

»Im Augenblick beides nicht. Ich habe früher Pferde gezüchtet, aber jetzt... doch, ich glaube, es wäre kein schlechter Gedanke, Farna von ihm decken zu lassen. Ich habe einen Hengst, aber er ist ein Renner und etwas leicht; ich brauche ein Pferd, das größer und schwerer ist.«

Sie öffnete die Tür und ging hinein; ich bückte mich ein wenig, um nicht mit dem Kopf am Türrahmen anzustoßen, und folgte ihr ins Haus.

In der Küche waren zwei Frauen, eine von ihnen war dürr, rothaarig, um die Vierzig, die andere, ein dunkelhaariges Mädchen, mochte etwa sechzehn Jahre alt sein und war nach ihrem Aussehen Cluims Schwester; die beiden unterhielten sich angeregt. Pervica klatschte in die Hände, um sie aufmerksam zu machen, und sagte etwas in britischer Sprache zu ihnen, wobei sie auf mich zeigte. Die beiden lachten. Das Mädchen schlug die Hände zusammen und sah mich bewundernd an. Die ältere Frau ging zum Herd und nahm einen Topf vom Haken; das Mädchen brachte einige Näpfe her. Die Frau schöpfte mit einer Kelle eine Art Haferbrei aus dem Topf in die Näpfe. Zwei von ihnen setzte sie auf den Küchentisch, mit zwei weiteren ging das Mädchen durch die Tür auf der anderen Seite des Herds. »Hier geht's zum Speisezimmer«, sagte Pervica und folgte ihr.

Das Speisezimmer schien zu einem ganz anderen Haus zu gehören. Decke und Wände waren stuckiert, der Fußboden mit roten und weißen Fliesen ausgelegt, und es hatte ein Glasfenster. Eine Kline, deren Füße in der Form von Adlerklauen geschnitzt waren, stand vor einem niedrigen Tisch aus Rosenholz, und an der Wand hing ein Gemälde, das drei unter einem Apfelbaum tanzende Grazien zeigte. Das Mädchen stellte die Näpfe auf den Tisch, neigte den Kopf vor ihrer Herrin und ging hinaus, um ihr eigenes Frühstück in der Küche zu essen.

»Es ist in diesem Zimmer nicht so warm, aber auch nicht so rauchig«, sagte Pervica. Sie setzte sich an das eine Ende der Kline und nahm ihren Löffel auf.

Ich setzte mich ans andere Ende und rührte den Brei mit dem Löffel um. Ich teilte die Vorliebe für Getreidespeisen und Hülsenfrüchte nicht, aber ich war hungrig, und ich wollte die Gastgeberin nicht beleidigen.

»Ist dies eine große Farm?« fragte ich.

»Weder groß noch klein. Zweihundert Schafe, ein Dutzend Rinder, drei Pferde, zwölf Tagwerk Ackerland und ein Apfelgarten. Ich habe drei Familien, die mir bei der Bewirtschaftung helfen, Elen und ihre beiden Kinder wohnen hier, die anderen in ihren eigenen Häusern in der Nähe.«

»Ihr habt gesagt, Ihr wäret Witwe.«

»Sagte ich das?«

Ich hörte auf zu rühren und kostete den Brei. Er schmeckte nicht unangenehm, ich aß daher noch ein paar Löffel voll. »Wie lange habt Ihr den Hengst schon?«

Sie lachte. Sie hatte ein angenehmes Lachen, dunkel und kehlig. »Sehr taktvoll, nicht direkt zu fragen, wann mein Mann gestorben ist. Im Herbst des vorletzten Jahres – ein paar Monate nach dem Kauf des Pferdes. Vermutlich hätte ich mich mehr um das Tier kümmern müssen. Aber es braucht viel Geduld und Zeit, sein Vertrauen zu gewinnen.«

»Ja«, sagte ich. »Mißtrauen lernt sich rasch, Vertrauen braucht länger.« Ich dachte an Gatalas' Männer.

»Ich habe nicht die Zeit dazu. Ich würde den Hengst verkaufen, aber man weiß jetzt in dieser Gegend, wie schwierig er ist, und niemand möchte ihn haben.«

»Ich würde ihn kaufen.«

Sie lächelte. »Freund, Ihr braucht Euch nicht verpflichtet zu fühlen, mein Pferd zu kaufen, nur weil ich Euch das Leben gerettet habe.«

»Das spielt hierbei keine Rolle.«

»Ich vergaß – Ihr könnt mit ihm umgehen, und Ihr braucht einen großen Hengst, um ihn mit Eurer Stute zu paaren. Nun, vielleicht...« Sie lächelte wieder amüsiert. »Sprecht mich in ein paar Tagen noch mal darauf an, wenn Ihr Euch von dem Schock erholt habt, wieder am Leben zu sein. Ich muß gestehen, ich würde ihn gern an jemanden verkaufen, der Pferde liebt. Er verschlingt eine

Menge Futter und ist zu nichts zu gebrauchen, aber ich habe es nicht über mich gebracht, ihn einem von den wenigen Leuten zu geben, die an ihm interessiert sind – er hat schon zuviel gelitten.«

»Wieso könntet Ihr ihn nicht selbst behalten und eine Pferdezucht aufbauen? Ihr habt Land hier.«

Sie schüttelte den Kopf. »Land haben wir – aber niemanden, der etwas von Pferden versteht. Cluim ist der einzige hier, der reiten kann, und das nicht besonders gut. Ich kann einen Wagen lenken, aber das ist auch alles. Mein Mann hätte nie das Pferd kaufen dürfen, aber er war voller Enthusiasmus und hatte jede Menge ehrgeiziger Pläne« – wieder spielte dieses leicht ironische Lächeln um ihren Mund –, »meist verstiegene oder unpraktikable.« Mit der Hand auf das Zimmer um uns zeigend, sagte sie: »Dies war auch so ein Projekt. Ein Eßzimmer im feinsten römischen Stil, was den Anbau eines zusätzlichen Flügels an das Haus bedingte. Und dieses Gemälde, ein weiterer ›günstiger‹ Kauf – scheußlich, nicht wahr, abgesehen davon, daß wir es uns nicht leisten konnten. Aber ich sollte mich nicht beklagen. Er war ein guter Mann, möge die Erde ihm leicht sein. Ich selbst war auch eine seiner irregeleiteten Passionen. Ich bin eine Soldatentochter, deren Vater an den Danuvius versetzt worden war, und das kostete ihn den Verzicht auf eine Mitgift, die ich natürlich nicht besaß. Alle Welt schüttelte den Kopf über seine verrückte Idee, ausgerechnet mich zu heiraten. So, jetzt wißt Ihr alles von mir.«

Ich schwieg; was konnte ich dazu sagen? Römische Soldaten unterhalb des Ranges eines Zenturios bei der Infanterie beziehungsweise eines Dekurios bei der Kavallerie ist es gesetzlich nicht gestattet zu heiraten. Die meisten von ihnen heiraten zwar trotzdem, aber die Armee erkennt diese Ehen nicht an. Das hat weittragende Folgen für die De-facto-Ehefrauen und -Kinder. Wenn ein Soldat mit seiner Einheit in eine andere, weit entfernte Provinz des Reiches verlegt wurde, blieb seine Familie mittellos zurück, es sei denn, er konnte genügend Geld aufbringen, um sie nachkommen zu lassen. Ich aß stumm den Rest des Haferbreis. »Meine Frau starb im letzten Frühjahr«, sagte ich schließlich, Vertrauen mit Vertrauen beantwortend.

Der amüsierte Ausdruck verschwand aus ihrem Gesicht. »Sie war es, nach der Ihr gerufen habt.«

Ich nickte. »Habt Ihr Kinder?«

»Nein.« Nach einiger Zeit gab sie lächelnd meiner Neugier nach, die ich nicht verbergen konnte, und fuhr fort: »Meine Mutter war ebenfalls eine Soldatentochter; wir lebten in dem Dorf beim Fort Onnum. Als mein Vater fortging, brachte sie uns mit dem Verkauf von selbstgewebten Stoffen und selbstgezogenem Gemüse durch. Sie starb, als ich fünfzehn war. Meine Schwester starb vor drei Jahren im Wochenbett, und mein Bruder ist ebenfalls bei der Armee und am Danuvius stationiert. Ich bin ganz auf mich selbst gestellt und völlig unabhängig. Und Ihr?«

»Ich habe zwei Schwestern, die in meinem Heimatland leben und die ich nie mehr wiedersehen kann. Ich hatte einen kleinen Sohn, er ist zusammen mit meiner Frau gestorben.«

»Das tut mir leid.« Kurz darauf fragte sie: »Woher seid Ihr?«

»Die Römer nennen das Land, aus dem ich stamme, Sarmatien.«

»Oh! *O Deae Matres*! Ihr seid einer der berüchtigten Sarmaten?«

»Berüchtigt?« fragte ich lächelnd.

Sie erwiderte mein Lächeln, aber der Ausdruck der Überraschung in ihren Augen blieb, und die Antwort war ernst. »Sehr berüchtigt. Man erzählte sich wilde Geschichten über euch auf dem Marktplatz in Corstopitum, als Ihr hier ankamt. Zum Beispiel, daß Ihr Menschenblut aus den Schädeln getöteter Feinde trinkt und Mäntel aus Menschenhaut tragt. Leute, die früher nach Condercum oder Cilurnum zum Markt gingen, nahmen jetzt lieber den weiteren Weg nach Corstopitum in Kauf. Sie dachten gerade daran, zu ihren früheren Märkten zurückzukehren, als sich die Meuterei und die Schlacht mit den kaledonischen Invasoren ereigneten. Wir waren froh, sehr froh, daß die Selgoven und die Votadiner keine Gelegenheit bekamen, unser Vieh zu stehlen und uns in die Sklaverei zu verschleppen – aber wir waren auch entsetzt darüber, wie gnadenlos sie niedergemacht worden sind. Und als die Sarmaten in Condercum meuterten, haben nur dreißig von ihnen über einhundert Römer getötet...«

Sie hielt inne. Ich konnte sehen, wie ihr die Möglichkeit durch den Kopf ging, daß ich einer der Meuterer war, der es geschafft hatte zu entkommen und auf der Flucht vor der römischen Justiz war.

»Ihr seid nicht von Condercum, nicht wahr?« fragte sie ängstlich.

»Nein«, antwortete ich, »von Cilurnum.«

Aber jetzt fiel mir plötzlich wieder ein, daß ich in Condercum gewesen war und mich mit Arshak auf den Rückweg begeben hatte. Und tief in meinem Innern regte sich, bedrohlich wie eine im Staub versteckte Schlange, eine dunkle Erinnerung an das Schreckliche, was auf der Straße geschehen war. Ich war ganz still, der helle, leuchtende Morgen verfinsterte sich.

»Ihr seid also Soldat«, sagte Pervica nach langem Schweigen mit klangloser Stimme. »Auf den Gedanken war ich nicht gekommen. Ihr wart nicht bewaffnet, von dem Dolch abgesehen. Ihr habt gesagt, Ihr arbeitet mit Pferden, aber das tun natürlich auch Kavalleristen.« Wieder schwieg sie lange, dann sagte sie: »Als Cluim gestern in Corstopitum war, hat er mit den zivilen Behörden gesprochen, nicht mit der Lagerpräfektur. Das erklärt, warum sie nicht von Eurem Verschwinden gehört hatten.«

»Leiht mir ein Pferd, dann reite ich selbst hin«, bat ich sie. Ich versuchte, das Gefühl des Entsetzens abzuschütteln, das aus dem Schatten der Erinnerung aufstieg. »Ich bin mir jetzt sicher, daß ich in Corstopitum war, um Angelegenheiten unseres Forts zu regeln. Meine Freunde werden noch dort sein. Wenn es Euch recht ist, werde ich den Hengst Wildfeuer nehmen. Ich denke, er wird mir gehorchen.«

Sie sah mich mit ihrem amüsierten Lächeln an, aber ihre Augen hatten einen melancholischen Ausdruck.

»Euch Wildfeuer leihen? Oh, er ist nie an den Sattel gewöhnt worden, er ist ein Wagenpferd. Und Ihr solltet sicherlich nicht versuchen, eine so weite Strecke zu reiten. Ihr wart vorletzte Nacht fast tot. Als wir Euch ins Haus trugen, wart Ihr grau wie Asche und kalt wie Eis, wir glaubten nicht, daß auch nur ein Funken Leben in Euch war. Ich werde Euch heute nachmittag mit dem Wagen nach Corstopitum bringen.«

»Ich danke Euch. Meine Männer werden sich Sorgen um mich machen.«

Ihr Gesichtsausdruck änderte sich wieder, von leichtem Unbehagen zu vorsichtiger Distanziertheit. »Eure Männer? Ihr seid Offizier?«

Ich nickte.

Sie senkte die Augen. »Oh, ich Närrin!« sagte sie leise. Sie erklärte nicht, was sie damit meinte, und ich hatte keine Möglichkeit, sie zu fragen, denn sie fuhr gleich fort: »Es erscheint mir so seltsam, daß Ihr Sarmate seid. Mein ganzes Leben habe ich gesehen, wie Truppen Britannien verließen und an den Danuvius verlegt wurden. Mein Vater ging fort, als ich sieben war, und mein älterer Bruder wurde während des Krieges vor sechs Jahren eingezogen und kam ebenfalls dorthin. Und jetzt werdet ihr Sarmaten hierhergeschickt, um uns zu verteidigen!«

»Wo waren Euer Vater und Euer Bruder stationiert?« fragte ich.

»Mein Vater war mit der Zweiten Aelischen Kohorte an einem Platz namens Cibalae in Unterpannonien. Wir bekamen einen Brief von ihm, nachdem er uns verlassen hatte, mit etwas Geld, und dann nichts mehr. Mein Bruder war weiter westlich in Vindobona mit den Zweiten Brittones. Wißt Ihr etwas von diesen Einheiten?«

Ich kannte die Orte. Vindobona war weit westlich von meinem eigenen Land, und Pervicas Bruder hatte wahrscheinlich gegen Quaden zu kämpfen, nicht gegen Sarmaten. Aber Cibalae war näher bei uns. Das Fort lag am westlichen Rand des Gebietes, in das ich mit meinen Stoßtrupps eingedrungen war, und ich hatte ein unangenehmes Gefühl, daß ich dort einmal jemanden von der Zweiten Aelischen Kohorte skalpiert hatte. Ich suchte in meiner Erinnerung und sah wieder das Bild des Auxiliarsoldaten, der sich anschickte, seinen Wurfspieß auf mich zu schleudern, während ich auf ihn zuritt, ein Mann mit rundem Gesicht, der ein langes Panzerhemd trug. Ja. Der Skalp war braun, der Mann war um die Dreißig gewesen. Das lag drei Jahre zurück – es konnte nicht Pervicas Vater gewesen sein, der Ende der Vierzig sein mußte. Das war eine Erleichterung.

»Habt Ihr gegen sie gekämpft?« fragte Pervica, die mich beobachtete.

»Gegen Soldaten von der Zweiten Aelischen, ja, aber nicht gegen jemanden im Alter Eures Vaters.«

»Es muß ein merkwürdiges Gefühl für euch sein, als Soldaten Roms hierherzukommen, nachdem ihr gegen die Römer gekämpft habt.«

Diese Charakterisierung unserer absurden Position war so einfach und treffend, daß ich fast gelacht hätte. »Das ist es wohl«, sagte ich. »Sehr merkwürdig. Für unser eigenes Volk sind wir tot.«

»Wie soll ich das verstehen?«

»Als wir unser Land verließen, wußten wir, daß wir niemals zurückkommen konnten; es war wichtig, daß die Frauen der verheirateten Männer frei sein würden, sich wieder zu verheiraten, und daß unsere Erben Anspruch auf unser Eigentum geltend machen konnten. Daher erklärte unser Volk uns für tot und hielt Totenfeiern für uns ab. Manchmal schien es uns, als ob das nicht nur eine Fiktion wäre.«

In diesem Augenblick hörten wir von draußen einen Schrei des Entsetzens, schrill und kreischend. Pervica sprang auf und stürzte aus der Tür. Ich folgte ihr langsamer, da ich noch immer unbeholfen und steif war und das verletzte Bein sehr schmerzte.

Der Schrei war von der Vorderseite des Hauses gekommen, und als ich auf den Säulengang des Hofs hinaustrat, hörte ich die rothaarige Dienerin wieder schreien, sah Pervica quer über den Schnee laufen und meine eigene Leibwache in ihren schimmernden Rüstungen vor dem Tor herumpreschen. Im nächsten Augenblick erkannte ich Leimanos, der sich vom Sattel herabbeugte und Cluim am Arm gepackt hielt; er schrie den Schäfer an und schlug ihm ins Gesicht; neben ihm war Comittus, der ihn zurückzuhalten versuchte.

»Leimanos!« rief ich. »Was tust du da?«

Er wirbelte herum. »Mein Fürst!« schrie er jubelnd.

»Ariantes!« rief Comittus.

Und die ganze Schwadron galoppierte herüber. Leimanos

schwang Cluim hoch auf den Sattel und sprengte auf mich zu. Dann zog er scharf die Zügel an und sprang unmittelbar vor mir vom Pferd – der Schäfer, den er losgelassen hatte, glitt auf der anderen Seite benommen zu Boden. Pervica, die auf halbem Wege stehengeblieben war, drehte sich um und ging langsam zurück. Die Pferde dampften, und ich bemerkte Farna, die hinter Leimanos' Pferd angebunden war.

»Mein Fürst!« sagte Leimanos, kniete im Schnee nieder und küßte meine Hand. »Den Göttern sei Dank, du lebst!«

»Ich habe den Göttern wirklich zu danken«, antwortete ich, nahm seine beiden Hände und zog ihn hoch. Die anderen Männer der Leibwache drängten sich um mich, jubelten und schlugen mir und sich gegenseitig auf den Rücken. Comittus schob sich, übers ganze Gesicht grinsend, durch das Gedränge hindurch und schüttelte mir die Hand.

»Aber was ist denn mit diesem Schäfer?« fragte ich, als sie sich endlich beruhigt hatten. »Was hat er angestellt?«

»Wir trafen ihn außerhalb des Tors und hielten ihn an, um nach dem Weg zu fragen«, sagte Leimanos mit einem finsteren Blick auf Cluim, der an allen Gliedern zitterte und verängstigt umhersah. »Dann bemerkten wir, daß er deinen Dolch hatte. Wir befürchteten das Schlimmste, mein Fürst.«

Ich schüttelte den Kopf. »Den Dolch habe ich ihm geschenkt. Er fand mich fast ertrunken im Fluß liegen und zog mich heraus. Ihm und dieser Dame, in deren Dienst er steht, verdanke ich mein Leben.«

Leimanos ging mit einem Ausruf der Bestürzung zu Cluim hinüber. Der Schäfer wich hastig zurück, aber Leimanos beugte das Knie vor ihm. »Vergib mir«, sagte er auf lateinisch, das er inzwischen ziemlich flüssig sprach. »Ich hatte nicht verstanden. Ich dachte, du hättest meinen Fürsten getötet.«

Cluim sah noch immer verängstigt aus. Comittus übersetzte ihm Leimanos' Worte, und der Schäfer nickte scheu, schien aber nicht geneigt zu sein, näher zu kommen. Leimanos nahm den Dolch, den er an seinen eigenen Gurt gesteckt hatte, und reichte ihn Cluim hin.

»Mein Herr gab dir seinen aus Dankbarkeit für sein Leben«, sagte Leimanos. »Und für sein Leben, das ich höher schätze als mein eigenes, laß mich diesen dazugeben.« Er legte seinen eigenen Dolch vor Cluims Füße.

»Und dieses«, sagte Banaspados, sein Stellvertreter, nahm die goldene Schließe von seinem Mantel und legte sie daneben.

Und die anderen Männer der Leibwache, alle dreißig, machten es ihnen nach und legten etwas dazu – einen Ring, eine Börse voll Geld, einen goldenen Halsring, erbeutet von einem kaledonischen Häuptling – während der arme Cluim verwundert den Kopf schüttelte. Er rief etwas in britischer Sprache und zeigte dabei auf Pervica, die von der Schwelle des Hauses mit ihrer rothaarigen Dienerin das Schauspiel beobachtete.

»Er sagt, dies müßte seiner Herrin gehören«, übersetzte Comittus, dann wandte er sich mir zu und sagte: »*Deae Matres*! Ariantes, ich bin in meinem ganzen Leben nicht so froh gewesen, jemanden wiederzusehen. Euer Verschwinden hat uns erst richtig klargemacht, wie unentbehrlich Ihr für uns seid; wahrhaftig, Ihr seid der letzte Mann in Britannien, den zu verlieren wir uns leisten könnten. Wir waren von Sorge fast außer uns, und Eure Männer in Cilurnum sind nahe daran zu meutern. Wir haben es nicht gewagt, dem Vierten Drachen zu sagen, daß Ihr vermißt werdet; Siyavak hat verlangt, Euch zu sprechen, und wir mußten uns darauf herausreden, daß Ihr nach Cilurnum zurückgekehrt seid. Wenn Ihr so bald nach Gatalas' Tod ums Leben gekommen wärt, dann hätten uns selbst die Götter nicht helfen können. Priscus wollte Gajus Valerius auf der Stelle feuern, weil er Euch und Arshak ohne Eskorte von Condercum hat wegreiten lassen, und er hat Eure Seele bis in den Hades verflucht, weil Ihr Euch entschlossen habt, auf die Jagd zu gehen. Macht Euch keine Sorgen, es wird Euch alles vergeben, wenn Ihr lebendig zurückkommt. Aber der arme, bedauernswerte Beamte hat mir leid getan.«

»Welcher Beamte?« fragte ich.

»Der Mann, der dem Präfekten der Ersten Thrakischen Kohorte gestern abend berichtete, ein Schäfer habe gemeldet, daß er am Tag zuvor einen Mann aus dem Fluß gezogen hatte – und habe der Mann vielleicht etwas mit uns zu tun? Wir hatten den ganzen Tag die Straße zwischen Corstopitum und Condercum und die Umgebung auf der Suche nach Euch durchkämmt. Der Beamte konnte sich an den Inhalt der Meldung nicht erinnern, und Priscus ließ ihn tatsächlich auspeitschen. Zum Glück hatte sein Schreiber eine Notiz über die Meldung gemacht. Wir sind dann beim ersten Licht im vollen Galopp losgeritten. Eure Männer wollten noch in der Nacht aufbrechen, aber wir waren nicht sicher, ob wir in der Dunkelheit die Farm finden würden. Den Göttern sei Dank, daß Ihr wohlauf seid! In der Meldung hieß es, Ihr wäret zu schwach, um zu stehen, und Euer Geist wäre verwirrt.«

Ich nickte ungeduldig; mir war gerade eingefallen, daß Leimanos in Cilurnum sein müßte. »Wer führt den Befehl im Fort?« fragte ich.

»Longus und Facilis«, antwortete Comittus. »Ich hoffe, es hat dort keinen Ärger gegeben!«

Von bösen Vorahnungen gequält, fragte ich Leimanos auf sarmatisch: »Wem hast du die Verantwortung für den Drachen übertragen?«

»Kasagos, mein Fürst.«

»Kasagos! Du weißt doch genau, daß die Hälfte der Männer ihm nicht gehorchen wird, weil er Roxolane ist! Was hast du dir dabei gedacht?«

»Tut mir leid«, sagte Leimanos unglücklich, »ich konnte es nicht ertragen, dort untätig zu warten, während du vielleicht tot oder verletzt im Wald lagst, und auch die anderen Männer deiner Leibwache konnten das nicht. Unsere erste Pflicht ist es, dein Leben zu schützen oder an deiner Seite zu sterben. Wir würden lieber sterben, als mit der Schande zu leben, unseren Herrn im Stich gelassen zu haben.«

»Wir werden alle Schande auf uns laden, wenn die Männer des Drachen während der Abwesenheit ihrer verantwortlichen Führer Asturier getötet haben. Binde mein Pferd los!«

Ich ging zu Farna hinüber und begann den Sattelgurt festzuziehen.

»Was tut Ihr da?« fragte Pervica, die zum erstenmal seit der Ankunft meiner Männer etwas sagte. Sie wandte sich ängstlich an Comittus. »Ihr denkt doch nicht im Ernst daran, ihn heute nach Corstopitum reiten zu lassen?«

»Warum nicht?« fragte Comittus überrascht.

»Weil es die reine Wahrheit ist, daß er noch gestern nachmittag zu schwach war, um auf den Beinen zu stehen, und daß er glaubte, tot in seinem Grab zu liegen. Und er hatte allen Grund dazu, sich für tot zu halten. Als ich ihn das erste Mal sah, glaubte ich dasselbe. Ich habe ihn nicht aus dem Grab zurückgeholt, damit er vom Rücken eines Pferdes dahin zurückkatapultiert wird.«

Ich ließ Farna stehen und ging zur Tür des Hauses hinüber. »Frau Pervica«, sagte ich, »Ihr braucht keine Sorge zu haben, daß Eure Bemühungen vergeblich waren. Ich kann mich auf meinem Pferd so bequem ausruhen wie in einem Bett. Und ich muß unbedingt sofort nach Cilurnum zurückkehren. Meine Männer brauchen mich.«

»Nach Cilurnum!« rief sie aus und sah mich stirnrunzelnd an. »Das ist ja noch schlimmer! Es ist weiter!« Sie atmete heftig. »Ihr seid der Präfekt der Truppen in Cilurnum?«

»Nein, die Sache ist etwas kompliziert. Ich bin Kommandeur des sarmatischen Numerus, der dort stationiert ist. Mein Freund Lucius Javolenus Comittus hier müßte eigentlich der Präfekt sein, aber er nennt sich statt dessen Verbindungsoffizier. Die Titel sind geändert worden wegen unseres... Berüchtigtseins.«

Sie lächelte nicht. »Und... sie haben Euch Fürst genannt. Sind alle diese Männer Eure Untertanen?«

»Das war so, als wir in unserem eigenen Land lebten. Hier ist es anders. Aber bitte bedenkt, daß mein fürstlicher Bruder in Condercum erst vor wenigen Tagen im Kampf mit den Römern gefallen ist; meine Männer müssen über die Nachricht, daß ich vermißt werde, sehr aufgebracht sein. Ich muß sofort nach Cilurnum zurückkehren, um sie zu beruhigen.«

Ärgerlich, erstaunt und verwirrt sah sie auf die Geschenke, die meine Leibwächter vor Cluims Füße gelegt hatten. »Wir können unmöglich all das Gold annehmen, das Eure... Eure Männer uns gegeben haben. Es ist viel zuviel, und ich könnte nicht verantworten, es zu behalten. Cluim hat Euch auf meinem Land gefunden, was anderes konnte ich also tun, als zu helfen versuchen? Ich will kein Geld von Euch.«

»Meine Leibwächter haben Cluim und Euch eine Schuld bezahlt, wie es ihre eigene Ehre ihnen auferlegte. Sie waren beschämt, weil sie selbst außerstande gewesen waren, mich zu beschützen, und weil sie den Mann angegriffen haben, der es an ihrer Stelle getan hat. Ich könnte ihnen niemals in etwas hineinreden, das ihre Ehre betrifft. Ihr müßt behalten, was sie Cluim und Euch gegeben haben. Ich für meinen Teil weiß nur zu gut, daß ich Euch nichts gegeben habe als Worte des Dankes.« Ich nahm ihre Hand. »Und diesen Dank sage ich Euch jetzt noch einmal, mit dem Versprechen, daß mein Leben in Euren Diensten steht.« Ich küßte die Hand, drückte sie an meine Stirn, ließ sie los und trat zurück. Sie starrte mich mit weit geöffneten Augen und geröteten Wangen an. »Darf ich in ein paar Tagen zurückkommen, um über das Pferd zu reden?« fragte ich.

»J-ja«, sagte sie. »Ja, wenn Ihr mögt – aber Ihr solltet heute nicht reiten!«

Ich ging zu meinem Pferd zurück, zog die Steigbügel herunter und saß auf. »Sagt Cluim, es tut mir leid, daß Leimanos ihn geschlagen hat«, sagte ich, während ich die Zügel aufnahm. »Ich sehe Euch in ein paar Tagen. Gute Gesundheit, Frau Pervica!«

»Ihr eigensinniger, arroganter Mann!« erwiderte sie. »Ich bete zu den Göttern, daß sie *Euch* gute Gesundheit geben!«

Ich blickte zu ihr zurück und lächelte. Es hätte Tirgatao sein können, die das sagte. Dann gab ich der Schwadron das Zeichen zum Aufsitzen, verneigte mich aus dem Sattel vor Pervica und ritt von der Farm weg. Sie stand in der Tür und sah uns nach, eine schlanke graue Gestalt, die sich gegen den weißen Schnee abhob.

Pervicas Zweifel, daß ich fähig sei zu reiten, waren berechtigt gewesen. Ich konnte mich bequem auf dem Pferderücken ausruhen, wie ich gesagt hatte, aber ich zitterte vor Kälte, bevor wir noch eine Meile geritten waren. Daß ich meinen Hut verloren hatte, machte die Sache nicht besser. Comittus bemerkte es und schlug mir vor, nach dem näheren Corstopitum zu reiten, wo wir erwartet würden, aber ich war besorgt über die Lage in Cilurnum und wollte so schnell wie möglich dorthin zurückkehren. Ich schickte aber einen meiner Leibwächter, der Lateinisch sprach, nach Corstopitum, um dem Legaten zu berichten, daß ich in Sicherheit war und mich am folgenden Tag bei ihm melden würde, sobald ich meine Männer beruhigt hatte. Ich borgte mir den Helm des Boten, um meine Ohren warm zu halten.

Comittus fragte mich unterwegs immer wieder besorgt, ob ich wirklich in Ordnung sei, ob ich friere, ob wir nicht eine Pause einlegen sollten, um uns etwas auszuruhen. Es machte mich nervös, und ich versuchte davon abzulenken, indem ich ihm Fragen über andere Dinge stellte. So erfuhr ich, daß die Sarmaten in Cilurnum ihr Lager nicht verlassen durften – was ich sehr vernünftig fand – und die Asturier ebensowenig das Fort; daß meine Waffen und meine Rüstung, bis auf Bogen und Köcher, in Corstopitum waren; daß Eukairios noch in Corstopitum war; daß der Vierte Drache sich ebenfalls dort befand; daß man Farna am Abend des Tages, an dem ich verschwunden war, auf der Straße vor dem Fort gefunden hatte; mein Speer steckte im Halter, mein Schwert hing am Sattel, und meine Rüstung befand sich verpackt hinter dem Sattel. Die Bogentasche fehlte.

»Arshak hat uns erzählt, daß Ihr beide ein Wildschwein gesehen und Euch entschlossen hattet, es zu jagen«, sagte Comittus. »Er hatte Euch und das Schwein bei der Jagd aus den Augen verloren. Warum habt Ihr nicht den Speer genommen? Diese Bogen, die Ihr habt, sind stark, aber ich hätte nicht gedacht, daß sie die geeignete Waffe für die Wildschweinjagd sind. Wir befürchteten, daß Ihr irgendwo verletzt im Wald liegt oder daß Euch die Wölfe gefressen haben. Wie seid Ihr bloß in den Fluß gekommen?«

»Ich erinnere mich nicht«, antwortete ich.

Aber auch ohne mich zu erinnern, wußte ich, daß Arshak log. Ich erinnerte mich noch genau an unsere Diskussion in Corstopitum und auch daran, wie wir von Condercum aufgebrochen waren und wie Arshak mit finsterem Gesicht auf die Straße vor uns gestarrt hatte. Wir waren nicht jagen gegangen. Ich versuchte, die fehlenden Stunden in mein Gedächtnis zurückzuholen, aber sie blieben in Nebel gehüllt, und mich quälte das Gefühl von etwas Schrecklichem, das ich vergessen hatte. Sicher war ich mir allerdings, daß das, was geschehen war, irgendwie mit der Frau des Legaten zu tun hatte, aber ich hatte nicht vergessen, daß sie mit Comittus verwandt war und er sie bewunderte. Ich behielt daher meine Zweifel für mich. Auch meinen Männern gegenüber erwähnte ich davon nichts. Wenn sie wüßten, daß jemand versucht hatte, mich zu ermorden, würden sie auf Rache aus sein, und das konnte nur noch schlimmere Probleme verursachen. Ich ließ also Arshaks Geschichte unwidersprochen.

Die Vorsichtsmaßnahmen, welche die verantwortlichen Offiziere in Cilurnum getroffen hatten, waren völlig ausreichend gewesen. Meine Befürchtungen erwiesen sich als unbegründet. Zwar war die Atmosphäre gespannt gewesen, aber es war nicht zu Auseinandersetzungen zwischen unseren Männern und den Asturiern gekommen. Als ich, durch den langen Ritt sehr erschöpft, in Cilurnum eintraf, kamen die Asturier aus ihren Baracken gelaufen, und die Sarmaten sprengten im Galopp aus dem Lager herbei. Das Geschrei und der Jubel nahmen kein Ende. Sogar Facilis schien froh zu sein, mich zu sehen.

Ich zitterte vor Kälte und Erschöpfung. Nachdem meine Männer sich überzeugt hatten, daß ich nicht von den Römern ermordet worden war, und ich meinen Offizieren einige Befehle gegeben hatte, ritt ich zu meinem Wagen, um mich auszuruhen und aufzuwärmen. Als ich von meinem Pferd abgesessen war, gaben meine Beine unter mir nach, ich fiel, und irritiert stellte ich fest, daß ich nicht wieder aufstehen konnte. Alles drängte sich um mich, meine Leibwächter erklärten den anderen, daß ich noch vor zwei Tagen so gut wie tot gewesen war, und alle redeten durcheinander und machten ihre Vorschläge, wie ich am besten wieder zu Kräften kommen würde. Die Römer wollten mich sofort ins Lazarett des Forts bringen lassen, aber ich weigerte mich. Schließlich schaffte ich es, allein wieder auf die Füße zu kommen, mußte mich aber an die Seitenwand eines Wagens lehnen, um stehen bleiben zu können.

Wir hatten zu dieser Zeit bereits Schutzdächer aus mit Lehm beworfenem Flechtwerk direkt an die Wagen angebaut, Planen darüber gedeckt und den Boden unter ihnen mit Stroh belegt, um einen warmen Platz zu haben, an dem wir uns draußen aufhalten konnten. Meine Männer entfachten vor dem Schutzdach an meinem Wagen ein prasselndes Feuer, bedeckten den Boden mit zusätzlichem Stroh, breiteten darüber mehrere Lagen Teppiche, und dorthin setzte ich mich nun, um warm zu werden. Die Männer meiner Leibwache führten sich auf wie ein Haufen alter Weiber an einem Kindbett; sie brachten heiße Kompressen für meine Füße, schleppten Decken und Kopfkissen herbei, stellten mir Becher mit warmer Milch und Schüsseln mit geschmortem Rindfleisch hin. Es dauerte einige Zeit, bis ich sie dazu überreden konnte, wegzugehen und mich ruhen zu lassen. Dann trank ich die Milch und aß das Fleisch, legte mich zurück, schaute in das Feuer und dachte über Pervica nach.

Ich vergaß Arshak, Bodica und die nagende Ungewißheit über das Komplott zwischen Briganten und Kaledoniern. Ich glaube jetzt zu wissen, warum Pervica sich eine Närrin genannt hatte. Als sie erfuhr, daß ich Offizier war, mußte ihr klargeworden sein, daß ich die Freiheit besaß, sie zu heiraten, was ich als gemeiner Soldat nicht gekonnt hätte – und sie hatte sich wohl gedacht, daß für solche Überlegungen jetzt nicht die Zeit war und sie eine Närrin war, an so etwas überhaupt zu denken. Aber daß sie mit diesem Gedanken gespielt hatte, zeigte jedenfalls, daß ich ihr nicht gleichgültig war. Ich sah sie wieder mit geröteten Wangen und blitzenden Augen in der Tür ihres Hauses stehen, wie sie mir zurief, ich sei eigensinnig und arrogant, und ich war vollkommen glücklich.

9

Am nächsten Morgen sattelte ich Farna, befahl den Zweiten Zehn meiner Leibwache, sich marschbereit zu machen, und ritt mit ihnen in das Fort, um mich zu erkundigen, ob Comittus ebenfalls in Corstopitum zu tun hatte.

Ich fand den Tribun in seinem Haus beim Frühstück mit Flavinus Longus und Facilis. Sie standen auf und kamen mir entgegen, als ich den Speiseraum betrat.

»Seid vielmals gegrüßt!« sagte Comittus lächelnd. »Ich freue mich, Euch so wohlauf zu sehen. Setzt Euch und frühstückt mit uns.«

»Danke, ich habe bereits gegessen«, erwiderte ich. »Habt Ihr die Absicht, nach Corstopitum zurückzukehren?«

»Ihr denkt doch nicht etwa daran, jetzt dahin zu reiten?« fragte Longus verblüfft.

»Ich habe gestern einen Boten mit der Nachricht geschickt, daß ich heute kommen werde.«

»Ihr könnt heute einen anderen mit der Botschaft schicken, daß Ihr nicht kommt«, knurrte Facilis.

Ich zuckte die Schultern. »Reitet Ihr mit, Comittus? Oder sonst jemand von Euch?«

»Bei allen Göttern!« rief Longus aus. »Mann, als Ihr gestern angekommen seid, hattet Ihr die Farbe eines toten Fisches, und Eure Zähne klapperten wie Kastagnetten. Es gibt nichts so Dringendes in Corstopitum, daß es nicht einen oder zwei Tage warten könnte, oder?«

Ich zuckte wieder die Schultern. Der Gedanke an die Stunden, die ich vergessen hatte, beunruhigte mich sehr, und ich befürchtete, es könnten schreckliche Dinge in der Stadt geschehen, während ich mich in aller Ruhe in Cilurnum erholte. Sorgen machte ich mir vor allem über Siyavak und den Vierten Drachen, die streng bewacht wie Gefangene von Condercum nach Corstopitum gebracht worden waren, Opfer derselben Lügen, die Gatalas getötet hatten.

Vielleicht würde sich alles als Hirngespinst herausstellen, aber ich wollte kein Risiko eingehen. »Ich bin durchaus in der Verfassung zu reiten«, sagte ich.

»Das habt Ihr gestern auch behauptet«, entgegnete Comittus.

»Und es war gestern wahr, und heute ist es das noch mehr.«

»Ihr seid ein eigensinniger Mann«, sagte Longus.

Über dieses Echo mußte ich grinsen, und ich überlegte verwundert, warum sie mich alle so erstaunt anstarrten.

»Was ist los?« fragte ich.

»Ihr habt gelächelt«, antwortete Longus.

»Na und?«

»So habe ich Euch noch nie lächeln sehen. Das Äußerste war ein leichtes Verziehen der Mundwinkel von der nachsichtigen ›Wenn-ihr-das-für-witzig-haltet‹-Art. Ich war zu dem Schluß gekommen, daß Lächeln unter Eurer Würde ist. Was war so komisch an dem, was ich gesagt habe?«

Comittus fing plötzlich an zu grinsen. »Diese Frau auf der Farm hat ebenfalls gesagt, daß er eigensinnig ist, und da hat er genauso gelächelt.«

»Eine Frau auf einer Farm?« fragte Longus mit lebhaftem Interesse. »Welche Frau auf welcher Farm? Eine junge Frau?«

»Eine Dame«, stellte ich klar. Seine Fragerei ging mir auf die Nerven. »Die verwitwete Eigentümerin der Farm, deren Leute mich aus dem Fluß gezogen haben und deren Pflege mich ins Leben zurückgebracht hat.«

»Jung war sie allerdings auch«, ergänzte Comittus boshaft, »und sehr hübsch dazu. Du hast recht, Gajus, dieses Lächeln habe ich bei ihm auch noch nie gesehen. Ist sie der Grund, Ariantes, daß Ihr es so eilig habt, nach Corstopitum zurückzukehren?«

Ich verwünschte sie innerlich. Römer haben in Liebesangelegenheiten eine andere Einstellung als Sarmaten, und ich war mir selbst durchaus noch nicht darüber klar, wie es weitergehen würde mit etwas, das noch nicht mehr war als ein Interesse, ein Wiedererwachen von Begehren, das lange tot gewesen war. Aber ich wußte, daß mein eigenes Volk den Frauen weit mehr Freiheit zugesteht, als es die Römer tun. Der gute Ruf einer römischen Dame ist eine delikate Angelegenheit, und grobe Scherze im Fort konnten schlimme Folgen haben.

»Die Dame ist eine ehrbare Frau von Rang«, sagte ich scharf. »Ich verdanke ihr mein Leben, und ich werde nicht zulassen, daß respektlos von ihr gesprochen wird. Wenn irgend jemand sie nicht mit der Ehrerbietung behandelt, die ihr gebührt, werde ich ihn zum Zweikampf herausfordern.«

Sie brauchten einen Augenblick, um das zu verdauen. Dann lachte Facilis. Er hatte ein rauhes, bellendes Lachen, das sich unangenehm anhörte, aber sein Gesicht war freundlich. »Ich bin überzeugt, die Dame ist sittsam und höchst ehrbar«, sagte er. »Und ich nehme an, Eure Frau ist, wie alle Frauen, die Ihr in Eurer sarmatischen Heimat zurückgelassen habt, offiziell zur Witwe erklärt worden.«

»Meine Frau ist in unserer sarmatischen Heimat von Angehörigen der Zweiten Pannonischen Kavallerieala getötet worden«, erwiderte ich scharf, »und mein kleiner Sohn mit ihr. Ihre Leichen wurden verbrannt. Sprecht nicht von ihnen.«

Ich weiß nicht, warum ich ihnen das jetzt gerade und in dieser Weise mitteilte. Alle meine Gefolgsleute und die meisten von Arshaks und Gatalas' Leuten wußten, was geschehen war, und sie hatten Schweigen darüber bewahrt, um mich nicht zu kränken. Die Römer hatten es nicht gewußt.

»Es tut mir leid«, sagte Facilis nach einer Pause verlegenen Schweigens.

»Ja«, sagte ich bitter. »Wie Ihr einmal bemerkt habt, wir haben diesen Krieg angefangen.«

»Es tut mir leid«, wiederholte Facilis seufzend.

»Zehn Mann meiner Leibwache warten draußen«, erklärte ich. »Wenn niemand vorhat mitzukommen, reite ich jetzt nach Corstopitum.«

»Ich habe ein paar Sachen in Corstopitum gelassen«, sagte Comittus. »Ich komme mit. Aber ich muß noch meinen warmen Mantel holen und mein Pferd satteln.«

»Wir reiten langsam voraus, holt uns ein«, sagte ich, drehte mich um und ging. An der Tür fiel mir etwas ein, das ich hatte sagen wollen, und ich wandte mich noch einmal um. »Comittus, Facilis – danke, daß Ihr Euch beim Legaten für mich verbürgt habt.«

»Was hätten wir tun sollen?« fragte Facilis in seinem üblichen rauhen Ton. »Lügen?« Aber er lächelte wieder.

Der Ritt nach Corstopitum erschöpfte mich diesmal nicht so arg, und wir fanden die Stadt ruhig und friedlich vor. Der größte Teil der Truppen, Sarmaten ebenso wie Priscus' Legionäre, kampierten außerhalb der Stadt, da das Fort nicht genügend Platz bot. Ich ließ meine Eskorte bei den Ställen im Truppenlager zurück und ging mit Comittus zum Haus des Kommandanten, wo wir uns dem Legaten melden ließen. Ich erkundigte mich gerade bei den Sklaven, wo sich Eukairios befand, als Priscus selbst herauskam.

»Aha!« sagte er, mich finster anblickend. »Ihr seid also wieder da. Was ist mit Euch passiert? Man hat mir berichtet, sie hätten Euch aus dem Fluß gezogen.«

»Seid gegrüßt, Legat«, antwortete ich. »Man hat dasselbe zu mir gesagt. Ich erinnere mich nicht daran.«

»Hm!« Er räusperte sich. »Na ja, Hauptsache, Ihr seid am Leben. Euer Rat wurde hier verlangt. Der Bursche, dem Ihr das Kommando über den Vierten Drachen anvertraut habt, nervt seinen Mitkommandeur und mich mit seinen ständigen Beschwerden über die Verpflegung, und alle Welt scheint der Meinung zu sein, Ihr würdet einen Weg finden, ihn zufriedenzustellen. Kommt in mein Dienstzimmer; ich werde ihn und Gajus Valerius rufen lassen, und wir werden das alles durchgehen. Lucius Javolenus, habt Ihr etwas mit mir zu besprechen?«

»Nein, Legat. Ich bin nur nach Corstopitum gekommen, um ein paar Sachen zu holen, aber natürlich, wenn Ihr etwas für mich zu tun habt...«

»Ihr könntet Siavacus und Valerius mitteilen, daß Ariantes hier ist. Sie sollen gleich herkommen.«

»Ja, Legat. Äh...«

Priscus wartete nicht auf seine Frage, sondern stampfte los. Ich folgte ihm in sein Dienstzimmer – oder vielmehr in das des Präfekten der Thraker, das Priscus übernommen hatte – und hockte mich unbequem auf den dreibeinigen Schemel, den er mir zugewiesen hatte, während er selbst auf seinem Stuhl Platz nahm.

Ich war froh, daß die Kommandeure des Vierten Drachen erst herbeigerufen werden mußten; das gab mir Zeit, vorher etwas anderes zu besprechen, was mich sehr beschäftigte. »Legat«, begann ich vorsichtig, »ich habe über diese Sache nachgedacht, die wir vor ein paar Tagen diskutiert haben.«

»Was?« rief er aus. »Ihr macht Euch Sorgen um die Bezahlung Eurer Männer, während Ihr ertrinkt?«

Ich gab ihm ein Lächeln von der Art, die Longus so treffend charakterisiert hatte. »Ich dachte über das Problem Pferde nach, während ich mich erholte.«

Er knurrte: »Was ist mit den Pferden?«

»Ihr erinnert Euch vielleicht, Legat, warum ich mich dagegen wehrte, die überzähligen Pferde zu verkaufen, die wir besitzen?«

»Natürlich erinnere ich mich. Ihr wolltet mir weismachen, daß der Ärmste unter Euren Gefolgsleuten früher ein Dutzend Pferde besessen hat und jetzt zwei, daß die Reichsten früher mehr als tausend Pferde hatten und jetzt sechs besitzen. Ihr meintet, es sei erniedrigend und schmerzlich für sie, noch mehr Pferde zu verlieren. Schmerzlich oder nicht, Kommandeur, die Provinz Britannien kann den Soldaten der Barbaren-Numeri nicht den Unterhalt für zwei oder sechs Pferde bezahlen, nur um ihre Eitelkeit zu befriedigen.«

»Das war *ein* Grund, Legat. Ich hatte noch einen anderen.«

Er seufzte. »Nun, ich muß zugeben, der zweite hörte sich ein bißchen überzeugender an als der erste. Ihr haltet die einheimischen Zuchtpferde für ungeeignet, und Ihr wollt Eure eigenen Pferde für die Zucht verwenden.«

»Die britannischen Pferde, Legat, sind nicht groß und kräftig genug, um die schwere Rüstung zu tragen – von ein paar Ausnahmen abgesehen. Und diese Ausnahmen sind so extrem teuer, daß der Drache es sich nicht leisten kann, eine genügende Anzahl von ihnen zu kaufen.«

»Das ist alles schön und gut – aber Ihr kennt die Regeln. Wir lassen nicht zu, daß römische Soldaten, die im aktiven Dienst stehen, außerhalb des Lagers leben und Farmen betreiben – und das schließt auch Sarmaten ein, die Pferde züchten wollen.«

»Legat, die Pferde, die wir haben, sind in ihrem besten Alter. In ein paar Jahren werden ihre Kräfte nachzulassen beginnen – Pferde altern rasch. Ohne einen genügenden Bestand an Pferden von guter Qualität können wir unsere Rüstungen nicht gebrauchen. Wenn wir funktionsfähig bleiben wollen, müssen wir sofort mit der Aufzucht von Pferden beginnen. Nun, das, was mir vorschwebt und worüber ich in den letzten Tagen nachgedacht habe, ist folgendes: Soviel ich weiß, kann die Armee Eigentum an private Gesellschaften verpachten; das geschieht zum Beispiel mit Land, das von privaten Pächtern bewirtschaftet wird, um die Verpflegung der Armee sicherzustellen. Könnten wir nicht einige von unseren Pferden an geeignete private Gestüte verpachten? Die Zuchtpferde würden unser Eigentum bleiben, aber die Farm hätte für Unterhalt und Pflege der Tiere und ihres Nachwuchses aufzukommen und würde als Entgelt einen vertraglich vereinbarten Preis für die aufgezogenen Pferde bekommen.«

Priscus sah mich lange nachdenklich an und strich sich mit der Hand über das Kinn. »Habt Ihr Euch das selbst ausgedacht?« fragte er schließlich.

»Ja.«

»Ihr seid ein verdammt seltsamer Barbar. Ja, das ist eine ausgezeichnete Idee. Wir könnten einen Preis festsetzen, der die Aufzucht für die Farm lohnend macht, und würden doch weit unter dem Marktwert Eurer Vollblutpferde bleiben. Wenn wir einen Überschuß an Fohlen hätten, könnten wir sie mit hübschem Profit verkaufen. Es ist eine ausgezeichnete Idee. Aber würden Eure Männer das nicht auch als ›erniedrigend und schmerzlich‹ empfinden?«

»Nein, wir sind es gewohnt, unsere Rinder und Pferde zu verpachten. Ich hatte Pferde bei jedem Mann meines Drachen. Sie sorgten für sie, und ich suchte mir aus dem Nachwuchs einige heraus; die restlichen behielten sie selbst. Die Männer werden das sofort verstehen. Aber, Legat, wir würden einigen unserer Männer am Anfang Urlaub geben müssen, um die ausgewählten Farmen zu besuchen und die britischen Farmer über die Behandlung der Pferde zu instruieren; und wenn die Stuten gedeckt werden und wenn die Fohlen geboren werden, müssen regelmäßig einige unserer Leute dabei assistieren. Wir waren bisher nicht beeindruckt von der Art, wie die Briten mit Pferden umgehen.«

Priscus lachte dröhnend. »Eure Männer durch die Hintertür in die Pferdezucht bringen, he? Na ja, solange es nur ein paar sind und bloß für kurze Zeit... wir würden kaum Zuchtfarmen finden, die ohne Unterstützung solche Rassepferde aufziehen könnten.«

»Möglicherweise habe ich eine geeignete Farm gefunden«, sagte ich, »mit der wir den Anfang machen könnten. Es ist der Platz, zu dem ich gebracht wurde, als man mich aus dem Fluß gezogen hatte. Der frühere Besitzer hatte einen sehr guten Hengst gekauft, den er zur Pferdezucht gebrauchen wollte; aber bevor er seine Absicht verwirklichen konnte, starb er, und seine Witwe hat weder die Sachkenntnis noch die Erfahrung, den Plan weiterzuverfolgen. Sie haben aber gutes Weideland und ein paar Leute, die das Züchten von Pferden lernen könnten. Ich glaube, die Dame, der die Farm jetzt gehört, würde an einem solchen Vorschlag interessiert sein. Ich habe mit ihr vereinbart, daß ich sie in ein paar Tagen wegen des Hengstes aufsuchen werde, den sie zu verkaufen wünschte. Wenn Ihr einverstanden seid, könnte ich ihr dann diesen Vorschlag unterbreiten.«

Priscus lachte wieder. »Ihr vergeudet Eure Zeit wahrhaftig nicht. In einem Farmhaus liegen, frisch vom Ertrinken gerettet und mehr als halb tot – und dabei planen, wie man in Pferdezucht investieren kann. Beim Jupiter! Ah, Bodica, meine Liebe!«

Ich drehte mich um, und dort war tatsächlich die Gemahlin des Legaten; sie stand in der Tür und starrte mich mit einem Blick an, der nicht so sehr Überraschung wie Schrecken verriet.

»Komm herein!« sagte Priscus gut gelaunt. »Hier ist Ariantes, lebendig und heil zurück und mit einem ganz ausgezeichneten Plan, wie wir die Kosten für die vielen sarmatischen Pferde senken können.«

Bodica lächelte Priscus an und kam ins Zimmer. Ich stand auf und neigte den Kopf zu ihrer Begrüßung; als ich aufschaute, sah ich den Ausdruck mörderischen Hasses in ihren Augen, die einen kurzen Augenblick auf mich gerichtet waren, bevor sie sich wieder ihrem Gemahl zuwandte. Im gleichen Moment wußte ich, daß wir uns auf der Straße von Condercum nach Corstopitum begegnet waren. Was bei dem Treffen passiert war, blieb noch in dem Nebel verborgen, der meine Erinnerung verdunkelte, aber ich spürte jetzt, daß es vorhanden war und eines Tages wieder auftauchen würde. Es war eine Erleichterung. Es hatte keinen Sinn ergeben, daß ich mit Arshak gekämpft haben könnte, ohne daß mein Körper irgendwelche Spuren davon zeigte. Und wie sollte ich dann auch in den Fluß gekommen sein?

»Fürst Ariantes«, sagte sie, als sie sich neben den Legaten an den Tisch gesetzt hatte, »ich muß gestehen, daß ich nie erwartet hätte, Euch lebend wiederzusehen.«

»Auch ich selbst«, erwiderte ich, »glaubte vor zwei Tagen, tot zu sein. Und ich kann mich noch immer an nichts erinnern, was in der Zeit zwischen Arshaks und meinem Aufbruch von Condercum bis zu meinem Erwachen in einem Farmhaus geschehen ist, in das ich halb ertrunken gebracht worden war. Daß ich lebe, verdanke ich der Güte der Götter.«

Ich wünschte jetzt keine Auseinandersetzungen mit ihr, und ich wollte, daß sie das wußte. Ich hatte keinen Beweis, und ich vermutete, daß auch die Erinnerung mir keinen Beweis liefern würde – jedenfalls nicht die Art von Beweis, die ich brauchen würde, um den Legaten zu überzeugen, daß seine angebetete junge Frau des Verrats schuldig war. Das bloße Wort eines Mannes, dem man die Absetzung von seinem Kommando und sogar die Auspeitschung angedroht hatte, falls er Ärger verursachen sollte, würde ganz sicher nicht genügen.

Bodica warf mir wieder einen Blick haßerfüllter Wut zu, dann schaute sie rasch weg, bevor ihr Gemahl etwas bemerken konnte. »Was ist das für ein Plan mit den Pferden?« fragte sie ihn.

Priscus war dabei, es zu erklären, als Siyavak und Valerius Victor hereinkamen. Bodica gab Victor ein strahlendes Lächeln, das er erwiderte, aber Siyavak erhielt ein langes, sehr vertrauliches Lächeln – und ich bemerkte, daß auch dieses erwidert wurde. Ich wußte jetzt, daß ich recht gehabt hatte, sofort nach Corstopitum zu reiten.

Die beiden Offiziere und Bodica diskutierten über meinen Plan und schlugen Modifikationen vor. Dann wandten wir uns dem Problem der von Siyavak beanstandeten Verpflegung zu (zuviel Getreide, zuwenig Fleisch und Milch), und die Gemahlin des Legaten lächelte wieder und sagte, sie wolle nicht länger stören, sie habe nur gerade gehört, daß ich hier sei, und wollte sich versichern, daß ich gesund und unversehrt war; jetzt würde sie uns allein lassen. Sie ging, und wir versuchten, in der Frage der Versorgung zu einem Kompromiß zu kommen. Ich konnte Siyavak nicht zufriedenstellen, ich war ja selbst nicht zufrieden mit der Verpflegung für meine eigenen Leute. Wir einigten uns aber schließlich doch auf einen für beide Seiten akzeptablen Kompromiß, und gleich danach entschuldigte Siyavak sich. Für einen Mann, der ausdrücklich verlangt hatte, mich zu sehen, schien er mir doch sehr in Eile zu sein, von mir wegzukommen. Ich entschuldigte mich ebenfalls bei dem Legaten und ging mit ihm: Jetzt wollte *ich* ihn sprechen.

Er versuchte, mich abzuschütteln, indem er vorgab, in den Ställen nach dem Rechten sehen zu müssen, aber ich ließ mich nicht abschütteln und sagte, ich würde ihn begleiten. Es war ihm offensichtlich unangenehm, er erhob aber keinen Widerspruch. Sobald wir nicht mehr gesehen und gehört werden konnten, in derselben Gasse, in der ich mit Arshak diskutiert hatte, fragte ich ihn: »Hat die Gemahlin des Legaten mit dir gesprochen?«

Er blieb sofort stehen und wandte sich zu mir um. »Was bedeutet diese Frage?« sagte er argwöhnisch.

»Sie hat mit Arshak gesprochen«, antwortete ich. »Ich frage mich, ob sie auch mit dir gesprochen hat.«

»Sie haben beide über einige Dinge mit mir gesprochen«, erwiderte er. »Dinge, mit denen ich einverstanden war.« Er drehte sich wieder nach vorn und ging weiter.

»Warte«, rief ich ihm nach. »Die Weissagungsruten, die Gatalas geschickt wurden...«

Er blieb stehen und drehte sich um. »Du weißt, wer sie geschickt hat?« fragte er, plötzlich sehr interessiert.

Ich schüttelte den Kopf. »Aber hör zu, Siyavak. Wer immer sie geschickt hat, wußte, wie man Weissagungsruten macht und in ein Muster bringt. Aber auf der letzten Rute waren Schriftzeichen der Briten angebracht, um die Botschaft deutlich zu machen. Der Absender ist also Brite, aber vertraut mit den Bräuchen unseres Volkes. Außerdem war der Absender in der Lage, die Botschaft in das Lager Condercum zu schaffen, ohne daß die römischen Offiziere und Wachen es bemerkten. Der Absender war also kein Kaledonier, obwohl er mit ihnen in Verbindung stand, sondern wahrscheinlich eine Person von einiger Bedeutung in der römischen Armee. Und der Bote, der sie Gatalas brachte, hat gesagt, sie komme von Eburacum. Die Dame Aurelia Bodica war in Eburacum. Sie ist eine Britin von königlicher Abstammung und die Gemahlin eines römischen Legaten. Und sie hat oft mit Arshak gesprochen und könnte leicht von ihm oder seinem Weissager gelernt haben, wie eine solche Botschaft erstellt wird. Sie hat sich schon auf dem Weg von Dubris hierher für diese Dinge interessiert.«

Er stieß zischend den Atem aus. »Sie hatte keinen Grund, so etwas zu tun! Warum sollte sie meinem Herrn den Tod wünschen?«

»Wenn sie mit dir gesprochen hat, weißt du das besser als ich. Ist eine Meuterei gegen die Römer etwas, das ihr gefallen würde?«

Siyavak kam zurück. »Warum?« fragte er finster. »Sie ist die Gemahlin eines Legaten. Warum sollte sie den Wunsch haben, Kaledoniern zu helfen, in römisches Gebiet einzufallen?«

Das war auch mir ein Rätsel, und es beunruhigte mich. Sie war eine ehrgeizige Frau – aber sicherlich hatte die Gemahlin eines Legaten bereits eine sehr einflußreiche Position, und bot ihr die Förderung der Karriere ihres Mannes nicht auch viel Spielraum für die Entfaltung ihres eigenen Ehrgeizes? Statt dessen hatte ich von Anfang an den Eindruck gehabt, sie wollte uns zur Durchsetzung ganz persönlicher Ziele benutzen. Warum?

»Ich weiß nicht, warum«, räumte ich ein. »Ich habe keinen Beweis, daß sie es war, die Gatalas die Botschaft geschickt hat, und ich habe dir schon zuviel gesagt, was ich nicht beweisen kann. Aber ich denke, ich kann erraten, was sie zu dir gesagt hat. Wahrscheinlich hat sie dich beglückwünscht, dir ihren Beistand in Eburacum versprochen, dir dann gesagt, daß die Briten die natürlichen Verbündeten unseres Volkes sind, viel eher als die Römer. Und als du ihr zustimmtest und sie sah, daß du die Römer haßt, hat sie angedeutet, wir müßten ja nicht immer Feinde der Briten bleiben, sondern könnten uns mit ihnen gegen einen gemeinsamen Feind zusammentun. Zweifellos hat sie dir erzählt, daß ich ganz und gar auf die römische Seite übergewechselt sei, und du solltest mir nicht trauen.«

Ich hatte ins Schwarze getroffen. Sein Stirnrunzeln verschwand, ein Ausdruck der Bestürzung breitete sich über sein Gesicht.

»Und du bist es nicht?«

Es schmerzte, daß er das so bereitwillig geglaubt hatte, und ich antwortete ihm persönlicher und leidenschaftlicher, als ich es sonst wohl getan hätte. »Ich will dir sagen, auf welcher Seite ich stehe. Ich stehe auf der Seite des Sechsten Drachen. Ich stehe auf der Seite meiner eigenen Leute. Sie sind mir bei Stoßtrupps gegen die Römer gefolgt, sie sind mir in den Krieg gefolgt. Jetzt ist alles, was wir bei unseren Überfällen auf römisches Gebiet gewonnen haben, verloren wie der Krieg, und wir sind für unser eigenes Volk tot. Aber sie mußten mir immer noch folgen, über den Ozean auf eine Insel. Alles, was wir besaßen, ist uns für immer genommen, aber solange wir leben, sind sie an mich, bin ich an sie gebunden. Ich werde mein Äußerstes für sie tun, wenn ich auch nicht zurückholen kann, was wir verloren haben. Wenn das Romanisierung bedeutet, werde ich mich den Römern angleichen, soweit es nötig ist. Ich habe nicht weniger Grund, die Römer zu hassen, als irgendeiner von euch, aber Haß ist kein guter Ratgeber. Die Ehre und das Leben meiner Leute liegen in meinen Händen, ich ziehe es vor, ihre Sicherheit zu verteidigen, statt mich an einem Feind zu rächen – besonders an einem Feind, dem zu dienen wir alle auf das Feuer geschworen haben.«

»Aber wenn wir ein Bündnis gegen die Römer schließen könnten?« fragte Siyavak, der jetzt flüsterte. »Ein Bündnis, das Erfolg verspricht?«

»Mit wem?« fragte ich. »Mit jemandem, der durch eine Lüge deinen Herrn in den Tod geschickt hat? Du mußt noch etwas wissen: Die Kaledonier, gegen die wir erst vor zehn Tagen hier gekämpft haben, waren nicht eingedrungen, weil sie gehört hatten, daß durch eine Meuterei am Wall die römischen Streitkräfte abgelenkt seien, nein, sie hatten lange vor Ausbruch der Meuterei gewußt, daß diese geschehen würde. Sie hatten genügend Zeit gehabt, Blutfehden beizulegen und Bündnisse zwischen verfeindeten Stämmen zu schließen. Wer immer diese Botschaft geschickt hat, handelte nach einem lange vorbereiteten Plan. Ich traue Verbündeten nicht, die selbst keine Risiken eingehen, aber sehr großzügig über das Leben anderer verfügen. Ich traue ihnen noch weniger, wenn sie von einer Frau angeführt werden, die ihren Gemahl mit süßem Lächeln belügt und heimlich aus seinem Bett schlüpft, um mit seinen Feinden eine Verschwörung gegen ihn anzuzetteln. Sie behauptet, unsere natürliche Verbündete zu sein – warum sollten wir glauben, daß sie uns die Treue hält, wenn sie sogar ihren Gemahl verrät? Ich halte es für viel wahrscheinlicher, daß sie auf eigene Rechnung das Spiel *divide et impera* betreibt. Sie versucht, uns gegen die Römer aufzuwiegeln, und wenn wir uns gegenseitig umgebracht haben, ist sie die lachende Dritte, die in Nordbritannien die Macht an sich reißt. Achte auf das, was sie *tut*, Siyavak, nicht auf ihr Lächeln und ihre schönen Worte, und dann überlege, ob du ihr vertrauen kannst.«

Siyavak sah mich unglücklich an. »Ich habe die Römer immer gehaßt«, sagte er, »und alles, was geschehen ist, seit wir nach Britannien verbannt worden sind, hat meinen Haß nur noch vergrößert. Als die Dame Aurelia Bodica zu mir sprach und Andeutungen über Rache an den Römern machte, hat mir das Hoffnung gegeben. Aber du hast recht. Ja, du hast recht. Höchstwahrscheinlich war sie es, die Gatalas getötet hat, und ein Bündnis mit ihr würde für uns alle den Tod bedeuten. Aber ich bin es nicht gewohnt, meine Gefühle durch die Vernunft zu zügeln. Ich war nie ein Zepterträger.«

»Du bist jetzt der Kommandeur eines Drachen«, erwiderte ich. »Gemeinsam mit Valerius Victor. Du wirst lernen müssen.«

»Hilf mir«, sagte er deprimiert. »Du meinst, um den Tod meines Fürsten zu rächen, muß ich gegen die Feinde meiner Feinde kämpfen? Nicht auf dem Schlachtfeld, sondern im geheimen? *Wie?*«

»Bei allen Göttern! Du darfst jetzt an Rache nicht einmal *denken*. Wir wissen nicht sicher, daß sie die Botschaft geschickt hat, und wenn man herausfindet, daß du gegen die Gemahlin eines Legaten intrigierst, werden wir alle dafür büßen müssen. Nein, was ich gesagt habe, heißt lediglich, daß dieses Bündnis, das man uns angeboten hat, kein Bündnis, sondern eine Todesfalle ist. Für uns gibt es wie immer nur eine Wahl: unseren Eid halten oder sterben. Und wie könnten wir es verantworten, unsere Männer in den Tod zu führen? Euer Fürst hat euch befohlen, euch den Römern zu ergeben, damit ihr leben könnt. Willst du sein letztes Geschenk wegwerfen?«

»Nein«, sagte Siyavak ernüchtert. »Nein – aber es bleibt meine Pflicht, ihn zu rächen.« Er strich sich müde mit der Hand übers Gesicht. »Und du hast recht. Es ist meine Pflicht, dafür zu sorgen, daß die anderen Männer des Drachen am Leben bleiben und das Glück erreichen, das die Götter uns versprochen haben. Beide Pflichten machen mich zum Feind der Dame Aurelia. Aber ich weiß nicht, wie ich vorgehen soll, um sie zu erfüllen.«

Ich hatte gewonnen, hatte ihn zu einem Diener Roms gemacht – und ich empfand nichts als Trauer und Kummer. Ich fühlte mich sehr müde und lehnte mich gegen die Mauer.

»Ich weiß das ebensowenig wie du«, sagte ich, »aber ich muß dich warnen. Sie hat Arshak auf ihre Seite gebracht, voll und ganz, aber das weißt du wahrscheinlich selbst. Und du kannst zu dem, was wir von ihr wissen, noch eins hinzufügen: Sie ist gefährlich. Arshak und ich haben sie auf dem Rückweg von Condercum getroffen. Ich kann mich bis jetzt nicht erinnern, was sie gesagt hat oder was daraus entstanden ist, aber ich weiß, daß ich ihren Vorschlag abgelehnt habe – und ich bin im Fluß gelandet.«

Er starrte mich an. »Ich dachte, vielleicht hätte Arshak mit dir gekämpft«, sagte er nach einer Weile.

»Hast du geglaubt, die Romanisierung hätte mich so verweichlicht, daß ich den Kampf verliere, ohne daß einer von uns auch nur eine Schramme davonträgt?«

»Nein«, sagte er, rot werdend. »Es tut mir leid. Ich habe wohl überhaupt nicht gedacht. Aber wie...«

»Ich kann mich nicht erinnern. Aber ich glaube nicht, daß die Einzelheiten noch viel Unterschied machen. Der Gott hat uns in Bononia gewarnt, wir sollten uns vor Lügen, vor Hinterlist und Täuschung hüten, und wir müssen uns diese Warnung zu Herzen nehmen. Mir scheint, wenn du dich Bodica nicht anschließen willst, gibt es zwei Möglichkeiten, wie du das vermeiden kannst. Die erste – das ist die, die ich wählen würde: sie nie privat sehen, niemals ein Geschenk von ihr annehmen, und jeder Botschaft, die du bekommst, mißtrauen, die durch ihre Hände gegangen sein könnte – und du wirst auch mißtrauisch gegen Arshak sein müssen, da er ganz unter ihrem Einfluß steht.«

»Und die andere Möglichkeit?«

»Sie im Glauben lassen, daß sie dich auf ihre Seite gezogen hat, ihre Pläne herausfinden und enthüllen. Das wäre ein Weg, wie du deine Rache bekommen könntest, ohne die Männer deines Drachen zu gefährden. Aber du würdest sie belügen müssen. Sie könnte es entdecken und dich töten – oder dich vielleicht doch auf ihre Seite bringen.«

Als ich sah, wie seine Augen aufleuchteten, wünschte ich, daß ich diese Alternative nicht erwähnt hätte. Es hätte mir klar sein müssen, daß er den gefährlicheren Weg wählen würde, wenn dieser ihm eine Chance bot, sein Ziel zu erreichen.

»Denkst du, ich würde zu ihr überlaufen, wenn sie schuld an Gatalas' Tod ist?« fragte er ungeduldig.

»Ich denke daran, daß du die Römer haßt und daß sie sich sehr darauf versteht, Menschen zu überreden. Es könnte ihr gelingen, dich von etwas zu überzeugen, das du glauben möchtest.«

»Ich bin nicht blind oder dumm«, sagte er bitter. »Als ich sie gehört habe, war ich wie in einem Nebel, ohne klar zu denken; aber wenn man mir eine Sache vernünftig auseinandersetzt, kann ich sie auch begreifen. Ich werde von jetzt an auf Fakten achten und nicht auf ein hübsches Lächeln hereinfallen. Nein. Ich werde meine Rache bekommen. Aber...«, er hielt ein, dann raffte er sich auf, »aber du mußt mir helfen. Ich habe das Gefühl, als ob ich über eine weite Ebene reite, in der es keine Orientierungsmarken gibt, und ich weiß nicht, welche Richtung ich einschlagen muß, um mein Ziel zu erreichen. Du bist ein Zepterträger, und du hast gelernt, dich auf römischen Straßen zu bewegen. Du mußt mich mit deinem Rat unterstützen.«

Ich sagte lange nichts. Es war nicht so, daß ich ihm meinen Rat verweigern wollte, aber ich wußte nicht, wie man die Sache praktisch angehen könnte.

»Ich weiß!« sagte er schließlich, mein Schweigen mißverstehend. »Ich habe dich beleidigt, jetzt ins Gesicht und vorher mit meinen Gedanken. Aber nicht selten habe ich auch gedacht, daß der Sechste Drache Glück mit seinem Kommandeur hat. Ich bitte dich um Verzeihung.«

»Das brauchst du nicht«, antwortete ich. »Es geht mir um etwas anderes. Wie kann ich dir meinen Rat geben, wenn du in Eburacum bist, unter Bodicas Augen? Du würdest keine Möglichkeit haben, mich persönlich zu sprechen, ohne dein Leben aufs Spiel zu setzen, und du könntest mir nicht einmal mit Hilfe eines Legionsschreibers Briefe schicken. Aber wenn du meinen Rat wünschst, hier bin ich. Wir werden jetzt beraten, wie wir uns in der nächsten Zeit verhalten wollen, und ich werde versuchen, einen Weg zu finden, wie du mich in Zukunft erreichen kannst.«

Wir sprachen noch längere Zeit miteinander, zuerst hier in der Gasse, dann an einem ruhigen Platz hinten in den Ställen, und wir verabschiedeten uns schließlich im vollen Einverständnis. Mein erster Eindruck von dem Mann, daß er intelligent und loyal war, hatte sich bestätigt. Ich konnte nur zu den Göttern beten, daß er auch intelligent genug war, um Bodica zu täuschen, und loyal genug, um sich nicht von ihr umdrehen zu lassen.

Als Siyavak die Ställe verlassen hatte, blieb ich noch eine Weile auf einem Ballen Stroh sitzen. Ich war müde, vielleicht nicht so erschöpft, wie ich es am Tag vorher gewesen war, aber doch tief und grenzenlos müde. Ich hatte keine Vorkehrungen getroffen, die Nacht in Corstopitum zu verbringen, und meine Leibwache erwartete mich um die Mitte des Nachmittags bei den Ställen zurück. Der Gedanke, heute noch nach Cilurnum zurückzureiten, war deprimierend; der Gedanke, in der Stadt Quartier für die zehn Männer zu besorgen, die ich mitgebracht hatte, war nicht weniger deprimierend. Ich versuchte, Kraft zu sammeln, um das eine oder andere zu tun, als ich ein höfliches Hüsteln hörte; ich hob den Kopf und sah Eukairios vor mir stehen.

Ich lächelte, so froh, ihn zu sehen, daß ich selbst überrascht war. Er lächelte zurück. So hatte ich ihn vorher noch nie lächeln gesehen, es verwandelte sein graues, vergrämtes Gesicht völlig.

»Ich begegnete Banaspados in der Stadt«, sagte er, »und erfuhr von ihm, daß er Euch hier treffen soll; daher bin ich gekommen, um mich bei Euch zu melden. Ich freue mich sehr, Euch wiederzusehen, Herr; wir hatten befürchtet, Ihr wäret nicht mehr am Leben.«

»Die Götter sind gütig zu mir gewesen«, erwiderte ich. »Aber wo hast du gesteckt? Im Haus des Kommandanten konnte mir niemand Auskunft geben.«

»Ich bin bei einem Freund in der Stadt untergekommen. Aber ich habe meine Sachen zusammengepackt, als ich von Eurer Ankunft erfuhr, und bin bereit zum Aufbruch, wann immer Ihr es wünscht.«

»Bereiter, als ich es bin, Eukairios. Ich bin sehr müde.«

»Ihr seht völlig erschöpft aus, Herr, wenn ich das sagen darf. Soll ich zum Haus meines Freundes zurückgehen? Ich nehme an, Ihr habt eine ständige Einladung, im Haus des Kommandanten zu wohnen.«

»Ich schon, aber meine Leibwache nicht. Und mit all diesen Truppen hier ist die Stadt völlig überfüllt. Man würde ihnen vielleicht Unterkünfte zuweisen, die sie mit Bediensteten teilen müßten, und das würden sie als Beleidigung empfinden. Nein, es ist besser, heute abend zurückzureiten. Ich muß mich nur noch nach meiner Rüstung umsehen. Wir können aufbrechen, sobald die anderen eintreffen.«

Eukairios setzte sich vorsichtig neben mich auf das Stroh. »Banaspados hat Eure Ausrüstung aus dem Arsenal geholt, Herr. Er sagte es mir, als ich ihn eben in der Stadt traf. Warum geht Ihr nicht irgendwohin, wo Ihr Euch etwas ausruhen könnt?«

Ein vernünftiger Vorschlag. »Warum irgendwohin gehen?« sagte ich und lehnte mich ins Stroh zurück.

Eukairios antwortete mit seinem kurzen, nervösen Lachen, und ich sah ihn fragend an.

»Eure Vorstellung von dem, was Würde und Ehre verlangen, sind so ganz anders als die eines Römers«, erklärte er. »Ein vornehmer Römer wird vielleicht ein Dutzend Beleidigungen einstecken, auf die ein Sarmate mit dem Schwert antworten würde, aber die Vorstellung, er könnte sich in einem Stall ausruhen, wäre ihm unerträglich.«

»Das ist es also, wozu Häuser da sind?« fragte ich. »Würde, Ehre?«

»Und Bequemlichkeit.«

»Für manche.« Ich dachte an Pervica, ihr Haus und ihren Stall, und mußte lachen. Dann erzählte ich Eukairios von der Farm und von meinem Plan für die Pferde. »Was meinst du? Würde sie interessiert sein?« fragte ich ihn.

»Wenn der für die Pferde angesetzte Preis gut ist, könnte ich es mir durchaus vorstellen«, antwortete er. Ich sah, wie er im Kopf kalkulierte: Kosten des Pferdefutters, Kosten für Pflege, für Veterinär; Bruttoeinkommen aus der Aufzucht der Fohlen bei wahrscheinlich anzusetzendem Preis; Nettoertrag. »Es würde ein gutes ständiges Einkommen sein«, war der Schluß, den er zog. »Und es böten sich auch Möglichkeiten für zusätzliche Einnahmen, denn warum sollten die Beamten der Heeresverwaltung, wenn sie dort ein und aus gehen, nicht auch die Wolle der Schafe und andere Farmprodukte kaufen? Ja, eine Farmerin, die nüchtern denkt und ihre Chancen wahrzunehmen bereit ist, würde sicher sehr interessiert sein.«

»Gut.«

Wir schwiegen ein paar Minuten, ich mit halb geschlossenen

Augen ins Stroh zurückgelehnt, Eukairios saß steif mit untergeschlagenen Füßen. Dann sagte der Schreiber zögernd: »Ich war froh zu hören, daß es Euch gelungen ist, die Situation in Condercum zu entspannen. Darf ich... darf ich fragen, was den Aufruhr dort verursacht hat?«

Ich erklärte es ihm. Als ich zu den Markierungen auf der Rute kam, hielt er den Atem an. »Ich habe... etwas darüber gehört. Ich hatte vor, mit Euch zu sprechen, sobald Ihr zurück wart – aber Ihr kamt nicht. Ich habe mir große Sorgen gemacht, Herr, aber ich konnte nur für Eure Sicherheit beten. Wie sahen diese Zeichen aus?«

Ich setzte mich auf. Es hörte sich an, als ob er etwas wüßte. »Nicht wie römische Schriftzeichen«, antwortete ich. »Die Linien waren nicht miteinander verbunden, und es gab keine Rundungen. Sie waren mehr wie Stöcke.«

»So ähnlich?« fragte er, beugte sich vor und malte mit dem Finger eine Reihe von Zeichen in den Staub des Stallbodens.

»Ja«, sagte ich und sah ihn erstaunt an. »Genau so. Du kennst diese Art von Schriftzeichen?«

»Ein wenig.« Er wischte die Zeichen mit dem Fuß aus. Wie schon Victor schien auch ihm der Anblick nicht zu gefallen. Er seufzte und starrte auf den Boden, aber plötzlich schaute er hoch und sah mich fest an. »Habt Ihr jemals von den Druiden gehört?«

»Nein.«

Seine Mundwinkel zuckten leicht. »Nein, das war auch nicht anzunehmen. Sie sind... eine andere illegale Religion.«

»Ähnlich wie eure?«

»Nein. Oh, nein. Überhaupt nicht ähnlich. Aber... wir wissen voneinander. Wir haben manchmal dieselben Verstecke benutzt und dieselben Beamten bestochen, damit sie wegsahen. Die Druiden sind die Priester der alten Religion der Kelten. Gallien ist auch ein keltisches Land, aber dort gibt es ein Druidentum, das offiziell zugelassen ist, während in Britannien die Druiden geächtet sind – obwohl die Verehrung der alten Götter völlig legal ist. Die britischen Druiden behaupten, die gallischen wären romanisierte Häretiker, und manche von ihnen überqueren heimlich den Kanal und versuchen, die Gallier aufzuwiegeln. Ich habe... einige von ihnen in Bononia getroffen. Sie mochten uns ebensowenig wie wir sie, aber wir konnten es uns nicht leisten, uns gegenseitig zu bekämpfen. So ist es dazu gekommen, daß einige unserer Leute geheime Unterkünfte mit ihnen teilten. Dies, Herr, sind Schriftzeichen, die von den Druiden verwendet werden.«

Es war wie der Augenblick bei einer Jagd, wenn man das Wild zu Gesicht bekommt. Ich wußte, viele der Dinge, die ich nicht verstanden hatte, würden jetzt ihre Erklärung finden. »Wenn sie die Priester einer alten Religion sind, warum sind sie dann illegal?« fragte ich ruhig.

»Weil sie Feinde Roms sind.« Eukairios sprach mit nüchterner Stimme, obwohl seine Schultern vor Spannung gekrümmt waren und er die Hände krampfhaft im Schoß zusammenpreßte. »Sie waren Feinde Roms, bevor es noch eine Provinz Britannien, bevor es eine Provinz Gallien gab. Als Rom und seine italischen Bundesgenossen zum erstenmal Krieg gegen die Kelten führten, verfluchten die Druiden sie, und dieser Fluch wurde immer wieder erneuert. Jetzt nennt Gallien sich selbst römisch und vergißt, daß es jemals unabhängig war – aber die Druiden haben ein längeres Gedächtnis. In Britannien war immer das Zentralheiligtum ihres Kults, wo die Priester in die heiligen Mysterien eingeweiht wurden, und als Britannien römische Provinz wurde, suchten die Druiden Zuflucht im noch unbesetzten Westen des Landes und riefen von dort zur Rebellion auf. Schließlich gingen die Römer mit starken Streitkräften gegen sie vor und besiegten sie; Priester, Frauen und Kinder wurden brutal abgeschlachtet. Das spielte sich vor etwa einem Jahrhundert ab. Aber einige der Druiden entkamen dem Blutbad, und der Kult lebt im Untergrund weiter. Aber er hat sein Zentralheiligtum auf der Insel Mona und seine Schulen verloren, und mancherorts haben ihre Kulthandlungen seltsame, vom Haß entstellte Formen angenommen, die von anderen illegalen Druiden abgelehnt werden.«

»Warum?«

Er zögerte, dann schüttelte er den Kopf. »Ich weiß nicht, ob es stimmt. Auch über uns erzählt man Lügen.«

»Werden sie des Kannibalismus und inzestuöser Orgien beschuldigt?«

»Nein. Man wirft ihnen Menschenopfer und Zauberei vor. Menschenopfer wurden offen dargebracht, bevor die Römer kamen, aber die Opfer stellten sich freiwillig zur Verfügung. Die in Gallien anerkannten Druiden predigen jetzt, daß das Opfern von Menschen den Göttern verhaßt ist, und auch die britischen Druiden, die ich in Bononia getroffen habe, sagten, daß Menschenopfer vergeblich sind, wenn die Opfer nicht zustimmen. Aber es sind Leichen gefunden worden, die man erdrosselt in die heiligen Brunnen geworfen oder in heiligen Hainen erhängt hatte, und es war ganz klar, daß diese Menschen sich nicht freiwillig geopfert hatten. Was die Zauberei angeht, so ist sicher, daß die Druiden sich übermenschliche Kräfte anmaßen. Ich habe Leute gekannt, die den Wunsch hatten, Druiden zu werden, um ihre Magie zu erlernen. Die Briten haben Angst vor den Druiden und sprechen nicht gern über sie. Aber immer wenn sie unzufrieden mit der Herrschaft der Römer sind, rufen sie nach der Rückkehr der Druiden, von denen sie die Befreiung der Insel erwarten.«

Es war so, wie ich vermutet hatte. »Aurelia Bodica«, sagte ich.

Seine Anspannung löste sich. »Ihr wißt also?«

»Ich hatte davon nichts gehört. Aber es paßt zusammen.«

Er nickte. »Mein... Freund hier in Corstopitum ist in großer Sorge, wenn sie herkommt. Er hat... hm, Kontakte, Menschen, mit denen er Geheimnisse teilt. Wenn sie kommt, werden sie unfreundlich, und er fürchtet für sein Leben. Er glaubt, daß sie dafür verantwortlich ist, daß sie eine Anhängerin einer der extremsten und gefährlichsten Sekten ist und die Briten zum Haß gegen alle Fremden aufhetzt.«

»Was ist mit ihrem Gemahl?« fragte ich. Das war eine ganz entscheidende Frage.

»Er hat Gerüchte gehört, glaubt ihnen aber nicht. Er ist schließlich kein Brite, er kommt aus Italien, aus der Stadt Mediolanum.

Ihre Familie ist königlicher Herkunft, sie stammt von den Herrschern zweier britannischer Königreiche ab. Sie hätten das Bürgerrecht schon vor Generationen bekommen können, aber bis vor ganz kurzer Zeit weigerten sie sich, irgend etwas mit den Römern zu tun zu haben. Man sagt, der Legat sei sehr stolz darauf gewesen, daß er die Familie für Rom gewonnen hat.«

»Und die Ereignisse der letzten Zeit haben ihn nicht mißtrauisch gemacht?«

»In der Sechsten Legion, Herr, gibt es Hunderte von Soldaten aus den Stämmen des nördlichen Britannien, und in den Auxiliareinheiten sind es Tausende. Dutzende dieser Männer könnten Gelegenheit gehabt haben, die Botschaft zu schicken. Jeder Brite, der ein Anhänger des Druidenkults ist, würde sich für die Weissagungsmethoden der Sarmaten interessiert haben, und Ihr macht daraus ja kein Geheimnis. Warum sollte der Legat glauben, seine Frau sei es gewesen?«

»Sie war ständig hinter uns her«, erwiderte ich scharf.

»Und er ist ihr dankbar, Herr, daß sie ihm hilft, mit einem so fremdartigen und unbezähmbaren Volk zurechtzukommen. Er ist überzeugt, daß er ohne ihre Hilfe viel mehr Ärger mit Fürst Arshaks Männern in Eburacum bekommen hätte.«

»Sie hat Arshak für sich gewonnen, und sie hat versucht, auch Siyavak auf ihre Seite zu ziehen. Sie will uns gegen die Römer aufhetzen. Ich habe sie auf der Straße von Condercum nach Corstopitum getroffen und bin nur knapp mit dem Leben davongekommen.«

»Das ist es, was ich befürchtete«, flüsterte er. »Als ich von dieser Sache erfuhr, war ich mir sicher, daß Ihr Euch an keinem verräterischen Komplott beteiligen würdet, und ich war um Euch besorgt. Und, Herr, ich glaube nicht, daß Ihr schon außer Gefahr seid.« Er sah mich ernst an, dann blickte er wieder auf den verwischten Fleck vor seinen Füßen und begann, mit leiser Stimme, seine Geschichte zu erzählen.

»Als Ihr an jenem Morgen nach Condercum aufgebrochen wart und ich mich noch im Sklavenquartier des Kommandantenhauses aufhielt, ließ die Dame mich rufen und fragte mich über Euch aus – wie Ihr Euch verhaltet, ob Ihr Rom gegenüber wirklich so loyal seid, wie es den Anschein habe. Der Legat hatte mir am Tag zuvor fast die gleichen Fragen gestellt, und ich dachte zunächst, daß sie Euch ebenfalls überprüfen wollte, weil sie mißtrauisch gegen die Sarmaten waren, aber schon bald merkte ich, daß sie auf etwas anderes aus war. Ich... ich sagte ihr dasselbe, was ich ihm gesagt hatte, daß Ihr nach meiner Meinung loyal wärt. Er hatte wissen wollen, ob Ihr jemals Briefe an die anderen sarmatischen Kommandeure schicktet, und versprach mir eine Belohnung, wenn ich ihm irgendeinen Beweis für Eure Loyalität oder Illoyalität brächte. Aber das interessierte sie überhaupt nicht. Sie hatte gehört, wie... ich meine, sie wußte über Eure Frau und Euer Kind Bescheid und über... sie hatte Geschichten über Stoßtrupps gehört, die Ihr über den Danuvius geführt hättet. Sie wollte wissen, ob Ihr manchmal darüber sprecht, ob Ihr stolz auf den Erfolg dieser Unternehmungen seid. Und ich hatte den Eindruck, daß der Gedanke an diese Überfälle ihr Freude machte.

Ich sagte, daß Ihr Sklaven nicht möchtet und daß ich nichts anderes täte, als amtliche Briefe für Euch zu schreiben. Ich stellte mich so stumpfsinnig und dumm, wie ich konnte, und sie schlug mir ins Gesicht, ohne mich anzusehen. Dann... dann sagte sie, vielleicht würde sie in Zukunft noch weitere Berichte über Euch brauchen. Sie versuchte wieder den Eindruck zu erwecken, als ginge es darum, daß alle sarmatischen Kommandeure überwacht werden sollten; aber irgend etwas stimmte dabei nicht, der Ton war falsch. Jedenfalls sagte sie, wenn das notwendig werden sollte, würde sie mich dafür bezahlen, daß ich Euch bespitzele und ihr Kopien Eurer Briefe schickte. Ihr, nicht dem Legaten.

Gleich nachdem sie mich hatte gehen lassen, besuchte ich meinen Freund hier in der Stadt und fragte ihn, ob ich bei ihm wohnen könnte, bis Ihr von Condercum zurückkämt; ich wollte dem Legaten und seiner Gemahlin aus dem Weg gehen. Ich erzählte meinem Freund von ihnen, und er berichtete mir, was er durch seine... Kontakte über die Dame gehört hatte. Es ist hier ebenso, wie es in

Gallien war: Christen und Druiden tauschen die Namen von Beamten aus, die bestechlich sind, oder teilen Verstecke, von denen die Behörden nichts wissen. Allerdings sind die Druiden hier, in ihrem Heimatland, sehr mächtig, während unsere Position sehr schwach ist. Ich war sehr beunruhigt, Herr, und mein Freund versprach mir, daß er sich bemühen werde, möglichst viel herauszufinden.

Ihr kehrtet an diesem Abend nicht zurück. Fürst Arshak kam allein in die Stadt geritten, grimmig aussehend, und sagte, Ihr wäret beide auf die Jagd gegangen, und er wüßte nicht, was mit Euch geschehen sei. Er erwähnte nichts von der Botschaft, die Ihr in Condercum entdeckt hattet; das kam erst am nächsten Tag heraus, als der Legat Kuriere zu Valerius Victor schickte, die nachfragen sollten, ob Ihr nach Condercum zurückgekehrt wäret. Aber die Kontaktleute meines Freundes wußten von Euch, und sie sagten ihm, Ihr würdet nie zurückkommen. Dann fand ich heraus, daß die Dame Aurelia, nachdem sie mich befragt hatte, Corstopitum verlassen hatte und zu einem Besuch am Schrein des Gottes Silvanus gefahren war. Ich machte mir große Sorgen, und mein christlicher Bruder und ich beteten gemeinsam für Eure Sicherheit; das war alles, was wir tun konnten.

Am nächsten Morgen ritt ich selbst zu dem Schrein hinaus, und dort erfuhr ich, daß sie gleich nach der Ankunft ihren Reitknecht und den bewaffneten Sklaven, der sie bei solchen Fahrten begleitet, abgesetzt hatte und allein weitergefahren war. Zu dieser Zeit suchten bereits Truppen auf der Straße und in der Umgebung nach Euch, ich konnte also nichts weiter tun, als zurückzureiten und zu beten.

An diesem Abend kam ein Schäfer in die Stadt und berichtete der Behörde, er habe Euch am Nachmittag des vorigen Tages im Fluß gefunden und Ihr wäret am Leben – ich dankte Gott. Ich versuchte herauszufinden, wie die Dame Aurelia und Fürst Arshak die Nachricht aufgenommen hatten. Fürst Arshak ritt am Abend aus und kehrte erst spät in der Nacht zurück. Die Dame erklärte ihrem Gemahl, sie fühle sich unwohl, zog sich früh auf ihr Zimmer zurück und schloß die Tür hinter sich ab. Mein Freund traf seinen Kontaktmann heute morgen auf der Straße, und dieser flüsterte ihm zu, wir sollten die Macht der ›Vermummten‹ nicht unterschätzen; wenn Ihr jetzt auch noch am Leben wäret, lange würdet Ihr nicht mehr leben. Ich habe den Verdacht, Herr, daß die Dame heimlich ihr Haus verlassen hat und vielleicht mit Fürst Arshaks Hilfe ein neues Komplott gegen Euer Leben schmiedet.«

Ich schwieg und dachte nach. »Diese Zauberei«, sagte ich schließlich, »ist die sehr mächtig?«

»Die Druiden behaupten es. Ich für meinen Teil weiß, daß keine Macht auf Erden oder unter ihr gegen meinen Gott bestehen kann.«

»Aber dein Gott ist nicht meiner. Doch ich vertraue darauf, daß Marha, der heilige, nicht weniger mächtig ist. Und nach dem, was du gesagt hast, haben die Druiden jahrhundertelang die Römer verflucht, aber Roms Macht ist nur größer geworden. Nein, vor ihrer Zauberei und ihrem Fluch habe ich keine Angst. Aber ich werde auf der Hut sein vor dem Dolch druidischer Briten. Die Palisade in Cilurnum wird mir dabei behilflich sein.«

»Seid vorsichtig, was Ihr eßt und trinkt, Herr. Die Druiden kennen sich auch mit Drogen und Giften aus.«

Die Erinnerung an die verlorenen Stunden drängte wieder an die Oberfläche und jagte mir einen Schauer über den Rücken, aber dann versank sie erneut.

»Ich danke dir«, sagte ich, ihm in die Augen blickend. »Ich danke dir sehr. Du hast mir mehr Loyalität gegeben, als ich von dir verdient habe.«

»Nein, Herr. Ich habe gegeben, was meine Pflicht verlangte, aber ich habe es gern gegeben, aus Freundschaft.«

Ich legte ihm die Hand auf die Schulter und drückte sie, dann lehnte ich mich zurück und ließ mir durch den Kopf gehen, was er gesagt hatte. Es gab immer noch keinen verwertbaren Beweis. Ich bezweifelte, daß Aurelia Bodicas Sklaven zugeben würden, wohin ihre Herrin gefahren war, wenn sie es überhaupt wußten. Alles andere waren Gerüchte, und was schlimmer war, sie wurden von Leuten erzählt, die selbst einem illegalen Kult anhingen. Aber vielleicht hatte ich eine Lösung für ein anderes Problem gefunden.

Ich erzählte Eukairios von Siyavak und seinem Entschluß, Bodicas Pläne aufzuspüren und zu entlarven. »Hast du in Eburacum ebenfalls Freunde?« fragte ich.

Er sah mich nervös an. »Es gibt eine kleine *ekklesia* in Eburacum«, gab er zu.

»Eine was?«

»Eine ... eine Gemeinde. Von Gläubigen. Wir benutzen das griechische Wort.«

»Könnte jemand in dieser Gemeinde Briefe für Siyavak schreiben und sie mir heimlich schicken? Er ist ein junger, impulsiver Mann, und ich mache mir Sorgen um ihn, wenn er ganz sich selbst überlassen den Intrigen dieser Dame ausgesetzt ist. Sollte es ihm gelingen, etwas herauszufinden, so könnte es ihn das Leben kosten, wenn er selbst es zu enthüllen versuchte. Aber ich habe keinen Weg, Kontakt mit ihm aufzunehmen, den sie nicht hintertreiben könnte – und ich kann auch nicht völlig ausschließen, daß Comittus in Cilurnum für sie spioniert. Er ist ihr Verwandter und bewundert sie sehr. Ich brauche einen Kommunikationsweg, von dem sie nichts weiß und den sie nicht beeinflussen kann. Deine Freunde könnten ihn schaffen. Und ich würde es sehr begrüßen, wenn sie, und dein Freund hier, uns weiter berichten könnten, was sie von diesen ›Kontakten‹ erfahren.«

Er schwieg, nervös auf den Boden starrend.

»Vielleicht haben deine Glaubensbrüder mehr Sympathie für diese Druiden als für die römischen Behörden, die euch verfolgen?« fragte ich.

»Nein!« antwortete er heftig. »Nein, wir beten für die Obrigkeit, und wir wissen ganz genau, daß die Druiden uns viel grausamer behandeln würden, als es die Römer tun. Es stimmt, was Valerius Natalis gesagt hat: Niemand hat sich um die Gemeinden in Britannien groß gekümmert. Nein, es geht bloß darum ... es ist bloß, daß Ihr vorschlagt, wir sollten ein Bündnis schließen mit ... mit ...« – einem Stamm blutdürstiger Barbaren, wollte er wohl sagen – »einer weltlichen Macht, und wir ...« Er unterbrach sich und dachte nach. »Aber wir sind ein Teil der Provinz Britannien, auch wenn die meisten von uns weder römische Bürger noch Angehörige eines britannischen Stammes sind. Wenn es zu einem... Aufstand«, es fiel ihm schwer, das Wort auszusprechen, »in Brigantia und zu Invasionen durch kaledonische Stämme käme, würden wir wie alle anderen darunter zu leiden haben. Es würde uns noch schwerer treffen, wenn die Druiden ein eigenes Königreich errichteten. Ich weiß nicht, Herr. Ich kann nicht für die Christen in Eburacum sprechen. Ich muß ihnen schreiben, und ich werde beten, daß sich alles zum Guten wenden möge.«

»Das ist ein fairer Vorschlag«, sagte ich. »Ich werde versuchen, eine Möglichkeit zu finden, um in den nächsten Wochen mit dir nach Eburacum zu reiten.«

10

Tatsächlich brauchte ich mir keinen Grund für einen Besuch in Eburacum auszudenken. Der Legat brach am folgenden Morgen auf, um in sein befestigtes Legionslager zurückzukehren, und er nahm außer seinen Legionären auch den Vierten Drachen mit. Vor seiner Abreise schickte er mir durch Kurier einen Brief, in dem er mich bat, ihn Anfang Januar zu besuchen, um die Pläne wegen der Pferdezucht »und einige andere Angelegenheiten, die aufgekommen sind«, zu besprechen.

Ich war froh über die Einladung, allerdings auch ein wenig besorgt wegen der »anderen Angelegenheiten«. Vor allem aber entschloß ich mich, der Farm meiner Lebensretterin so bald wie möglich einen Besuch abzustatten; ich wollte Pervica reichlich Zeit geben, sich die Idee mit der Pferdezucht zu überlegen und rechtzeitig vor meinem Besuch in Eburacum ihre Entscheidung zu treffen.

Inzwischen war es Mitte Dezember geworden, und die Zeit der Sonnenwende nahte, an der wir Sarmaten Sada, das Fest des Winterfeuers, begehen. Die Römer feiern etwa zur gleichen Zeit das Fest der Saturnalien zu Ehren des Gottes Saturn, und wir hatten vereinbart, in Cilurnum die heiligen Tage gemeinsam zu feiern. Die Vorbereitungen für dieses Fest nahmen unsere Zeit sehr in Anspruch, aber sobald ich mich von den Nachwirkungen des »Jagdunfalls« völlig erholt hatte, nahm ich mir vor, mich einen Tag freizumachen, um zur Farm hinüberzureiten und Pervica zu besuchen.

»Ich komme mit«, erklärte Longus, als ich meine Absicht bei einer Besprechung mit den führenden Offizieren des Forts bekanntgab.

Ich sah ihn argwöhnisch an. »Das ist nicht notwendig.«

»Aber Ihr werdet vielleicht jemanden brauchen, der sich mit britischen Farmen auskennt. Ich habe selbst ein paar Farmen in dieser Gegend; ich weiß, wie viele Pferde sie tragen können. Und Ihr werdet wohl auch darauf angewiesen sein, daß jemand für Euch dolmetscht – Lucius ist nicht der einzige, der Britisch spricht, müßt Ihr wissen.« Als ich ihn immer noch unentschlossen ansah, hob er die Brauen und sagte: »Ihr nehmt sowieso Eure halbe Leibwache mit, also erwartet Ihr kaum ein gemütliches Plauderstündchen mit der Dame.«

Ich ließ mich von meinen Leibwächtern begleiten, weil ich das, was Eukairios in Corstopitum erfahren hatte, ernst nahm, und ich traf auch eine Menge anderer – mich irritierender – Vorsichtsmaßnahmen gegen Mordanschläge. Ich hatte den Männern meines Drachen gesagt, wir müßten auf der Hut vor Fremden sein, die versuchten, in unser Lager einzudringen; es könnte sich um Verwandte gefallener Kaledonier handeln, die auf Rache aus waren. Das war nicht nur ein vorgeschobener Grund, diese Gefahr bestand durchaus. Kein Brite konnte also jetzt mehr unkontrolliert durch die Palisaden kommen. Außerdem war ich sehr vorsichtig mit dem, was ich aß und trank; es war nicht immer leicht, Entschuldigungen zu finden, um die Mahlzeiten meiner römischen Kameraden nicht zu teilen, aber ich blieb konsequent. (Facilis und Longus vertraute ich, nur bei Comittus hatte ich leichte Zweifel – vor allem aber konnte ich den Dienern nicht trauen, die ich ja nicht alle kannte.)

Ich hatte auch ein Testament gemacht, für alle Fälle, zu dessen Vollstreckern ich Comittus und Longus bestimmte. Im Fall meines Todes sollten alle meine Habseligkeiten an Leimanos fallen. Eukairios sollte die Freiheit geschenkt werden. Und schließlich hatte ich die Notwendigkeit akzeptiert, nicht ohne Begleitung das Fort zu verlassen, vor allem nicht, wenn andere wußten, welche Route ich nehmen würde.

Trotzdem hatte ich gehofft, es würde sich Gelegenheit zu einem ruhigen Gespräch mit Pervica in einigermaßen privatem Rahmen ergeben. Ich hatte mir Gedanken gemacht, ob das, was ich in ihr zu sehen glaubte, nicht ein Produkt meines eigenen, von der Berührung mit dem Tod verwirrten Geistes war, der übergroßen Freude, doch noch am Leben zu sein. Ich bezweifelte es, konnte aber nicht sicher sein, bevor ich sie nicht noch einmal sah und mit ihr sprach. Doch ob ich sie liebte oder nicht, jedenfalls war ich in ihrer Schuld und mußte versuchen, ihr meine Dankbarkeit zu bezeigen. Ich hatte ein Geschenk für sie ausgewählt, von dem ich annahm, es würde ihr gefallen. Und ich hoffte, den Plan für die Pferdezucht vernünftig und gründlich mit ihr diskutieren zu können. Bei keinem dieser Dinge konnte Longus mir eine Hilfe sein.

»Warum wollt Ihr wirklich mitkommen?« fragte ich ihn geradeheraus.

»Reine Neugier«, antwortete er grinsend. »Aber ich meine, Ihr solltet einen römischen Offizier bei Euch haben. Habt Ihr daran gedacht, welche Wirkung auf die Bewohner einer mittelgroßen britischen Farm der Anblick von siebzehn schwerbewaffneten sarmatischen Reitern in voller Rüstung haben muß, die auf ihren Hühnerhof galoppiert kommen?«

Ich hatte nicht. »Der Hühnerhof befindet sich zwar hinter dem Haus«, antwortete ich, »und wir würden keinen Grund zum Galoppieren haben. Aber kommt mit, wenn Ihr es wünscht.«

Am Ende waren wir unser zwanzig, die sich auf den Weg machten; ich selbst mit Leimanos und fünfzehn Mann der Leibwache; Eukairios, der mir bei den Berechnungen gute Dienste leisten konnte; Longus; und schließlich Flavius Facilis, der allerdings nicht zur Farm mitkam, sondern nach Corstopitum wollte, um einige Sachen für das Fest zu beschaffen, und sich uns auf dem Ritt anschloß. Wir waren alle bewaffnet. Ich hätte die Rüstung lieber zurückgelassen, hielt es aber (eine dieser ärgerlichen Vorsichtsmaßnahmen) für besser, sie anzulegen. Comittus blieb zurück und übernahm die Verantwortung für die Einsatzbereitschaft des Forts.

Es war ein frostiger Tag, der Himmel war bedeckt, aber es schneite nicht. Wir ritten in guter Stimmung die Straße entlang und unterhielten uns über die Vorbereitungen für die Festlichkeiten. Als wir in die Nähe von Corstopitum kamen und nach der Farm Ausschau halten mußten, war ich doch froh, Longus dabeizuhaben; ich war früher nie an der Flußau-Farm vorbeigekommen, und als ich damals nach Cilurnum zurückgeritten war, hatte ich nicht auf den Weg geachtet. Wir mußten daher mehrere Male nach der Richtung fragen, und niemand von den Leuten, die wir trafen, sprach Latein. Facilis verließ uns und ritt nach Corstopitum weiter, auf dem Rückweg wollte er nach Möglichkeit wieder zu uns stoßen.

Es war kurz vor Mittag, als wir die Farm fanden. Mein Herz schlug schneller, als ich die Säulengänge an beiden Seiten des Hofes erkannte und das Gehöft vor mir liegen sah, umgeben von den Auen des Flusses, die sich nach dem Schmelzen des Schnees in einem tiefen Grün zeigten. Wir sahen, was mir damals das Laub der Bäume verdeckt hatte, das Wasser des Flusses seitlich in einiger Entfernung aufscheinen, als wir den Zufahrtsweg zum Farmtor entlangritten. Auf den Hügeln zur Linken weideten Schafe, aber ich konnte Cluim, den Schäfer, nicht bei ihnen entdecken.

Wir hörten jemanden rufen, als wir das Tor erreichten, und als wir in den Hof einritten, sahen wir die rothaarige Dienerin Elen, die einem Mann die Haustür geöffnet hatte, den ich damals nicht gesehen hatte; er war groß und kräftig, hatte eisengraues Haar und war, für einen Briten, gut gekleidet; eine goldene Halskette und die feine Schließe des karierten Umhangs wiesen ihn als vermögenden Mann aus. Er stand breitbeinig in der Tür, die Arme gekreuzt, und starrte uns an.

»Seid gegrüßt«, sagte ich, als ich Farna vor dem Eingang anhielt. »Ist die Dame Pervica zu Hause?«

»Seid Ihr der Sarmate, den sie gerettet hat?« fragte er.

»Der bin ich. Seid Ihr einer ihrer Diener?«

Sein Gesicht lief dunkelrot an, und seine Augen funkelten zornig.

»Ich bin Quintilius, Sohn des Celatus, Eigentümer der Zwei-Eichen-Farm und ein Freund und Geschäftspartner von Pervica. Ich war hier, um einige geschäftliche Dinge mit ihr zu besprechen und sie zu beraten.«

Ich sah ihn einen Augenblick prüfend an. Es war natürlich zu erwarten, daß Pervica »Freunde und Geschäftspartner« hatte. Es blieb zu entdecken, wie freundlich und wie eng die Partnerschaft war.

»Seid gegrüßt, Quintilius«, sagte ich höflich. »Darf ich Euch bitten, der Dame mitzuteilen, daß Ariantes, Sohn des Arifarnas, Kommandeur des Sechsten Numerus der Sarmatischen Kavallerie, gekommen ist, um mit ihr wie vereinbart über den Hengst zu sprechen?«

In diesem Augenblick kam Pervica selbst zur Tür. Sie blieb an der Seite ihres »Freundes und Geschäftspartners« stehen und blickte mich an. Im Augenblick als ich sie sah, wußte ich, daß ich mir nichts eingebildet hatte. Ich lächelte ihr zu, und sie lächelte zurück. Ich saß ab und nahm den Helm vom Kopf, hielt ihn vorsichtig so, daß der lange rote Federbusch nicht durch den Dreck schleifte, und verneigte mich vor ihr. »Seid vielmals gegrüßt, Frau Pervica«, sagte ich.

»Seid vielmals gegrüßt, Fürst Ariantes«, erwiderte sie und kam näher. »Habe ich richtig gehört, daß Ihr wegen des Pferdes gekommen seid?«

»Ja, Frau Pervica – und wegen einer anderen Sache, die ebenfalls mit Pferden zu tun hat. Das heißt, wenn Ihr Zeit habt, mit mir zu sprechen.«

»Natürlich. Aber ich bezweifle, ob Ihr alle in meinem Haus Platz findet.«

Ich warf einen Blick auf meine Männer, die grinsend in ihren Rüstungen auf den dampfenden Pferden saßen. »Nein, natürlich nicht«, sagte ich. »Aber wenn Ihr gestattet, daß sie hinter dem Haus ein Feuer anzünden, werden sie es sich dort bequem machen, während wir miteinander sprechen.«

»Pervica, nein!« protestierte Quintilius. »Ich habe dir gesagt, du solltest nichts mehr mit irgendeinem dieser Barbaren zu tun haben!

Die Götter wissen, was diese Wilden sich in den Kopf gesetzt haben mögen – du hast doch gehört, was man von ihnen erzählt! Wie kannst du...«

Longus fing laut an zu lachen. »Oh, Ihr müßt mir diese Geschichten über sie erzählen, bitte!« sagte er, sprang vom Pferd und kam nach vorn. »Ich bin sicher, Ihr wißt nicht die Hälfte davon, aber erzählt sie mir trotzdem.« Mit einer schwungvollen Verbeugung stellte er sich Pervica vor. »Mein Name ist Longus, hochgeschätzte Dame, Gajus Flavinus Longus, Dekurio in der Zweiten Asturischen Kavallerieala und mit der Führung ihrer in Cilurnum stationierten Einheiten beauftragt. Mein Freund Ariantes hätte mich sicher gleich vorgestellt, aber in Anbetracht der Umstände ... Ich hoffe, für mich ist im Haus Platz. Anders als die Sarmaten ziehe ich ein Feuer im Innern des Hauses vor, wenn es kalt ist.«

Die Anwesenheit eines römischen Offiziers brachte Quintilius zum Schweigen, wenn sein Gesicht auch noch immer Zorn und Unzufriedenheit zeigte. Pervica erwiderte lächelnd Longus' Gruß, dann wandte sie sich Elen zu und gab ihr die Anordnung, Bier und Brot zu besorgen. Ich wies Leimanos an, die Männer hinter das Haus zu führen, wo sie in der Nähe des Stalls ein Feuer machen könnten; zuerst aber solle er das Geschenk für Pervica holen und ins Haus bringen. Longus hielt die Tür für Pervica auf und folgte ihr. Quintilius schob sich finster blickend vor mich. Leimanos folgte mit dem Geschenk, und zum Schluß kam Eukairios mit seinen Schreibtäfelchen.

Pervica führte uns in den Speiseraum, in dem ein Kohlenfeuer brannte; auf dem Rosenholztisch, der mit Papieren bedeckt war, stand eine Geldkassette. Pervica blickte erstaunt, als Leimanos mit dem Geschenk hereinkam. Ich hatte es zur Vorsicht in einen Teppich eingerollt, damit es nicht beschädigt wurde. »Was ist das?« fragte sie.

»Ein Geschenk, Frau Pervica«, antwortete ich. »Ein kleines Zeichen meiner Dankbarkeit.«

»Er ist schön!« rief sie, bewundernd den Teppich betrachtend, den Leimanos auf den Fußboden gelegt hatte.

Es war ein gutes Stück, aus roter Wolle, das Muster zeigte in der Mitte eine goldene Sonne und rundum galoppierende schwarze Pferde. Ich hatte zwar gedacht, daß sie ihn behalten sollte, aber ich kniete mich lächelnd hin, um das eigentliche Geschenk auszuwickeln. »Dies ist die Hülle«, sagte ich, während ich die Knoten der Kordel löste, die den Teppich zusammenhielt. Ich schlug die Oberseite zurück. »Dies ist das Geschenk. Ihr sagtet, das Bild in diesem Zimmer gefalle Euch nicht. Ich dachte, vielleicht würdet Ihr dieses vorziehen.«

Das Bild zeigte eine Kampfszene zwischen Griechen und Amazonen. Es war mir in einer Villa in Pannonien aufgefallen, die wir geplündert hatten, und ich hatte es nach Hause mitgenommen, weil eine der Amazonen Tirgatao ein wenig ähnlich sah. Eben aus diesem Grunde mochte sie es nicht, und daher war es nicht in dem Wagen gewesen, als ihre Mörder ihn ausraubten und in Brand steckten. Ich hatte es mitgenommen, weil ich dachte, es könnte als Bestechungsgeschenk nützlich sein, aber bis jetzt hatte ich mich nicht davon trennen mögen.

»Großer Jupiter!« rief Longus aus, als er das Bild sah, das auf eine ungefähr vier Fuß lange und zwei Fuß hohe Holzplatte gemalt war. Die Mitte des Bildes wurde von einer Amazone auf einem springenden weißen Pferd beherrscht, die sich herablehnt, um mit dem Schwert auf einen am Boden liegenden Griechen einzustechen, der ihren Knöchel gefaßt hat und sie vom Pferd zu ziehen versucht. Im Hintergrund sah man tänzelnde Pferde, schimmernde Rüstungen, wehende bunte Umhänge und schöne Männer und Frauen im Gefecht miteinander. Der Kampf schien nicht so schrecklich ernst zu sein, das Ganze sah eher nach einem ausgelassenen Spiel aus. Ein Strudel leuchtender Farben und die Anmut der Bewegungen gaben dem Bild einen eigenartigen Reiz. Die Amazone, die Tirgatao ähnlich sah, war in der linken oberen Ecke. Sie hatte den Bogen gespannt und zielte auf einen Griechen mit goldenem Helm. Der Ausdruck ihres Gesichts zeigte, daß sie ihn treffen wollte, anschließend aber würde sie ihn wahrscheinlich küssen.

»Das ist wirklich großartig!« Longus nahm das Bild auf, stellte es auf den Tisch und lehnte es gegen die Kassette. »Woher habt Ihr es?«

»Ich hatte es in meinem Wagen«, antwortete ich ausweichend. »Wie man mir versichert hat, ist es von Timomachos aus Byzantium gemalt und eins seiner geschätztesten Werke.«

Mit einem unterdrückten Ausruf der Überraschung sagte Eukairios: »Es kann nicht echt sein!«

»Natürlich ist es echt«, entgegnete Leimanos gekränkt. »Der Mann, von dem wir es nahmen, weinte und sagte, es sei mehr als vierzigtausend Denare wert.«

So viel für meine vorsichtige Zurückhaltung!

»Ihr habt es gestohlen?« fragte Quintilius, als ob dies seine schlimmsten Befürchtungen bestätigte.

»Mein Herr erbeutete es bei einem Stoßtruppunternehmen«, stellte Leimanos stolz fest. »Seine hervorragende Planung und unser Wagemut hatten uns fast bis Singidunum geführt, und wir stießen auf das Haus eines früheren Statthalters der Provinz Asia, ein Palast wie für einen König. Zehn Alae Kavallerie und eine halbe Legion waren auf der Suche nach uns. Wir plünderten das Haus, trieben das Vieh weg, aßen und tranken in aller Ruhe und zogen weiter. Wir trafen auf eine Ala, vernichteten sie und kehrten dann sicher nach Hause zurück.«

»Leimanos«, sagte ich auf sarmatisch, »dies sind römische Bürger. Sie werden es nicht für eine ruhmvolle Heldentat halten, daß wir die Häuser römischer Bürger geplündert haben.«

»Etwas so Wertvolles kann ich nicht annehmen, wirklich nicht«, fiel Pervica rasch ein.

»Es ist weniger kostbar für mich als mein Leben«, sagte ich. »Ich würde mich sehr freuen, wenn Ihr das Bild als ein Zeichen meiner Dankbarkeit behieltet, vorausgesetzt natürlich, es gefällt Euch.«

Sie schüttelte den Kopf. »Ich habe Euch schon gesagt, Ihr schuldet mir nichts. Ich hätte Euch schließlich nicht sterben lassen können. Nein, es ist ein schönes, ein wundervolles Bild, und ich danke Euch – aber ich hätte keine ruhige Minute mehr, wenn in meinem Speisezimmer etwas hinge, das vierzigtausend Denare wert ist.« Sie erwähnte nicht, daß sie keinen gestohlenen Gegenstand im Haus haben wollte, aber natürlich war das der eigentliche Grund.

»Wenn das Euer Wunsch ist, Frau Pervica«, sagte ich seufzend. Ich warf Leimanos einen ärgerlichen Blick zu, und er sah verlegen und beschämt weg. Er hatte sie mit der Prahlerei von unseren »Heldentaten« beeindrucken wollen, aber nicht bedacht, daß Römer darin nichts Rühmenswertes sehen konnten.

»Immerhin«, fuhr Pervica fort – offenbar wollte sie die Ablehnung etwas mildern –, »habt Ihr mir bereits einen großen Dienst erwiesen, Fürst Ariantes. Dank Eurer Großzügigkeit sind alle Schulden meines verstorbenen Mannes beglichen.«

Ich sah sie überrascht an, und sie erklärte lächelnd: »Ich hatte Euch das nicht, oder nicht direkt, erzählt. Mein Mann ließ mich mit Schulden in Höhe von insgesamt etwa achtzehnhundert Denaren zurück – hauptsächlich an Cinhil hier.« (Cinhil war wohl der eigentliche, der britische Name dieses Mannes, die lateinische Version Quintilius benutzte er wahrscheinlich nur, wenn er jemandem imponieren wollte.) »Ich hatte mich damit abgefunden, sie in kleinen Raten über Jahre hin tilgen zu müssen, aber mit allen diesen Dingen, die Eure Männer Cluim gegeben haben, konnten wir den ganzen Restbetrag auf einmal zurückzahlen. Cluim weigerte sich, irgend etwas davon anzurühren, bevor diese Sache nicht aus der Welt geschafft war. Als Ihr ankamt, hatte ich von Cinhil gerade die Quittung über die endgültige Löschung der Schuld erhalten. Und für Cluim sind noch fast neunhundert Denare übriggeblieben!« In ihrer Stimme war eine solche Freude und Erleichterung zu spüren, daß ich erschüttert war und begriff, eine wie schwere seelische Belastung diese Verpflichtung für sie gewesen sein mußte.

»Das freut mich, Frau Pervica«, erwiderte ich, »aber das war die Dankesschuld, die meine Leibwächter beglichen haben. Ich habe Euch nichts gegeben.«

»Außer Dankesworten?« sagte sie mit dem liebenswürdig-ironischen Lächeln, an das ich mich so gut erinnerte.

»Außer denen, ja«, antwortete ich. – »Leimanos«, wandte ich mich auf sarmatisch an den Führer meiner Leibwache, »bringe das

Bild hinaus, und laß es gut in Stroh verpacken, damit es auf dem Rückweg nicht beschädigt wird. Den Teppich kannst du dalassen. Und denke in Zukunft daran, zu wem du sprichst.«

»Es tut mir leid, mein Fürst«, sagte er unglücklich und nahm das Bild vom Tisch, »ich dachte...«

»Ich weiß, ich weiß; du hast dir die lateinische Sprache schneller angeeignet als die Kenntnis der römischen Sitten. Na ja, vielleicht hätte sie es sowieso abgelehnt, und du und die Leibwächter habt ihr immerhin etwas gegeben, was sie sich wirklich wünschte.«

Leimanos ging mit dem Bild unter dem Arm hinaus. Die dunkelhaarige Dienerin, Cluims Schwester, kam mit einem Krug heißem gewürzten Bier und einer Schale Nüsse herein. Während das Mädchen das Bier einschenkte, bat Pervica uns, Platz zu nehmen. Die Kline bot nur drei Personen Platz, und Quintilius ließ sich wie selbstverständlich in der Mitte nieder, Longus nahm rechts neben ihm Platz, während ich es vorzog, mich auf den Teppich zu setzen. Pervica holte sich einen Schemel und setzte sich an das Kopfende des Tisches, und schließlich nahm Eukairios notgedrungen am anderen Ende der Kline Platz.

»Ich möchte«, sagte ich zu Pervica, als das Mädchen mir meinen Becher reichte, »auch über einen anderen Plan für Euer Pferd mit Euch sprechen, der Euch vielleicht interessiert.« Ich erklärte ihr das Projekt mit den Zuchtfarmen.

Sie hörte aufmerksam zu, und ihre erste Frage war: »Wie würde der Preis für die Fohlen sein?«

»Das müßte ausgehandelt werden«, antwortete ich. »Mein Schreiber Eukairios hier kennt sich sehr gut in finanziellen Dingen aus. Ich habe ihn mitgebracht, damit er Euch behilflich sein kann, eine angemessene Forderung zu errechnen – falls Ihr an dem Projekt interessiert seid.«

»Du denkst doch nicht daran, diesen Plan in Betracht zu ziehen?« fragte Quintilius.

»Natürlich tue ich das!« entgegnete Pervica. »Wenn der Preis gut ist, würde es... würde es aus dieser Farm all das machen, wovon der arme Saevus immer geträumt hat. Du weißt, daß ich es tun würde!«

»Es ist Unsinn!« fuhr Quintilius sie barsch an. »Wahrscheinlich gibt es überhaupt keinen ernsthaften Plan, Pferde zu züchten. Dieser Barbar sucht nur nach einem Vorwand, dich zu besuchen. Er ist auf nichts anderes aus, als ehrbare Frauen zu belästigen und in Verruf zu bringen.«

Ich sah ihn kalt an. »Es ist töricht von Euch, das zu sagen«, sagte ich ruhig, »wenn Ihr damit meint, ich könnte jemals etwas tun, was eine Dame verletzen würde, der ich mein Leben verdanke.«

»Was ist töricht dabei, jemanden der Unehrenhaftigkeit zu verdächtigen, der selbst zugibt, ein Dieb zu sein?« erwiderte Quintilius. »Nur ein Narr würde Euch trauen!«

»Oh, Hercules!« stöhnte Longus.

Ich sah zu Pervica hinüber. »Frau Pervica, ist dieser Mann Euer Freund?«

»Er ist ein alter Freund meines Mannes«, antwortete sie, »und er hat sich sehr große Sorgen gemacht, seit er von Euch gehört hat. Ich erwähnte schon, daß es Gerüchte über euch Sarmaten gegeben hat, die Unruhe und Angst ausgelöst haben. Bitte habt Nachsicht mit ihm.«

»Dann werde ich um Euretwillen seine Worte vergessen«, sagte ich. »Aber Euch, Quintilius, möchte ich bitten, daran zu denken, daß wir beide Gäste dieser Dame sind. Ihr solltet in ihrem Haus nicht andere Gäste beleidigen, das gebietet zumindest die Achtung vor ihr, wenn Ihr schon nicht genügend Selbstachtung besitzt, um die einfachsten Höflichkeitsformen zu respektieren.«

»Wenn ich in dieser Sache etwas zu sagen hätte, wäret Ihr überhaupt nie in das Haus eingelassen worden.«

»Aber Ihr habt in dieser Sache nichts zu sagen, und ich befinde mich in dem Haus. Mir scheint, die Dame ist durchaus in der Lage, ihre Entscheidungen selbst zu treffen.«

Longus lehnte sich kopfschüttelnd zurück. Pervica warf mir einen Blick zu, den ich nicht zu deuten vermochte, und fuhr fort, mit Eukairios über den Preis zu diskutieren. Sie brauchten nicht lange, um zu einem Ergebnis zu kommen.

»Heißt das«, fragte ich, als Pervica mir den Preis nannte, auf den sie sich geeinigt hatten, »ich kann dem Legaten sagen, daß Ihr dem Projekt unter der Voraussetzung zustimmt, daß Ihr mindestens diesen Preis erhaltet?«

»Ja«, sagte sie fest.

»Nein«, sagte Eukairios. »Ihr werdet ihm sagen müssen, daß sie mindestens zehn Denare mehr verlangt. Er wird den Preis zu drücken versuchen, Herr.«

Pervica und ich sahen uns an. Verblüfft die Hände hebend, sagte ich: »Verlaßt Euch auf Eukairios.«

»Ich glaube, das werde ich tun«, erwiderte sie lächelnd. »Nun, wie viele Pferde, denkt Ihr, könnte die Farm tragen? Ihr werdet dem Legaten auch das sagen müssen, und ich habe keine Erfahrung in Pferdezucht.«

»Pervica, du darfst dich auf diese Sache nicht einlassen!« rief Quintilius. »Als der älteste Partner deines Mannes und dein engster Berater verbiete ich es!«

Pervica stand auf. »Cinhil«, sagte sie in freundlichem Ton, »ich bin für deine Hilfe in den letzten Jahren und für deine Geduld mit der Rückzahlung der Schulden dankbar gewesen. Ich habe deinen Rat gehört und respektiere ihn. Aber ich bin völlig sicher, daß ich von Ariantes nichts zu befürchten habe – und zudem würde das Projekt, das er vorschlägt, von der Verwaltung der Sechsten Legion durchgeführt werden, nicht von ihm persönlich. Ich kann absolut keinen Grund sehen, es abzulehnen, ohne einen Versuch gemacht zu haben.«

Auch Quintilius war aufgestanden. »Pervica«, begann er, »aus Achtung vor Saevus ...« Er hielt ein und wandte sich mir zu.

»Nein!« rief er wütend. »Ihr habt die Dame dazu verleitet, Euch für ungefährlich zu halten, aber sie ist nicht schutzlos, sie hat Freunde. Ich verbiete Euch, hierherzukommen. Nehmt Eure Männer und macht, daß Ihr wegkommt!«

Ich blieb, wo ich war. »Frau Pervica«, sagte ich, »spricht dieser Mann mit Eurer Ermächtigung?«

»Nein«, antwortete sie, aber sie war blaß geworden und sah besorgt aus. »Nein. Cinhil, bitte ...«

Ich stand auf. »Ihr wünscht also, mit mir zu kämpfen?« fragte ich ihn.

Daraufhin wurde er ebenfalls blaß, aber er war entschlossen. »Ja«, erklärte er, »wenn es ein Kampf Mann gegen Mann ist und Ihr diese vergoldeten Fischschuppen abnehmt.«

Ich löste die Schließe des Mantels und legte ihn ab, dann begann ich, die Schnallen des Brustpanzers zu öffnen.

»Bitte!« sagte Pervica. »Bitte, nicht! Ariantes, er ist kein Soldat, Ihr dürft nicht mit ihm kämpfen!«

»Ariantes«, sagte Longus, »hört zu. Ich weiß, er hat Euch herausgefordert, wir können das alle beschwören – aber wenn Ihr ihn tötet, wird man Euch, zumindest formell, des Mordes anklagen. Ich mag nicht daran denken, was Eure Männer tun würden, wenn wir versuchten, Euch zu verhaften. In aller Götter Namen, laßt es bleiben!«

»Macht Euch keine Sorgen!« sagte ich zu ihnen, »ich werde versuchen, ihn zu schonen.« Ich nahm das Schwertgehänge ab, legte das Schwert auf den Tisch und stellte den Brustpanzer auf den Fußboden. Das wollene Hemd und die wollene Hose, die ich unter der Rüstung trug, waren sehr leicht; es würde ein »kalter« Kampf werden. »Habt Ihr Eure Waffen bei Euch?« fragte ich Quintilius.

Er leckte sich die Lippen. »N-nein.«

»Dann könnt Ihr mein Schwert nehmen.«

Ich öffnete den Gurt der gepanzerten Lederhose und zog sie ebenfalls aus.

Quintilius nahm das Schwert vom Tisch. Es war der römischen *spatha* sehr ähnlich, dem zweischneidigen Langschwert, der Hiebwaffe der Kavalleristen, die die Römer von den Germanen übernommen hatten. Der Griff war aus Gold, ein mit Rubinen besetzter Drachenkopf bildete an seinem Ende einen ringförmigen Wulst. Quintilius legte vorsichtig die Hand um den Griff und zog das Schwert aus der Scheide. Die Klinge aus feinem Stahl glänzte. Er sah sie mißtrauisch an, als ob sie ihn beißen könnte.

»Ist es zu lang?« fragte ich, als ich die gepanzerte Hose neben den Brustpanzer legte.

»Ich... ich sagte, ich würde mit Euch kämpfen. Ich komme schon zurecht damit.«

»Tut mir leid, aber ich habe kein Kurzschwert, falls Ihr das vorzieht. Wollt Ihr zu Pferde oder zu Fuß kämpfen?«

»Zu Fuß«, flüsterte er.

»Bitte!« sagte Pervica erneut. »Bitte, das ist absurd! Ihr geht beide von hier fort; ich lasse es nicht zu, daß Männer sich auf meinem Grundstück gegenseitig umbringen!«

»Ich werde gegen den Bastard hier und jetzt kämpfen!« brüllte Quintilius, dessen Gesicht plötzlich wieder dunkelrot anlief. Er stampfte durch die Tür, die in die Küche führte, auf den Hof hinter dem Haus zu.

»Wäre es Euch lieber, wenn wir zur Straße hinaufgehen?« fragte ich Pervica.

»Nein! Mir wäre lieber, Ihr würdet überhaupt nicht kämpfen!«

»Der Kampf ist jetzt nicht mehr zu vermeiden. Es gibt einen Kodex in Ehrensachen, und ich jedenfalls könnte nicht zurücktreten, ohne meine Ehre zu beschädigen.«

»Und was ist mit dem Schaden für meine Ehre?«

»Wie kann es Eure Ehre schädigen, wenn Quintilius meine Motive für den Besuch bei Euch anzweifelt und mich beleidigt? – Ich muß gehen, bevor er auch noch zu meinen Männern törichte Dinge sagt.«

Ich eilte durch die Küche in den rückwärtigen Hof. Meine Männer hatten sich mit etwas Stroh aus dem Stall gegen den Wind abgeschirmt und in einem sandigen Winkel ein Feuer gemacht. Die leeren Schüsseln und Becher bezeugten, daß sie die Pause genutzt hatten. Aber sie waren jetzt alle auf den Beinen und starrten Quintilius an, der im Türrahmen stand und mein Schwert nervös mit beiden Händen umklammert hielt.

»Wartet eine Minute!« sagte ich zu ihm. »Ich werde meine Männer schwören lassen, daß sie Euch nichts antun, wenn Ihr gewinnen solltet.«

Ich drängte mich an ihm vorbei, ging zu meiner Leibwache hinüber und erklärte ihnen die Situation. Sie waren erfreut – mit seinem groben Auftreten hatte er ihre Empfindlichkeit in Fragen meiner Ehre und Würde getroffen, und jetzt boten sie mir grinsend ihre Schwerter an. Ich ließ sie die Hände über das Feuer ausstrecken und schwören, daß sie meinen Gegner schonen und seinem Vieh, seiner Familie und seinem Haus und Hof keinen Schaden zufügen würden, falls ich den Zweikampf verlöre. Dann ging ich zur Tür zurück. Auch die anderen waren herausgekommen, aber Pervica und Eukairios sahen sehr besorgt aus.

»Wenn Ihr es wünscht, werden wir Euer Grundstück verlassen und irgendwo außerhalb den Zweikampf austragen«, schlug ich Pervica vor.

»Nicht zu wissen, was geschieht, wäre noch ärger«, erwiderte sie deprimiert.

Quintilius hieb mit meinem Schwert durch die Luft. Er hielt es noch immer mit beiden Händen, obwohl der Griff dafür zu kurz war und er die Hände übereinanderlegen mußte. Aber ich hatte doch den Eindruck, daß er gewohnt war, eine Waffe dieser Art zu halten. »Ihr habt Euch kein Schwert geliehen«, sagte er mit rauher Stimme.

»Nein«, antwortete ich. »Möchtet Ihr lieber irgendeine andere Waffe?«

»Nein, beeilt Euch! Laßt uns die Sache endlich hinter uns bringen! Borgt Euch ein Schwert!«

Ich ging zu meinen Männern zurück und bat um einen Dolch. Ihre Augen leuchteten auf, und sie brachten einen Dolch und ein Seil herbei.

»Bloß den Dolch«, sagte ich, und ihre fröhliche Stimmung schwand. Ein Augenblick entsetzten Schweigens trat ein, als ihnen klar wurde, daß es mir ernst war.

»Nimm zusätzlich ein Lasso, mein Fürst, bitte!« sagte Leimanos.

»Er ist kein Krieger«, sagte ich. »Ein Lasso und ein Dolch gegen ein Schwert, da sind die Chancen fast gleich. Das brächte keinen Ruhm. Gebt mir den Dolch, und vergeßt nicht, was ihr geschworen habt.«

»Mein Fürst«, beharrte Leimanos, »bitte... dein Bein könnte dir Schwierigkeiten machen...«

»Leimanos, ich rede dir nicht in Dinge hinein, die deine Ehre betreffen. Laß mich also selbst entscheiden, wie ich meine verteidige.«

Widerwillig reichte er mir den Dolch, und ich ging zu Quintilius zurück. Er starrte mich verdutzt an.

»Was soll das jetzt wieder heißen?« fragte er.

»Ihr seid an mein Schwert nicht gewöhnt«, antwortete ich, »und zudem, wenn Ihr mir das zu erwähnen gestattet, etwas älter als ich. Erlaubt also, daß ich diese Nachteile ausgleiche.«

Plötzlich fühlte ich mich überwältigend glücklich, berauscht von der alten wilden Erregung: das Leben in meiner Hand, dem Tod ins Auge blicken, ruhmvoll siegen oder ruhmvoll sterben. Daß ich dieses Gefühl in solcher Intensität noch einmal erleben würde, hatte ich nicht erwartet.

Quintilius sah aus, als wollte er den Vorteil zurückweisen – aber er konnte sich doch nicht dazu aufraffen, und die Tatsache, daß er es nicht konnte, machte ihn noch ärgerlicher. Mit einem plötzlichen Wutschrei sprang er vorwärts und schwang das Schwert durch die Luft.

Ich hätte ihn erdolchen können, als er sprang, aber ich wollte ihn nicht töten. Seine unorthodoxe Art zu fechten, in der keinerlei Methode zu erkennen war, machte mir etwas Sorge. Ich sprang zur Seite – nach rechts, um auf dem gesunden Bein zu landen – und einen Schritt zurück. Das Schwert kam halb herunter, hob sich wieder, und er rannte auf mich zu, es wild über dem Kopf schwingend. Ich wich erneut nach rechts aus, und als er fast auf meiner Höhe war, warf ich mich vorwärts. Er wirbelte herum; auch jetzt hätte ich das Schwert unterlaufen können, aber ich wollte vermeiden, ihn ernsthaft zu verletzen. Also machte ich einen neuen Satz nach rechts und krachte beinahe gegen die Hauswand. Ein rascher Sprung vorwärts und nach links brachte mich aus der Gefahr, aber diesmal kam ich auf dem verletzten Bein auf, und das gab einen Augenblick nach; mit aller Kraft riß ich mich hoch – und sah, daß

Quintilius mein Schwert auf die Stelle heruntergebracht hatte, wo ich gerade gewesen war, und es in die Erde gerammt hatte. Ich war überrascht und einigermaßen beunruhigt wegen der Klinge. Er riß es heraus und rannte brüllend auf mich zu, das Schwert diesmal seitwärts schwingend. Ich ließ mich flach zu Boden fallen, und es zischte über meinen Kopf hinweg; Quintilius stolperte über mich und fiel. Ich rollte mich auf die Seite und kam auf die Knie hoch. Er schaffte es, sich aufzusetzen, und schwang das Schwert zurück. Ich parierte es mit dem Dolch und drückte dagegen. Die Schneide glitt an der Schwertklinge hoch, über das Blatt hinaus und ritzte ihm die Fingerrücken. Er stieß einen gellenden Schrei aus und ließ das Schwert fallen. Dann, zu meiner größten Verwunderung, ballte er die blutende Hand zur Faust und schlug sie mir mit aller Kraft ins Gesicht.

Für einen Augenblick wurde mir rot und schwarz vor Augen, und ich hörte hinter mir den zornigen Aufschrei meiner Männer. Ungläubig faßte ich mit der Hand an meine Nase. Quintilius kam taumelnd hoch. Ich deckte mit den Armen gerade noch rechtzeitig meinen Kopf, um den nächsten Schlag seiner nackten Faust nicht auf die Augen zu bekommen. Mein linker Arm wurde taub. Ich stieß den Dolch blind aufwärts und warf mich gleichzeitig nach vorn gegen ihn. Sowohl der Dolch wie meine Schulter trafen etwas. Er knurrte wütend, ich ließ den Arm fallen und sah, daß der Dolch ihm lediglich den Ärmel aufgeschlitzt hatte, meine Schulter hatte ihn jedoch mit voller Wucht in den Magen getroffen.

Dies war alles andere als Schwertfechten. Ich packte den Arm, der mir am nächsten war, mit einem Ringergriff, richtete mich auf und warf Quintilius nach hinten über die Schulter, so daß er mit einem dumpfen Aufschlag auf dem Rücken landete, dann drehte ich mich um, kniete mich auf seine Brust und hielt ihm den Dolch gegen die Kehle.

Einen Augenblick dachte ich, er würde trotzdem versuchen, sich aufzurichten, aber er tat es nicht. Er lag keuchend da und stierte mich ausdruckslos an. Ich wischte mit dem Rücken der anderen Hand, in der ich kein Gefühl hatte, über die Nase und sah, daß sie blutüberströmt war. »Was für eine Art von Fechten war denn das?« fragte ich ihn.

»Haltet den Mund, und macht endlich Schluß!« erwiderte er.

Ich nahm den Dolch von seiner Kehle und stand auf. »Ihr wußtet nicht mal, wie man ein Schwert hält!« sagte ich kopfschüttelnd. Ich konnte es immer noch nicht fassen, was sich da abgespielt hatte. Ich sah mich nach meinem Schwert um, humpelte hinüber und nahm es auf. Es war völlig verdreckt.

Quintilius setzte sich mühsam auf und hielt sich, nach Luft schnappend, den Magen.

»Seht Euch bloß an, was Ihr mit meinem Schwert gemacht habt!« sagte ich entrüstet und wischte mir wieder über die Nase. »Das nächste Mal könnt Ihr Euch selbst eins kaufen!«

Longus fing an zu lachen. Nach einiger Zeit lachte ich ebenfalls, hörte aber gleich wieder abrupt auf. Ich fühlte mich wie ein Narr.

»Lacht nicht über mich!« schrie Quintilius – und schnappte erneut nach Luft. »Verdammt!« Er rieb sich den Magen.

Longus reichte ihm eine Hand, um ihm aufzuhelfen. »Ich habe nicht über Euch gelacht. Ihr seid wirklich ein mutiger Mann; mit Ariantes zu kämpfen, wenn Ihr nicht einmal wißt, wie man ein Schwert hält... Er hat mehr Männer im Kampf getötet, als Ihr Zähne im Mund habt – fragt gelegentlich mal seine Gefolgsleute. Ich würde ihn nicht zum Zweikampf herausfordern, und ich bin ein Dekurio. Aber ich hoffe, Ihr werdet jetzt zugeben, daß die Dame das Recht hat, zu bestimmen, wer in ihrem Haus willkommen ist und wer nicht.« Er zog Quintilius hoch und fragte nach Verbandszeug für dessen verletzte Hand.

Leimanos kam herüber und nahm das Schwert. Er rieb den gröbsten Dreck ab und überprüfte es sorgfältig auf Scharten in der Klinge. Einer der Leibwächter brachte eine Handvoll Wolle für meine blutende Nase. Im selben Augenblick kam Pervica mit einem wollenen Lappen. »Ihr kommt besser ins Haus«, sagte sie ruhig. »Es ist zu kalt, um im Hemd hier draußen herumzustehen, und Ihr solltet Euch hinlegen und den Kopf zurücklegen, um das Bluten zu stillen.«

Ich nickte, drückte den Lappen gegen die Nase und ging ins Haus zurück. Ich kam mir vor wie ein kompletter Idiot. Kurz darauf lag ich auf dem Teppich, den ich mitgebracht hatte, den Kopf zurückgelegt; Quintilius erholte sich auf der Kline, und die übrigen standen um den Eßtisch herum. Leimanos hatte eine andere Verwendung für die Wolle gefunden und säuberte damit mein Schwert.

»Leute, die kein Schwert halten können, haben kein Recht darauf, daß ein Zepterträger mit ihnen kämpft«, sagte er. Er richtete seinen Kommentar nicht direkt an Quintilius, sprach aber betont lateinisch. »Rinderhirten, die nicht fechten können, sollten in Gegenwart von Edelleuten schweigen.«

»Er ist kein Rinderhirt«, sagte ich durch den Lappen hindurch. »Er ist ein Farmer. Er besitzt Land. Wahrscheinlich hat er Rinderhirten und Schäfer, die für ihn arbeiten.«

»Er kämpft mit den bloßen Händen, wie ein Tier. Ich glaube nicht, daß er überhaupt ein Schwert besitzt.«

Ich zuckte die Schultern. »Er besitzt ein Haus, und wahrscheinlich gibt er sein Geld dafür aus statt für Schwerter. Er besitzt eine Farm, und die Farmarbeit nimmt ihn voll in Anspruch; er hat keine Zeit, das Kriegshandwerk zu erlernen, und er erwartet, daß andere für ihn kämpfen, wenn es notwendig ist. Er ist Römer, Leimanos, Bürger des größten Reiches der Welt, dessen Kaiser wir den Treueeid geschworen haben.

›Fern über Garamanten und Inder wird er des Reiches
Grenzen dehnen; das Land liegt außerhalb der Gestirne,
außer der Jahresbahn der Sonne, wo Atlas den Himmel
trägt und auf den Schultern läßt kreisen das Sternengewölbe.‹
So jedenfalls sagen die Römer.«

Nach einem Augenblick überraschten Schweigens fragte Longus: »Bei Kalliope, wo habt Ihr gelernt, Vergil zu zitieren?«

Ich antwortete nicht. Ich fühlte mich deprimiert, man hatte mich zum Narren gehalten. Meine große heroische Geste hatte in einem Faustkampf geendet, und wieder einmal wurde mir die ganze Tiefe der Kluft bewußt, die unsere Welt, die Welt, in der wir früher gelebt hatten, von der Welt trennte, in der wir jetzt lebten.

Pervica kam zu mir herüber. Sie brachte einen frischen Lappen und kniete sich neben mich, um ihn gegen den alten auszutauschen. »Ich danke Euch«, sagte sie. »Ihr hättet Cinhil töten können, und Ihr habt schreckliche Risiken auf Euch genommen, um das zu vermeiden.«

»Es wäre eine Schande für mich gewesen, einen Mann zu töten, der nicht einmal ein Schwert halten kann«, erwiderte ich.

»Wir haben vor einigen Tagen etwas am Ufer des Flusses gefunden, von dem wir annehmen, daß es Euch gehört«, fuhr Pervica fort. »Das Wasser hat es vermutlich unbrauchbar gemacht, aber ich möchte es Euch trotzdem geben. Ich werde es holen.«

Sie ging, und Longus nahm ihren Platz ein. »Kann ich mich eben überzeugen, daß die Nase nicht gebrochen ist?« fragte er.

Ich nahm den Lappen weg, und er untersuchte die Nase. »Kein bleibender Schaden zum Glück«, stellte er fest. »Ihr solltet Euch das Gesicht waschen, der Bart ist voller Blut.«

Das Bluten schien aufgehört zu haben; ich setzte mich auf, und Leimanos brachte mir eine Schüssel mit Wasser.

Pervica kam in den Raum zurück, in der Hand hielt sie meine Bogentasche. »Gehört sie Euch?« fragte sie und hielt sie mir hin.

Ich nahm sie. Als meine Hände sie berührten, kam mir plötzlich wieder in Erinnerung, wie Bodica gesagt hatte: »Ich habe dir den Bogen gegeben, damit sie glauben, du warst auf der Jagd« – und ich hörte wieder ihr Kichern, als sie mich ins Wasser rollte. Ich saß still da und starrte auf das rote, vom Wasser fleckig gewordene Leder.

»Was ist?« fragte Pervica.

»Ich erinnere mich jetzt daran, wie ich ins Wasser gekommen bin«, antwortete ich. Ich öffnete die Tasche und nahm den Bogen heraus, um ihn zu überprüfen.

»Ich fürchte, das Wasser hat ihn ruiniert«, sagte Pervica. »Nein, der Lederbehälter ist mit Öltuch abgedichtet, seht Ihr? Das Innere ist völlig trocken. Er muß flußabwärts getrieben und ans Land geschwemmt worden sein.«

»Aber der Bogen ist nach hinten gekrümmt.«

Ich sah auf und lächelte. Natürlich, in Britannien kannte man den zusammengesetzten Bogen mit seinen verschiedenen Lagen von Horn und Sehnen nicht. Es gab hier am Wall keine anderen Einheiten mit östlichen Bogenschützen, und die Bogen der Briten bestanden nur aus Holz und waren ziemlich weich. »Sie sind immer nach hinten gekrümmt, wenn sie entspannt sind«, erklärte ich ihr. Ich legte eine Sehne in die Kerben am Ende des Bogenstabs ein, preßte den Bogen rückseitig gegen mein Bein und zog ihn kräftig an. Die Sehne ließ einen scharfen, sirrenden Ton hören, als der Bogen sich spannte.

»Ich dachte, Ihr wärt auf der Jagd gewesen«, sagte Longus verdutzt.

»Und?«

»Warum war dann Euer Bogen im Behälter, ungespannt?«

Ich sah ihn an, dann blickte ich auf den Bogen. Ich entspannte ihn, ohne zu antworten, und steckte ihn in den Behälter zurück.

»Ich danke Euch«, sagte ich zu Pervica. »Hier kennt man diese Bogen nicht. Meine Männer verstehen sich darauf, sie anzufertigen, aber wahrscheinlich könnte man hier nicht die beste Art von Leim finden.«

»Ich bin froh, daß er nicht zerbrochen ist«, sagte Pervica lächelnd. Sie setzte sich auf die Fersen zurück und rieb mit ihrem Daumen über das Leder der Tasche.

»Wegen des Pferdes...«, sagte sie, ihren Daumennagel auf dem Leder betrachtend.

»Oh. Ich dachte, Ihr würdet es vielleicht unter den gegebenen Umständen behalten wollen. Der Hengst wäre von großem Wert für die Zucht.«

»Nein.« Sie hob den Kopf und sah mich lächelnd an. »Nein, ich könnte nicht mit ihm fertig werden. Ich möchte ihn Euch geben.«

»Wenn Ihr ihn behieltet, würdet Ihr jemanden als Hilfe bekommen, der mit ihm umgehen kann. Wenn Ihr ihn nicht behalten wollt, muß ich für ihn bezahlen. Ich stehe viel zu tief in Eurer Schuld, um ein Geschenk anzunehmen.«

»Ihr seid nicht in meiner Schuld. Deshalb möchte ich ihn Euch ja geben.«

»Das ist die Logik einer Frau. Ich verstehe sie nicht.«

»Und das ist die Arroganz eines Mannes. Es ist doch völlig klar: Dank Euch bin ich schuldenfrei und habe eine Chance, auf ehrenhafte Weise zu wirklichem Wohlstand zu kommen. Ich werde nichts weiter von Euch annehmen wegen irgendeiner imaginären Dankesschuld. Ihr habt mir heute Geschenke gegeben; auch ich möchte Euch eins geben.«

»Ihr habt das Geschenk nicht angenommen, das ich Euch gebracht habe.«

»Ihr habt mir die Achtung der Gastfreundschaft und der Ehre meines Hauses gegeben, indem Ihr Cinhils Leben schontet – und Ihr habt mir einen Teppich gegeben. Beides habe ich dankbar angenommen.«

»Ich freue mich, wenn ich etwas tun konnte, das Euer Gefallen findet.«

»Dann nehmt das Pferd.«

Ich hätte fast gelacht. »Also gut, ich werde den Hengst nehmen und ihn für Euch trainieren. Aber wenn die Zeit kommt, ihn im Gestüt einzusetzen, müßt Ihr ihn zurücknehmen.«

Sie lachte. »Nehmt ihn jetzt, und über das Weitere sprechen wir, wenn die Zeit dafür kommt.«

Wir brachen eine Stunde später auf, der Hengst Wildfeuer war neben dem Packpferd angebunden. Zu meiner großen Freude hatte Pervica zugesagt, zu den bevorstehenden Festlichkeiten nach Cilurnum zu kommen. Ich war völlig überrascht gewesen, als Longus damit herausrückte, daß seine verwitwete Mutter und seine verheiratete Schwester in dem Dorf bei unserem Fort lebten, und er Pervica in ihrem Namen Gastfreundschaft anbot. Anscheinend plante die Schwester, zwei Tage vor Beginn des Festes zum Einkaufen nach Corstopitum zu fahren. Sie könnte Pervica dort treffen, sie mit nach Cilurnum nehmen und sie in ihrem Haus während der heiligen Tage beherbergen. Da Longus sich dafür verbürgte, war Pervica mit Freuden bereit, die Einladung zum Fest anzunehmen. Quintilius protestierte, aber nur schwach. Ich war äußerst zufrieden mit diesem Angebot; dankte Longus sehr für seine Hilfe und betonte ausdrücklich, wie froh ich war, daß er mich doch begleitet hatte.

Wir waren gerade dabei, vom Farmweg in die Hauptstraße einzubiegen, als wir Facilis rufen hörten und ihn auf uns zutraben sahen. Wir hielten an und warteten, bis er uns erreicht hatte.

»Was ist mit Eurem Gesicht passiert?« fragte er mich, als wir gemeinsam weiterritten.

»Er hat sich mit einem Freund der Dame duelliert«, antwortete Longus an meiner Statt. »O Götter und Göttinnen, es war herrlich!«

»Was ist dem Freund geschehen?« fragte Facilis alarmiert.

»Der Handrücken geritzt. Ariantes hatte nie die Absicht, ihn zu töten. Ich und – was viel wichtiger war – die Dame wünschten das nicht.«

Facilis knurrte: »Wozu dann überhaupt dieses Theater?«

»Es war die Idee des anderen Mannes. Oh, ihr Götter! Bin ich froh, daß ich mitgekommen bin! Marcus, es war schön. Dieser Freund ist ein Grundbesitzer, Quintilius, Sohn des Celatus mit Namen, und es stellte sich heraus, daß er dem Ehemann der Dame eine Menge Geld geliehen hatte und sie Blut schwitzen mußte, um es zurückzuzahlen. Zwischen den Zeilen gelesen: Er hoffte, sie heiraten und so ein sauberes kleines Besitztum zugleich mit der hübschen Witwe bekommen zu können. Sie dankte ihm für seine Geduld mit der Rückzahlung der Schulden, aber er ist nicht der Typ, der leicht aufgibt. Er hatte sich die Schulden zunutze gemacht, um sie zu tyrannisieren und zu schikanieren, soviel er konnte. Aber dann rettete sie das Leben unseres fürstlichen Freundes hier, und seine dankbaren Leibwächter überschütteten sie mit so vielen Geschenken, daß sie die ganze Schuld zurückzahlte und sogar noch einmal halb soviel übrigblieb. Das war das letzte, was der Gutsbesitzer wünschte. Als wir ankamen, war er gerade dort, um den gesamten Restbetrag der Schuld entgegenzunehmen; er warnte sie vor der Wollust und der Niedertracht der Barbaren und offerierte ihr noch einmal seinen Schutz als ihr Ehemann.«

»Das wißt Ihr nicht«, sagte ich verblüfft.

»Aber es stimmt. Leimanos, glaubt Ihr nicht, daß es stimmt?«

»Ich habe mir keine Gedanken darüber gemacht«, sagte Leimanos stirnrunzelnd. »Aber ja, es ist so.«

»Ihr erfindet das«, beharrte ich.

»Ich erfinde nicht ein einziges Wort!« erklärte Longus. Und er berichtete Facilis weiter von dem Gemälde und dem Gespräch über die Pferdezucht und wie sich der Streit entwickelt hatte.

»Quintilius war so außer sich vor Wut und Enttäuschung«, schloß er, »daß er sagte, er wünsche zu kämpfen, vorausgesetzt, unser Freund lege seine Rüstung ab. Ariantes war im Nu aus der Rüstung, ließ die Leibwächter schwören, den Gutsbesitzer unbehelligt zu lassen, und lieh dem Mann sein Schwert. Es war ein häßlicher Augenblick für mich, kann ich Euch sagen. Und es kam noch schlimmer: Statt sich selbst ein anderes Schwert zu borgen, ließ er sich einen kleinen Dolch geben. Ein Dolch gegen ein Langschwert! Im Geiste sah ich, wie fünfhundert wutschnaubende Sarmaten in Cilurnum Rache schwören, und ich war der Panik nahe. Aber, Marcus – jetzt kommt der Knalleffekt –, Quintilius hatte nie im Leben ein Schwert in der Hand gehabt! Er schwang es in der Luft herum wie eine Heckensichel, und als Ariantes ihm mit dem Dolch die Hand ritzte, warf er es einfach weg und schlug ihm statt dessen mit der Faust auf die Nase.«

Longus konnte vor Lachen nicht weitersprechen. Schließlich fuhr er fort: »Ihr habt noch nie ein solches Spektakel gesehen. Keiner der Sarmaten konnte es glauben. Leimanos hier war purpurrot vor Entrüstung, und die anderen brüllten über eine so naturwidrige Tat. Schließlich haben die Götter uns Hände gegeben, um Schwerter zu halten, und nicht, damit wir uns gegenseitig die Nase einschlagen. Nun, danach machte Ariantes der Sache ein Ende. Er warf Quintilius zu Boden, setzte sich auf ihn und hielt ihm den Dolch an die Kehle, um absolut klarzumachen, daß er den Burschen jederzeit töten könnte, wenn er diese Absicht hätte – woran übrigens niemand gezweifelt hatte. Dann stand er wieder auf, nahm das Schwert, das dieses arme Schwein dazu benutzt hatte, die Erde aufzuhacken, und sagte: ›Seht Euch bloß an, was Ihr mit meinem

Schwert gemacht habt! Das nächste Mal könnt Ihr Euch selbst eins kaufen!‹« Longus verstand sich perfekt darauf, Menschen zu imitieren, und seine Darstellung, wie ich mir verblüfft und entrüstet über die blutende Nase wischte, war unverschämt genau getroffen.

Facilis fing an zu lachen, und Longus stimmte ein. »Ihr wart komisch!« sagte Longus. »Götter, wart Ihr komisch!«

Leimanos versuchte, eine beleidigte Miene aufzusetzen – Fürst-Kommandeure eines Drachen, zumal des eigenen, haben nicht komisch zu sein. Aber nach einem kurzen Stirnrunzeln fing auch er an zu lachen. Ein Mann der Leibwache kam nach vorn geritten und fragte ihn nach dem Grund des Gelächters; Leimanos riß sich zusammen und sagte: »Flavinus Longus hat erzählt, wie dieser Kuhhirte kämpfte, wie er das Schwert unseres Fürsten in der Luft herumschwang wie eine Heckensichel.«

Daraufhin begann auch dieser Mann zu lachen, und bald lachte die ganze Leibwache.

»Und was hat Quintilius daraufhin gemacht?« fragte Facilis.

»Er konnte nicht viel tun. Leimanos verkündete, daß Nichtadlige, die nicht einmal ein Schwert zu halten wüßten, nicht das Privileg erwarten dürften, sich von Edelleuten zerhacken zu lassen! Aber, um bei der Wahrheit zu bleiben, ich denke, sobald Quintilius das Schwert sah, wurde ihm klar, auf welchen Wahnsinn er sich da eingelassen hatte, und er hätte sicher einen Rückzieher gemacht, wäre ihm das ohne Gesichtsverlust möglich gewesen. Zweifellos war er nicht scharf auf eine Revanche, besonders nachdem ich ihm von der bluttriefenden Reputation unseres Freundes erzählt hatte. Nein, Quintilius saß den Rest der Zeit bis zu unserem Aufbruch nur griesgrämig da und leckte seine Wunden.«

»Und die Dame?«

Longus grinste. »Die Dame Pervica ist exakt das, was man erwarten würde«, erklärte er mit sichtbarer Befriedigung. »Keine blendende Schönheit, aber Spitzenqualität vom Scheitel bis zur Sohle, eine ehrbare, höchst respektable junge Witwe von fünfundzwanzig, liebenswürdig, anmutig und zurückhaltend. Außerdem ist sie außergewöhnlich intelligent und hat, wenn ich mich nicht sehr täusche, einen eisernen Willen. Sie mag es nicht, wenn man sie bevormunden und tyrannisieren will; sie würde Quintilius nie geheiratet haben, und wenn er Statthalter von Britannien wäre. Aber sie hat sich eine Meinung bezüglich eines gewissen Subjekts gebildet, und ihr einziges Bedenken ist, ob dieses Subjekt auch bezüglich ihrer Person eine Meinung hat, oder ob es nur dankbar ist. Sie hat genug davon, daß andere Leute auf ihre Dankbarkeit bauen, und hat nicht die Absicht, dieses Spiel ihrerseits zu spielen. Mehr werde ich nicht sagen, denn die Dame kommt zu den Festlichkeiten nach Cilurnum; sie wird bei meiner Schwester wohnen, und ich denke, Ihr werdet ihr begegnen. Ich gehe davon aus, daß sie einige Zeit bleiben wird.«

Grinsend sagte er zu mir: »Habt Ihr eigentlich schon mal daran gedacht, Ariantes, daß sie vielleicht nicht davon begeistert sein könnte, ein gutes Steinhaus zu verlassen und in einem Wagen zu leben?«

»Darüber können wir uns einigen, wenn es soweit ist«, sagte ich, zufrieden lächelnd. Bei mir dachte ich, selbst in einem Haus würde ich gut schlafen, wenn Pervica neben mir schliefe.

11

Meine Männer erhielten ihren ersten Sold am Tag von Pervicas Ankunft in Cilurnum, zwei Tage vor dem Fest. Allen anderen am Wall stationierten Truppen war der Sold schon früher ausgezahlt worden. Die Zahlung an uns hatte sich wegen der vielen Verhandlungen verzögert. Der Betrag, der uns schließlich zugestanden wurde, war der Standardsold für Auxiliartruppen – zweihundert Denare im Jahr – zuzüglich Aufwandsentschädigung für den Unterhalt von eindreiviertel Pferden und ein Extrazuschuß für die Instandhaltung unserer Rüstungen. Es war weniger, als ich gewünscht hatte, aber – das muß ich einräumen – beträchtlich mehr, als man uns anfänglich bewilligen wollte, und mehr, als die Asturier bekamen. Ein fester Betrag war uns, wie üblich, als Anteil an den

Verpflegungskosten abgezogen worden, ein anderer – variabler – Betrag für Pferdefutter und für den Ersatz unbrauchbar gewordener Kleidung und Ausrüstung. Aber ich war angenehm überrascht, daß der Sold rückwirkend von dem Tag an bezahlt würde, als wir Aquincum verließen. Es ergab sich daher ein recht stattlicher Betrag. Die Schwadronsführer erhielten übrigens das Siebzehnfache des Grundsolds. Endlich waren meine Männer in der Lage, eventuell inzwischen eingegangene Schulden zurückzuzahlen oder bei Pfandleihern versetzte Objekte einzulösen. Seit unserer Ankunft in Cilurnum hatten wir alles, was gebraucht wurde, aus unseren Geldreserven und den Wertgegenständen, die wir aus der Heimat mitgenommen hatten, bezahlt, und ich hatte mit Sorge die ersten Anzeichen von Ärger mit Geschäftsleuten und Geldverleihern beobachtet. Jetzt waren alle diese Schwierigkeiten behoben.

Ich ließ den Drachen antreten und warnte die Männer in einer kurzen Ansprache eindringlich vor Geldverleihern und vor den Gefahren des Schuldenmachens, dann führte ich sie in die Apsisnische der Halle des Hauptquartiers, wo die Geldbeutel unter dem gleichmütigen Blick der von den Standarten eingerahmten Statue des Mannes verteilt wurden, dem wir in Aquincum unseren Eid geschworen hatten. Die Männer verließen die Halle in fröhlicher Stimmung, um die letzten Vorbereitungen für das Sadafest zu treffen.

Ich fand ihre freudige Erregung deprimierend. Vor sechs Monaten hatten wir kaum gewußt, was Geld war. Jetzt hatte auch der begriffsstutzigste Mann im Drachen sofort verstanden, daß er mehr verdiente als die Asturier. Ich war müde und gereizt, als ich zur Halle zurückkehrte, um die Abrechnung mit Eukairios und dem Rechnungsführer der Asturier zu kontrollieren. Es war inzwischen Spätnachmittag geworden. Während der Prüfung der Belege fiel mir auf, daß unter dem Tisch noch eine Geldkassette stand; ich hob sie auf und schob sie über den Tisch zu Eukairios hin. »Wofür ist die?« fragte ich ihn. Er antwortete mit einem leichten Lächeln: »Der Betrag für den Kommandeur, Herr.«

»Oh«, sagte ich. Eukairios fuhr fort, die quittierten Einzelbelege in zwei Listen zu übertragen. Ich saß neben ihm, um die einzelnen

Blätter mit dem Drachenzeichen, das ich seit Bononia als Unterschrift zu kritzeln pflegte, gegenzuzeichnen. »Wieviel ist es?« fragte ich nach einer Weile.

Eukairios sah mich verdutzt an, legte die Feder hin und lachte.

»Was gibt's hier zu lachen? Kann ich mich beteiligen?« fragte Longus, der gerade hereinkam.

»Dekurio, ich habe nach Diktat meines Herrn an die sechzig bis siebzig Briefe wegen des Soldes und der Aufwandsentschädigungen für den Drachen geschrieben. Er hat Beamten in der Verwaltung des Legaten und des Statthalters Geschenke gegeben. Er hat, wie Ihr wißt, komplizierte Programme aufgestellt, um den Unterhalt für die Pferde zu sichern. Wir haben uns Sorgen gemacht über den Preis des Leims für die Instandsetzung der Bogen und wegen der Kosten für die Anschaffung eines Schmiedeherds. Hättet Ihr gedacht, es gäbe irgendein Detail der Truppenversorgung und -besoldung, über das er nicht Bescheid weiß?«

»Nein«, sagte Longus – auf die Pointe wartend.

Eukairios zeigte auf die Kassette. »Die Vergütung für den Kommandeur.«

»Beträgt die nicht dreißigtausend im Jahr?«

Eukairios fing wieder an zu lachen. Ich sah ihn gereizt an. Ich war nicht in der Stimmung für Scherze. »Du solltest nicht über mich lachen«, wies ich ihn zurecht.

»Ich bitte um Verzeihung, Herr«, sagte er ernüchtert. »Sie beträgt dreißigtausend im Jahr, wie der Dekurio sagte. Fünfzehntausend sind jetzt fällig. ›Item: fünfzehntausend Denare als Vergütung für den Kommandeur‹, hier.« Er schlug eine Seite in seinem Ordner auf. »Ihr unterschreibt an dieser Stelle.«

Ich unterschrieb und nahm die Kassette, die fünfzehntausend Denare enthielt. Sie war sehr schwer. Ganz plötzlich überfiel mich ein Gefühl des Abscheus und des Hasses. Ich haßte diesen grabähnlichen Raum mit den Steinmauern, die an den Wänden aufgereihten Standarten, und vor allem die Statue des Kaisers mit dem nachdenklichen Philosophengesicht. Ich war ein Fürst gewesen und hatte Schaf- und Rinderherden besessen; ich hatte meine Gefolgsleute bei

Invasionen auf römisches Gebiet und im Krieg geführt; ich hatte Handel mit den Völkern des Ostens getrieben; ich hatte das Zepter getragen und die Streitsachen meiner Untergebenen geschlichtet oder gerichtet. Jetzt war ich ein Söldner. Ich hätte die Kassette am liebsten gegen dieses Sinnbild römischer Überheblichkeit geschleudert – aber das wäre Sakrileg und Hochverrat gewesen. Ich stellte die Kassette wieder auf den Tisch.

»Lege sie vorläufig in die Kassentruhe zurück«, wies ich Eukairios an.

»Ja, Herr.« Er legte die Schreibfeder hin und stand auf, um der Anordnung Folge zu leisten; mir fiel auf, daß er noch grauer und müder aussah als gewöhnlich. Natürlich hatte er die meiste Arbeit an diesem Löhnungstag gehabt – Prüfung der Abrechnungen, Eintragung in die Bücher, Ausschreiben der fünfhundert Soldbelege, die jetzt in doppelter Ausführung in die Soldlisten zu übertragen waren.

»Warte«, sagte ich, öffnete die Kassette, nahm eine Handvoll Münzen heraus und zählte einhundert Stück ab, den gleichen Betrag, den meine Männer als Grundsold für die ersten sechs Monate erhalten hatten. »Ein finanzielles Detail, das auch dir entfallen war«, sagte ich und schob das Geld zu ihm hinüber. »Die Vergütung für den Schreiber des Kommandeurs.«

Auf seine Reaktion war ich nicht vorbereitet. Er wurde kreideweiß, dann rot, und starrte mich an, als hätte ich ihn beleidigt. Er rührte das Geld nicht an.

»Das könnt Ihr nicht machen«, sagte er schließlich.

»Warum nicht?«

»Man zahlt Sklaven keinen Lohn!«

Ich wußte nicht, was ich darauf antworten sollte, daher zuckte ich die Achseln. »Aber ich habe beschlossen, es zu tun. Wenn du das Geld nicht behalten willst, verfüge darüber nach deinem Belieben.«

Er nahm die Münzen mit zitternden Händen auf. »Mein ganzes Leben«, flüsterte er, »mein ganzes Leben...« Er sah auf, zwinkerte, um die Tränen zurückzuhalten, und schien plötzlich die Höhe des Betrages zu registrieren. »Nein, Ihr dürft mir nicht so viel geben,

Herr. Es würde die Männer des Drachen beleidigen, wenn ich den gleichen Betrag erhielte wie sie. Hier...«, er schob drei kleine Stapel zu je zehn Münzen zu mir hin, dann legte er sie selbst in die Kassette zurück, die er wieder verschloß und in die Truhe stellte. Er wischte sich die Augen, bevor er die sieben verbleibenden Stapel vom Tisch nahm.

»Mein ganzes Leben«, fing er erneut an, »bin ich im Vorratsbuch geführt worden, nicht im Lohnbuch. ›Item ein Schreiber, item Rationen für denselben.‹«

»Ist das ein so großer Unterschied?« fragte Longus, der ungeduldig wurde.

»Ja«, sagte Eukairios, immer noch überwältigt auf das Geld blickend. »Ja, das ist es. Es ist fast so, wie frei zu sein.«

Er sah mich an und lächelte verlegen. Langsam fing er an, sich von dem Schock zu erholen. »Ich danke Euch«, sagte er ruhig. »Ich dachte – ich hoffte –, da Ihr großzügig seid, würdet Ihr mir einen Denar für die Saturnalien geben. Dies hier habe ich nicht einmal im Traum erwartet. Ich habe nie zuvor Lohn erhalten.«

»Ich auch nicht«, sagte ich. »Ich bin froh, daß du dich darüber freust.«

»Aha, so ist das«, kommentierte Longus. »Es beleidigt Eure fürstliche Würde, für geleistete Dienste mit Geld entlohnt zu werden. Ich wünschte, jemand würde mich mit dem gleichen Betrag beleidigen. Aber nun endlich zur Sache. Ich bin gekommen, um Euch mitzuteilen, daß meine Schwester gerade von Corstopitum mit Eurem Gast zurückgekehrt ist, und als höflicher Gastgeber solltet Ihr besser mit mir kommen und sie begrüßen.«

»Den Rest der Abrechnungen werde ich später gegenzeichnen«, sagte ich zu Eukairios und folgte Longus zum Haus seiner Schwester, um Pervica in Cilurnum willkommen zu heißen.

Die Festlichkeiten, die sich über drei Tage erstreckten, waren ein riesiger Erfolg. Wir entzündeten die Freudenfeuer zum Sadafest, die Römer wählten ihren König der Saturnalien, und wir opferten Marha und Saturn Seite an Seite. Ich hatte Hanfsamen ausfindig gemacht und für den Drachen gekauft; die Männer legten die Körner während des traditionellen Dampfbads vor dem Fest auf die glühendheißen Steine und kamen halb berauscht von dem Rauch und in beschwingter Stimmung wieder heraus. Stutenmilch zur Bereitung von Kumyß, unserem traditionellen Festgetränk, war nicht aufzutreiben, wir mußten daher mit Wein und Bier vorliebnehmen, die im Überfluß vorhanden waren. Es gab reichlich Rinderbraten und Milch, wir gaben einen Teil unserer Honigmandeln den Römern im Austausch gegen die kleinen Tonpuppen, die sie zu den Saturnalien zu verschenken pflegen, und wir wünschten uns gegenseitig ein fröhliches Fest.

Bei den römischen Truppen ist es üblich, das ganze Jahr über einen Teil des Soldes zurückzulegen, um mit dem Geld Speisen und Getränke für die Saturnalien zu kaufen und aus Zwingern wilde Tiere zu erwerben. Es wurden also Bärenhatzen veranstaltet, und es fanden Kämpfe von Ebern, Stieren und Hunden mit wilden Tieren statt. Meine Männer hatten solche Tierkämpfe noch nie gesehen, und sie verfolgten sie mit noch größerer Begeisterung als die Asturier. Besonders imponierte ihnen der Mut der Hunde, die sich mit unbezähmbarer Angriffslust auf die gefährlichen Bestien stürzten. Wir hatten unsererseits Pferderennen und andere Wettspiele arrangiert, die bei den Römern ebenfalls großen Anklang fanden. Außerdem wurden sarmatische, römische und britische Lieder gesungen, es wurde Musik mit Harfe und Kithara, Flöte und Trommeln gemacht; es gab Tanz und akrobatische Vorführungen.

Pervica unterhielt sich vorzüglich, allerdings gefielen ihr die Tierkämpfe nicht – die Tiere taten ihr leid. Longus' Schwester Flavina war eine freundliche, liebenswürdige Frau, groß, dunkelhaarig, mit dem gleichen melancholischen Gesichtsausdruck und dem gleichen trockenen Humor wie ihr Bruder. Sie war mit einem asturischen Dekurio, einem Kameraden von Longus, verheiratet, der nach den römischen Vorschriften für Soldaten im aktiven Dienst verpflichtet war, in einer Baracke im Fort zu schlafen, statt bei seiner Frau im Dorf.

Pervica verstand sich gut mir ihr, ebenso wie mit der verwitweten

Mutter, die ebenfalls in dem Haus wohnte. (Longus erzählte mir später, daß er in dieser Beziehung etwas besorgt gewesen sei, da seine Mutter mir nie verziehen habe, daß ich ihren Sohn vom Pferd gestoßen hatte.) Doch Pervica kam mit allen Menschen gut zurecht. Ich stellte ihr meine Schwadronsführer vor, und sie begrüßte sie sehr freundlich und mit geziemender Achtung, und alle waren von ihr angetan. Sie lachte über Longus' Geschichten, besonders wenn sie von mir handelten. Comittus schätzte sie wegen seines heiteren Wesens und seines gesunden Menschenverstandes, und einmal bemerkte ich, wie sie ein langes Gespräch mit Facilis führte und er sie sogar anlächelte. Zu Eukairios fand sie das gleiche ungezwungene partnerschaftliche Verhältnis, das ich zu ihm hatte.

Alles war vollkommen; alles war fast zu vollkommen. Eine weiße, blasse Sonne erhellte die Tage der ruhigen Mittwinterzeit. Vielleicht spürten wir alle die nahenden Stürme und wollten nach dem Glück greifen, solange es noch möglich war.

Mein Verlangen nach einem gemeinsamen Leben mit Pervica wurde immer drängender, seit ich sie am ersten Abend in Flavinas Haus neben dem Feuer sitzen sah und sie mir zulächelte, so warm und strahlend wie das Licht selbst. Warum, fragte ich mich, sollte ich noch länger warten? Ich hatte Vertrauen zu ihr, ich liebte die Anmut und Würde ihres Wesens, ihre Güte, ich bewunderte ihre Gelassenheit und ihre Kraft, auch schwierige Situationen zu bewältigen – und jedesmal wenn ich sie sah, wuchs mein Vertrauen, wuchsen meine Liebe und mein Begehren. Von allem anderen abgesehen, sagte ich mir, würde längeres Zögern auch ihrem Ruf schaden. Jedermann wußte, daß sie mein Gast war und meinetwegen nach Cilurnum gekommen war. Ich hatte mich entschieden, ich liebte sie und wollte sie zur Frau, und ich war mir ziemlich sicher, daß sie mich nicht abweisen würde. Warum sollte ich es nicht wagen, sie zu fragen?

Am Abend des dritten und letzten Tages der Feiern zum Sadafest bekam ich meine Chance. Alle Welt war im sarmatischen Lager versammelt, die Männer meines Drachen, die Asturier und nahezu alle Bewohner des Dorfes. Es gab Musik, und einige kräftige Burschen brachten sogar noch die Energie auf zu tanzen. Alle Offiziere hatten sich, zum Teil mit ihren Frauen oder Schwestern, am Hauptfeuer versammelt und saßen unter dem Schutzdach vor meinem Wagen. Die Sterne glänzten hell am winterlichen Himmel, und manchmal sprühte ein Funkenregen wie geschmolzenes Gold aus dem Feuer. Wir rösteten Kastanien und tranken dazu etwas heißen gewürzten Wein.

»Es ist wunderschön«, sagte Pervica, gegen einen Strohballen gelehnt, träumerisch; der Schein des Feuers warf einen goldenen Schimmer über ihr Gesicht und umspielte ihren Hals mit tiefen Schatten. »Ich kann mir gut vorstellen, Ariantes, daß jemand, der dies hier gewöhnt ist, nicht in einem Haus leben mag.«

»Nach meiner Einschätzung dürfte es aber einigermaßen ungemütlich sein, in so einem Wagen zu schlafen«, sagte Longus. »Es muß ziemlich zugig sein, vor allem in der kalten Jahreszeit.«

»Es ist im Gegenteil sehr behaglich und bequem«, versicherte ich ihnen. »In unserer Heimat gibt es oft tiefen Schnee im Winter, sogar schon vor der Sonnenwende. Aber im Wagen ist es immer angenehm warm.«

Pervica wandte sich um und betrachtete meinen Wagen. »Kommt der Wind nicht durch den Fußboden hoch?« fragte sie.

»Er ist mit Filz abgedeckt«, antwortete ich. »Und mit Teppichen. Ich werde es Euch zeigen.« Ich stand auf und streckte die Hand zu ihr aus. Sie zögerte fast unmerklich einen Augenblick, bevor sie sie ergriff.

Im Wagen war es dunkel, und ich ließ die Tür offen, sowohl um das Feuerlicht einzulassen, als auch um die Etikette zu wahren. Sie stolperte über einen Teppich, den sie nicht bemerkt hatte, so daß ich sie mit den Armen auffangen mußte. Sie lachte. Ich lachte nicht. Das Verlangen nach ihr, das ich so lange zurückgehalten hatte, flammte auf wie ein trockener Kiefernzweig im Feuer, als ich sie berührte, und ich hatte das Gefühl, mein Herz stände plötzlich still.

»Ich wollte schon lange wissen, wie diese Wagen innen aussehen«, sagte sie, als sie dastand, von meinen Armen gehalten, »und jetzt bin ich in einem und weiß es immer noch nicht.«

»Es steht Euch frei, zu jeder Zeit in diesen Wagen zu kommen«, sagte ich mit rauher Stimme. »Wenn Ihr ihn wollt, gehört er Euch. Ich biete ihn Euch hiermit an.«

Sie lachte wieder. »Ihr müßt zuviel getrunken haben. Ich habe Euch gesagt, ich werde keine weiteren Geschenke von Euch annehmen. Sicherlich nicht Euren eigenen Wagen. Wo würdet Ihr leben?«

»Hier. Mit Euch.«

Ich konnte spüren, wie das Lachen plötzlich erstarrte und ihre Muskeln sich unter meinen Händen spannten. »Ich bin nicht sicher, was Ihr meint«, sagte sie mit gepreßter Stimme.

Ich ließ sie los. Er hätte mir klar sein müssen – auch wenn ich mit römischen oder britischen Sitten in diesen Dingen nicht vertraut war –, daß ich meinen Antrag auf eine formellere Weise vorbringen mußte. »Es tut mir leid«, sagte ich. »Ich meinte es ehrenhaft.«

»Was?« fragte sie. »Ich verstehe noch immer nicht.«

»Ich habe Euch einen Heiratsantrag gemacht, Frau Pervica. In der Art, wie es bei uns Sitte ist; wenn ein Mann einer Frau sagt, er biete ihr seinen Wagen an, dann heißt das, er möchte seinen Wagen und sein Leben mit ihr teilen.«

Die Wiederholung meines Antrags machte mich meiner Entscheidung nur noch sicherer. Mein Verlangen nach ihr war keine Augenblicksregung, nein, ich würde alle Jahre hindurch, mein ganzes Leben lang wünschen, zu ihr heimzukommen, in unseren Wagen, liebend und geliebt; ich hoffte, sie würde die Lücke füllen, die Tirgataos Tod gelassen hatte. Pervica hatte mich ins Leben zurückgerufen, und ich wollte, daß sie bei mir blieb, ich wollte das Leben statt des Todes.

»Oh! Oh ...« Sie stand sehr still da und starrte mich durch die Dunkelheit an. Ich hörte die anderen draußen reden, und weiter weg, an einem anderen Feuer, sang ein Mann eine Ballade, die Geschichte vom Kampf und Tod eines Helden. »Ihr dürft das nicht aus Dankbarkeit tun«, sagte Pervica langsam und mit großer Bestimmtheit. »Ich würde viel lieber allein bleiben, als daß ein Mann mich aus irgendeinem unangebrachten Gefühl von Dankbarkeit heiratet.«

Ich legte beide Arme um sie, zog sie fest an mich und küßte sie. Es war so unglaublich, so phantastisch, so süß, daß es mich bis in die Tiefe meines Wesens erschütterte und ich mich nackt und hilflos fühlte. Pervica streichelte sanft mein Gesicht, dann hielt sie mich hart fest. »Du tust es nicht aus Dankbarkeit, nicht wahr?« fragte sie.

»Nein«, sagte ich mit heiserer Stimme.

Sie preßte das Gesicht an meine Schulter. »Oh, mein teures Herz, mein Liebling, mein Liebster, ja. Ja. Ja.«

»Und dafür bin ich dir dankbar«, sagte ich lächelnd und küßte sie erneut und preßte ihren Leib an mich, der weich und sanft und stark dem meinen leidenschaftlich antwortete.

»Was uns zusammengeführt hat, war eigentlich nur diese Folge seltsamer Ereignisse«, sagte sie atemlos, als ich sie wieder losließ. »Es war bloß die Art, wie wir uns getroffen haben. Ich sah dich an, wie du da lagst in meinem Haus, wie du vor meinem Feuer wieder zum Leben erwachtest, und ich fragte mich, wer du bist und was du mit dem Leben machen wirst, das wir für dich aus dem Fluß gezogen hatten. Und zweifellos war es für dich ebenso. Wenn wir uns auf der Straße oder auf dem Markt begegnet wären, hättest du mich gar nicht bemerkt, und ich hätte nicht mit dir gesprochen.«

»Vielleicht«, erwiderte ich. »Aber warum sollte es falsch sein, daß wir uns in dieser extremen Situation getroffen haben? Liegt mehr Wahrheit darin, wenn zwei Menschen sich auf einem Martkplatz sehen? Die Götter gaben mit beiden Händen, als sie mich vor dem Tod im Wasser bewahrten. Für meinen Teil habe ich vor, ihre Geschenke freudig und dankbar anzunehmen.«

»Den Eindruck habe ich«, sagte sie, und ich konnte das ironische Lächeln spüren, wenn es auch in der Dunkelheit nicht zu sehen war.

Ich küßte es ihr von den Lippen. »Du lachst über mich«, sagte ich streng. »In letzter Zeit haben viele Leute über mich gelacht. Das ist sehr schlecht für den Ruf eines blutdürstigen Wilden.«

Sie kicherte. »Und noch länger mit dir hier im Wagen zu bleiben, ist sehr schlecht für den Ruf einer sittsamen jungen Witwe. Du wirst mich zurückgehen lassen müssen, damit sie auch weiter sicher sein können, daß ich eine achtbare Frau bin.«

Ich half ihr aus dem Wagen, und wir gingen zum Feuer zurück. Longus' Schwester Flavina sah Pervica mit dem melancholischen Blick ihrer dunklen Augen an und fragte: »Nun, was meint Ihr, macht der Wagen einen behaglichen Eindruck?«

Pervica setzte sich und legte die Arme um ihre Knie, ihr Gesicht strahlte. »Ja.«

Flavina lachte. »Und wann werdet Ihr hier einziehen?«

»Darüber wird noch entschieden werden«, warf ich ein. »Aber die Dame hat eingewilligt, mich zu heiraten. Wünscht uns Glück.«

Alle sprangen mit Ausrufen der Überraschung und Freude auf und beglückwünschten uns.

Als wir uns am späten Abend trennten, hatten wir ein Datum für die Hochzeit festgesetzt – Anfang Februar. Das würde uns, so hoffte ich, genügend Zeit geben, allen gesetzlichen Vorschriften Genüge zu tun und auch die notwendigen Vorkehrungen für Haus und Hof und Ländereien zu treffen. Diese Stunde war zu vollkommen, um Gedanken an solche Dinge zu verschwenden. Ich stand an meinem Wagen und sah Pervica nach, als sie schließlich mit Flavina unter den dichten, funkelnden Sternen des klaren Winterhimmels ins Dorf zurückging. Schon waren mir die Linie ihres Rückens, der weiche Schatten ihres Haars, die Art, wie sie den Kopf hielt, wie sie sich in den Umhang hüllte, vertraut. Schon bald, dachte ich, werde ich den Klang ihrer Stimme in der Ferne, ihren Körper in der Dunkelheit erkennen. Sie wird mir vertrauter sein als mein eigenes Gesicht, sie wird der tragende Pfeiler meiner Welt sein. Ich empfand in diesem Augenblick keine Furcht vor dem, was das Schicksal für uns bereithalten könnte, keine Vorahnung von etwas Bösem und Gefährlichem, das auf uns lauern und unser Glück bedrohen könnte. Ich war vollkommen und uneingeschränkt zufrieden in diesem einen leuchtenden, herrlichen Augenblick der Zeit.

Ich drehte mich um und wollte in den Wagen zurückgehen – da sah ich Facilis, der noch allein neben dem Feuer saß, das die anderen inzwischen verlassen hatten. Als er sah, daß ich ihn bemerkt hatte, stand er auf.

»Ich muß mit Euch sprechen, Ariantes«, sagte er schroff.
Ich seufzte. »Morgen.«
»Nein. Jetzt.«
Ich sah ihn schweigend an.

»Es gibt ein paar Dinge, die ich wissen muß«, sagte er. »Und leider gibt es auch ein paar Dinge, die Ihr hättet erfahren sollen, bevor Ihr dieser charmanten jungen Frau einen Heiratsantrag machtet.«

»Wenn das so ist, so ist es bereits zu spät.«

»Ich weiß, ich weiß, ich hätte vorher mit Euch sprechen sollen, aber ich wollte die Festlichkeiten nicht stören, und außerdem hatte ich keine Ahnung, daß Ihr Euch so rasch zu diesem Schritt entscheiden würdet. Trotzdem, je eher Ihr es hört, um so besser.«

»Also gut«, sagte ich resigniert, »wir können reden.«

»Nicht hier. Es ist zu öffentlich. Kommt mit zu meinem Haus im Fort.«

Ich zögerte, und er fügte betont hinzu: »Ich kann für Eure Sicherheit auf dem Hin- und Rückweg bürgen, und ich werde Euch nicht einladen, irgend etwas zu essen oder zu trinken.«

Es hätte mir klar sein müssen, daß ein so scharfer Beobachter wie er meine Vorsichtsmaßnahmen bemerken würde. Ich folgte ihm.

Er hatte in der Nähe des Stabsquartiers einen leeren Barackenblock der Asturier für sich allein und wohnte im Haus des Dekurios. In Eburacum hatte er einen Sklaven für die Reinigung und Pflege der Wohnung gekauft, einen mageren, häßlichen jungen Burschen, der im Wohnraum glücklich schnarchend am Herd lag, als wir hereinkamen, das Gesicht gerötet von den guten Festgetränken und den Bauch vollgestopft vom reichlichen Festschmaus. Facilis knurrte, legte eine Decke über den Jungen und ließ ihn schlafen.

Er führte mich weiter in den Schlafraum und zündete die Lampe an. Sie warf ein gelbes Licht über die kalten Steinwände. Der Fußboden war gestampfter Lehm, es lag nicht einmal Farn darauf, um ihn etwas wärmer zu machen, und das Bett war in eine Ecke geschoben worden, um Platz für einen Schreibtisch zu schaffen. Es war so kalt, daß der Atem im Lampenlicht dampfte. Wenn je ein Raum wie ein Grab aussah, dann dieser.

»Also«, sagte Facilis, »sprechen wir zuerst von den Dingen, die ich wissen muß. Was ist auf der Straße passiert, als Ihr nach Condercum zurückkehren wolltet?«

»Das ist allgemein bekannt.«

»Keineswegs ist es das. Ihr seid nicht jagen gegangen. Longus hat es mir bestätigt: Euer Bogen war noch ungespannt in seinem Behälter, als er gefunden wurde. Die Frau hatte ihn nicht entspannt, denn sie äußerte sich verwundert über seine Form und dachte, das Wasser müsse ihn verdorben haben. Und das wäre ein sehr seltsamer Jäger, der in den Fluß watet, um eine Beute herauszuholen, die er mit dem Pfeil aus einem ungespannten Bogen erlegt hat.«

»Ein Bogen kann nach dem Gebrauch entspannt und in den Behälter gesteckt werden, um ihn trocken zu halten.«

»Das ist möglich – aber dazu würde keine Zeit sein, wenn eine Beute flußabwärts weggetrieben zu werden droht. Und ich habe mit Eurer jungen Dame gesprochen. Als man Euch fand, lagt Ihr auf dem Rücken im seichten Wasser, aber das Gesicht war mit Schlamm bedeckt. Der Dame kam das sehr seltsam vor, und sie hat sogar jetzt noch ein ungutes Gefühl deswegen, aber sie ist klaftertief in Liebe, und sie hat Angst, wenn sie ihr Glück zuviel befragt, wird es plötzlich verschwinden. Kommt schon! Ich weiß, daß etwas im Gange ist. Ihr habt aufgehört, im Fort zu essen, und Ihr tragt die Rüstung und nehmt Eure Leibwächter mit, wenn Ihr nur Eure Pferde trainiert – Ihr, der ständig ohne Waffen unterwegs war, innerhalb und außerhalb des Forts, der den Krieg so leid war, daß er die Rüstung am liebsten tief in die Truhe verstaut hätte. Jemand hat versucht, Euch zu ermorden, und Ihr glaubt, dieser Jemand wird es wieder versuchen. Und ich kann mir denken, warum. Jemand hat Euch ein Angebot gemacht, und Ihr habt es abgelehnt, nicht wahr? Wer? Was wollte man von Euch? Hat Arshak es angenommen?«

»Facilis«, sagte ich langsam, »nein, tut mir leid.«

»Bitte!« Seine Stimme schlug um zu einem rauhen, heiseren Flüstern. »Ich bin nicht Euer Feind. Ich habe mich wie ein Idiot benommen auf dem Weg von Aquincum hierher. Aber damals war ich krank vor Kummer, ich dachte, es sei meine einzige Chance, mich ein wenig für den mir zugefügten Schmerz zu rächen. Niemals hätte ich erwartet, daß ich später einmal wünschen könnte, mit den Menschen, die meinen Sohn getötet haben, ein Bündnis zu schließen. Was Ihr und ich einmal waren, das ist auf dem Ozean gestorben, und wir kennen einander jetzt besser. Ihr seid ein mutiger und ehrenhafter Mann und ein hervorragender Offizier, der alles tun wird, um Schaden von seinen Leuten abzuwenden; aber dies ist eine Sache, mit der Ihr allein nicht fertig werden könnt. Ich möchte helfen. Vertraut mir – bitte! Dies ist jetzt mein Fort, und für Eure Männer bin auch ich verantwortlich. Wir befinden uns mitten in einer Verschwörung, die eine bestimmte Person angezettelt hat, um Eure Männer zur Meuterei aufzuhetzen und sie sterben zu lassen wie Gatalas, nachdem sie ein paar tausend Römern das Leben genommen haben.«

»Facilis...«, begann ich erneut, dann besann ich mich anders. »Ihr habt recht, wir kennen einander besser. Auch Ihr seid ein mutiger und ehrenhafter Mann und, so denke ich, auch ein von Natur gutherziger und freundlicher Mensch. Ich vertraue Euch. Aber wenn das, was wir waren, im Ozean auch gestorben ist, es hat Geister hinterlassen, die uns noch immer heimsuchen, und einer dieser Geister ist ein tyrannischer Zenturio, der uns auf dem Weg von Aquincum nach Bononia bis aufs Blut gequält hat und der auch noch hier in Britannien versucht hat, uns das Leben schwerzumachen. Bei meinem Volk gibt es ein Sprichwort: ›Manche Verbündete kann man nicht paarweise zusammenspannen.‹ Für Arshaks Männer und für manche von Siyavaks Drachen und sogar für einige von meinen eigenen Leuten bin ich bereits als Römerfreund abgestempelt und verdammt. Arshak zumindest macht mir zum Vorwurf, daß Ihr – ausgerechnet Ihr – Euch beim Legaten für mich verbürgt habt. Siyavak ist jetzt auf meiner Seite, aber er haßt die Römer, und ich wage nicht, etwas zu tun, das ihn mir entfremden würde. Ich kann kein Bündnis mit Euch schließen.«

»Siyavak habt Ihr bereits verloren. Ich sah ihn in Corstopitum, während Ihr Euch von den Folgen des angeblichen Jagdunfalls erholtet, und er plauderte angeregt und vertraulich mit Arshak und... einer gewissen Dame.«

Ich schüttelte den Kopf. »Ich habe ihn noch nicht verloren. Aber wenn Arshak, und die Dame, die Ihr erwähntet, das wüßten, würde es sein Todesurteil bedeuten. Ihr seht, ich vertraue Euch.«

»Soll mich der Orkus verschlingen! Siyavak bespitzelt sie also? Die Dinge haben sich offenbar weiter entwickelt, als ich dachte.«

Er schwieg einige Zeit, dann sagte er: »Und versteht Ihr, was das Ziel der Verschwörung ist? Mir nämlich ist es ein Rätsel.«

Die Frage konnte ich beantworten. Ich berichtete ihm, nüchtern und knapp, was Eukairios mir von den Druiden erzählt hatte.

»Höchst aufschlußreich!« sagte er, als ich meinen Bericht beendet hatte. »Das paßt alles zusammen.« Nach einem Augenblick des Überlegens fragte er: »Wer hat Euch diese Dinge erzählt?«

»Ein anderer Verbündeter.«

»Römer? Sarmate? Brite?«

Ich schüttelte den Kopf.

»Und was sind die Dinge, die ich hätte erfahren sollen, bevor ich Pervica bat, meine Frau zu werden?«

Er holte tief Atem, setzte sich auf einen Schemel, nahm eine Kassette vom Fußboden und stellte sie auf den Tisch. »An dem Tag, als Ihr die Farm Eurer jungen Dame besuchtet, bin ich weiter nach Corstopitum geritten. Wie ich damals sagte, hatte ich einige Einkäufe für das Fest zu machen. Aber ich hatte auch einen Brief von Titus Ulpius, dem Präfekten der dort stationierten Thraker, bekommen, in dem er mich um einen Besuch bat, weil er mir etwas Wichtiges zu zeigen hatte. Ich hatte mich gezielt mit ihm und ein paar Magistratsbeamten der Stadt angefreundet, damit sie dort die Dinge für mich im Auge behielten. Corstopitum ist ein wichtiger Platz: Alle Briefe und Boten nach Condercum und Cilurnum gehen durch das Fort oder die Stadt und ebenso der größte Teil des Verkehrs und Handels mit Kaledonien. Ich suchte Titus im Hauptquartier auf, und er gab mir dies.«

Facilis schloß die Kassette auf, entnahm ihr eine Rolle aus mattgrauem Material und reichte sie mir. Es war eine zusammengerollte dünne Bleitafel. Ich rollte sie vorsichtig aus. Es befanden sich zwei Schriftzeilen darauf, die Buchstaben waren mit einer Messerspitze aus dem weichen Material herausgestochen. Die oberste Zeile enthielt Schriftzeichen, die Eukairios druidisch genannt hatte, die Schrift auf der unteren Zeile sah lateinisch aus. Die Löcher hatte man mit einer Flüssigkeit bestrichen, die wie Blut aussah. Das Ding hatte etwas Böses, Unheilvolles an sich, ein Schauder lief mir über den Rücken, als ich es berührte. Ich wagte nicht, es näher anzusehen.

»Was bedeutet die Schrift?« fragte ich.

»Die Schriftzeichen der oberen Zeile sind mir unbekannt. Die der unteren sind lateinisch und bedeuten ›Ariantes Sohn des Arifarnas‹. Die Rolle steckte im Mund der Leiche eines Mannes, der in einem heiligen Hain an einer Eiche aufgehängt worden war.«

»Marha!« Ich legte das Ding hin und streckte die Hände über die Flamme der Lampe aus, um den Schutz des Gottes anzurufen. Ich war früher auch manchmal mit einem Fluch belegt worden, aber niemals auf diese Weise, niemals dadurch, daß man einem anderen Mann das Leben nahm, um mich zum Tod zu verdammen. Mein Volk glaubt, daß es neben Marha und den anderen guten Göttern eine finstere unterirdische Macht gibt. Wir nennen sie den Dämon der Lüge, und wir verehren sie nicht, fluchen aber manchmal bei ihr. Sie hat Macht über alle, die einen Eid brechen oder die heimtückisch einen Menschen ermorden. Ich konnte mir guten Gewissens sagen, daß ich niemals eidbrüchig geworden war und niemals jemanden getötet hatte außer in fairem Kampf – und ich betete zu allen guten Göttern, daß sie mich vor diesem Unheil schützen möchten.

»Man hatte ihm die Kleider ausgezogen und seinen Körper blau angemalt, bevor er aufgehängt und anschließend erdolcht wurde«, fuhr Facilis mit harter Stimme fort. »Als Titus mir das berichtete, wußte ich noch nichts von den Druiden, aber es deutete alles darauf hin, daß es sich um einen Ritualmord handelte. Titus wollte nicht darüber sprechen, und auch die Magistratsbeamten wollten nicht darüber sprechen, und es ist völlig klar, daß niemand auch nur nach den Leuten suchen wird, die diesen armen Bastard ermordet haben. Sie haben offensichtlich Angst – und das bedeutet wahrscheinlich, daß die Leute, die es getan haben, einer großen und mächtigen Organisation angehören. Aber Ihr könnt sicher sein: Bald wird die ganze Gegend davon wissen, und jedem wird klar sein, daß die Druiden Euch hassen und Euch im Namen ihrer Götter verflucht haben, daß sie Euch durch den Tod eines anderen Mannes zum Tod verurteilt haben. Und das hättet Ihr wissen sollen, bevor Ihr dieser charmanten jungen Frau einen Heiratsantrag machtet. Denn damit habt Ihr entschieden, sie als Eure Verlobte allein auf einer abgelegenen Farm leben zu lassen, in einem Gebiet, wo Eure Feinde Freunde haben.«

Ich konnte nicht atmen. Ich ging zum Fenster, das ebenso wie die Fensterläden geschlossen war, und lehnte den Kopf gegen das Holz des Rahmens, an dem etwas Winterluft einsickerte. Nach einiger Zeit schlug ich verzweifelt mit der Faust gegen die Wand. Ich hatte die Gaben der Götter mit Freude und Dank angenommen, und jetzt war Pervicas Leben deswegen in Gefahr.

»Was ist auf dem Rückweg von Condercum geschehen?« fragte Facilis erneut.

»Was Ihr vermutet«, antwortete ich, ohne mich umzudrehen.

»War es die Dame Aurelia?«

»Ja. Sie sagte, Gatalas' Tod sei ein Irrtum gewesen, daß nach ihrem Plan sein ganzer Drache hätte meutern sollen. Sie sagte, ihr Ziel sei ein Königreich der Briganten und es gebe eine gute Chance, es zu errichten. Die Römer hätten bereits das Gebiet der kaledonischen Stämme aufgegeben, da es zu schwierig zu kontrollieren sei, und man könne sie dazu zwingen, sich auch aus dem Land der Briganten zurückzuziehen. Sie sagte, die natürlichen Verbündeten der Sarmaten seien die Briten, nicht die Römer. Arshak glaubt das alles. Ich denke, er ist in sie verliebt und erwartet, als ihr Gemahl zu regieren, wenn sie Königin ist.«

»Was? Eine Ehebrecherin ist sie auch?«

Er war empört, was mir etwas lächerlich vorkam. Schließlich verriet sie ihren Ehemann, ob sie mit Arshak schlief oder nicht.

Aber die Römer nehmen Ehebruch viel ernster, als es Sarmaten tun. Sie betrachten es als schweres Verbrechen, wenn eine verheiratete Frau mit einem anderen Mann schläft, und selbst der Ehemann kann vor Gericht gebracht werden, wenn Grund zu der Annahme besteht, daß er es geduldet hat. Ein verheirateter Mann allerdings kann mit jeder unverheirateten Frau schlafen, die ihm gefällt, ohne dadurch gegen das Gesetz zu verstoßen. Mein eigenes Volk betrachtet es als Angelegenheit der Frau, mit wem sie schläft; Ehebruch gilt bei uns nicht als Verbrechen – obwohl natürlich eifersüchtige Ehemänner und Liebhaber nicht selten wegen der Wahl der Frau auf Tod und Leben miteinander kämpfen.

»Ich weiß es nicht«, antwortete ich Facilis. »Es würde vermutlich riskant für sie sein, nicht wahr? Und schwierig, in Eburacum unbemerkt allein zu sein. Aber spielt das eine Rolle?«

Er schnaubte verächtlich. Natürlich spielte es für ihn eine Rolle, aber er hatte nicht die Absicht, darüber zu diskutieren. »Und was hat sie Euch angeboten?« fragte er.

»So weit sind wir nicht gekommen. Ich sagte ihr, eher würde ich meine Männer auf dem Rücken ihrer Pferde ins Meer führen, als mich auf ihr Wort verlassen.«

»Und was passierte dann?« Unwillkürlich senkte er die Stimme. »Das war nämlich der Punkt, der keinen Sinn ergab: wie Ihr ohne den geringsten Hinweis auf einen Kampf im Wasser gelandet seid. Hat sie ... Ihr sagtet, sie verständen sich angeblich auf Zauberei, diese Druiden ...«

»Das mag richtig sein, aber sie verließ sich nicht auf Zauberkünste. Als sie uns auf der Straße begegnete, holte sie Wein aus ihrem Wagen, womit sie angeblich bekräftigen wollte, daß dieses ganze Gespräch unter dem heiligen Band der Gastfreundschaft stände. Mein Becher war mit einem Betäubungsgift präpariert. Schon bevor ich ihren Vorschlag zurückwies, ja bevor sie ihn mir überhaupt unterbreitete, hatte sie den Becher vergiftet.« Ich fand es unerwartet demütigend, dies zuzugeben und mich an meine Hilflosigkeit zu erinnern.

»Arshak war im ersten Augenblick ärgerlich, er wollte kämpfen«, fuhr ich nach kurzer Pause fort. »Aber sie erklärte ihm, wenn er mich im Zweikampf tötete, würde man ihn wegen Mordes anklagen. Schließlich redete sie ihm die Jagdgeschichte ein und schickte ihn weg. Sie wollte ihn nicht dabeihaben, wenn sie mich ertränkte – vermutlich sollte er nicht sehen, wie sehr sie es genoß.«

Ich wandte mich von dem geschlossenen Fenster ab und ging zum Tisch zurück, wo die Bleirolle mit meinem Namen erschreckend kalt und tödlich aussehend im Lampenlicht lag. »Aber vermutlich verdanke ich diesem Betäubungsgift mein Leben. Seine Wirkung hatte mich schwach und willenlos gemacht, und ich war wie erstarrt, als sie mich ins Wasser rollte. Ich konnte mich nicht wehren. Sie sagte, sie hätte vorher noch nie einen Menschen ertränkt, nur Tiere – und Tiere würden um ihr Leben gekämpft haben. Sie muß mich schließlich auf den Rücken gerollt haben, um mein Gesicht zu sehen und sich zu überzeugen, daß ich tot war, bevor sie mich verließ. Und diesem Umstand verdanke ich, daß ich noch am Leben war, als man mich in Pervicas Haus brachte. Marcus Flavius, was soll ich bloß tun? Ich dachte, nur *mein* Leben wäre bedroht. Aber sie würden aus reiner Bosheit auch sie töten.«

»Ihr könntet Euch an den Legaten wenden oder Eurem Freund, dem Prokurator der Flotte, schreiben, vielleicht sogar dem Statthalter.«

»Ich? Da ist noch ein anderer Geist, der uns nicht losläßt – ein Fürst der Jazygen, der Stoßtrupps über den Danuvius führte und aus einem römischen Schädel trank. Man traut mir nicht über den Weg. Ihr selbst habt vor wenigen Wochen den Befehl erhalten, mich unter Arrest zu stellen. Welcher römische Prokurator oder Statthalter würde glauben, was ich über die Gemahlin eines Legaten sage?«

»Ich würde für Euch bürgen.«

»Ihr könnt Euch nicht für etwas verbürgen, was Ihr nicht selbst gesehen habt. Nichts, was Ihr sagen würdet, könnte mir helfen. Man würde mich wegen Verleumdung festnehmen, meine Männer würden meutern, ich würde wahrscheinlich im Gefängnis ermordet werden, ohne in der Lage zu sein, mich zu verteidigen. Und was ist mit den anderen Offizieren hier? Würde Comittus für mich bürgen? Oder würde er sagen, was seine Verwandte ihm aufträgt?«

»O Götter! Ich weiß es nicht. Ich mag Lucius – aber ich weiß es nicht. Was wir wirklich brauchen, sind einige Verbündete im britischen Lager. Hm, was ist mit diesem anderen Freund von Euch, der weder Römer noch Sarmate noch Brite ist? Könnte er nicht als Zeuge für Euch aussagen?«

»Wenn er oder seine Freunde sich beim Gericht melden, müßten sie mit einem Todesurteil rechnen.«

»Was sind sie denn? Schmuggler? Christen? Nun, was auch immer. Ihr wollt also abwarten, ohne etwas zu unternehmen, und hofft, daß sie oder Siyavak etwas zutage fördern, was Ihr als Beweismittel verwenden könnt?«

Ich nickte deprimiert. »Ich war ein Narr, auch nur an eine Heirat zu denken«, sagte ich bitter. »Nein, es gibt nur einen Weg. Ich werde Pervica alles sagen. Entweder muß sie hier bei mir bleiben und ihre Leute von der Farm irgendwohin schicken, wo sie in Sicherheit sind – oder sie muß erklären, daß sie nach nochmaliger Überlegung sich entschlossen hat, mich doch nicht zu heiraten, und sie muß von hier fortgehen, als ob wir uns in Feindschaft getrennt hätten.«

Ich nahm die Bleitafel. »Kann ich ihr die zeigen?«

Er nickte. »Es tut mir leid, Ariantes.«

Ich schüttelte den Kopf. »Nein – ich bin Euch dankbar. Wenn sie auf ihre Farm zurückgegangen wäre und man sie meinetwegen umgebracht hätte, hätte ich ...«

Ich wußte nicht, was ich getan hätte, und meine Erinnerung stellte mir plötzlich das Bild von Tirgatao vor Augen, so deutlich, als sähe ich es durch ein Fenster – wie sie mit aufgerissenem Leib, in den die Soldaten einen Pferdekopf gesteckt haben, brennend über den Leichen unserer Kinder liegt. Ich ließ die Bleitafel fast zu Boden fallen, und ich mußte die Zähne hart zusammenpressen, um nicht zu schreien.

»Seid Ihr verletzt?« fragte Facilis. Er versuchte, mir die Fluchtafel wegzunehmen, vorsichtig, als fürchte er, sie könnte mich vergiftet haben.

Ich rollte die Bleitafel langsam zusammen und schüttelte den Kopf. »Es tut mir leid«, sagte ich, »daß wir nicht Verbündete sein können, Marcus Flavius.«

»Was soll das heißen?« fragte er. »Wir *sind* Verbündete. Aber ich werde Schweigen darüber bewahren.«

Am nächsten Morgen ritt ich früh zum Dorf hinunter, klopfte an die Tür von Flavinas Haus und bat die Dienerin, die öffnete, mich Pervica zu melden. Sie kam gleich selbst zur Tür gelaufen, als sie meine Stimme hörte, und begrüßte mich mit einem so fröhlichen Lächeln, daß ich mich vor Angst und Kummer ganz elend fühlte.

»Ich muß privat mit dir sprechen«, sagte ich.

»Wenn du das möchtest, ich bin einverstanden.« Ihre Augen tanzten. »Aber nicht zu privat: Schone meinen Ruf vor der Hochzeit, bitte!«

»Dann komm mit mir zum Lager«, bat ich sie. »Dort... wir werden schon etwas Passendes finden.«

Wir gingen zu Fuß zum Lager zurück, ich führte mein Pferd am Zügel, weil sie es nicht schicklich fand, vor mir auf dem Sattel sitzend durch das Dorf, das Fort und das Lager zu reiten. Das kranke Bein schmerzte sehr, als wir endlich an meinem Wagen ankamen, ich war müde nach der schlaflos verbrachten Nacht, und die vielen fröhlichen Grüße und Glückwünsche, die uns unterwegs zugerufen wurden, machten alles nur noch unerträglicher. Ich zog ein paar Teppiche aus dem Kreis um das erloschene Feuer vom letzten Abend und legte sie neben die Tür des Wagens. »Ist es dir so recht?« fragte ich. »Hier kann man uns sehen, aber nicht hören.«

Sie lachte. »Sehr umsichtig! Ich wünschte, wir könnten auch nicht gesehen werden, aber mit dem guten Ruf ist es wie mit einem Ei: Wenn es einmal zerbrochen ist, kann man es nicht wieder ganz machen.«

Sie setzte sich an das Ende des Wagens, direkt an die offene Tür, und sah neugierig nach hinten. »Weißt du, es ist wirklich hübsch da drin. Es ist wie... wie das Innere eines Schmuckkästchens. Alle diese Teppiche und Schwerter und Dinge. Was ist das haarige Ding da drüben?« Sie langte hinüber und zog unter der Koje neben der Tür den Stapel Skalpe heraus, die ich von den Pferdezügeln entfernt hatte, als wir in Britannien ankamen.

Ich schob sie hastig zurück, und sie sah mich überrascht an. Ich zog mit dem Finger einen Kreis um Stirn und Kopf.

Sie verstand nicht gleich, aber dann erinnerte sie sich an etwas, das sie gehört hatte, und zuckte zurück. Sie warf noch einen Blick auf die Skalpe, aber diesmal mit Abscheu.

»Tut mir leid«, sagte ich. »Es ist ein Brauch unseres Volkes.«

»Es sind viele«, sagte sie ruhig.

»Achtundzwanzig. Alle von Männern, die ich mit eigener Hand getötet habe. Es gab noch andere, bei denen ich keine Möglichkeit hatte, den Skalp zu nehmen. Ich habe jetzt aufgehört zu sammeln, weil die Römer den Brauch schockierend finden, aber die meisten meiner Männer haben Skalpe von den Kaledoniern genommen, die wir besiegt haben, und ich habe sie gewähren lassen. Sie sind sehr stolz auf ihre Kraft und Geschicklichkeit, und das sollen sie auch sein.«

»Ich werde mich daran gewöhnen müssen«, sagte sie zögernd. »Aber es wäre mir lieb, wenn du diese begraben würdest.«

Ich setzte mich auf den Teppich zu ihren Füßen, zog die Beine an und lehnte den Kopf gegen die Knie. Ihre ruhige Entschlossenheit, sich an so viele ihr unbekannte und zum Teil unverständliche Dinge zu gewöhnen und sich anzupassen, machte es mir noch schwerer.

»Pervica«, begann ich hilflos – und hielt ein.

Sie strich mir das Haar aus dem Gesicht und ließ die schmale, feste Hand auf meiner Schulter ruhen. »Es tut mir leid«, sagte sie sanft. »Ich weiß, du bist kein Römer. Ich erwarte auch nicht, daß du ein Römer wirst, wirklich nicht, aber es ist für mich nicht leicht, mich an... an so vieles auf einmal zu gewöhnen.«

»Das ist es nicht! Pervica, ich habe einen Fehler gemacht, als ich dich bat, mich zu heiraten.«

Alle Freude in ihr erlosch in einem einzigen Augenblick; sie starrte mich blicklos an, wie vom Blitz geblendet, ihr Gesicht war kalkweiß vor Entsetzen. Ich nahm ihre beiden Hände und sagte: »Höre mir zu, Pervica. Ich habe Feinde. Ich wußte, daß mein Leben bedroht ist, aber ich war zuversichtlich, daß sie mich hier nicht erreichen könnten, in meinem Lager, mitten unter meinen eigenen Männern. Ich dachte, niemand würde unschuldige Personen da hineinziehen, niemand würde von dir wissen oder sich um dich kümmern, du würdest auf dem Land in Sicherheit sein; aber ich sehe jetzt, daß ich im Irrtum war und daß ich dich in Gefahr gebracht habe. Schau her« – ich zog die Bleirolle heraus, die ich in meinen Gürtel gesteckt hatte –, »Facilis hat mir dies letzte Nacht gezeigt. Es wurde im Mund eines Mannes gefunden, der in einem heiligen Hain ermordet worden war.«

Sie nahm es zögernd und rollte es auf, dann starrte sie blind ins Leere.

»Es ist mein Name«, erklärte ich.

»Ich kann lesen«, erwiderte sie scharf. »Willst du mit all dem sagen, daß du doch nicht den Wunsch hast, mich zu heiraten?«

»Sei nicht töricht. Ich wünschte es so sehr, daß ich vergaß, zu denken und Vorsichtsmaßnahmen zu treffen. Ich war ohne Verstand und habe einen schweren Fehler gemacht. Du darfst nicht als meine Verlobte auf deine Farm zurückkehren. Entweder müssen wir sofort heiraten, oder du mußt so tun, als hätten wir uns gestritten, du mußt sagen, die Verlobung sei gelöst, und wie verärgert nach Hause zurückkehren.«

»Und welches von beidem würdest du vorziehen?« Ihr Gesicht hatte wieder etwas Farbe bekommen, und in ihrer Stimme war ein Anflug von Ärger zu spüren.

»Ich würde es vorziehen zu heiraten, natürlich. Dann würde ich dir eine bewaffnete Eskorte zur Flußau-Farm mitgeben, du könntest deine Leute an einen sicheren Ort schicken und dann hierher zurückkehren.«

Sie sah mir prüfend ins Gesicht, dann entspannte sie sich allmählich. Sie ließ die Bleitafel auf den Teppich neben meine Füße fallen und starrte sie an.

»Ist dies nicht doch bloß etwas, das einer von den Kaledoniern gemacht hat?« fragte sie fast flehend. »Du warst der Anführer der Truppen, die so viele von ihren Männern getötet haben, und vielleicht haben sie dir deshalb Blutrache geschworen. Sie werden immer siegreiche feindliche Kommandeure verfluchen. Das Ding sieht unheimlich aus, aber solltest du es so ernst nehmen?«

»Es wurde in der Nähe von Corstopitum gefunden, nicht auf kaledonischem Gebiet. Und ich denke, ich weiß, wer es gemacht hat.«

Ich erzählte ihr alles, was ich über Aurelia Bodica gehört hatte, alles, was ich erlebt hatte und was ich vermutete, von dem Tag an, als ich zum erstenmal britannischen Boden betrat, bis zu diesem Augenblick. Ich erzählte rasch und mit steigendem Ärger, und sie hörte ruhig und still zu. Als ich geendet hatte, bedeckte sie ihr Gesicht mit den Händen.

»Es tut mir so leid!« sagte ich unglücklich. »Ich hätte dich nicht in diese Geschichte hineinziehen dürfen, ich werde mir nie verzeihen.«

»Ich wußte es«, sagte sie leise. »Als wir dich ins Haus brachten, war dein Gesicht mit Schlamm bedeckt – aber Cluim behauptete mit Bestimmtheit, du hättest auf dem Rücken im seichten Wasser gelegen, als er dich fand. Ich wußte, jemand hatte versucht, dich zu ermorden. Aber ich wollte es nicht wahrhaben, ich wollte, daß du lebst und ich keine Angst um dich haben mußte. Aber ich wußte – alle wußten es –, daß die Kaledonier zu dem Überfall ermutigt worden waren, und als ich herausfand, daß du es warst, der sie zurückgeschlagen hatte, wurde mir der Zusammenhang klar – nur wollte ich es nicht sehen. Dies«, sie stieß die Bleirolle mit dem Fuß ärgerlich zur Seite, »ist eine gemeine, gottlose Niedertracht! Wie können sie es wagen, die Götter um Hilfe für einen feigen Mord anzurufen!« Sie lehnte sich herüber, faßte mich bei den Schultern und sah mir in die Augen. »Mach dir keine Vorwürfe«, sagte sie fest. »Ich liebe dich. Wie kann es dir leid tun, mich zu lieben?«

»Es tut mir nicht leid«, antwortete ich. »Aber ich mache mir die größten Vorwürfe, daß ich dich in Gefahr gebracht habe.«

»Wenn es dir nicht leid tut, daß du mich liebst, werde ich nicht so tun, als hätten wir uns gestritten und ich kehrte verärgert nach Hause zurück.«

»Dann müssen wir sofort heiraten. Ich werde mich noch heute erkundigen, wie die rechtliche Situation ist. Ich bin kein römischer Bürger, und vielleicht brauche ich eine besondere...«

»Auch das werde ich nicht tun! Ich lasse mich nicht von diesen Leuten herumschubsen, und ich werde auch nicht Cluim und die anderen von ihrem Zuhause fortschicken. Ich kenne einen Druiden. Er segnet jedes Jahr unseren Obstgarten, und wir geben ihm einen Korb Äpfel und einen Krug Met, der mit unserem eigenen Honig gebraut ist. Ich werde mit ihm über diese widerwärtige, grausame Aurelia Bodica reden und hören, was er zu dem feigen Mord zu sagen hat!«

»Nein!« rief ich alarmiert.

»Du weißt nichts über unsere alte keltische Religion. Dies«, sie stieß wieder mit dem Fuß gegen die Fluchtafel – »dies ist eine Parodie, eine Pervertierung des Druidentums, eine Mißbildung, eine krankhafte Wucherung. Sie haben kein Recht, jemanden zu ermorden, und die meisten Druiden lehnen Ritualmorde entschieden ab. Außerdem bin ich nicht jemand, den sie ermorden könnten. Jeder weiß, daß ich die Götter ehre. Sie könnten mich nicht aufhängen, bloß weil sie dich hassen.«

»Wenn sie dieses Königreich der Briganten errichten wollen, würden sie dich des Verrats bezichtigen, weil du hilfst, ihre Pläne zu durchkreuzen.«

»Sie mögen das wollen, aber wieviel Unterstützung haben sie? Es gibt zweifellos Leute, die hoffen, daß ein Umsturz ihnen Gelegenheit gibt, sich an einem Feind zu rächen oder einen Gläubiger loszuwerden. Es gibt ehrgeizige Adlige, die davon träumen, selbst wieder Macht auszuüben, statt sich vor Legaten und Präfekten zu verbeugen. Es gibt Druiden, die ein Ende der Verfolgung herbeisehnen. Wahrscheinlich gibt es genügend solche Leute, daß sie bei ihren geheimen Versammlungen zu der Überzeugung kommen, alle Welt unterstütze sie. Aber es wird keinen allgemeinen Aufstand der Briganten mehr geben und schon gar nicht hier in der Nähe des

Walls. Wir sind von den römischen Streitkräften abhängig, um unseren Lebensunterhalt zu verdienen. Wenn die Truppen nicht mehr unser Korn und unser Fleisch kauften, würde diese ganze Region zugrunde gehen. Und ein Bündnis mit den kaledonischen Stämmen würde bedeuten, ihnen aus freien Stücken unsere Farmen zur Plünderung anzubieten – nein, nein, nein! Die ganze Sache ist ebenso absurd wie diese Idee einer coritanischen Prinzessin, sich zur Königin von Brigantia krönen zu lassen. Nein. Du bist weder Brite noch Farmer, sonst würde es dir klar sein, daß diese Leute keine Macht auf dem Lande haben.«

»Sie hatten immerhin genug Macht, um zumindest einen Mann zu ermorden und ungestraft davonzukommen, weil man sie so sehr fürchtete.«

»Einen Mann aus der Stadt, der irgend etwas getan hat, was sie beleidigt! – Nein. Mein Liebster, ich behaupte ja keineswegs, daß diese Leute nicht gefährlich sind. Ich weiß über sie Bescheid, ich weiß, wie gefährlich sie sind – aber nicht für mich. Für dich, ja, denn du bist ein Fremder und nicht hier ansässig, und niemand würde es wagen, sie deinetwegen herauszufordern. Aber ich kann dir helfen. Ich kann mit den Druiden sprechen, die ich kenne, den echten Anhängern der alten Religion, nicht diesen ungebetenen Besuchern aus dem Süden. Ich denke, sie werden helfen. Sie wollen nicht, daß die Selgoven und die Votadiner aus dem Norden in unser Land eindringen, ebensowenig wie wir Farmer und alle anderen Bewohner dieses Landes das wollen. Es genügt, daß jemand wie ich mit ihnen spricht und sie um ihre Hilfe bittet.«

»Pervica«, sagte ich entsetzt. »Das darfst du nicht.«

»Du willst es mir verbieten?« fragte sie herausfordernd.

»Dazu habe ich kein Recht. Aber du solltest es nicht tun. Selbst wenn es wirklich stimmt, daß deine Sicherheit durch die Druiden nicht gefährdet ist, du würdest trotzdem nicht sicher sein. Wir dürfen Arshaks skrupelloses Machtstreben nicht unterschätzen. Er ist ein arroganter Mann, der kein Risiko scheut. Nach diesem Fest soll er mit dem Zweiten Drachen, seinen Gefolgsleuten, in Condercum stationiert werden; wenn er erführe, daß du seiner Dame

Schwierigkeiten machst, würde er dich bedenkenlos zuerst töten und sich hinterher Erklärungen für die Behörden ausdenken.«

»Er ist kein Brite. Spricht er überhaupt Britisch? Nein? Dann wird er keine Ahnung haben, was auf dem Lande vorgeht. Und die Menschen, mit denen ich zu sprechen beabsichtige, werden meinen Namen nicht preisgeben. Selbst wenn sie nicht helfen, werden sie nicht wollen, daß ich getötet werde; und wenn sie helfen, werden sie die Verantwortung für alles, was sie tun, selbst tragen, so wie sie auch das Verdienst allein für sich beanspruchen.«

»Du kannst nicht auf deine Farm zurückkehren und ... und für mich spionieren. Das kannst du nicht. Du wirst getötet werden.«

»Ich kann, ich will, und nichts wird mir zustoßen. Ich denke nicht daran, mein Eigentum aufzugeben und die Menschen im Stich zu lassen, die von mir abhängig sind. Du kannst das nicht von mir erwarten. Würdest du es an meiner Stelle tun? Und ich werde nicht wie ein Gepäckstück in deinem Wagen sitzen, während du Risiken eingehst und schreckliche Fehler machst, weil du Dinge nicht weißt, die ich leicht entdecken könnte. Ich bin Britin. Ich habe mehr Rechte in dieser Sache als du.«

Ich stand auf, ging ein paar Schritte hin und her und schlug ohnmächtig mit der Hand gegen die Wagenwand. »Und wenn du getötet wirst?«

»Und wenn *du* getötet wirst? Das ist eher möglich. Ich bin für sie unwichtig. Du bist es, hinter dem sie her sind.«

»Ich habe fünfhundert Mann unter meinem Kommando, und darunter dreißig, deren Hauptaufgabe es ist, mein Leben und meine Ehre zu schützen. Und selbst wenn sie scheitern, ich kann meinem Tod ins Auge sehen.«

Sie schloß einige Sekunden lang die Augen, dann sah sie mich fest an. »Verstehst du nicht?« fragte sie. »Vielleicht könntest du deinem Tod ins Auge sehen – aber ich könnte es nicht. Ich habe meinen Mann nie geliebt. Ich mochte ihn, ich gehorchte ihm willig, weil er mich liebte, aber ich konnte ihm nie Achtung oder Liebe geben. Als er starb, dachte ich, ich würde mein ganzes zukünftiges Leben in Unabhängigkeit verbringen. Ich war ganz zufrieden – bis ich in meinen Stall ging und dich dort stehen sah mit Wildfeuer, der aus deiner Hand fraß. Da wußte ich, daß ich überhaupt noch nie lebendig gewesen war. Es ist mir gleich, wenn ich jetzt sterbe, aber ich werde nicht ohne dich leben.«

Ich ging zurück und kniete mich vor ihr hin. »Pervica, bitte! Du hast gesehen, was ich mit Wildfeuer gemacht habe. Er fängt an, mir zu vertrauen, er kommt zu mir, um Schutz vor der Kälte zu finden, er erwartet, daß ich ihm sein Futter gebe. Wenn er zu mir käme und ich schlüge ihn, wem würde er dann vertrauen? Stirb nicht, Pervica. Es würde mich zerstören.«

Sie legte die Arme um meinen Hals. »Ich werde nicht sterben«, sagte sie ernst. »Aber ich werde nicht tun, was du verlangst.«

12

Pervica kehrte an diesem Nachmittag in genau der Situation nach Hause zurück, die mir am wenigsten zusagte – offiziell mit mir verlobt, gewillt, bis zu dem für die Hochzeit festgesetzten Datum ihr Leben wie bisher weiterzuführen, und fest entschlossen, Nachforschungen bei den mit ihr befreundeten Druiden zu betreiben. Ich stellte ihr einen Wagen für die Fahrt zur Verfügung und begleitete sie mit meiner Leibwache bis zur Flußau-Farm. Alle Einwendungen, die ich noch vorbrachte, waren vergeblich gewesen und hatten sie nur verärgert. Sie hatte, was schon Longus aufgefallen war, einen eisernen Willen, und sie haßte es, tyrannisiert oder eingeschüchtert zu werden. Mir war klargeworden, daß ich mich zu sehr von meinen schlimmen Erinnerungen hatte leiten lassen und meine Argumente sie wohl deshalb nicht überzeugt hatten.

Als ich mich auf der Farm von ihr verabschiedet hatte, ritt ich mit der Geschwindigkeit einer Gewitterwolke nach Cilurnum zurück. Ich brachte Marha ein Opfer dar und betete um seinen Schutz. Dann suchte ich Kasagos auf und ließ ihn die Weissagungsruten lesen, aber ihre Botschaft war undeutlich und unbefriedigend. Ich fuhr meine verblüfften Leibwächter grundlos an, ignorierte die besorgten Fragen meiner römischen und sarmatischen Freunde und ging fort, um mit meinen Pferden zu arbeiten.

Die Nachricht von dem Ritualmord und der Fluchtafel wurde am folgenden Tag im Fort bekannt; Leute aus dem Dorf, die Corstopitum nach dem Fest besucht hatten, brachten sie von dort mit. Wie Facilis es vorhergesagt hatte, wußte bald jeder, was auf der Tafel geschrieben stand. Allgemein wurde angenommen, daß es das Werk von Kaledoniern sei, die sich für ihre Niederlage rächen wollten. Aber ich konnte sehen, daß insbesondere Comittus höchst unglücklich über diese Geschichte war. Er verlor seine ganze Munterkeit und sah verwirrt und fassungslos aus, wenn er mich sah. Mehrmals versuchte er, mich wegen der Tafel anzusprechen, aber ich war noch immer in sehr düsterer Stimmung und ignorierte seine tastenden Fragen. Ich vermute, ihm und Longus wurde jetzt ebenfalls bewußt, daß ich seit meinem »Unfall« nicht mehr an ihren Mahlzeiten teilgenommen hatte. Auch Longus suchte ein Gespräch mit mir, aber ich wollte auch mit ihm nicht über die Sache diskutieren.

Der einzige Mensch, mit dem ich offen sprach, war Eukairios. Ich hatte befürchtet, daß der ermordete Mann sein Freund wäre, daß man ihn wegen seiner Nachforschungen in meiner Sache getötet hätte. Ich war erleichtert zu hören, daß dies nicht der Fall war – das Opfer war ein Zimmermann, der einmal beschuldigt worden war, Holz aus einem heiligen Hain zu verwenden. Aber wahrscheinlich war es nicht angebracht, Erleichterung zu enpfinden. Meine Feinde hatten ihn getötet, um mich zu verfluchen, vielleicht hätten sie ihn sonst leben lassen.

Ein paar Tage später, am zweiten Tag des Januar, brach ich dem Wunsch des Legaten gemäß nach Eburacum auf. Meine gesamte Leibwache unter Führung von Banaspados und zusätzlich Kasagos' Schwadron begleiteten mich. Leimanos übertrug ich den Befehl über den Drachen. Zum Übernachten während des Marsches führten wir unsere Wagen mit. Eukairios kam mit, weil ich seine Hilfe bei den Vorbereitungen für die Einrichtung der Zuchtfarmen brauchte und weil er mit seinen Glaubensbrüdern in Eburacum wegen der von mir vorgeschlagenen Zusammenarbeit verhandeln wollte. Facilis schloß sich uns ebenfalls an, er brummte etwas von dringenden Angelegenheiten, die er bei der Legion zu erledigen habe – aber es war mir klar, daß er dort seine eigenen Nachforschungen über Aurelia Bodicas Umtriebe anstellen wollte.

Ich nahm auch Wildfeuer mit. Ich hatte bereits beträchtliche Erfolge mit dem Trainieren des Hengstes erzielt; er war es nicht gewohnt, bei kaltem Wetter im Freien zu sein, und da er nur in der Nähe unserer Wagen Wärme finden konnte, verlor er allmählich sein Mißtrauen gegen Menschen. Ich hatte gerade damit begonnen, ihn an den Sattel zu gewöhnen, und es würde nicht gut sein, das Training längere Zeit zu unterbrechen.

Am zweiten Tag des Marsches begegneten wir Arshaks Drachen, der von Eburacum kam und in Richtung Norden zu seinem neuen Standort Condercum ritt. Es war ein kalter, grauer Tag, gelegentlich fiel etwas Schnee, aber kurz vor unserem Zusammentreffen kam die Sonne heraus, und wir sahen ihre Waffen und Rüstungen im hellen Licht schimmern. Um die unbeschlagenen Hufe der Pferde zu schonen, ritten sie, wie auch wir es taten, auf den unbefestigten Randstreifen zu beiden Seiten der Straße. Arshak ritt an der Spitze, unter dem goldenen Drachen seiner Standarte. Als wir in seine Nähe kamen, fiel er vom Trab in den Schritt, und als wir fast auf gleicher Höhe waren, hielt er an und gab auch dem Drachen den Befehl, anzuhalten. Ich zog die Zügel an, Farna blieb wenige Schritte von ihm entfernt stehen, und wir starrten uns lange schweigend an. Mir fiel auf, daß er seinen Mantel mit den Skalpen trug. Sein Verbindungsoffizier, Severus, sah uns verwirrt an.

»Sei gegrüßt«, sagte Arshak schließlich. »Ich habe dich nicht gesehen, als du das letztemal in Corstopitum warst. Ich wollte dir sagen, wie froh ich bin, daß du noch lebst.« Er lächelte.

Ich kannte dieses Lächeln. Ich hatte es oft genug gesehen, wenn er mit Facilis sprach. Ich dachte daran, ihn zu fragen, ob er den Becher der Gastfreundschaft mit mir teilen möchte – aber es war sinnlos, ihn zu reizen. »Ich grüße dich«, sagte ich statt dessen. »Ich werde mich jederzeit freuen, dich zu treffen, wir werden jetzt ja Nachbarn sein.«

Mit anzüglichem Lächeln ließ er die Hand über den Schaft des Speers gleiten. »Du bist ein echter Edelmann, in fast jeder Hinsicht«, erwiderte er. »Ihr seid auf dem Weg nach Eburacum, du und deine...«, seine Augen streiften über Facilis hin, »deine guten Freunde?«

Ich nickte. »Und du wirst in Condercum erwartet. Ich will dich nicht länger aufhalten – es sei denn, du hättest jetzt etwas mit mir zu regeln?«

Seine Augen blitzten auf, aber er schüttelte den Kopf. »Ich wollte, es wäre so. Aber jetzt ist nicht die Zeit. Jedenfalls, ich bin froh, daß du nicht ertrunken bist. Ein Fürst der Jazygen sollte durch den Speer sterben.«

»Ich werde sterben, wie der Gott es will, und durch die Hand, die er bestimmt«, entgegnete ich. »Ebenso wie der Gott es dir bestimmen wird, Arshak.«

Sein Gesicht zuckte leicht, mein Hinweis auf die Beziehung zwischen Göttern und Töten schien ihn zu beunruhigen. »Gute Reise«, sagte ich und gab Farna die Zügel.

Er ließ seinen Nisäerschimmel zur Seite treten, um mich vorbeizulassen, drehte sich im Sattel um und sah mir einen Augenblick nach. Als Facilis herankam, befingerte er ironisch lächelnd den Kragen seines Mantels – dann winkte er seinem Trommler, das Signal zu geben, und der Drache setzte seinen Marsch fort.

»Hast du mit Fürst Arshak Streit, mein Fürst?« fragte Banaspados mich besorgt, als unser Trupp die langen Reihen des Drachen passiert hatte und die Straße wieder frei war.

Ich sah ihn an. »Du solltest solche Fragen nicht stellen, Banaspados«, wies ich ihn zurecht. »Ich wünsche keine Auseinandersetzungen zwischen seinen und unseren Männern. Wenn etwas zwischen Arshak und mir ist, so ist das unsere eigenen Sache.«

Der Rest des Marsches verlief ohne weitere Zwischenfälle. Wir trafen am Nachmittag des vierten Tages nach unserem Aufbruch von Cilurnum in der Festungsstadt Eburacum ein. Am Tor wurden wir von einem Vertreter des Festungskommandanten begrüßt und zu den Stallungen geleitet, wo die Pferde untergebracht und auf dem geräumigen Außengelände die Wagen abgestellt werden sollten. Dann wies er uns die Unterkünfte an, ein Gästehaus für Facilis, das vorher von Arshak bewohnte Tribunshaus für mich, und Baracken für meine Männer.

Ich brachte keine Einwendungen vor, sagte den Männern aber auf sarmatisch, sie könnten in ihren Wagen bleiben, wenn sie das wollten. Die Kommandantur würde wohl kaum darauf bestehen, daß sie die Baracken bezogen, und die Wagen konnten ebensogut auf dem Gelände der Stallungen abgestellt werden wie anderswo; warum also über etwas streiten, das man ignorieren kann? Ich gab Banaspados die notwendigen Instruktionen und machte mich gleich auf den Weg, um mich beim Legaten zu melden. Eukairios nahm ich mit.

Ich wurde sofort vorgelassen. Priscus schien erfreut zu sein, mich zu sehen, und kam gleich zur Sache. Er hatte eine Anzahl von Farmen für die Pferdezucht ausgewählt und war gern bereit, die Flußau-Farm in seine Liste aufzunehmen. Ich hatte gemeinsam mit Eukairios Vorschläge ausgearbeitet, welche Stuten und welche Deckhengste in der nächsten Zuchtperiode eingesetzt werden sollten, und wir wurden uns rasch einig, wie viele Pferde die einzelnen Farmen übernehmen sollten.

Priscus kam dann auf die andere Angelegenheit zu sprechen, die er in seinem Brief erwähnt hatte, und meine Befürchtungen erwiesen sich als völlig unbegründet. Weitere acht Drachen der schweren sarmatischen Reiterei wurden zwischen April und Juli in Britannien erwartet, und der Legat wollte sich wegen ihrer Unterbringung und Versorgung mit mir beraten. Ich war überrascht und erfreut über diese Nachricht, zumal da sich herausstellte, daß auch der Fünfte Drache dazugehörte, den Cotys, der Mann meiner älteren Schwester Aryazate, befehligte, mein bester Freund. Die Truppen hatten in verschiedenen Standorten zwischen dem Danuvius und dem Ozean ihre Winterquartiere bezogen, und sie sollten den Kanal überqueren, sobald das Wetter es erlaubte. Ich gab Priscus eine Menge Ratschläge allgemeiner Art, vor allem legte ich ihm mit Nachdruck nahe, nur solche Standorte auszuwählen, die über genügend Weideland verfügten und den Truppen die Möglichkeit gaben, Rinder zu halten, die die benötigte Menge an Milch und Rindfleisch liefern konnten.

Auch als der Legat für diesen Tag Schluß machte und mich entließ, beschäftigten diese Dinge meine Gedanken weiter, und ich diktierte Eukairios eine Reihe von Punkten, die ich am nächsten Tag mit Priscus besprechen wollte. Eukairios war ungeduldig, die Arbeit zu beenden, weil er seine christlichen Freunde besuchen wollte, und schließlich rückte er damit heraus.

»Ihr werdet einfach das Schreiben erlernen müssen«, sagte er, während ich enttäuscht an meiner Unterlippe kaute. Seine Augen funkelten amüsiert.

»Aber das Schreiben ist schwer, und wenn man es nicht sehr jung lernt, lernt man es nie. So habe ich jedenfalls gehört.«

Er lächelte und legte die Feder weg. »Nun ja, wenn ich Euch versichern würde, daß Schreiben leicht ist, würde ich mich in derselben Lage befinden wie Eure Männer, als sie mir versprachen, ein Pferd zu reiten sei die einfachste Sache auf der Welt, weil es die natürliche Fortbewegungsart des Menschen sei – und als ich dann vom Pferd fiel, konnten sie sich das nicht erklären. Ich habe das Schreiben in der Tat sehr jung gelernt, wenn auch nicht ganz so jung, wie sarmatische Kinder das Reiten lernen, denn sie scheinen ja schon vor ihren Müttern im Sattel zu sitzen, bevor sie noch laufen können. Ich werde also nichs weiter sagen, als daß Ihr nach meiner Meinung die Fähigkeit besitzt, es zu lernen, und daß es Euch zweifellos von großem Nutzen sein würde. Aber ich sollte so bald wie möglich meine Freunde aufsuchen und mit ihnen sprechen, damit wir Vereinbarungen treffen können ... falls sie zustimmen.«

»Schon gut, schon gut!« sagte ich ungeduldig, denn mir war gerade etwas eingefallen, das ich nicht vergessen durfte. »Wir werden dies morgen früh zu Ende bringen. Ich werde heute nacht in meinem Wagen schlafen, aber du kannst dich, wenn du das möchtest, im Haus des Tribuns einquartieren – oder bei deinen Freunden bleiben.«

Ich konnte am Abend nicht einschlafen, weil meine Gedanken immer noch bei den Dispositionen für die acht Drachen waren, die in Britannien erwartet wurden – und natürlich quälte mich auch die Sorge um Pervica. Ich warf mich auf meinem Lager hin und her, drehte mich von einer Seite auf die andere. Schließlich stand ich auf, zog meinen Mantel über und ging nach draußen. Die Nacht war klar und sehr kalt, der abnehmende Mond stand hoch am Himmel. Es war gegen Mitternacht, alles war ruhig, die Steine des Straßenpflasters und der Mauern sahen im Mondlicht fast weiß aus, während die Schatten tiefschwarz erschienen. Ich ging langsam zu den Ställen hinüber, um nach meinen Pferden zu sehen. Ich war etwa auf halbem Weg, als ich in einiger Entfernung Rufe hörte und den Geruch von Rauch wahrnahm. Dann kam von den Toren der Schall der Trompeten, und von allen Seiten war das Geräusch rennender Füße und rufender Menschen zu hören. Ich lief zum Wagen zurück, hängte mir das Schwert um, nahm die Bogentasche und eilte in die Richtung, aus der die Rufe kamen.

Kurz darauf sah ich, daß ein Haus lichterloh brannte. Ich bog in die Via Principalis ein, an der die Tribunshäuser standen. Aus den Fenstern eines Hauses schlugen Flammen, und alle verfügbaren Männer der Sechsten Legion waren, notdürftig bekleidet, dabei, lange Ketten zu bilden, um das aus dem Aquädukt geschöpfte Wasser in Eimern zum Brandherd zu schaffen. Ein Zenturio trieb einige Männer, die einen Eichenbalken trugen, zur Eile an. Erst jetzt wurde mir klar, daß es das mir zugewiesene Haus war, das in Flammen stand. Vielleicht war Eukairios vom Feuer eingeschlossen. Ich drängte mich an den Legionären vorbei und lief auf das Haus zu.

Die Steinmauern des Hauses strahlten eine glühende Hitze aus, und die Schieferplatten des Daches platzten wie Kastanien im Feuer. Das Wasser, das die Legionäre am Ende der Ketten jetzt pausenlos aus ihren Eimern in die Flammen schleuderten, zischte und dampfte, und dichte Rauchwolken machten es unmöglich, an das Haus heranzukommen. Der Zenturio zeigte mit seinem Rebholzstock auf die Tür, die die Männer mit dem Eichenbalken aufbrechen sollten. Mit rhythmischen Hauruckrufen schwangen sie den Balken immer wieder gegen die Tür, die von innen verbarrikadiert zu sein schien.

»Ist jemand im Haus?« rief ich.

»Dieser sarmatische Kommandeur, der heute angekommen ist«, rief der Zenturio zurück. »Wenn du zu seiner Abteilung gehörst, dann hilf mir, die Tür einzuschlagen!«

Ich ergriff das Ende des Balkens, als sie ihn zurückschwingen ließen. »Mein Sklave...«, begann ich – kam aber nicht weiter, weil die Legionäre den Balken wieder gegen die Tür rammten. Trotz des schweren Stoßes hielt die Tür stand. Beim nächsten Stoß gab sie endlich nach. Eine Glutwelle schlug uns ins Gesicht; ich sah in das weißglühende Innere des Hauses, nur die nackten Außenmauern standen noch, und quer hinter der Tür lagen die verkohlten Reste irgendeines Gegenstandes. Der Mann, der der Tür am nächsten war, schrie, ohne daß ein Laut aus seinem Mund kam, und warf sich nach hinten; seine Kameraden fingen ihn auf und zogen ihn weg, seine Hände waren verbrannt und das Haar versengt, er keuchte und würgte.

»Wenn jemand noch da drin ist, dann ist er tot«, erklärte der Zenturio, als wir uns aus der Nähe des Hauses zurückzogen. Er sah mich an. »Was war das, was du gesagt hast? Ist dies das Haus deines Kommandeurs?«

»Es war für mich vorgesehen«, sagte ich, ungläubig starrend, »aber ich habe es nicht benutzt.« Ich sah den Zenturio an. »Jemand hat die Tür blockiert. Es lag etwas quer vor der Innenseite.«

»Irgend jemand hat diese verdammte Geschichte präzise geplant!« stellte er fest. »Ich habe nie ein gutes Steinhaus so wie Zunder brennen sehen, und der Bursche, der als erster hier war, hat gesagt, der Rauch habe nach Lampenöl gerochen. Und die Fensterläden waren von außen verriegelt. Habe ich dich... habe ich Euch richtig verstanden, daß Ihr in dem Haus vermutet wurdet?«

Ich nickte und starrte auf das Haus. Das Dach stürzte in diesem Augenblick ein, die Legionäre schleuderten immer noch einen Eimer Wasser nach dem anderen in die Flammen. »Mein Sklave ist möglicherweise da drin.« – Lebendig verbrannt. Durch Feuer ermordet und verbrannt, dachte ich.

»Aber sonst niemand? Bloß ein Sklave?«

Ich schüttelte den Kopf.

»Nun, den Göttern sei Dank dafür!«

In der dichten Menschenmenge, die sich in der Zwischenzeit auf der Straße angesammelt hatte, gab es Bewegung, jemand rief Befehle, und ich erkannte Priscus, der sich einen Weg durch das Gedränge bahnte. Sein karminroter Mantel hing ihm schief von der Schulter, und die Sandalen waren nicht zugeschnürt. Er starrte in die Flammen. Ich ging auf ihn zu. Der Zenturio von der Sechsten folgte mir zunächst, schob sich dann aber, als die Mauer der Neugierigen zu dicht wurde, an mir vorbei und machte mit seinem Stock eine Gasse frei.

Priscus hörte ihn kommen und drehte sich mit grimmigem Gesicht um – dann sah er mich und riß verblüfft die Augen auf.

»Ariantes!« rief er, kam mit ausgestreckten Armen auf mich zu und schüttelte mir beide Hände. »Den Göttern sei Dank! Wie seid Ihr aus diesem... diesem Phlegethon herausgekommen?«

Ich hatte keine Ahnung, wer oder was Phlegethon war, aber der Sinn war klar genug. »Ich bin nicht in dem Haus gewesen, Legat, ich ziehe meinen Wagen vor. Aber mein Sklave ist vielleicht da drin.«

»Nun, ich muß sagen, für dieses eine Mal habe ich gegen Euren barbarischen Brauch nichts einzuwenden!« rief Priscus. Die Erwähnung des Sklaven ignorierte er.

»Publius Verinus«, wandte er sich an den Zenturio, »was ist hier geschehen?«

»Ein klarer Fall von Brandstiftung, Legat«, berichtete der Zenturio. »Einer meiner Männer kam in der Nacht vom Ausgang zurück und bemerkte im Vorbeigehen Rauch – er habe nach Öl gerochen, sagte er. Durch die Spalte in den Fensterläden sah er Feuer, und er versuchte, die Tür zu öffnen, aber sie war versperrt. Bis er den Alarm ausgelöst hatte, stand das ganze Haus in Flammen. Als wir die Tür einschlugen, stellten wir fest, daß sie von innen blockiert gewesen war. Außerdem waren die Fensterläden außen verriegelt.« Er sah mich scharf an. »Irgend jemand wollte den Kommandeur hier unbedingt töten.«

Eine Mauer des Hauses stürzte krachend ein. Aber das Feuer schien jetzt unter dem ständigen Wasserstrom zu verlöschen. Alles, was im Haus brennbar war, mußte zu Asche geworden sein. Ich hoffte, daß dies nicht auch für Eukairios zutraf.

Priscus sah mich ebenfalls scharf an. »Wer will Euch umbringen?«

Einen Augenblick kämpfte ich mit mir. Der Name seiner Frau war in meiner Kehle, er erstickte mich fast. Ich hatte einen Freund, der vielleicht gerade auf grausige Weise umgekommen war und dessen Leben als so unwichtig galt, daß man nicht einmal davon Notiz nahm. Nichts wünschte ich so heftig, wie ihn zu rächen. Aber ich konnte Bodicas Namen nicht aussprechen: Noch hatte ich keinen Beweis. Und außerdem wußte ich auch nicht sicher, daß Eukairios tot war. Er war früher gelegentlich über Nacht im Haus von Freunden geblieben, vielleicht schlief er auch jetzt friedlich irgendwo außerhalb der Festungsmauern in der Stadt.

»Es gab da... einen Gegenstand, der in der Nähe von Corstopitum gefunden wurde«, sagte ich schließlich. Irgend jemand würde das Priscus mit Sicherheit erzählen, wenn ich es nicht tat. »Eine Bleirolle, die man in den Mund eines ermordeten Mannes gesteckt hatte, der in einem heiligen Hain an einem Baum aufgehängt worden war. Mein Name stand auf der Rolle. Allgemein wird angenommen, daß es das Werk kaledonischer Stammeskrieger war, die mich wegen ihrer Niederlage hassen.«

Priscus sah mich verständnislos an.

»Es gibt keine kaledonischen Stammeskrieger nachts in der Mitte einer Legionsfestung«, erklärte der Zenturio. »Sie mögen sich vielleicht in die Stadt einschleichen, obwohl auch das so weit im Süden sehr unwahrscheinlich ist – aber über die Festungsmauern zu kommen, würde ihnen niemals gelingen.«

»Nein«, sagte ich und gab ihm seinen scharfen Blick zurück. »Es muß dann also ein Römer gewesen sein. Und warum Römer den Wunsch haben sollten, mich zu töten, das weiß ich nicht, obwohl meine Männer – und auch die Männer des Vierten Drachen – sich zweifellos einen Grund ausdenken werden. Mit Eurer Erlaubnis, Legat: Ich denke, ich muß jetzt zu meinen Männern zurückgehen, sonst werden sie sehr beunruhigt sein.«

Priscus packte meinen Arm. »Niemand, der meinem Kommando untersteht, hat den Wunsch, Euch zu töten«, sagte er schroff. »Mögen die Götter mich vernichten, wenn das falsch ist! Ihr seid der einzige, mit dem wir arbeiten können, und Ihr seid soviel wert wie die anderen sarmatischen Offiziere zusammen.«

»Ich danke Euch für Euer Wohlwollen, edler Herr. Aber Ihr würdet besser solche Äußerungen unterlassen, die für die anderen Offiziere beleidigend wären. Darf ich mich jetzt entfernen, um meine Gefolgsleute zu beruhigen?«

Er ließ meinen Arm los, ich verbeugte mich und ging.

Während ich auf dem Weg zu den Wagen war, hörte ich jemanden hinter mir rufen. Ich drehte mich um und sah im Mondlicht Eukairios mit beiden Händen wild winkend auf mich zulaufen. Mit einem Ausruf der Freude eilte ich ihm entgegen.

»Gott sei Dank!« rief er.

»Den Göttern sei Dank!« rief ich fast im selben Augenblick. Ich packte ihn bei den Schultern und schüttelte ihn, um mich zu überzeugen, daß er wirklich ein Mensch aus Fleisch und Blut und nicht der Geist des im Feuer verbrannten Eukairios war.

»Das Haus ist niedergebrannt«, erklärte ich ihm. »Ich befürchtete, du wärst im Schlaf vom Feuer überrascht worden und nicht rechtzeitig herausgekommen.«

Er schüttelte den Kopf. »Ich war im Haus eines Freundes in der Stadt geblieben. Aber ich hörte den Alarm und bin zurückgekommen, um zu sehen, was passiert war. Ich nahm nicht an, daß Ihr in dem Haus wart, aber ich war nicht völlig sicher. War es ... war es Brandstiftung?«

Ich nickte.

»Jeder in der Festung nahm an, daß Ihr in dem Haus seid. Jeder außer Euren eigenen Männern.«

»Ja. Ich weiß nicht, was ich dem Legaten sagen soll. Es steht jetzt fest, daß es ein Römer sein muß, der das arrangiert hat; außer Armeeangehörigen kann sich nachts niemand in der Festung aufhalten. Sie werden an die Botschaft denken, die Gatalas geschickt wurde. Sie werden Vermutungen anstellen. Aber wir haben noch immer keinen Beweis, und wie kann ich ohne stichhaltigen Beweis sprechen? Es wäre ein leichtes für meine Feinde, mich umzubringen, wenn ich verhaftet würde. Gift in der Gefängniskost, während ich auf meinen Prozeß wegen Verleumdung warte, ein neues Feuer – nichts würde leichter zu arrangieren sein. Marha! Ich weiß wirklich nicht, was ich dem Legaten sagen soll.«

Ich ging weiter in Richtung der Wagen, und Eukairios begleitete mich. »Ich dachte, du wärst tot, und dein Körper wäre zu Asche verbrannt«, sage ich zu ihm.

Er blieb einen Augenblick stehen. »Oh«, sagte er. »Oh, ja – natürlich.«

Mit ein paar raschen Schritten holte er mich wieder ein. Taktvoll wechselte er das Thema. »Ich habe letzten Nachmittag mit den *presbyteroi* der *ekklesia* gesprochen«, sagte er. »Mit den Ältesten der Gemeinde, will ich sagen. Sie haben über das Bündnis beraten. Sie alle sind Briganten, und sie sind gegen einen Aufstand und wünschen keine Invasion der kaledonischen Stämme. Aber sie sind zu keiner Entscheidung gekommen. Sie möchten Euch treffen.«

»Mich treffen? Warum?«

»Ihr müßt unsere prekäre Situation bedenken, Herr. Wir sind sehr verwundbar. Es braucht nur jemand zu einer Behörde zu gehen und zu sagen: ›Dieser Mann ist ein Christ‹, dann bedeutet das schon dessen Todesurteil. Dazu kommt, daß wir uns auf keine Auseinandersetzung mit den Druiden einlassen können, sie sind zu mächtig. Wenn wir die Risiken eines weltlichen Bündnisses eingehen sollen, müssen wir unserer Verbündeten sicher sein. Sie – einer von ihnen im besonderen – haben Zweifel an Eurer Vertrauenswürdigkeit. Ich habe mich für Euch verbürgt – aber ich bin Euer Sklave.«

Ich zuckte die Achseln. »Aber was können sie von einem solchen Treffen erwarten? Sie wissen, daß ich nicht eurem Kult angehöre, daß ich – wie hast du das damals ausgedrückt? – ein Mann bin, der die Zügel seiner Pferde mit Skalpen schmückt und aus einem römischen Schädel trinkt.«

»Ihr tut das nicht – nicht mehr. Sie wollen einfach nur wissen, ob Ihr ein Mensch seid, dem sie trauen können, der uns nicht verrät. Ich denke, es wäre gut, wenn Ihr sie trefft.«

Ich war nicht erpicht darauf, Eukairios' Freunde zu treffen. Ich zog es vor, nichts über die schmutzigen Details dieses Kults zu wissen. Aber ich brauchte ihre Hilfe, um Kontakt mit Siyavak halten zu können, und sie konnten mir durch ihre Kontakte zu dem anderen illegalen Kult wertvolle Informationen beschaffen.

»Also gut«, willigte ich ein. »Wann?«

»Morgen mittag, Herr, falls Ihr da Zeit habt. Ich kann Euch zu dem Platz führen.«

Ich nickte. Wir kamen zu den Wagen, wo meine Männer besorgt beisammenstanden; sie brachen in Rufe freudiger Erleichterung aus, als ich erschien.

Der Legat hatte mich für den nächsten Nachmittag zu sich befohlen, ich hatte den Morgen daher frei. Ich überlegte, ob ich versuchen sollte, ein Treffen mit Siyavak zu arrangieren – aber ich entschied mich dagegen, es konnte ihn gefährden; sicherer war es, ihm zu überlassen, Zeit und Ort für ein Treffen zu wählen. Eukairios und ich arbeiteten weiter an den Plänen für die Versorgung der acht Drachen, die erwartet wurden, und als wir damit fertig waren, trainierte ich den Hengst Wildfeuer.

Ich hatte das Pferd schon in Cilurnum an das Gefühl des Sattels gewöhnt, und auf dem Weg nach Eburacum hatte ich es an der Seite Farnas laufen lassen und es auch kurze Strecken geritten. Es war wahrscheinlich günstig, daß der Hengst vorher nur als Wagenpferd trainiert worden war, so hatte der Sattel für ihn nichts besonders Schreckliches – im Gegensatz zum Zügel, bei dessen Geräusch er schon die Augen rollte und die Ohren zurücklegte. Sein Maul war übrigens so voller Narben, daß er außer einem scharfen Anziehen der Zügel kaum etwas anderes spürte. Ich beließ es also bei einem Halfter und trainierte ihn nur auf Zeichen, die ich ihm mit den Füßen gab.

An diesem Vormittag ritt ich ihn rund um die Stallungen – nach rechts gehen, gut; jetzt nach links, brav, mein Bursche; stopp, sehr gut; wieder nach links; jetzt Trab, nach links, ja, fein. Er arbeitete gut, noch nervös, wenn er Fremde sah oder ein plötzliches Geräusch hörte; aber er war ganz bei der Sache, es gefiel ihm, er wollte, daß ich mit ihm zufrieden war und ihn lobte. Als er ungefähr eine Stunde lang im Schritt und im Trab gegangen war, ließ ich ihn mitten im Gelände halten und begann ihm zu zeigen, daß Reiter manchmal sonderbare Dinge im Sattel machen, daß er dabei aber keine Angst zu haben brauchte. Ich stellte mich in den Steigbügeln auf, legte das ganze Gewicht auf die eine Seite, dann auf die andere, ließ mich weit nach unten fallen, und die ganze Zeit über sprach ich ruhig zu ihm. Er stand still, die Ohren gingen vor und zurück, nur gelegentlich stampfte er unruhig. Ich lobte ihn, dann zog ich die Beine hoch und kniete mich in den Sattel. Das linke Knie war noch steif, aber es bestand keine Gefahr mehr, daß es unter meinem Gewicht nachgeben könnte. Ich stand auf, vorsichtig – und fühlte mich lächerlich stolz auf einen Balanceakt, der früher eine Selbstverständlichkeit gewesen war.

Plötzlich waren Stimmen am Ende der Stallungen zu hören; Wildfeuer legte die Ohren zurück und scheute heftig. Ich schaffte es, mich in den Sattel zurückfallen zu lassen, aber da der Hengst auf der Hinterhand ausgebrochen war, landete ich so unglücklich, daß ich an einem Bein hing. Er sprang mit steifen Beinen quer über das Feld, schnaubte und bäumte sich auf, während ich mich an seiner Mähne in den Sattel hochzog. Er krachte beinahe in die Wagen, scheute wieder, drehte sich wild im Kreis, schlug mit der Hinterhand aus und wieherte laut. Ich hatte schwer zu kämpfen, um im Sattel zu bleiben, und meine Männer kamen zu Hilfe gelaufen. Aufgeregt rollte er die Augen und ließ niemand an sich herankommen. Ich glitt aus dem Sattel, legte ihm den Arm um den Hals und flüsterte ihm beruhigende Worte ins Ohr. Heftig zitternd stand er still. Banaspados ergriff die andere Seite des Halfters, während ich den schweißnassen Hals streichelte und zu ihm sprach.

Ich hörte das Geräusch eines Wagens, der über das Gelände fuhr, war aber viel zu beschäftigt, um es zu beachten – bis ich ganz in der Nähe Bodicas Stimme hörte: »Habt Ihr Schwierigkeiten mit dem Pferd, Fürst Ariantes?«

Wildfeuer wieherte und bäumte sich wild auf. Ich legte ihm meinen Mantel über den Kopf, aber er schnaubte und zitterte, und wir konnten ihn kaum halten.

»Vielleicht erinnert er sich an Euch«, sagte ich zu Bodica, ohne aufzublicken. »Würdet Ihr bitte etwas vorfahren, damit ich ihn in den Stall zurückbringen kann.«

Ich führte den Hengst hinter ihrem Wagen vorbei, ohne sie anzusehen. Undeutlich nahm ich wahr, daß sie in ihrem Wagen saß und mich beobachtete. Wildfeuer beruhigte sich ein wenig, als er im Stall war. Ich legte ihm eine Decke über und bat Banaspados, ihn auf und ab zu führen, bis er sich abgekühlt hatte, und ihn dann trinken zu lassen. Darauf ging ich wieder nach draußen.

Bodica war noch da; sie stand jetzt aufrecht im Wagen, wohl um ihren neuen, eleganten weißen Mantel mit einem blumenbestickten Saum besser zur Geltung zu bringen. »Wahrscheinlich habt Ihr recht«, sagte sie lächelnd. »Ich glaube, ich habe dieses Pferd einmal besessen. Aber es wurde bösartig, und ich habe es verkauft. Ich wußte gar nicht, daß Ihr an Tieren aus zweiter Hand interessiert seid.«

Ich hatte mich schon seit einiger Zeit gefragt, ob der Hengst einmal ihr gehört hatte. Es gibt zwar nicht wenige Leute, die grausam zu Tieren sind, aber nur wenige können es sich leisten, ein so wertvolles Tier zu mißhandeln, und ich wußte, daß sie gern große und starke Hengste lenkte.

»Die meisten Geschöpfe werden bösartig, wenn sie grundlos bestraft werden«, erwiderte ich. »Wolltet Ihr mich sprechen, edle Dame?«

»Mein Gemahl und ich möchten Euch für heute abend zum Essen einladen, Fürst Ariantes«, sagte sie mit charmantem Lächeln. »Ich hoffe, Ihr werdet kommen. Wir würden es sehr bedauern, wenn Ihr es nicht einrichten könntet.«

Ich biß die Zähne zusammen. Ich hatte eine solche Einladung

befürchtet und versucht, mir eine plausible Entschuldigung auszudenken. Es war mir nicht gelungen. Ich konnte nur hoffen, daß sie es nicht wagen würde, mich in Gegenwart ihres Gemahls an ihrem eigenen Tisch zu vergiften.

»Es ist mir eine Ehre«, antwortete ich, mich verneigend. »Ich werde kommen.«

»Gut!« sagte sie und setzte sich wieder. »Wir erwarten Euch dann gegen fünf Uhr.« Ihr Sklave gab dem Pferd die Zügel, und der Wagen fuhr weiter. Ich beobachtete, wie der Schimmelhengst in forschem Trab den Wagen durch das Gelände auf die Straße zog, und fragte mich, wie lange es dauern würde, bis auch er »bösartig« wurde.

Ich war noch ärgerlich und besorgt, als ich mit Eukairios zu dem Treffen mit seinen christlichen Glaubensbrüdern aufbrach. Natürlich konnte ich mich nicht von meinen Leibwächtern begleiten lassen. Sie waren darüber sehr ungehalten, sie wußten ja, daß jemand in der letzten Nacht versucht hatte, mich zu ermorden, noch dazu auf eine besonders grauenvolle Art, und jetzt war ihnen auch klargeworden, daß die Fluchtafel nicht das Werk irgendeines Kaledoniers gewesen war. Es kränkte sie tief, daß ich sie ausgerechnet in einer solchen Zeit zurückließ; sie protestierten zornig und fragten, ob ich an ihrer Loyalität und Treue zweifle. Schließlich mußte ich ihnen den strikten Befehl geben, dazubleiben und sich ruhig zu verhalten, und sie sahen mir aufgebracht nach, als ich mit Eukairios davonritt.

Wir mußten die Festung verlassen und in die Stadt reiten; Eukairios hatte mich gebeten, keine Rüstung zu tragen, um Aufsehen zu vermeiden. Das Gefühl, ungeschützt Angriffen aus dem Hinterhalt ausgesetzt zu sein, machte meine Laune nicht gerade besser. (Eukairios hielt es auch für zu auffällig, den vereinbarten Treffpunkt zu Pferde aufzusuchen, aber ich erklärte ihm, daß sarmatische Fürsten nicht zu Fuß gehen, und außerdem würde ich dann nur noch mehr Aufsehen erregen.)

Wir trabten durch das Osttor aus der Festung, dann die Straße hinunter bis zum Marktplatz – wie Corstopitum hatte sich Eburacum aus einem bloßen Armeestützpunkt zu einer richtigen Stadt entwickelt. Trotz des kalten Wetters war reger Marktbetrieb, und alle Leute gafften uns neugierig an, als wir über den Platz ritten.

Eukairios warf mir einen nervösen Blick zu und flüsterte: »Euer roter Mantel ist sehr auffällig...«

Ich schnitt ihm das Wort ab: »Unauffällige Mäntel besitze ich nicht. Es sind deine Freunde, die das Treffen wünschen.«

»Ja, Herr«, seufzte er unglücklich.

Vom Marktplatz ritten wir eine Straße hinunter, dann durch eine schmale, leere Gasse in ein noch schmaleres, finsteres Seitengäßchen, in dem es nach gekochtem Kohl roch.

Eukairios hielt an und saß ab. »Hier sind wir einigermaßen geschützt«, flüsterte er. »Ich erkundige mich, ob alles in Ordnung ist, und versuche jemanden zu finden, der die Pferde irgendwo versteckt.«

Ich hatte also auf einem mit Schutt und Abfall bedeckten Hof mit den Pferden zu warten, während mein Sklave in einem der benachbarten Häuser verschwand; schon bald kam er mit einem verängstigt aussehenden Mädchen zurück; es zeigte uns einen Schuppen, in dem wir die Pferde bei ihren Ziegen unterstellen könnten. Ich sah das Mädchen mit ausdruckslosem Gesicht an und sagte nichts. Wenn die Christen sich entscheiden sollten, mir nicht zu helfen – nach diesem ganzen lächerlichen Theater –, würde ich ihnen ein paar deutliche Worte zu sagen haben. Aber ich band ruhig meinen edlen Renner in einem alten Schuppen auf einem Hinterhof neben zwei Mutterziegen an und folgte Eukairios durch die Hintertür in ein Wohnhaus.

Wir wurden durch eine niedrige, verräucherte Küche in ein Speisezimmer geführt, das einen rot-weiß gefliesten Fußboden, Glasfenster und weißgetünchte Wände hatte. Es wurde von einem Kohlenbecken geheizt, das in einer Ecke stand. In dem Zimmer befanden sich drei Männer, alle in den Vierzigern. Zwei von ihnen trugen die landesüblichen graubraunen Ärmelkittel und Hosen und karierten Umhänge. Der dritte, der glattrasiert war, trug römische Kleidung. Alle drei kamen mir entgegen, als ich eintrat, und begrüßten mich – wie auch Eukairios – mit Handschlag.

»Ich danke Euch, daß Ihr gekommen seid, Fürst Ariantes«, sagte der Mann in römischer Kleidung. »Bitte habt Verständnis, daß wir Euch unsere Namen nicht nennen; es ist wahrscheinlich besser, daß Ihr sie nicht kennt.« Er setzte sich auf die mittlere der drei Klinen und wies auf die Kline zu seiner Rechten. »Bitte nehmt Platz.«

Wäre ich im Haus eines Armeeoffiziers gewesen, dann hätte ich mein Schwert abgenommen und mich, so gut es ging, auf die Kline gesetzt oder nach römischer Sitte gelegt. Aber ich war nicht gewillt, für ein paar illegale Sektierer diese Unbequemlichkeit in Kauf zu nehmen. Ich setzte mich vor der mir zugewiesenen Kline auf den Boden, zog das gesunde Bein unter mich und stellte das andere hoch; mein Schwert rückte ich so zurecht, daß es mich nicht behinderte. Die beiden anderen Christen warfen mir einen merkwürdigen Blick zu, dann setzten sie sich neben ihren Sprecher und beobachteten mich mir argwöhnischer Neugier. Nach einem kurzen verlegenen Zögern setzte Eukairios sich an das Ende der Kline hinter mir.

»Unser Bruder Eukairios«, sagte der römisch gekleidete Christ, »hat uns erklärt, es gebe möglicherweise ein Komplott, um dieses Land Brigantia, unsere Heimat, zum Aufstand gegen die Regierung der Provinz Britannien aufzuwiegeln. Er hat gesagt, jemand versuche, sarmatische Truppen wie die unter Eurem Kommando stehenden in Meutereien zu verwickeln; diese Person habe auch die Selgoven und die anderen kaledonischen Stämme dazu angestiftet, in unser Land einzufallen, um die römischen Streitkräfte zu binden, damit der Aufstand erfolgreich durchgeführt werden kann. Er hat weiter gesagt, die Person, die im Mittelpunkt dieses Komplotts steht, sei... eine angesehene Dame, Anhängerin einer extremen druidischen Sekte, die Brigantia zu einem druidischen Königreich und sich selbst zu seiner Königin machen wolle. Er sagt, obwohl Ihr von diesem Komplott wüßtet, hättet Ihr keine weiteren Zeugen und keinen relevanten Beweis für die Verschwörung, und Euer Wort allein würde nicht ausreichen, um die Behörden zu überzeugen. Ist diese kurze Zusammenfassung korrekt?«

Ich war erleichtert, daß er alles so klar und emotionslos dargelegt hatte, obwohl die offene Erörterung der Einzelheiten mir ein noch stärkeres Gefühl des Ausgesetztseins gab als vorher der Ritt ohne Rüstung über den Marktplatz.

»Ja«, antwortete ich.

»Ferner sagt er, daß Ihr unsere Hilfe aus zwei Gründen wünscht: erstens, um Kontakt mit einem Freund in Eburacum zu halten, der die Einzelheiten des Komplotts zu entdecken versucht; und zweitens, um unser Wissen über die Druiden und unsere Kontakte zu nutzen.«

»Das ist richtig.«

Nach kurzem Schweigen fragte der rechts neben ihm sitzende Christ geradeheraus: »Warum sollten wir Euch helfen?«

»Weil Ihr«, antwortete ich, »loyale Bürger der römischen Provinz Britannien und zudem Briganten seid, denen das Königreich, das diese Verschwörer errichten wollen, aus mancherlei Gründen unwillkommen sein muß.«

»Die jetzige Regierung ist uns nicht wohlgesinnt«, entgegnete der Mann, dessen dunkle Augen mich sehr mißtrauisch ansahen. »Wir werden überall im Reich der Römer verfolgt, und wir erleiden es stumm wie Lämmer, die zur Schlachtbank geführt werden. Unser Reich ist nicht von dieser Welt; wir haben keine Veranlassung, uns in die Händel von Fürsten und Legaten einzumischen.«

»Und wenn die Selgoven und Votadiner diese Stadt angreifen und sie zu plündern beginnen? Würdet Ihr Euch da einmischen?«

»Wir würden nicht ihr Blut vergießen«, erwiderte er pathetisch. »Wir würden uns ihnen entgegenstellen und im Namen unseres Herrn Jesus Christus sterben.«

»Das würde für unsere Freunde keine Hilfe sein!« entgegnete der andere britisch gekleidete Christ, der helle blaue Augen hatte, bevor ich etwas sagen konnte. »Ebensowenig wie für unsere Brüder und Schwestern und für unsere Frauen und Kinder. Wir sind Briganten, wie er gesagt hat. Warum sollten wir unsere Heimat und unsere Familien nicht verteidigen? Außerdem bittet der Mann uns, Briefe zu befördern, nicht, Blut zu vergießen.«

Der römisch gekleidete Mann machte der Auseinandersetzung mit einer Handbewegung ein Ende.

»Fürst Ariantes«, sagte er, »unser Bruder Eukairios hat sich rückhaltlos für Euch verbürgt und Euch als einen guten, edelmütigen und friedliebenden Mann geschildert. Er sagt, wir könnten, wenn wir Euch helfen, einer grausamen und blutigen Rebellion zuvorkommen. Wir wissen ... einiges ... von den Leuten, die in diese Affäre verwickelt sind, und wir sind geneigt, ihm zu glauben. Aber auch Eure Leute haben einen sehr schlimmen Ruf, und es fällt uns schwer ... wie soll ich es ausdrücken?«

»Ein Bündnis mit einem Sarmaten zu schließen.«

Er grinste mir rasch zu, und auf einmal gefiel er mir. »Nun ja«, sagte er, »ich würde einen Drachen nicht gerade für einen natürlichen Verbündeten eines Schwarms Tauben halten.«

»Einverstanden. Aber ich habe bereits einen Römer zum Verbündeten, der vorher ein erbitterter Feind war. Wenn ich ein Bündnis mit den Adlern schließen kann, kann ich auch eins mit einem Schwarm Tauben eingehen.«

»Adler haben mehr mit Drachen gemein, als Tauben es haben«, entgegnete der dunkeläugige Christ. »Sie sind beide mordgierige Räuber.«

»Eukairios hat gesagt, daß er ein friedliebender Mensch ist«, warf der Helläugige ein.

»Er sieht nicht danach aus«, sagte der Dunkeläugige. »So wie er da auf dem Boden sitzt, das Schwert auf dem Rücken und die Hand am Dolch! Und die Geschichten, die ich gehört habe, sagen, daß er Dutzende von Männern mit eigenen Händen getötet hat.«

Ich nahm die Hand von meinem Dolch und sah den Dunkeläugigen nachdenklich an. Ich fragte mich, wer und was er war und wer ihm von mir erzählt hatte.

»Ich habe mehr als dreißig Männer getötet«, antwortete ich. »Die genaue Zahl habe ich vergessen. Es stimmt, daß wir keine friedliebende Nation sind – und wir wurden nach Britannien als Soldaten geschickt; wir könnten jetzt nicht den Frieden wählen, selbst wenn wir das wünschten. Aber ich möchte nicht, daß es Krieg gibt.«

»Und was möchtet Ihr?« fragte der römisch gekleidete Mann leise.

Ich sagte ihm die ehrliche, für einen sarmatischen Fürsten schmachvolle Wahrheit. »Ich möchte, daß mein Drache ruhig in Cilurnum lebt; daß er keine anderen Aufgaben hat, als am Wall Patrouillendienst zu tun, gelegentliche Einfälle der kaledonischen Stämme niederzuwerfen und Pferde zu züchten. Aber ich gebe ehrlich zu, daß meine Männer statt dessen vielleicht die Götter um Ruhm und Sieg im Krieg bitten werden.«

»Das ist es, was ich gehört habe«, sagte der Dunkeläugige. »Es gibt nichts, hat man mir gesagt, was einem Sarmaten mehr Freude macht, als Menschen zu töten.«

Ich sah auf meine Hände herab, die ich über dem Knie gekreuzt hatte. »In zehn Jahren«, sagte ich ruhig, eine andere schmachvolle Wahrheit eingestehend, über die ich mir seit einiger Zeit klar war, »wird es keine echten Sarmaten mehr in Britannien geben. Ich bin nicht, was ich war, auch mein Bruder Arshak ist es nicht, niemand von uns ist es. Wenn man an einem festen Platz lebt, einem fremden Disziplinkodex unterworfen ist, viermal im Jahr seinen Sold ausgezahlt bekommt und die Zeit mit Exerzieren und Patrouillieren zubringt, dann ist man nicht der gleiche Mensch wie ein Nomade, der von seinen Herden lebt und aus Lust am Kampf Krieg führt. Die einzige Frage ist gewesen: ›Was werden wir statt dessen?‹ Meine Antwort war: ›Römische Soldaten‹. Arshak sagte: ›Britische Krieger‹. Vielleicht ist das im Grunde kein so großer Unterschied, doch sollte man bedenken, daß wir als Soldaten dieses Land und seine Bewohner verteidigen würden, während wir als Krieger eines brigantischen Königreichs ihre Unterdrücker wären. Auch gefällt mir die Gesellschaft nicht, in der wir uns als britische Krieger befinden würden, und ich befürchte, gerade wenn wir Erfolg hätten, würde eine solche Allianz zur Zerstörung alles dessen führen, was unserem Volk heilig ist. Wir Sarmaten haben immer die Wahrheit geliebt, unsere Freunde geachtet und unsere Eide gehalten; wir haben immer fair gekämpft und die Wehrlosen geschont. Das sind Sitten, die ich zu bewahren wünsche, was immer wir sonst auch verlieren mögen. Ich schwöre auf das Feuer« – ich hob die rechte Hand und streckte sie gegen das Kohlenbecken aus –, »daß ich um Eure Hilfe in einer guten Sache gebeten habe, die, so glaube ich, von Rechts wegen auch Eure Sache sein sollte, und daß ich Euch gegenüber ehrenhaft handeln und keinen Verrat begehen werde.«

»Es *ist* unsere Sache«, sagte der Mann mit den hellblauen Augen.

»Sie ist es *nicht*!« sagte der Dunkeläugige.

»Christus ist unsere Sache«, sagte der romanisierte Christ. »Er, und er allein – aber ihm zu dienen, kann auch bedeuten, der Nächstenliebe und der Gerechtigkeit zu dienen, wo immer wir sie finden mögen. Denn es steht geschrieben: ›Dann werden (sie) sagen: Herr, wann haben wir dich hungrig gesehen und haben dir zu essen gegeben? Oder durstig und haben dir zu trinken gegeben? ... Und der König wird antworten und zu ihnen sagen: Wahrlich ich sage euch: Was ihr getan habt einem von diesen meinen geringsten Brüdern, das habt ihr mir getan!‹«

»Er ist kein Bruder!« rief der Dunkeläugige zornig. »Weder der geringste noch der höchste.«

»Aber er ist ein Nächster«, gab der Helläugige heftig zurück. »Und er ist in einen Kampf mit unseren Feinden verwickelt, die nach allem, was man hört, die Dämonen zu Hilfe gerufen haben, um ihn zu verfluchen, und die hier in unserer Stadt versucht haben, ihn zu ermorden. Sollen wir es vielleicht wie der Priester im Gleichnis halten und an dem Mann vorübergehen, der unter die Räuber gefallen ist, in der vergeblichen Hoffnung, daß die Räuber nicht uns bedrohen werden?«

»Wir setzen unser Vertrauen auf Gott, komme, was kommen mag«, entgegnete der Dunkeläugige, »nicht auf Fürsten.«

»Wir haben darüber bereits diskutiert und haben gebetet«, sagte der romanisierte Christ. »Ich hatte schon vorher die feste Überzeugung, daß der Herr uns diesen Weg führt, und die Begegnung mit unserem Besucher hat mich nur bestärkt. Es tut mir leid, Bruder, daß es dir nicht geholfen hat.«

Der Dunkeläugige blickte finster. »Er hätte schlimmer sein können. Du bist also entschlossen, dich darauf einzulassen?«

»Um Christi willen!« rief der dritte Mann aus. »Es geht um unsere eigene Stadt, um unsere eigenen Familien!«

»Wir haben eine klare Wahl«, erklärte abschließend der romanisierte Sprecher der Christen. »Entweder helfen wir einem Mann, der sich für den Frieden einsetzt, oder wir waschen unsere Hände in Unschuld und lassen die Kräfte der Zerstörung und Gewalt ihren unheilvollen Lauf nehmen. Ich bin für Frieden.«

Er stand auf und reichte mir die Hand. »Ihr habt Euer Bündnis.«

13

Sobald die Christen ihre Entscheidung getroffen hatten, zeigten sie sich sehr hilfsbereit, sogar der Dunkeläugige, der sich nur widerstrebend der Mehrheit gefügt hatte. Sie gaben mir den Namen eines Mannes, der Briefe für Siyavak schreiben konnte, dazu ein Losungswort und den Weg, mit dieser Person Kontakt aufzunehmen. Sie versprachen, jeder Brief, den er schreibe, werde rasch und völlig geheim an mich weitergeleitet werden.

Dann brachte der Sprecher einen Satz Wachstafeln herbei. »Wir haben dies letzte Nacht aufgezeichnet«, sagte er. »Es ist eine Liste solcher Leute, von denen wir wissen, daß sie Druiden sind, mit Angabe ihres augenblicklichen Aufenthaltsorts; ferner eine Liste von Beamten, die mit den Druiden sympathisieren oder die bestechlich sind. Aber bevor ich sie Euch gebe, müßt Ihr schwören, sie nicht den Behörden zu zeigen oder zu übergeben. Die meisten dieser Menschen sind unschuldig an irgendwelchen Verbrechen, und viele von ihnen verabscheuen die Praktiken der extremen Sekten – jeder von ihnen jedoch müßte mit grausamen Strafen rechnen, wenn seine Sympathien für die Druiden bekannt würden.«

Ich streckte die Hand über das Feuer und schwor, daß ich die Informationen nicht an die Behörden verraten, sondern sie nur dazu verwenden würde, mich selbst zu verteidigen und Beweise gegen die Verschwörer zu sammeln. Dann bekam ich die Tafeln und dankte dem Sprecher mit einigen verbindlichen Worten.

»Nein, wir müssen Euch danken«, wehrte er ab. »Ihr tragt die größten Risiken in diesem Kampf. Wir werden für Eure Sicherheit beten.«

Ich war zufrieden, als ich mein Pferd von der Gesellschaft der Ziegen befreite und durch das nach Kohl riechende Gäßchen zurückritt. Eukairios war sehr still. Als wir jedoch durch das Festungstor ritten, kicherte er plötzlich leise vor sich hin, und ich sah ihn fragend an.

»Oh, nichts«, sagte er und schüttelte den Kopf. Aber seine Augen tanzten.

»Habe ich etwas getan, was du komisch findest?« fragte ich leicht gereizt.

Er kicherte wieder. »Wie Ihr da auf dem Boden saßt, Herr, das perfekte Bild eines edlen Wilden, und zu Senicianus sagtet, Ihr hättet die genaue Zahl der Männer vergessen, die Ihr getötet habt! Er war so schockiert, daß ich dachte, er würde von seinem Sitz fallen. Ich war sicher, jetzt ist alles verloren, ja, wirklich. Aber es funktionierte. Sie konnten sehen, daß Ihr vollkommen ehrlich zu ihnen wart, und es überzeugte sie, daß sie Euch trauen konnten.«

Ich mußte grinsen. »Es war nicht meine Absicht, komisch zu sein. Und du darfst nicht herumgehen und den Leuten erzählen, daß ich ein friedliebender Mensch bin. Es ist eine Schande für den Kommandeur eines sarmatischen Drachen, wenn so etwas über ihn erzählt wird.«

»Nicht für Christen«, erwiderte er. »Aber in Zukunft werde ich meinen Mund halten über diese schockierende Wahrheit.«

Ich sah mit einem Blick freundschaftlicher Zuneigung zu ihm hinüber. Da saß er, ein kleiner, dunkler Mann in den Vierzigern, unbeholfen auf dem Fuchs, einem meiner Wagenpferde, und grinste mich an. Reiten, die sarmatische Sprache erlernen, die Kosten des Pferdefutters und die Größe von Zuchtfarmen errechnen. Er hatte sich unerschrocken darum bemüht, das alles zu meistern.

»Was würdest du tun, wenn ich dich freiließe?« fragte ich ihn.

Das Grinsen verschwand aus seinem Gesicht. Wir ritten jetzt die Via Praetoria hoch in Richtung der Stallungen, und lange Zeit wurde die Stille nur durch das leise Klappern der Pferdehufe gestört.

»Würdet Ihr das tun?« fragte Eukairios mit gepreßter Stimme.

Ich hielt Farna an. »Wenn du einwilligst, in meinem Dienst zu bleiben, als angestellter Sekretär, ja. Aber wenn du nach Bononia zurückkehren möchtest, nein. Ich kann mir nicht leisten, dich zu verlieren.«

Er preßte die Hände zusammen, die die Zügel hielten, und starrte auf die Ohren seines Pferdes.

»Ich habe Bononia gehaßt«, sagte er sehr ruhig. »Ich fand das innerhalb der ersten zehn Tage heraus, nachdem ich es verlassen hatte. Ich liebte meine Freunde dort, die mir beistanden und für mich sorgten, wenn die Zeiten schlecht waren, aber ich war sehr unglücklich. Alle diese engstirnigen, kleinlichen Dienstvorschriften der Kanzlei, alle diese Reglementierungen, die jede Minute meines Tages kontrollierten, das Schreien und die Beschimpfungen, wenn ich zu langsam war, das Kürzen der Rationen, wenn ich einen Fehler gemacht hatte, die Schläge für Widerworte – als ich jünger war und nicht alles widerspruchslos hinnehmen zu müssen glaubte – und das Bestechen der Aufseher, um die Erlaubnis zu bekommen, abends meine Zelle zu verlassen. Und gute Arbeit zu leisten, die von meinen Vorgesetzten ihren Vorgesetzten unterbreitet wurde, als wäre ich nicht mehr als die Feder und die Tinte, die die Zeichen machten. Ich haßte es – aber ich wußte das nicht, weil ich nie in meinem Leben etwas anderes kennengelernt hatte. Ich war als Sklave zur Welt gekommen, und ich hatte in der Kanzlei des Prokurators gearbeitet, seit ich vierzehn Jahre alt war. Wenn man einen langen Weg unter einer schweren Last dahingewankt ist, empfindet man nicht mehr, wie schwer sie ist, bis man sie endlich absetzt. Ich bin sehr glücklich gewesen, als ich für Euch arbeitete. Habt Ihr das nicht gewußt?«

Ich hatte ihn nicht für unglücklich gehalten, aber dies wunderte mich doch. Ich schüttelte den Kopf.

»Ich erinnere mich nicht, jemals bemerkt zu haben, daß Ihr im Zorn oder Ärger jemanden angeschrien hättet«, sagte er. »Und Ihr seid selbst zu den Menschen höflich, mit denen Ihr Euch streitet. Ihr habt mir alle Freiheit gegeben, die ein freier Mann erwarten würde, und allen Respekt – und den Lohn ebenfalls. Ich würde sehr gern weiter für Euch arbeiten, sehr gern, unter allen Bedingungen.«

»Gut, wenn du also deine Freiheit willst, kannst du sie haben«, sagte ich. »Du weißt, mein Volk hält keine Sklaven. Kannst du ... was muß man tun, um einen Sklaven freizulassen?«

Er lachte laut, ein Lachen, das in einer Art Schluchzen endete. »Sie kann singen, aber wir sind stumm«, sagte er leise und zitierte Verse mit einer Stimme, die plötzlich rauh war von Triumph und Qual:

»Ach, wann wird mein Frühling kommen?
Wann wird sich, wie die Zunge der Schwalbe, mein Zunge erneuern?
Das Schweigen hat meinen Gesang getötet, und Phoebus verbirgt sich.
So starb durch sein Schweigen Amyklai, das nicht Alarm gab.
Wer nie geliebt hat, liebe morgen.
Liebe morgen, wer früher geliebt hat.

Ich kann ein Dokument für Euch aufsetzen.«

Er mußte diese Zeilen früher wohl oft zitiert haben, in den Tagen, als er seinen Vorgesetzten widersprochen hatte und dafür geschlagen worden war. Er hatte die Liebe gesehen, aber sie war an ihm vorbeigegangen, und er hatte nach dem Frühling der Freiheit geschrien, der jetzt kam – zu spät. Ich hatte ein Gefühl, als ob der feste Felsen meiner eigenen Identität schwankte, ich versuchte mir das Unvorstellbare vorzustellen, was aus mir hätte werden können, wenn ich als Sklave zur Welt gekommen wäre. Aber was Eukairios in diesem Augenblick bewegte, konnte kein Außenstehender nachempfinden; es war vermessen, es auch nur zu versuchen.

»Dann tu das heute nachmittag«, sagte ich. »Aber jetzt müssen wir uns beeilen, sonst werden wir zu spät zum Termin beim Legaten kommen.«

Wir ließen die Pferde im Stall, was meine Männer ein wenig

beruhigte, die aufgeregt waren wie eine Stute, der ihr Fohlen abhanden gekommen war. Wir erschienen pünktlich zu der Besprechung mit Priscus. Ich war erleichtert, daß der Legat auf die Ereignisse der vergangenen Nacht nicht zu sprechen kam, sondern sofort die Vorbereitungen für die Stationierung und Versorgung der erwarteten acht Drachen zu erörtern begann. Wir hatten mehrere Stunden diskutiert und ein paar Briefe geschrieben, als der Sekretär des Legaten meldete, daß Siyavak und Victor wie befohlen zur Stelle seien. Priscus wies ihn an, sie noch einen Augenblick warten zu lassen.

»Ich möchte den Plan für die Pferdezucht auf ihren Numerus ausdehnen«, erklärte er mir. »Aber ich wünsche nicht, daß in Gegenwart von Siyavak über die erwarteten Truppen und ihre Stationierung gesprochen wird. Es wird einige Zeit dauern, bis die Vierten Sarmaten den Schock über die Meuterei und den Tod ihres früheren Kommandeurs überwunden haben, und es dürfte daher besser sein, wenn sie nicht erfahren, wie viele Sarmaten demnächst in Britannien stationiert sein werden und an welchen Plätzen. Ist das klar?«

Ich nickte, ziemlich überrascht von dieser Vorsichtsmaßnahme. Natürlich war mir bewußt, daß meine Hinzuziehung zu der Planung ein besonderer Vertrauensbeweis war, aber ich hatte angenommen, daß die Information nicht länger als heikel betrachtet wurde. Offensichtlich hielt Priscus es aber immer noch für zu riskant, sie Siyavak zur Kenntnis zu bringen. Priscus winkte dem Sekretär, die beiden eintreten zu lassen.

Siyavak sah müde und angespannt aus. Ich hatte den Eindruck, daß er sich freute, mich zu sehen, aber er vermied es, sich mir zu nähern, und nahm am entgegengesetzten Ende des Raumes Platz. Ich mußte unbedingt mit ihm sprechen. Ich hatte keine Ahnung, ob er noch mein Verbündeter war, nachdem er eine so lange Zeit den Überredungskünsten Bodicas ausgesetzt gewesen war. Wir diskutierten, wie viele Pferde der Vierte Drache für die Zucht entbehren konnte, und anschließend einige andere Angelegenheiten, die unsere beiden Drachen betrafen. Schließlich steckte der Sekretär wieder seinen Kopf durch die Tür und machte Priscus darauf aufmerksam, daß es Zeit sei, sich in den Speiseraum zu begeben. Anscheinend wurden wir alle dort erwartet – außer Eukairios natürlich.

»Hercules!« rief der Legat aus. »Ist es wirklich schon fünf Uhr? Na, dann sollten wir besser gleich gehen. Unhöflich, eine Dame warten zu lassen!«

Er stampfte aus dem Zimmer, Victor eilte hinter ihm her und versuchte, noch rasch eine Legionsangelegenheit mit ihm zu besprechen. Siyavak verließ kurz nach ihnen das Zimmer. Ich vereinbarte mit Eukairios, wann er am nächsten Morgen zu mir kommen solle, verabschiedete ihn und folgte den anderen. Als ich auf den Korridor trat, sah ich Siyavak, der auf mich wartete.

»Den Göttern sei Dank!« flüsterte er heiser. »Ich dachte schon, ich fände überhaupt keine Gelegenheit, mit dir zu sprechen.«

»Bist du in Sicherheit?« fragte ich ihn.

»Zur Zeit, ja. Sie denkt, ich bin berauscht von ihrer Schönheit und voller Bewunderung für sie, wie die anderen auch. Hast du einen Weg gefunden, wir wir uns miteinander in Verbindung setzen können? Ich kann es nicht wagen, jetzt länger mit dir zu sprechen. Wenn wir zusammen im Speiseraum erscheinen, wird das auffallen.«

Ich holte tief Atem, schickte ein Stoßgebet zu Marha, gab Siyavak den Namen und das Losungswort, die die Christen mir heute mittag genannt hatten, und erklärte ihm den Weg der Kontaktaufnahme. »Das ist ein Mann, der Briefe für dich schreiben und geheim weiterleiten kann. Er ist in gewisser Weise ein Verbündeter – aber erwähne ihn bitte gegenüber niemandem. Er gehört einem illegalen Kult an, wenn auch nicht dem druidischen, aber er würde für seinen Glauben ebenso sterben müssen wie die Druiden für den ihren, wenn seine Verbindung zu der Sekte bekannt würde. Möchtest du vielleicht jetzt ein Treffen mit mir vereinbaren?«

»O Götter, und ob ich das möchte – aber es wäre nicht klug, Fürst. Sie hat überall in dieser Stadt ihre Spione, und ich habe gesehen, was sie mit Leuten macht, die sie verraten. Ich muß jetzt gehen, sonst wird sie mißtrauisch werden.«

Er drückte mir die Hand und eilte voraus, während ich sehr langsam folgte, von schlimmen Befürchtungen gequält.

Wir waren zu siebt beim Abendessen, drei »Paare«: Siyavak und Victor; Priscus und Bodica; ich und Facilis – dazu kam der Zenturio, den ich in der vergangenen Nacht getroffen hatte, Publius Verinus Secundus, der, wie sich herausstellte, Präfekt der Festung Eburacum war. Die Sitzordnung auf den drei Klinen entsprach dieser Folge; für Secundus war der Platz zwischen mir und Facilis zur Rechten unserer Gastgeber vorgesehen. Ich nahm mein Schwert ab und hängte es an die Seitenlehne neben meinem Platz.

Bodica sah schöner aus, als ich sie je gesehen hatte; die Seide, die wir ihrem Gemahl geschenkt hatten, war kunstvoll in ihr Gewand eingearbeitet, und ihr Haar war sehr einfach mit einigen goldenen Haarkämmen arrangiert, was ihr sehr gut stand. Aber zu meiner Überraschung war sie in offensichtlich sehr gereizter Stimmung. Der Grund stellte sich bald heraus: Die Sklavin, die ihr sonst das Haar frisieren mußte, war verschwunden.

»Die blöde kleine Schlampe ist noch immer nicht wieder da!« sagte sie zu Priscus. »Sie ist seit heute morgen verschwunden, und du meintest, ich brauchte mir keine Sorgen zu machen! Ich habe dem diensthabenden Offizier aufgetragen, daß die Wachen an den Toren auf sie achten sollen – ich bin sicher, das kleine Luder versteckt sich irgendwo und will sich für immer aus dem Staube machen. Sie weiß, daß ich mich über sie geärgert habe, und sie versucht, ihrer Strafe zu entkommen. Wenn ich sie in die Hände bekomme, wird sie...«

»Nun, nun«, sagte der Legat besänftigend, »du weißt doch, sie hat vor kurzem ein Baby bekommen. Sogar freigeborenen Frauen verwirrt es manchmal den Verstand, wenn sie ihr Baby verlieren, und sie ist doch nur ein schwachsinniges Mädchen. Sie ist wahrscheinlich in Panik weggerannt, um sich auszuweinen.«

»Aber sieh dir doch mein Haar an!« protestierte Bodica. »Ich wage nicht, es von dieser Idiotin Vera kräuseln zu lassen, und jetzt haben wir alle Offiziere zu Gast, und meine Frisur ist völlig aus der Mode.«

»Meine Liebe, du siehst reizend aus wie immer«, sagte Priscus galant, nahm ihre Hand und führte sie zur mittleren Kline. »Ich bin sicher, die Offiziere stimmen mir zu. Herren achten gar nicht so sehr auf modische Dinge, wie ihr Damen das zu glauben scheint, und wer kümmert sich schon um Locken, wenn Haar und Gesicht auch ohne sie einen so reizenden Anblick bieten?«

Wir alle beeilten uns, ihm zuzustimmen, und Bodica nahm, obwohl sie noch vor Wut kochte, Platz, um sich ihren Pflichten als Gastgeberin zu widmen. Mir fiel ein, wie zornig Facilis sich einmal über die Behandlung dieses Sklavenmädchens durch Bodica geäußert hatte, und ich sah verstohlen zu ihm hinüber. Er lag gleichmütig zurückgelehnt am anderen Ende der Kline und sah sich ausdruckslos im Zimmer um. Die Sklaven reichten uns die mit Wein gefüllten Becher.

Wir unterhielten uns während der ersten Gänge über allgemeine, unverbindliche Themen – über die Spiele und Vorführungen bei den Saturnalien, über italische und gallische Weine und ähnliche Dinge. Ich verschüttete absichtlich meinen ersten Becher, wischte heimlich meinen Teller ab, bevor die Speisen aufgetragen wurden, nahm die Vorspeisen von den entgegengesetzten Enden der Schüsseln und aß von den Hauptgerichten so wenig, wie ich das schicklicherweise tun konnte. Facilis bemerkte es, sagte aber nichts. Bodica bemerkte es ebenfalls, sie schenkte mir ein charmantes Lächeln, wobei ihre Augen gefährlich blitzten. Der Wein, nahm ich an, war sicher. Er wurde, wie immer, aus einem gemeinschaftlichen Mischgefäß eingeschenkt, und der Sklave hatte keine Möglichkeit, unbemerkt etwas nur in meinen Becher zu tun. Während wir beim Hauptgang waren, wurde mir plötzlich bewußt, daß ich dem Wein wohl etwas zu kräftig zusprach. Aber ich war hungrig – wegen des Treffens mit den Christen hatte ich auf das Mittagessen verzichten müssen – und sehr angespannt, ich aß nur wenig, und die Sklaven füllten meinen Becher sofort wieder, wenn ich ihn ausgetrunken hate.

Als der Hauptgang schließlich abgetragen worden war, schwang Priscus die Beine von der Kline, setzte sich aufrecht hin und bedachte uns alle mit einem wohlwollenden Lächeln.

»Und nun«, sagte er, »zu dem, worüber ich heute abend wirklich mit Euch sprechen wollte. Ariantes, wer versucht, Euch zu töten?«

Ich starrte ihn an, überrumpelt von der Plötzlichkeit des Angriffs nach dem einlullenden Geplätscher der bisherigen Unterhaltung. Ich wünschte, ich hätte den Wein nicht angerührt.

»Versucht nicht, so zu tun, als wüßtet Ihr nicht, was ich meine«, stieß Priscus nach, als ich so lange sprachlos dasaß, daß es schon peinlich wurde. »Ihr habt einen Feind. Wer ist es?«

»Edler Herr«, sagte ich schließlich, »ich habe Euch versichert, daß ich volles Vertrauen zu Euch habe. Wieso glaubt Ihr, daß ich Euch etwas verschweige?«

Er schnaubte verächtlich. »Diese ganze Geschichte riecht so penetrant nach Verschwörung, daß man den Gestank noch in Londinium wahrnehmen kann. Dem Kommandeur des Vierten Numerus wird eine Botschaft geschickt, irgendein sarmatisches Zeug mit britischer Schrift, angeblich von dieser Festung aus, woraufhin er meutert. Zu genau dieser Zeit unternehmen die Selgoven und Votadiner einen größeren Überfall auf Corstopitum, und als die Gefangenen verhört werden, geben sie an, sie wären bereits vorher von der Meuterei verständigt worden – durch eine unbekannte Person, die sie für einen ranghöheren Offizier dieser Legion hielten. Ihr selbst habt die verräterische Botschaft untersucht und die übrigen Männer des Vierten Numerus zu ihrer Pflicht im Dienste Roms zurückgeführt.

Dann entkommt Ihr nur knapp dem Tod. Euer Freund und fürstlicher Bruder Arsacus, der mit Euch zusammen war, sagt, es war ein Jagdunfall; Ihr behauptet, Euch an nichts zu erinnern. Aber Ihr hattet keine Veranlassung, mit der Bogentasche ins Wasser zu gehen, wenn Ihr hinter einem Wildschwein her wart, wie Arsacus sagt, und wenn Ihr Wildvögel gejagt habt, wieso wurde Euer Bogen ungespannt in seiner Tasche aufgefunden?«

Ich warf einen raschen Blick auf Facilis, der wegsah. Priscus bemerkte es. »Ja, natürlich habe ich mit ihm darüber gesprochen. Mit ihm und mit anderen.

Dann wird ein Mann in der Nähe von Corstopitum ermordet, und eine Fluchtafel mit Eurem Namen wird ihm in den Mund geschoben. Ihr kommt hierher, nach Eburacum, und das Haus, in dem Ihr nach allgemeiner Überzeugung schlaft, wird in Brand gesetzt – das Haus, in dem vorher Euer Freund und Bruder Arsacus gewohnt hat und das er sehr leicht für Euch hätte präparieren können.

Heraus mit der Wahrheit, Mann! Ich bin geduldig gewesen, ich habe eine hohe Meinung von Euch, ich denke, ich verstehe die Motive für Euer Schweigen – aber ich bin kein verdammter Idiot! Ihr wißt etwas, jemand anderer weiß, daß Ihr es wißt, und Ihr solltet es besser ausspucken, bevor dieser Jemand Erfolg mit seinen Anschlägen hat!«

Er war kein verdammter Idiot; er hatte sich aus den einzelnen Teilen dieses Puzzles ein besseres Bild zusammengesetzt, als ich erwartet hatte. Ich fragte mich sogar einen Augenblick, ob er recht hatte, daß Arshak das Haus für mich präpariert hatte. Aber das war unmöglich; als wir uns unterwegs begegnet waren, hatte er nicht verhehlt, wie sehr er darauf brannte, mich im Zweikampf mit dem Speer zu töten; eine so hinterhältige, eines sarmatischen Fürsten unwürdige Methode, mich umzubringen, hätte Arshak nie gewählt. Es waren mit Sicherheit Bodicas Freunde gewesen, die das Feuer gelegt hatten. Doch ich konnte es immer noch nicht wagen, die Gemahlin des Legaten zu beschuldigen, noch dazu in dieser Festungsstadt, wo sie »überall ihre Spione hatte« – wenn mir auch ein kurzer Blick auf sie zeigte, daß sie in höchster Panik war und mich entsetzt ansah.

»Kein Sarmate würde durch Brandstiftung morden«, erwiderte ich Priscus. »Mein Bruder Arshak bevorzugt den Kampf mit dem Speer, aber selbst wenn er fähig wäre, seine Ehre durch einen Mord zu beflecken, würde er dazu kein Feuer verwenden. Es gilt in unserem Volk als Sakrileg, Marha, den Gott des Feuers, durch das Töten mit Feuer zu beleidigen. Und auch der Mann, der in Corstopitum umgebracht wurde, ist nicht auf eine Weise getötet worden, die bei meinem Volk üblich ist.«

Priscus schwieg einen Augenblick, verständnislos den Kopf schüttelnd.

»Ich kann nicht glauben, daß du Arshak zu Recht verdächtigst,

Tiberius«, warf Bodica atemlos ein; ihre Augen waren dunkel und wie verschleiert. »Er ist nicht der Typ eines Verschwörers, du mußt das gesehen haben. Er ist aufbrausend, und ich traue ihm durchaus zu, im Affekt zu töten, ja, aber er ist kein Planer.«

Priscus brummte und stand auf. »Also gut«, sagte er und nahm eine Lampe vom Ständer in der Ecke. »Es ist ziemlich klar, daß Briten in die Sache verwickelt sind. Na ja, vielleicht hatte Arsacus mit diesem besonderen Fall, der Brandstiftung, nichts zu tun, vielleicht ist er überhaupt nicht schuldig, obwohl mir unverständlich ist, warum Ihr den Mund haltet, Ariantes, wenn es sich so verhält. Mir erscheint es durchaus plausibel, daß Ihr versuchen würdet, sarmatische Streitigkeiten auf sarmatische Weise zu bereinigen. Und auch, daß Ihr den Vorwurf einiger Eurer Freunde, mit Rom zu sympathisieren, nicht noch dadurch erhärten wollt, daß Ihr mir einen Kommandeurskameraden ausliefert. Aber vielleicht irre ich mich.«

Er stellte die Lampe auf den Tisch, direkt vor meinen Platz. »Haltet Eure Hand über diese Lampe, und schwört nach dem Brauch Eures Volkes auf das Feuer, daß nach Eurem besten Wissen und Gewissen Arshak unschuldig ist und daß Ihr nicht wißt, wer Euch zu töten versucht und warum.«

Ich sah ihn entsetzt an. »Edler Herr«, sagte ich schließlich, »wenn ich Verdachtsgründe habe, so habe ich doch keinen Beweis. Und ich habe nicht den Wunsch, der Verleumdung angesehener Römer angeklagt zu werden, weil ich keine Beweise vorlegen kann. Wenn ich einen triftigen Beweis in die Hand bekomme, werde ich Euch Meldung erstatten, dessen könnt Ihr versichert sein.«

Er starrte mich an. »Angesehene Römer, so ist das?« sagte er langsam. »Angesehene Römer und Arsacus, oder angesehene Römer allein?«

Ich hielt meine Hand über die Flamme der Lampe. »Ich schwöre, daß meine Behauptung, keine Erinnerung an das zu haben, was auf dem Rückweg von Condercum geschehen ist, die reine Wahrheit war. Ich schwöre, daß ich Arshak für unschuldig sowohl an dem Brandanschlag wie an dem Mord in Corstopitum halte.« Die

Flamme brannte unangenehm heiß auf meine Handfläche, während ich krampfhaft überlegte, was ich sonst noch wahrheitsgemäß beschwören könnte; aber mir fiel nichts ein, und ich zog die Hand zurück.

»Das ist weit entfernt von dem, was ich Euch zu schwören befohlen habe«, erklärte Priscus.

Es gab noch eine Sache, die ich beschwören konnte, fiel mir plötzlich ein. Ich streckte meine Hand wieder über das Feuer. »Ich habe Euch niemals angelogen, Legat, und ich habe nie in irgendeiner Weise den Eid gebrochen, den ich in Aquincum geleistet habe. Das schwöre ich hier auf das Feuer.«

Ich zog die Hand zurück und umklammerte die Lehne der Kline, denn meine Finger begannen zu zittern. »Wenn Ihr es wünscht«, fügte ich hinzu, »werde ich meinem Schreiber eine Erklärung diktieren, was nach meiner Überzeugung die wahren Hintergründe dieser Angelegenheit und wer die Täter sind; und sollten die Anschläge meiner Feinde Erfolg haben, wird Euch das Schriftstück ausgehändigt werden.«

»Was sollen diese Ausflüchte? Wovor habt Ihr Angst?« fragte Priscus. »Glaubt Ihr im Ernst, ich würde in Ruhe abwarten, daß Ihr ermordet werdet, während die Angelegenheit untersucht wird?«

»Ich habe Euch gesagt, edler Herr, daß ich keine Beweise habe und keine Zeugen benennen kann, und solange das der Fall ist, kann ich nicht sprechen.«

Ich stand schwankend auf – ich fühlte mich zerschlagen, als wäre ich den ganzen Tag hart geritten. »Darf ich mich entfernen, Legat? Ich habe letzte Nacht nicht geschlafen, und ich bin erschöpft.«

Priscus starrte mich zornig an und fluchte. Facilis stand auf. »Mit Eurer Erlaubnis, Legat, werde ich ihn zu seinen Freunden zurückbegleiten.«

»Ihr werdet auch nichts aus ihm herausbekommen, Zenturio«, knurrte Priscus. »Ariantes, Ihr verweigert einem direkten Befehl Eures Oberbefehlshabers den Gehorsam. Das ist krasse Insubordination. Werdet Ihr mir jetzt die volle Wahrheit sagen – oder muß ich Euch ins Gefängnis schicken?«

Ich sagte nichts. Ich stand Priscus gegenüber und sah ihn an; der Wein kreiste in meinem Kopf. Einen Augenblick dachte ich an mein Schwert, das neben mir an der Seitenlehne der Kline hing, der Griff nur wenige Zoll von meinen Fingern entfernt. Es würde nichts lösen. Die Wahl war Gefängnis für Insubordination oder Gefängnis für Verleumdung: Tod und Schande in beiden Fällen. Und was würden meine Männer dann tun?

Verinus Secundus, der die ganze Zeit mit unbewegtem Gesicht dagesessen hatte, nahm jetzt zum erstenmal das Wort: »Aber angenommen, Legat, er hat recht? Die Art von Mord, die es in Corstopitum gegeben hat – das ist kein Einzelfall. Selbst in der Legion gibt es Gerüchte. Ich habe gehört, wie die Soldaten darüber tuscheln. Wir können seinen eigenen Männern trauen, daß sie ihn nicht töten; aber wenn wir ihn ins Gefängnis stecken, wer wacht da über seine Wächter?«

Priscus brummte vor sich hin. Nach einer Weile nickte er und gab mir ein Zeichen, ich sei entlassen. Ich hängte mein Schwert um und ging hinaus. Facilis folgte mir.

Als wir das Haus verlassen hatten und ein Stück die menschenleere Straße hinuntergegangen waren, die vom Licht das abnehmenden Mondes erhellt war, blieb ich stehen und wandte mich ärgerlich Facilis zu: »Warum habt Ihr ihm das berichtet? Wißt Ihr, was mir in einem Gefängnis passieren würde? Wißt Ihr, was meine Männer tun würden, wenn man mich einsperrte?«

»Er schickt Euch nicht ins Gefängnis«, erwiderte Facilis. »Und was hätte ich sagen sollen, als er mich fragte? Er mag ein Hahnrei sein, aber ein Dummkopf ist er nicht. Er verdächtigt sie noch nicht, aber das wird kommen, und warum sollten wir Beweise unterdrücken, um diesen Prozeß zu verlangsamen? Aber ich bin nicht mit Euch gegangen, um darüber zu reden. Ariantes, ich brauche Eure Hilfe.«

»Meine Hilfe? Marha!« Ich drehte mich auf dem Absatz um und marschierte mit großen Schritten steifbeinig los. Jetzt, wo ich noch einmal davongekommen war, packte mich die Wut – auf den Legaten, auf seine niederträchtige mörderische Frau, auf die Römer im allgemeinen, auf mich selbst wegen meiner Zusammenarbeit mit ihnen, und insbesondere auf Marcus Flavius Facilis, der sich zu meinem Verbündeten gemacht und mich dann, so sah ich es jedenfalls im Augenblick, verraten hatte. Und ich hatte keine Ahnung, was als nächstes passieren könnte, ob man mir gestatten würde, Eburacum zu verlassen, wenn ich nicht preisgab, was ich wußte, und ob ich am nächsten Tag überhaupt noch am Leben sein würde.

»Eure Hilfe, ja!« rief Facilis, der mir nacheilte. »Seht, dieses Mädchen...«

»Welches Mädchen?«

»Vilbia. Bodicas kleine Sklavin. Ich habe sie in meinem Haus.«

»Was!« Ich blieb wieder stehen, und Facilis kam heran.

»Ich hatte auf dem Weg von Dubris herauf ein paar freundliche Worte mit ihr gesprochen, und letzte Nacht tauchte sie an meiner Tür auf, das arme Geschöpf, ihr Baby in den Armen, und sie weinte und flehte mich an, das Baby zu retten und sie vor ihrer Herrin zu beschützen. Die Götter sollen mich vernichten und verderben, wenn ich das nicht tue. Ich muß sie irgendwie aus der Festung herausbringen, und Euer Wagen scheint mir für diesen Zweck am geeignetsten zu sein. Niemand wird in ihm nach dem Mädchen suchen.«

»Mit einem Baby?« fragte ich ungläubig. »Hat Priscus nicht gesagt, sie hätte es verloren?«

»Sie hat vor acht Tagen einen gesunden Sohn geboren, aber ihre Herrin hatte keine Verwendung für das Baby der Sklavin und ließ es fortschaffen. Der kleine Bastard war das einzige auf der ganzen Welt, was das Mädchen zu lieben hatte; sie schlüpfte heimlich aus ihrer Sklavenzelle, noch ganz blutig von der Geburt, und schleppte sich bei Nacht durch die Straßen, um ihr Baby zu suchen; sie fand es schließlich, halb erfroren, auf einem Misthaufen, wickelte es warm ein und versteckte es. Sie ist jede Nacht heimlich hingelaufen, um es zu füttern und zu pflegen, aber sie mußte es tagsüber allein lassen und sich um das Haar dieser Hexe kümmern. Der kleine Bastard konnte unter diesen Umständen natürlich nicht gedeihen, zumal bei diesem kalten Wetter; ohne bessere Pflege mußte er in wenigen Tagen sterben, das war dem Mädchen klar. Sie ist zu mir gelaufen, nur wegen ein paar freundlicher Worte. Mögen die Götter mich auf elendeste Weise zugrunde richten, wenn ich nicht verhindere, daß sie wieder in die Hände dieser Teufelin fällt!«

»Bodica hat ein Baby, ein gesundes, lebendiges Kind, auf einen Misthaufen werfen lassen, damit es stirbt?« fragte ich entsetzt.

»Das ist nichts Besonderes, Ariantes! Sie tun das alle. Was sollen sie mit dem Balg einer Sklavin machen, wenn sie es nicht haben wollen?«

»Oh, Marha! – Römer!«

»Das Baby wird nicht laut sein. Es ist jetzt ein so schwächliches kleines Wesen; auch wenn es schreit, kann man es kaum hören – aber sie läßt es nicht schreien. Ihr braucht Euch keine Sorge zu machen, daß es ihren Aufenthalt verrät.«

»Ich werde sie in meinem Wagen hinausbringen«, sagte ich und ging weiter. »Wenn mir nicht erlaubt wird, Eburacum zu verlassen, werde ich dafür sorgen, daß sie auf andere Weise entkommt. Ich habe Verbündete, die vielleicht helfen können.«

»Natürlich ist Euch erlaubt, Eburacum zu verlassen. Ihr könnt schon morgen nach Cilurnum zurückkehren. Habt Ihr wirklich angenommen, er würde Euch gefangensetzen? Hercules! Denkt doch einmal nach: Eine drohende Verschwörung in seiner Hälfte der Provinz, Überfälle der Kaledonier am Grenzwall, der Verdacht, daß einer oder mehrere ranghohe Offiziere seiner Legion an der Verschwörung beteiligt sind – da ist das letzte, was er jetzt wünschen kann, auch noch Ärger mit Euren Leuten zu bekommen. Und er kennt jetzt eine Menge mehr von den Sarmaten als im letzten September; er weiß, wenn er versuchen würde, den Fürst-Kommandeur eines Drachen – irgendeines Drachen – gefangenzusetzen, müßte er ebenfalls dessen Leibwache einsperren und dazu mindestens die Hälfte der Soldaten, und das liefe auf eine größere militärische Operation hinaus. Er kann sich das nicht leisten. Dazu kommt, daß Ihr der loyale Partner seid, auf den er sich verlassen kann. Wer sonst wird ihm helfen, die Probleme zu bewältigen, die im Frühjahr auf ihn zukommen, wenn weitere viertausend Sarmaten hier eintreffen?«

Ich blieb wieder stehen und sah ihn verblüfft an. »Euch Römer soll jemand verstehen«, sagte ich kopfschüttelnd. »Warum droht er, mich einzusperren, wenn er gar nicht die Absicht hat, es zu tun?«

»Um Euch klarzumachen natürlich, daß er ernstlich verärgert über Euch ist. Ihr Bastarde haßt das Lügen so sehr, daß Ihr nicht versteht, wie wir damit umgehen. Als er Euch aufforderte, diesen Eid zu schwören, ist Euch überhaupt nicht in den Sinn gekommen zu lügen, habe ich recht?«

»Ich habe nie in meinem Leben einen Meineid geschworen! Und wie sollte ich wohl ausgerechnet jetzt, wo auch noch dieser Fluch über meinem Kopf hängt, daran denken, einen solchen Frevel zu begehen?«

»Genau das meine ich. Ihr habt Euch, seit Ihr nach Britannien gekommen seid, sehr stark den römischen Sitten angepaßt, aber Ihr habt immer darauf geachtet, genau zu prüfen, was Ihr von den Römern übernehmen wollt und was nicht. – Ich kann das Mädchen also in Euren Wagen bringen?«

»Ja. Wenn ich morgen nach Cilurnum zurückkehren darf, werde ich das tun. Ihr solltet sie also heute nacht bringen.«

Erleichtert drückte er mir die Hand. »Danke. Ich wußte, daß ich auf Euch zählen konnte. Ich werde sie während der zweiten Wache bringen, dann ist alles ruhig. Ihr müßt Euren Männern Bescheid sagen, daß Ihr uns erwartet. Wie die Dinge im Augenblick stehen, werden sie vermutlich jeden, den sie dabei ertappen, wie er sich mitten in der Nacht an den Wagen ihres kostbaren Kommandeurs heranschleicht, zuerst in Stücke hauen und dann nach dem Namen fragen. Werden sie die Sache akzeptieren? Ihr braucht ihnen ja nicht auf die Nase zu binden, wem ich das Mädchen stehle.«

Ich nickte, dann gingen wir weiter. Kurz bevor wir das Gelände der Stallungen erreichten, fragte ich ihn: »Wer ist der Vater des Babys?«

»Ich habe keine Ahnung«, sagte Facilis. »Irgendein Aufseher oder Pferdeknecht oder Sklave, der ihr einmal etwas Nettes gesagt hat und der nichts mehr von ihr wissen wollte, als sie in Schwierigkeiten kam. Sie ist überhaupt nicht an ihm interessiert, sie hängt nur an dem Baby.«

Als wir die Wagen erreichten, sagte ich meinen Männern, daß Facilis mitten in der Nacht ein gestohlenes Sklavenmädchen und ihr Baby herbringen werde, und erklärte ihnen, daß Römer unerwünschte Sklavenkinder töten. Sie waren darüber ebenso entsetzt wie ich, aber sie konnten es kaum fassen, daß ausgerechnet der ihnen noch immer verhaßte Facilis solche Ehrfurcht vor den Göttern, den Hütern des Lebens, hatte, daß er den Mut aufbrachte, sich über die Gebote seines eigenen Volkes hinwegzusetzen und die beiden zu retten – vor allem, da die Zählung der Monate ergab, daß das Kind auf keinen Fall von ihm sein konnte. Sie waren gern bereit zu helfen, und sie grinsten und schlugen Facilis anerkennend auf den Rücken, was ihn völlig durcheinanderbrachte.

Ich schlief fest in dieser Nacht, war aber sofort wach, als vorsichtig an die Seitenwand meines Wagens geklopft wurde. Ich stand auf, nahm für alle Fälle mein Schwert und sah Facilis und Banaspados vor der Tür stehen und zwischen ihnen eine unkenntliche Gestalt in einem weiten Mantel. Die Plane des Wagens war so steif vom Frost, daß sie klirrte, als ich sie mit der Hand streifte. Der Mond war untergegangen, es war finster und bitterkalt.

»Das ist Fürst Ariantes«, flüsterte Facilis dem Mädchen zu, dessen Gesicht nicht zu erkennen war. »Er wird dich morgen früh in seinem Wagen aus der Stadt bringen.«

»Aber...«, flüsterte das Mädchen stammelnd zurück, »aber dies ist der Mann, den meine Herrin töten will! Sie hat es schon zweimal versucht, und sie hat ihn mit dem Fluch des Todes belegt.«

Sogar in der Finsternis erkannte ich, wie Banaspados plötzlich erstarrte, und ich seufzte. Sein Latein war schon gut gewesen, bevor er unter Römern lebte, und er hatte keine Schwierigkeiten, das Mädchen zu verstehen.

»Banaspados!« befahl ich ihm rasch auf sarmatisch, »du darfst den anderen nicht sagen, was du gerade gehört hast.«

»Mein Fürst«, gab er aufgebracht zurück, »wessen Sklavin war sie?«

»Wenn ich wollte, daß du es weißt, hätte ich es dir gesagt. Ich will jetzt keine Auseinandersetzungen zwischen unseren Männern und den Römern.«

Ich hätte wissen müssen, daß der Versuch, die Konfrontation zu unterbinden, vergeblich sein würde.

»Es ist eine Schmach, wie du uns behandelst!« rief er zornig, so laut, daß die Männer in den anderen Wagen aufwachten und unruhig wurden.

»Du hast dich mit Arshak gestritten, die Römer haben versucht, dich zu ermorden, und du behandelst uns, die du mit dem Schutz deines Lebens betraut hast, als hätten wir kein Recht, etwas darüber zu wissen! Statt dessen reitest du heimlich mit Eukairios in die Stadt und schmiedest Pläne mit Fremden. Ich bin dein Mann, ich bin es gewesen, seit ich meinen ersten Skalp nahm. Ich bin hinter dir nach Singidunum geritten, nach Budalia, zu all den anderen Orten, gegen die wir unsere Streifzüge unternommen haben. Ich bin dir im Krieg gefolgt, und ich bin dir von Aquincum nach Britannien gefolgt. Ich bin immer stolz auf meinen Fürsten und Kommandeur gewesen, und stolzer noch darauf, für den Schutz seines Lebens verantwortlich zu sein. Ich habe mich nie irgendeiner Treulosigkeit schuldig gemacht. Ich schwöre es auf das Feuer, keiner von uns hat sich dessen schuldig gemacht. Du hast kein Recht, uns so zu behandeln!«

»Banaspados!« sagte ich, sprang vom Wagen und legte ihm die Hände auf die Schultern. »Ja, ich habe einen Feind unter den Römern, der versucht hat, mich zu ermorden. Und ich weiß, daß ihr, alle meine Leibwächter, stolz und mutig seid und niemals die Schande auf euch laden würdet, widerstandslos hinzunehmen, daß Römer dem Leben eures Fürsten nachstellen. Aber genau das ist der Grund, weshalb ich euch nichts gesagt habe. Ich konnte nicht zulassen, was euer Stolz und euer Mut – und eure Treue, die ich kenne und der ich absolut vertraue – euch zu tun geboten hätten.«

»Wer ist dieser Feind?« fragte Banaspados – und beantwortete die Frage gleich selbst. »Eine Frau, sagte das Mädchen. Eine Römerin, die innerhalb der Festungsmauern lebt. Und eine Freundin von

Arshak, mit dem du dich gestritten hast. Die Gemahlin des Legaten.«

Ich konnte durch das Dunkel der Nacht seine Augen funkeln sehen. »Als sie heute hierherkam«, fuhr er fort, »hatte ich den Eindruck, daß sie dich haßte; aber ich dachte, vielleicht ist sie wütend auf dich, weil du ein Pferd zureitest, das sie mißhandelt hat. Zweimal, sagte das Mädchen; zweimal hat sie versucht, dich zu töten. Einmal durch Wasser und einmal durch Feuer. Mein Fürst, du hättest es uns sagen müssen.«

Wenn Männer dafür verantwortlich sind, dein Leben zu schützen, haben sie Rechte in deinem Leben. Ich konnte Banaspados keine Antwort geben, ich stand hilflos da, beschämt, erbittert und erschöpft. In diesem Augenblick kam ein schwaches, schniefendes Weinen aus dem formlosen weiten Mantel des Mädchens.

»O bitte!« sagte sie flehentlich zu Facilis. »Er ist hungrig, und es ist kalt. Bitte, könnt Ihr mich nicht woanders hinbringen? Ich habe Angst, hierzubleiben, bei einem Mann, den meine Herrin zum Tode verflucht hat.«

»Die Flüche deiner Herrin haben Ariantes nichts angetan«, versuchte Facilis sie zu beruhigen. »Er ist ein guter Mann, und er hat die Götter seines Volkes um ihren Schutz angefleht. Und ich weiß nicht, wie ich dich aus der Stadt bringen könnte, Kind, außer in seinem Wagen. Sie halten an den Toren Ausschau nach dir, und deine Herrin war in einer sehr üblen Stimmung, als ich sie heute abend sah.«

Sie schwieg und wiegte das jetzt kläglich wimmernde Bündel unter ihrem Mantel.

»Das Baby wird sterben, wenn du nicht mit ihm aus der Stadt entkommst«, sagte Facilis mit einer so sanften Stimme, wie ich es ihm nie zugetraut hätte.

»Oh! Oh, ja, natürlich.« Sie drängte tapfer die Tränen zurück. »Es tut mir leid, Marcus Flavius, ich wollte keine Schwierigkeiten machen. Verzeiht mir, Fürst Ariantes. Ich danke Euch, wirklich, ich bin Euch dankbar für Eure Hilfe.«

Seufzend reichte ich ihr die Hand, um ihr in den Wagen zu helfen, und folgte ihr. Ich hatte bereits eine Schlafstelle für sie bereitgemacht, weiter hinten im Wagen.

»Du kannst hier schlafen«, sagte ich, nahm ihre Hand und ließ sie in der Dunkelheit des Wagens das Bett betasten. »Hast du alles, was du für das Kind brauchst?«

»Ja, Herr.« Ich hörte, wie sie sich in der Dunkelheit bewegte, sich setzte und ihren Kittel öffnete, um dem Baby die Brust zu geben. Das schwache, wimmernde Weinen hörte abrupt auf und wurde durch ein schmatzendes Saugen abgelöst.

»Dann bleib jetzt hier, und verhalte dich ruhig. Es wird besser sein, daß du den Wagen nicht verläßt, wenn es hell geworden ist. Meine Männer wissen zwar alle, daß du hier bist, und auf sie ist Verlaß, aber wir müssen vor heimlichen Spitzeln auf der Hut sein. Wenn du Angst vor Entdeckung hast, kannst du dich unter das Bett auf den Boden legen und einen Teppich über dich ziehen. Hast du alles verstanden?«

»Ja, Herr. Nur, was ist, wenn ich... äh...«

»Dazu mußt du den Wagen verlassen und in den Stall gehen. Aber möglichst nicht nach Anbruch der Dämmerung. Ich will sehen, daß wir sehr früh aufbrechen. Ich gehe jetzt, ich muß mit meinen Männern sprechen. Dann komme ich in den Wagen zurück.«

»Es tut mir so leid, Herr, daß ich Euren Freund ärgerlich gemacht habe. Ich hätte den Mund halten sollen; sie hat mir gesagt, ich dürfe nie und zu niemandem ein Wort darüber sagen. Aber ich war so überrascht, als Marcus Flavius sagte, wer Ihr seid, und ich bin so müde. Sie hat Euch...« Die Stimme des Mädchens verlor sich. »...so leid«, war das letzte, was ich hörte.

»Es ist alles in Ordnung«, sagte ich. »Mach dir keine Sorgen. Wir werden nicht zulassen, daß jemand dir und dem Kleinen etwas tut.« Ich verließ den Wagen.

Banaspados stand noch da, und die anderen Männer der Leibwache hatten sich zu ihm gesellt, auch Kasagos mit seiner Schwadron war hergekommen. Sie tuschelten miteinander, erklärten sich gegenseitig, was passiert war. »...die Frau des Legaten...«, schnappte ich auf, »...eine Hexe, eine Anhängerin des Dämons

Lüge... Feuer... ihre Sklavin... Arshak... kein Unfall...« Facilis lehnte sich müde gegen die Seite des Wagens. Ich war erschöpft, ich sehnte mich danach, endlich zu schlafen, aber ich mußte zunächst abwarten, was meine Männer mir zu sagen hatten. Ein Glück wenigstens, dachte ich, daß es Banaspados ist und nicht Leimanos. Der Führer meiner Leibwache hatte ein höheres Anrecht auf mein Vertrauen als sein Stellvertreter, und mein Versäumnis, ihn zu unterrichten, war natürlich noch empörender.

Das Gemurmel verstummte, Banaspados, als ihr berufener Sprecher, trat vor. »Mein Fürst«, sagte er, »wer sind deine Feinde?«

Ich erklärte ihnen, welche Rolle Bodica spielte und was ihre Ziele waren. Sie hörten mir schweigend zu, obwohl ich spürte, daß sie alle sehr ärgerlich waren, und als ich geendet hatte, blieben sie still.

»Ich wünsche jetzt keinen Kampf mit den Römern«, sagte ich offen. »Meine Brüder Azatani, ich habe mich auf euch verlassen, auch wenn ich euch die Dinge verheimlicht habe. Ihr habt euch gewundert, daß ich euch sogar mitgenommen habe, wenn ich nur meine Pferde trainierte. Wahrscheinlich hieltet ihr das für Vorsichtsmaßnahmen gegen einen Anschlag der Kaledonier. Jetzt wißt ihr es besser. Ich habe euch mit meinem Leben vertraut, nicht weniger als vorher – aber ich habe nicht darauf vertraut, daß ihr geduldig und ruhig bleibt, wenn ich bedroht werde –, und es war absolut notwendig, daß meine Feinde keinen Verdacht schöpften. Ihr müßt mir jetzt beweisen, daß ich unrecht hatte, eure Beherrschtheit anzuzweifeln.«

»Was können wir tun?« fragte Banaspados, der jetzt ebenso ängstlich wie ärgerlich zu sein schien.

»Was ihr bisher auch getan habt«, antwortete ich. »Mich vor hinterhältigen Anschlägen meiner Feinde schützen, durch euer Gebet und eure Aufrichtigkeit die Tücke und Arglist des Dämons Lüge abwehren – und in Geduld warten. Ich bin zuversichtlich, daß wir bald die Machenschaften unserer Feinde aufdecken können, daß wir unwiderlegbare Beweise finden werden, die sie zugrunde richten und ihre Macht zerbrechen müssen. Ich habe Bündnisse geschlossen, und ich hoffe, sie werden bald Früchte tragen. Aber wenn wir jetzt zuschlagen, sind wir die Verlierer, wir können der Übermacht der Römer nicht standhalten, und wir werden in Schande sterben, denn die Welt wird uns des Eidbruchs und der Verleumdung für schuldig halten. Ich weiß, ihr seid ärgerlich auf mich, aber ich bitte euch – ich befehle euch: Habt Geduld, und bewahrt absolutes Schweigen über das, was ich euch gesagt habe.«

»Mein Fürst, du kannst es uns nicht verübeln, daß wir ärgerlich sind«, erwiderte Banaspados. »Ohne dich könnten wir unsere Standarte durch den Schlamm schleifen, so wenig Ehre würde uns zuteil werden. Hättest du dich nicht für uns eingesetzt, wären wir ohne Waffen und kaum besser als Gefangene in Cilurnum angekommen. Wir hätten, als Gatalas meuterte, tatenlos im Lager bleiben müssen, anstatt den Ruhm eines Sieges zu gewinnen. Wir hätten unsere Wagen verloren wie die anderen Drachen, und wir müßten Korn und Bohnen essen wie die Römer. Wir wären schäbig besoldet und kämen nicht aus den Schulden heraus, und alle Welt dürfte verächtlich auf uns herabsehen. Sogar die Asturier würden sich vor uns großtun! Es hat uns stolz gemacht, wie sehr der Legat dich schätzt, daß er nach dir schickt, um deinen Rat auch in Angelegenheiten der anderen Drachen zu hören. Wir wußten, auch wenn die anderen den gleichen Sold und die gleichen Zuschüsse bekommen wie wir, so verdanken sie das unserem Fürsten, nicht ihrem eigenen, und wir haben uns dessen gerühmt.

Und nun erfahren wir von einer Sklavin, daß deine Feinde dich beinahe ermordet hätten, ohne daß wir auch nur davon wußten – zweimal! Es ist eine Schmach für uns, mein Fürst, es entehrt und beschämt uns unermeßlich. Die Schande verwundet tiefer als der Speer! Gib uns eine Chance, noch eine Chance, dir unsere Ergebenheit und unseren Wert zu beweisen. Bitte, mein teurer Herr, wenn wir dich auch zweimal enttäuscht haben, vertraue uns jetzt!«

Ich war erstaunt. Als ich mich in der Runde umsah und feststellte, daß keiner der Männer Banaspados' Worte zu mißbilligen schien, wuchs mein Erstaunen noch! Ich hatte mich, was nicht nur Facilis aufgefallen war, den römischen Sitten in vielem angepaßt, aber immer mit einem besorgten Blick zurück, immer in dem schmerzlichen Bewußtsein, auf diesem Wege so rasch voranzuschreiten, daß ich mich von meinen Leuten mehr und mehr entfernen mußte. Es hätte mir klar sein sollen, daß meine Männer mir, wie immer, jeden Schritt des Weges gefolgt waren. Daß ihr Kommandeur von einem römischen Legaten als geschätzter Berater zu seinen Planungen hinzugezogen wurde, hätten sie vor sechs Monaten noch als Schmach empfunden, jetzt war das etwas, worauf sie stolz waren, womit sie sich vor den anderen Drachen brüsteten. Und wahrscheinlich würden die Männer der anderen Drachen das sogar als berechtigt ansehen und sie darum beneiden. Sie hatten alle klar gesehen, wo bei den Römern Ehre und Ruhm zu gewinnen waren, und als echte Sarmaten waren sie selbstverständlich diesem Weg gefolgt. Ich schämte mich, sie so sehr unterschätzt zu haben – und kam mir höchst lächerlich vor.

»Meine lieben Freunde und Brüder«, sagte ich, »in der ganzen Zeit, die ihr mir gefolgt seid, habt ihr mich nicht ein einziges Mal im Stich gelassen. Ihr seid mein Ruhm und mein Stolz, und nie hat mir etwas mehr am Herzen gelegen als Eure Ehre und Sicherheit, im Vergleich zu denen mein Leben von geringer Bedeutung ist. An eurer Treue, eurem Mut und eurer Stärke habe ich nicht den geringsten Zweifel; ich habe euch immer vertraut, und ich habe mich darauf verlassen, daß ihr mein Leben schützt, als ich wußte, daß es in Gefahr war.

Was ich jetzt von euch verlange, ist, daß ihr ruhig mit mir abwartet, bis wir die Beweise in der Hand haben, mit denen wir die römischen Behörden von der Schuld meines Feindes überzeugen können. Ich wünsche keine Gewalt, und ich wünsche nicht, daß Gerüchte verbreitet werden. Wenn wir ohne hinreichenden Beweis losschlagen, ist der Kampf verloren. Noch diesen Abend habe ich mich geweigert, selbst dem Legaten auf seine Frage nach dem Namen meines Feindes zu antworten. Gebt ihr nicht preis, was ich geheimgehalten habe. Schwört mir jetzt alle, daß ihr über das schweigen werdet, was ihr heute nacht erfahren habt, bis ich euch die Erlaubnis gebe zu sprechen.«

»Darf ich zu Leimanos sprechen?« fragte Banaspados nach kurzem Zögern.

»Ja, aber zu niemandem sonst.«

Sie schworen, indem sie die Hände über die Glut des Abendfeuers ausstreckten. Kasagos und die Männer seiner Schwadron lächelten so selbstgefällig, daß ich nur hoffen konnte, sie würden wirklich den Mund halten, wenn wir wieder in Cilurnum waren, und sich nicht mit Andeutungen über ein Geheimnis wichtig zu machen versuchen, von dem die anderen Schwadronen ausgeschlossen seien. Zumindest aber war für den Augenblick die Gefahr einer Krise gebannt, und ich konnte mich endlich wieder schlafen legen – wenn auch, wie sich herausstellte, nicht in meinem eigenen Bett.

»Mein Fürst, du darfst nicht den Wagen mit einer Sklavin deiner Feindin teilen«, erklärte Banaspados bestimmt, sobald er den Eid geschworen hatte. »Selbst wenn sie aufrichtig war, als sie zu Facilis ging und ihn um Hilfe bat, es könnte ihr der Gedanke kommen, ihre Herrin würde ihr alles verzeihen, wenn sie dich ermordet. Ich werde heute nacht in deinem Wagen schlafen, und du nimmst meinen Platz in meinem Wagen ein. Es wird sowieso sicherer für dich sein, dort zu ruhen, wo wir über dich wachen können.«

Ich fand die Vermutung reichlich absurd, daß Bodicas arme, verängstigte kleine Sklavin ihr Baby beiseite legen, zum Messer greifen und mich erstechen könnte, aber ich schuldete der Leibwache, vor allem in der augenblicklichen, etwas gespannten Situation, Respekt, also fügte ich mich ohne Widerspruch.

Als ich mit Banaspados zu meinem Wagen hinüberging, um dem Mädchen die Änderung mitzuteilen, richtete Facilis, der an der Seitenwand meines Wagens lehnte, sich auf; ich hatte seine Anwesenheit ganz vergessen.

»Alles geregelt?« fragte er mich.

Ich nickte.

Amüsiert lachte er auf und klopfte an die Seitenwand des Wagens. »Bist du noch wach, Vilbia?« rief er.

»Ja, Marcus Flavius«, kam die schläfrige Antwort.

»Ariantes wird heute nacht nicht im Wagen sein. Seine Männer wollen, daß er in einem anderen Wagen schläft, wo sie ein Auge auf ihn halten und sicher sein können, daß niemand ihm etwas antut. Der Mann, der den Wagen mit dir teilen wird, heißt Banaspados – du brauchst also nicht mal Angst vor dem Fluch zu haben. Ist das in Ordnung?«

»Oh! O ja, ich danke Euch.«

»Dann gute Nacht. Ich sehe dich morgen unterwegs.«

Facilis wandte sich zu uns um und sagte mit gedämpfter Stimme zu Banaspados: »Das arme Ding hat genug gelitten. Ich hoffe, ich kann mich darauf verlassen, daß Ihr die Situation nicht ausnutzt.«

»Beleidigt mich nicht«, fuhr Banaspados auf.

»Tut mir leid«, sagte Facilis beschwichtigend. »Bloß meine mißtrauische römische Sklavenhalternatur.« Er schickte sich an zu gehen.

»Marcus Flavius«, sagte ich; er sah mich fragend an.

»Vielleicht verstehe ich nichts davon, wie Römer es mit dem Lügen halten«, sagte ich zu ihm, »aber eins habe ich soeben begriffen: Ihr seid ein ganz abgefeimter Lügner.«

»Welchem Umstand verdanke ich diese hohe Anerkennung?« fragte er.

»Es ist kein einziges lateinisches Wort gefallen, als wir festlegten, daß Banaspados in meinem Wagen schlafen wird. Und Ihr habt uns auf dem ganzen Marsch von Aquincum nach Bononia versichert, daß Ihr kein Sarmatisch sprecht.«

Er schwieg einen Augenblick verdutzt, dann brach er in sein bellendes Lachen aus. »Das Schlimmste an Euch ist, Fürst«, sagte er auf Sarmatisch, mit dem schauderhaftesten Akzent, den ich je in meinem Leben gehört hatte, »daß Ihr einem armen lügenden Zenturio nicht einen einzigen kleinen Ausrutscher durchgehen laßt, nicht einmal in den späten Nachtstunden.«

14

Als ich am frühen Morgen in meinen Wagen ging, um meine Rüstung zu holen, fand ich das kleine Sklavenmädchen und sein Baby noch schlafend; Banaspados war bereits draußen.

Vilbia lag zusammengerollt auf der Seite unter den Decken, eine jämmerlich dünne, fast kindliche Gestalt mit einem erschöpften, bleichen Gesicht. Von dem Baby, das sie in ihren Arm gebettet hatte, konnte ich nur den Scheitel des Kopfes mit ein paar Büscheln von schwarzem, krausem Haar sehen. Der Teppich, den sie über sich gezogen hatte, war herabgerutscht; ich hob ihn auf und legte ihn wieder über sie. Dabei bemerkte ich die Male auf der nackten Schulter des Mädchens. Narben über Narben, und einige sehr häßliche Wunden, die noch frisch waren. Ich erinnerte mich, daß Facilis gesagt hatte, das Kind sei erst vor acht Tagen geboren worden. Sie hätte noch gar nicht auf sein dürfen; eine Mutter so kurz nach der Geburt brutal zu schlagen, nur weil sie vielleicht aus Schwäche etwas langsam bei der Arbeit war, zeugte von einer beispiellosen Roheit. Ich zog den Teppich zurecht und ging hinaus.

Meine Wut auf Bodica war so groß wie nie zuvor. Daß sie versucht hatte, einen starken Widersacher zu ertränken, weil er ihren Plänen im Wege stand, war vielleicht verständlich. Ein armseliges kleines Mädchen zu mißhandeln, das nur ihr Baby zurückhaben wollte, war unverzeihlich.

Eukairios traf etwas später ein und fand uns beim Satteln und Anschirren der Pferde. Es war ein Schock für ihn. Zwar hatten wir den größten Teil der Angelegenheiten, die wir in Eburacum zu besprechen und zu verhandeln hatten, erledigt, aber er hatte erwartet, daß wir noch mindestens einen Tag bleiben würden, schon um den Pferden noch etwas Zeit zu geben, sich zu erholen.

Er hatte gutes Pergament gekauft und ein Freilassungsdokument in dreifacher Ausfertigung vorbereitet, fertig zur Unterzeichnung und Beglaubigung. Aber um die Sache absolut sicher und rechtlich unanfechtbar zu machen, wünschte er sieben Zeugen, vorzugsweise römische Bürger und vorzugsweise solche, die des Lesens und Schreibens kundig waren, da ich selbst es nicht war. Es war ihm klar, daß wir jetzt damit warten mußten, bis wir wieder in Cilurnum waren. Er schluckte seine Enttäuschung aber rasch hinunter, als ich ihm erklärte, was während des Abendessens beim Legaten geschehen war; ich diktierte ihm zwei Briefe; einen an den Legaten, in dem ich mich für meine Insurbordination entschuldigte und mich verabschiedete, den anderen an Siyavak, um ihn zu beruhigen und ihm meine Hilfe zu versprechen. Mit dem ersten Brief schickte ich einen der Leibwächter zum Haus des Legaten. Eukairios brachte den zweiten zu seinen christlichen Freunden.

Gleich danach brachen wir auf. Ich war ziemlich besorgt, als wir zum Tor der Festung ritten, aber wir wurden ohne irgendwelche Schwierigkeiten durchgelassen. Erst als wir Festung und Stadt sicher hinter uns gelassen hatten, ließ ich mit einem Seufzer der Erleichterung anhalten. Eukairios und der Leibwächter, die die Briefe abgeliefert hatten, sagten, sie hätten den ganzen Weg Galopp reiten müssen, um uns einzuholen.

Facilis tauchte im Lauf des Vormittags auf, als wir bei einer Farm in der Nähe der Straße hielten, um Milch zu kaufen und das Frühstück einzunehmen.

»Ihr habt es aber verdammt eilig gehabt, von Eburacum wegzukommen«, stellte er fest, nachdem er neben mir angehalten hatte und abgesessen war. »Habt Ihr befürchtet, der Legat würde Euch doch nicht fortlassen?«

Genau das hatte ich natürlich befürchtet, und er bemerkte es und brach in sein bellendes Lachen aus. Die Sklavin Vilbia, die sich noch im Wagen versteckt hielt, erkannte das Lachen und steckte den Kopf aus der Tür. »Seid Ihr das, Marcus Flavius?« rief sie.

»Ja, ich bin's«, antwortete er, ihr herzlich zuwinkend. »Und hast du gesehen, Kind, wo wir sind?«

Sie hatte nichts bemerkt – wir hatten sie geweckt, als wir die Pferde anschirrten, und sie war unter das Bett gekrochen und hatte den Teppich davorgehängt –, jetzt sprang sie strahlend vom Wagen herunter.

»Wir sind entkommen!« rief sie, schlang die Arme um Facilis' Hals und küßte ihn auf die Wange. »Ihr habt mich herausgebracht! Sie haben nicht einmal daran gedacht, in diesem Wagen nach mir zu suchen! Ach, Marcus Flavius, ich danke Euch. Mögen die Götter Euch segnen!«

Facilis grinste und klopfte ihr beruhigend auf den Rücken.

Eukairios starrte sie schockiert an. »Ist das nicht...«, begann er ungläubig. Jemand erklärte ihm, wieso sie hier war, und er schüttelte verwundert den Kopf. Nach einer Weile fing er an zu lächeln. Einer der Männer brachte Vilbia einen Becher warme Milch und ein Stück Brot zum Frühstück, und sie zog sich in den Wagen zu ihrem Baby zurück.

»Ihr habt die Festung in einer Aufregung zurückgelassen, als hättet Ihr sie geplündert«, berichtete Facilis, während er ein Stück Brot nahm und sich auf die aus Feldsteinen aufgeschichtete Rainmauer setzte. »Jeder verdächtigt jeden, und alle fluchen auf Euch. Priscus ist übrigens durch den Entschuldigungsbrief, den Ihr ihm geschickt habt, etwas besänftigt; guter Gedanke das. Publius Verinus untersucht den Brandanschlag, ohne irgendeinen Erfolg bisher. Ich bin dazu abkommandiert, den Ritualmord in Corstopitum aufzuklären. Als ich heute morgen im Stabsquartier vorsprach, bekam ich Briefe ausgehändigt, die mich ermächtigen, Ermittlungen durchzuführen. Ich hoffe nur, niemand findet heraus, daß ich eine Sklavin der Gemahlin meines Oberbefehlshabers gestohlen habe. *Me miserum!*« Er steckte sich einen großen Bissen in den Mund.

Ich nickte, nahm mir mein Stück Brot und setzte mich neben ihn auf die Mauer. »Was werdet Ihr jetzt mit dem Mädchen tun?«

»Einen Schritt nach dem anderen«, antwortete er stirnrunzelnd. »Ich kann es nicht wagen, sie in Cilurnum unterzubringen. Es ist ein kleiner Ort, ich bin bekannt, jemand könnte sie erkennen. Comittus hat sie sicher öfter gesehen. Corstopitum ist wahrscheinlich besser für sie, wenn auch immer noch etwas riskant. Aber es ist größer, und sie dürfte ungefährdet dort leben können, falls ich ein sicheres Haus finde, in dem sie sich vor der Öffentlichkeit verbergen kann. Ich würde Eure junge Frau bitten, sie auf ihrer Farm unterzubringen, aber...« Er brach den Satz ab.

Er machte sich über Pervicas Sicherheit ebensowenig Illusionen wie ich.

»Ich habe einen Freund in Corstopitum«, sagte Eukairios und trat näher. »Er könnte einen Platz finden, wo sie sicher ist.«

»Danke, Eukairios«, rief Facilis überrascht und erfreut aus. »Ist das vielleicht der ›Korrespondent‹, der dir diesen Brief über die Meuterei geschickt hat? Hat er ein großes Haus?«

»Nein, Herr. Er ist Schreiber für den Stadtrat. Er besitzt überhaupt kein Haus, er hat nur ein Zimmer auf der Rückseite eines der städtischen Gebäude – aber er wird Leute kennen, die eine Möglichkeit haben, die Sache zu arrangieren. Würdet Ihr bereit sein« – er rieb die Finger vielsagend gegeneinander –, »wenn es notwendig ist?«

»Wenn es dem armen Mädchen eine sichere Zuflucht gibt, ja.«

»Mein Freund wird kein Geld wollen«, erklärte Eukairios ein wenig verlegen. »Nicht, wenn ich ihm sage, daß das Leben eines Kindes auf dem Spiel steht. Aber entlaufene Sklaven zu verstekken... na ja, Ihr wißt, wie es ist.«

»Beim Hercules, Eukairios!« rief Facilis belustigt aus. »Man könnte auf den Gedanken kommen, du wüßtest, wie es ist!«

»Eukairios«, sagte ich, »hast du die Tafeln, die wir gestern bekommen haben?«

Er nickte, plötzlich sehr nervös und unglücklich aussehend. »Ja, Herr. Ich habe sie mir gestern abend angesehen. Sie... sie enthalten zumindest eine sehr unangenehme Überraschung.«

»Hole sie«, sagte ich.

Er ging. Facilis sah mich argwöhnisch an. »Ist das ein Ergebnis des Pläneschmiedens mit Freunden, über das Eure Männer letzte Nacht so aufgebracht waren?«

»Ja. Ihr seid ermächtigt, wie Ihr sagt, Ermittlungen durchzuführen. Ich habe Informationen, die vielleicht hilfreich sein werden. Aber ich kann sie Euch nicht direkt geben. Ich habe auf das Feuer geschworen, diese Tafeln nicht den Behörden zu zeigen, da die meisten der Leute, deren Namen auf ihnen stehen, sich keines

Vergehens schuldig gemacht haben, aber trotzdem schwere Strafen zu erwarten hätten, wenn ihre Sympathien bekannt würden.«

»Und was für Namen sind das?«

»Ich habe noch keine Zeit gehabt, mich damit zu befassen. Es ist eine Liste von Leuten, die als Druiden bekannt sind, mit Angabe der Plätze, wo sie sich versteckt halten. Ferner eine Liste von Personen, die ihnen geholfen haben.«

»Großer Jupiter! Wie in aller Welt...« Er starrte mich ungläubig an. »Stammen sie von Siyavak?«

Ich schüttelte den Kopf. »Aber ich hoffe, bald auch von ihm zu hören.«

»Wie sonst in aller Götter Namen...«

Eukairios kam mit den Tafeln zurück. Er hielt sie unter einem Arm und sah Facilis besorgt an.

»Schon gut, schon gut«, sagte Facilis, sein Erstaunen und seine Neugier unterdrückend. »Ich werde keine Fragen stellen, wie Ihr an die Listen gekommen seid. Ich werde nicht verlangen, sie zu sehen. Ich werde niemanden beschuldigen, bloß weil sein Name auf einer dieser Listen steht. Ich werde diese Personen lediglich aufsuchen – mit Euch, wenn Ihr das wünscht – und meine Ermächtigung nur dazu benutzen, nach Beweismaterial zu suchen. Es würde sinnlos sein, daß ich auf das Feuer schwöre, denn ich bin kein Sarmate; aber ich gebe Euch das feierliche Versprechen, Eure Quellen nicht zu mißbrauchen, und mögen die Götter mich auf elendeste Weise zugrunde gehen lassen, wenn ich es tue. Genügt Euch das?«

Ich nickte. Ich war nicht sicher, daß er seinen Eid nicht brechen würde, aber ich vertraute ihm, daß er meinen Eid achten und daß er Grausamkeit vermeiden würde.

»Was ist also die unangenehme Überraschung?« wandte Facilis sich an Eukairios. »Wer steht auf der Liste?«

Der Schreiber schlug den Stoß Tafeln auf und suchte, dann setzte er den Finger an eine Eintragung. Als er sprach, war seine Stimme so leise, daß keiner von unseren Männern, die nur wenige Fuß entfernt ihr Brot aßen und ihre Milch tranken, etwas verstehen konnte.

»Hier ist der Name eines vermutlich aus Lindum stammenden

Mannes, der vor ungefähr einem Jahr nach Eburacum kam und seitdem gelegentlich dort mit den Druiden Kontakt aufgenommen und aktiv mit ihnen zusammengearbeitet hat. Der Name wird angegeben als Comittus, Sohn von Tasciovanus. Er wird als junger Mann beschrieben, der vermutlich Armeeoffizier ist.«

»Hercules!« flüsterte Facilis.

»Das einzige, wessen ich mir nicht sicher bin, ist der Name des Vaters«, sagte Eukairios. »›Javolenus‹ ist natürlich ein römischer Familienname und würde zu ... religiösen Zwecken nicht benutzt werden. Lindum als Geburtsort ist richtig, glaube ich, und die Zeit stimmt.«

»Es spricht vieles dafür«, flüsterte Facilis. »Er hat immer einen Fuß im britischen Lager gehabt, seine Cousine hat ihm die Stellung beschafft, und er bewundert sie. Er schwört stets bei den *Deae Matres,* den göttlichen Müttern, und bei Maponus und bei den anderen alten Göttern der Briten. Es paßt verdammt gut.«

»Geben die Tafeln an, ob er der extremen Sekte angehört?« fragte ich.

»Nein«, antwortete Eukairios und schloß sie. »Diese Angabe wird zwar gemacht, wenn sie bekannt ist – aber gewöhnlich werden unsere ... Informanten ... das nicht wissen.«

Lucius Javolenus Comittus. – »Ihr könnt mich Comittus nennen, Ihr seid ja auch kein Römer.« Ich erinnerte mich, wie er lächelte, als er Bodica in den höchsten Tönen pries, und wie er über die Kaledonier weinte.

Ich erinnerte mich auch daran, wie er mir sein Pferd lieh, wie er für mich in Dubris Platz auf seiner Kline machte und wie er sich bei dem Legaten für mich verbürgte – und wie er außer sich vor Freude war, mich noch am Leben zu finden, als er mit Leimanos zur Flußau-Farm kam.

Und ich erinnerte mich plötzlich auch mit beunruhigender Lebendigkeit an sein unglückliches Gesicht, als die Nachricht von der Fluchtafel Cilurnum erreichte, an seine zögernden Versuche – wiederholte Versuche –, mit mir darüber zu sprechen, die ich in meiner Sorge um Pervica ungeduldig zurückgewiesen hatte.

»Er ist kein Anhänger der extremen Sekte«, sagte ich. »Er wußte nicht, was Bodica getan hatte, bis die Nachricht das ganze Fort erreichte, und er war bekümmert und unglücklich, als er es erfuhr.«

»Ich denke, daß Ihr recht habt«, sagte Facilis grimmig. »Aber nichtsdestoweniger wird er uns ein paar Erklärungen zu geben haben.«

Wir legten den Rückweg von Eburacum nach Cilurnum so schnell zurück, wie es nur möglich war – obwohl der Zeitgewinn gegenüber dem Hinweg wegen der kurzen Tage und des scheußlichen Wetters nur gering war. Ich ging mit Eukairios die Listen durch und gab Facilis die Namen einiger Druiden, die die Christen als Rädelsführer bezeichnet hatten. Er drängte uns nicht, ihm mehr zu geben.

Es war auffallend, wie gelassen und entspannt er war, er wirkte heiterer, als ich ihn je zuvor erlebt hatte. Er ritt neben meinem Wagen und unterhielt sich mit Vilbia, er spielte mit dem Baby – dessen dünnes Stimmchen von Tag zu Tag kräftiger und lauter wurde –, und an den Abenden plauderte er mit meinen Männern, ohne weiter zu versuchen, seine Kenntnis unserer Sprache zu verheimlichen.

Es stellte sich heraus, daß er Sarmatisch fast auf die gleiche Weise erlernt hatte wie ich Latein, von einem Farmer, der früher auf unserer Seite des Danuvius ansässig gewesen war. Er hatte sich von seinem kärglichen Sold das Geld für den Unterricht abgespart, in der Hoffnung, sich durch die Kenntnis des Sarmatischen seinen Vorgesetzten nützlich machen zu können und so seine Beförderungschancen zu verbessern. Er war wirklich, was er Valerius Natalis und Julius Priscus gesagt hatte, ein Experte für Sarmaten, und er hatte seine vorgesetzten Offiziere seit Jahren beraten.

»Nun, was habt Ihr erwartet?« fragte er mich, als ich meine Überraschung über diese Enthüllung zum Ausdruck brachte. »Ihr wußtet, daß der Kaiser mich selbst für diese Aufgabe bestimmt hatte. Eure drei Drachen waren die ersten, die nach Westen geschickt wurden, und besonders bei zwei von ihnen befürchtete man, sie könnten Schwierigkeiten machen. Natürlich wollte der Kaiser einen Offizier, der Erfahrung mit Sarmaten hatte und ihre Sprache kannte, mit der Führung des Truppentransports beauftragen. Die Wahl fiel auf mich, meine Zeugnisse und sonstige Referenzen wiesen mich als besonders geeignet aus. Daß ich die Sache verpfuscht habe, steht auf einem anderen Blatt.«

»Warum nahm man von Fürst Gatalas an, er würde Schwierigkeiten machen?« fragte Banaspados, der bei dem Gespräch dabei war.

Facilis zog die Augenbrauen hoch und grinste ironisch. »Von Gatalas nahm man das nicht an. Er hatte nicht die Villa eines Statthalters der Provinz Asia geplündert, und er trank auch nicht aus dem Schädel eines Zenturios. Es gab noch ein paar andere sarmatische Fürsten, deren Überfälle auf römisches Gebiet so erfolgreich und gefürchtet waren wie die von Ariantes – aber nicht viele. Auch als ich mich entschloß, euch weiter nach Britannien zu folgen, erwartete ich mehr Schwierigkeiten von Ariantes als von den beiden anderen Kommandeuren. Das war auch der Grund, weshalb ich den Legaten darum bat, mich zum Lagerkommandanten von Cilurnum zu machen.«

Wir trafen am vierten Tag des Marsches gegen Mittag in Corstopitum ein. Als wir die Brücke erreichten, teilte sich der Trupp auf: Facilis und Eukairios machten sich auf den Weg in die Stadt, um sich nach einem Platz für Vilbia umzusehen, Kasagos und seine Schwadron sollten in der Nähe die Wagen abstellen und bei ihnen warten. Sobald eine Unterkunft für das Mädchen gefunden war, konnten sie mit den Wagen nach Cilurnum aufbrechen. Ich selbst ritt mit meiner Leibwache zur Flußau-Farm. Ich konnte es kaum erwarten, Pervica wiederzusehen.

Diesmal hatte ich keine Schwierigkeiten, die Farm zu finden. Ich hielt mein Pferd auf der Kuppe des Hügels an und saß eine Weile still da, um zu schauen. Es hatte während der Nacht etwas geschneit, und die Felder lagen unter einer leichten weißen Decke; dahinter glänzte der Fluß eisig-silbern, wenn die Sonne durch die Wolken brach. Die Farmgebäude, weißbestäubte Strohdächer über grauen Steinmauern, schmiegten sich behaglich in die sanfte

Mulde, Rauch stieg in einer dünnen blauen Säule aus dem Küchenkamin im hinteren Teil des Wohnhauses auf. Es war eine Szene so tiefen Friedens, daß mir die Augen bei ihrem Anblick brannten. Als wir den Hügel hinaufgeritten waren, hatte mir die Angst das Herz zusammengepreßt, ich würde von seiner Höhe nur geschwärzte Ruinen sehen.

Ich saß ab und nahm Farna den Sattel ab, die Rüstung behielt ich an. Dann sattelte ich Wildfeuer und saß auf. Ich dachte, Pervica würde sich freuen, mich auf ihrem Pferd hereinreiten zu sehen; der Hengst war inzwischen gut genug trainiert, um es wagen zu können, wenn ich mich auch noch nicht mit ihm in eine Stadt getraut hätte. Ich ritt in leichtem Trab den Hügel hinunter, meine Leibwache mit klirrender Rüstung hinter mir her.

Wir hatten etwa die Hälfte des Weges bis zur Farm zurückgelegt, als ich von links einen Ausruf des Schreckens hörte. Ich warf einen Blick hinüber und sah eine mit einem Schafspelz bekleidete Gestalt – sicherlich Cluim – wie wahnsinnig auf die Farm zurennen. Er sprang über die Mauer, sauste durch den Garten und stürzte in das Haus, schreiend und mit den Armen fuchtelnd.

Dann trat Pervica auf den Vorplatz hinaus – selbst aus dieser Entfernung erkannte ich ihre Anmut und die ihr eigene Haltung des Kopfes. Sie stand ruhig da, direkt vor der Haustür, mit gekreuzten Armen. Als wir näher kamen, bemerkte ich den Ausdruck ihres Gesichts, das wie erstarrt schien in Ärger und verzweifeltem Stolz. Ich ritt im Schritt langsam an das Gartentor heran, hielt an und saß still da, verwirrt zu Pervica hinüberblickend.

Der Ärger in ihren Augen begann zu flackern, dann verlosch er plötzlich. Die Starre ihres Gesichts zerbrach, löste sich in eine Flut ebenso verzweifelter Freude. »Ariantes!« schrie sie und rannte auf mich zu.

Ich beugte mich aus dem Sattel hinab, klinkte das Tor auf und stieß es zurück. Pervica lief hindurch, die Arme hochgestreckt, und ich ergriff sie, zog sie vor mich auf den Sattel und küßte sie. Wildfeuer schnaubte erschreckt, legte die Ohren zurück und bäumte sich auf. Hastig tätschelte ich ihm mit der freien Hand den

Hals. »Es ist nur Pervica«, redete ich ihm beruhigend zu, »du kennst sie doch.«

»Ariantes«, sagte sie leise und hielt mich fest umklammert.

»Pervica, bist du in Ordnung?« fragte ich sie beunruhigt. »Geht's dir gut?«

»Mir geht's sehr gut«, antwortete sie. »Als ich dich den Hügel herunterreiten sah, dachte ich bloß ... ach, unwichtig. Aber du reitest ja Wildfeuer!«

»Wir reiten Wildfeuer«, stellte ich richtig. Der Hengst wußte natürlich, wo er war, und wollte unbedingt in seinen warmen Stall; er tänzelte ungeduldig. Ich schnalzte mit der Zunge und ließ ihn im Kreis um den Garten herumtraben, um ihm die Flausen auszutreiben, dann ließ ich ihn wenden und eine Runde in der anderen Richtung traben. Pervica lachte. Sie versuchte, den Kopf an meine Schulter zu legen, zog ihn aber hastig zurück.

»Ich kann dich nicht umarmen«, sagte sie, mich ironisch anlächelnd. »Du bist zu schuppig!«

Vom Haus her kam ein Schrei der Angst und des Zorns, und ich sah Cluim auf dem Vorplatz stehen. In der einen Hand hielt er einen Speer von der Art, wie die Bauern sie zur Wildschweinjagd benutzen, in der anderen meinen Dolch. Pervica winkte ihm zu. »Es ist Ariantes!« rief sie, und er ließ erleichtert den Speer sinken und steckte den Dolch in die Scheide zurück.

Plötzlich wurde mir alles klar; ich hielt Wildfeuer an. »Arshak ist hiergewesen«, sagte ich. »Du dachtest, nicht ich käme den Hügel herunter, sondern er.«

Ihr Lächeln verschwand. Sie ließ mich los und glitt vom Pferd. Dann legte sie eine Hand auf den Sattel und sah bekümmert zu mir hoch. »Ihr beide tragt die gleiche Art von Rüstung«, sagte sie ruhig. »Ganz vergoldet, und ein roter Federbusch auf dem Helm. Bis ich sein Gesicht sah, dachte ich, er wäre du; bis ich dein Gesicht sah, dachte ich, du wärest er.«

Ich saß ab und blickte sie ernst an. »Wann ist er gekommen? Hat er dich bedroht?«

Sie seufzte und strich sich mit beiden Händen das Haar aus dem

Gesicht. »Wir können gleich im Haus darüber sprechen«, sagte sie. »Wollen deine Männer wieder hinten auf dem Hof ein Feuer machen und sich ausruhen? Ich werde Elen und Sulina sagen, sie sollen ihnen etwas Heißes zu trinken machen.«

Ich führte Wildfeuer in seine Box im Stall und wies die Männer an, sich hinter dem Haus ihr Feuer zu machen. Cluim ging etwas nervös zu ihnen hinüber und grinste erfreut, als sie ihn willkommen hießen. Aber ich bat Banaspados, mit mir ins Haus zu kommen. Ich hatte das sichere Gefühl, daß es hier um etwas ging, worüber meine Leibwache Bescheid wissen mußte.

Pervica führte uns in das Speisezimmer; der Teppich, den ich ihr gegeben hatte, schmückte jetzt den Fußboden. Sie setzte sich bedrückt auf die Kline. Ich setzte mich auf den Boden, seitlich gegen die Kline gelehnt, um Platz für mein Schwert zu haben, und legte meinen Arm auf das Kissen neben ihr.

»Wann ist Arshak gekommen?« fragte ich sie erneut.

»Vor zwei Tagen«, antwortete sie gefaßt.

»War er allein, oder hatte er seine Männer dabei? Hat er dich bedroht?«

»Ich... nein. Er hat mich nicht angerührt, und er hat mir nicht gedroht. Er kam mit ungefähr dreißig Männern – seine Leibwache, nehme ich an. Er sagte, er habe gehört, daß ich seinem fürstlichen Bruder das Leben gerettet hätte und daß du mich heiraten wolltest, und daher sei er gekommen, um mir seine Reverenz zu erweisen. Ich denke... ich denke, er wollte nur wissen, wo ich war.« Ihr Gesicht hatte sich verschlossen.

»Warum hattet ihr dann solche Angst, du und Cluim?«

Sie zuckte die Achseln. »Ich dachte an das, was du damals über ihn gesagt hast. Ich hatte das nicht ernst genommen. Du hast gesagt, er wäre arrogant und gefährlich, aber ich kannte ihn noch nicht. Er ist wie ein schönes Raubtier, ein goldener Adler oder eine Wildkatze. Die Art, wie er lächelte, machte mir angst.«

Das stimmte genau; aber ihr Gesicht war noch immer verschlossen. Es gab offenbar etwas, das sie mir nicht erzählen wollte – etwas, das er gesagt oder getan hatte.

»Was hat er zu dir gesagt?« fragte ich, meine Hand auf ihr Knie legend. Ich spürte, wie sich die Muskeln unter meiner Berührung spannten und sie leicht zitterte.

»Nichts.« Ihre Augen zuckten unruhig. »Nichts, was sich zu wiederholen lohnt.«

Ich schwieg. »Hat er dich beleidigt?« fragte ich schließlich.

Sie lächelte schwach. »Er war nicht höflich.«

»Was hat er gesagt?«

»Nichts, was wichtig für dich wäre.«

»Es *ist* wichtig für mich. Ich dulde es nicht, daß er dich beleidigt. Bitte, erzähle mir, was er zu dir gesagt hat.«

»Wozu? Es sind doch nur Worte. Es wäre einfach lächerlich gewesen, wenn mir nicht ein Umstand angst gemacht hätte – daß er den ganzen Weg von Condercum herüberreitet, nur um einer Frau, die er nie getroffen hat, ein paar beleidigende Worte zu sagen.«

»Worte, die ich wissen sollte.«

»Nein! Bitte hör mir zu! Ich will es dir nicht erzählen, weil ich gesehen habe, wie du reagierst, weil ich weiß, du wirst eine Beleidigung mit einem Zweikampf beantworten, und ich möchte nicht, daß du mit ihm kämpfst. Er ist nicht wie Cinhil, das kann sogar ich sehen! In einem Zweikampf mit ihm würde einer sterben – und auch wenn du es nicht wärst, könntest du des Mordes angeklagt werden.«

»Pervica«, sagte ich, »hier geht es um meine Ehre.«

»Oh, und das ist das Allerhöchste? Der Wert, dem sich alle anderen Werte unterzuordnen haben!«

»Ja. Wenn du es mir nicht erzählst, muß ich nach Condercum reiten und ihn fragen, was er gesagt hat. Seine Leibwächter werden sich zweifellos damit brüsten.«

»O nein! Nein!«

»Er erwartet genau das.«

»Und du wirst ihm zu Gefallen sein? So einfach ist das?«

»Ja. Wir sind jetzt Feinde, und das ist unabänderlich. Wir haben verschiedene Wege gewählt; er hat zugesehen, wie ich vergiftet und fortgebracht wurde, um ertränkt zu werden. Ich würde es vorziehen, die Angelegenheit, so wie es bei sarmatischen Adligen Brauch ist, zwischen uns auszutragen, statt ihn an die Römer auszuliefern – und ich denke, er würde die Entscheidung durch den Zweikampf ebenfalls vorziehen, statt seinen Verbündeten zu erlauben, mich durch Zauberei oder Hinterlist zu töten. Ich bin ihm auf dem Weg nach Eburacum begegnet, und ich habe ihm da zu verstehen gegeben, daß ich bereit bin, mit ihm zu kämpfen, wann immer er es wünscht. Aber was auch geschehen mag, einer von uns beiden wird tot sein, bevor dies alles vorüber ist.

Du mußt verstehen, warum er hierhergekommen ist. Ich bin sein Feind, und seine Absicht war, in dir über mich zu triumphieren, mich zu entehren. In unserem eigenen Land hätte er deine Wagen verbrannt und deine Herden weggetrieben. Aber hier müßte er den Behörden Rechenschaft über seine Taten geben – also beleidigt er dich statt dessen durch Worte; das ist etwas, wovon die Behörden keine Notiz nehmen werden, was ich aber nicht ignorieren kann. Ohne Ehre bin ich ein Nichts. Meine Männer werden in mir entehrt, und ich habe nicht mehr das Recht, sie zu führen.«

Sie sah hinunter auf ihre Hände, die sie im Schoß zusammenpreßte. »Vielleicht sollten wir doch nicht heiraten«, flüsterte sie. »Ich *weiß*, wir sollten doch nicht heiraten«, fügte sie sogleich hinzu.

Ich nahm die Hand von ihrem Knie. »Das kannst du nicht wirklich meinen. Du weißt, daß ich dich will, und ich dachte, du willst mich.«

Ihr Gesicht verzerrte sich, sie kämpfte mit den Tränen, aber sie wollte mich noch immer nicht ansehen. »Es geht nicht darum, was ich will. Ich habe schon früher daran gedacht. Ich wollte es nicht sagen, aber es muß sein. Ich sehe das jetzt. Wir sollten nicht heiraten.«

»Auch wenn du mich jetzt abweist«, sagte ich nach kurzem Schweigen, »müßte ich mit Arshak kämpfen.«

»O nein!« Sie preßte die Hände gegen das Gesicht.

»Sag mir, was er gesagt hat, bitte. Ich würde es lieber von dir hören als von ihm.«

Sie saß ganz still, die Hände vor dem Gesicht. »Als ich ihn kommen sah«, sagte sie langsam, »lief ich hinaus, ihm entgegen. Ich dachte, du wärst es, und als ich schließlich meinen Irrtum bemerkte, hatten seine Männer mich umzingelt. Niemand bedrohte mich, sie saßen nur regungslos wie Bronzestatuen auf ihren Pferden und starrten mich an. Er ... grüßte mich. Er war zuerst sehr höflich und sagte, was ich dir schon erzählt habe, daß er gehört habe, du wolltest mich heiraten, und er gekommen sei, um mir seine Aufwartung zu machen. Dann lächelte er und sagte, es sei für den Neffen eines Königs eine sonderbare Sache, einer gewöhnlichen Schäferin seine Reverenz zu erweisen. Er sagte, in eurem eigenen Land hättest du die Tochter eines Zepterträgers geheiratet, eine Dame, die von Fürsten und großen Kriegern abstammt und sich durch ihre Schönheit und ihren hohen Sinn auszeichnet. Hier aber, sagte er, wärst du ein Freund der Römer geworden und hättest ihre Sitten angenommen, und du machtest einem Soldatenbankert den Hof aus Dankbarkeit für die Rettung der elenden Fetzen deines Lebens.«

Banaspados zog zischend den Atem ein, Pervica ließ die Hände fallen und warf ihm einen raschen Blick zu. »Bitte!« sagte sie zu ihm, »ich will nicht, daß er mit Arshak kämpft. Es gibt keinen Grund dazu. Ich bin die uneheliche Tochter eines Soldaten, und es war Dankbarkeit...«

»Das war es nicht«, unterbrach ich sie, »und das ist es nicht. Du weißt es.«

Sie sah mir unglücklich ins Gesicht. Ihre Hände machten eine Bewegung, als wollten sie nach mir greifen, aber sie ließ sie resigniert in den Schoß zurückfallen.

»Und war das alles?« fragte ich sie.

»Im wesentlichen ja. Er sprach noch ein wenig von deiner ersten Frau, wie schön sie war, wie sehr du sie geliebt und verehrt hast, und er verhöhnte und beschimpfte mich noch mit ein paar häßlichen Ausdrücken. Ich sagte ihm, er sei nicht willkommen, und forderte ihn auf, mein Land zu verlassen. Er tat das natürlich nicht, also drehte ich mich um und versuchte, zum Haus zurückzugehen. Seine Männer ließen es nicht nicht zu; sie schlosesen den Kreis noch enger um mich. Ich dachte mir, also gut, dann werde ich mich unter den Pferden hindurchdrücken – aber als ich es versuchte, beugte sich einer hinunter und packte meinen Arm, und sein Nachbar packte meinen anderen Arm; sie hielten mich zwischen sich in der Luft und sahen ihren Herrn an. Er nahm seine Lanze – seinen Speer – in die Hand, und einen Augenblick dachte ich, er wolle mich töten. Aber dann wurde mir klar, daß das nicht seine Absicht sein konnte. Er wollte, daß ich am Leben blieb, um dir dies zu erzählen. Ich begriff – natürlich begriff ich –, daß er mich nur demütigen wollte, um dich zu provozieren.

Er ritt auf mich zu, dieses schreckliche Lächeln auf den Lippen, und ergriff mit der Spitze seines Speers meine Mantelspange, dann wendete er sein Pferd, seine Männer öffneten den Ring, um ihn durchzulassen, und schlossen sich ihm an; die beiden, die meine Arme hielten, ließen mich fallen und folgten ebenfalls. Er hatte mir den Mantel von den Schultern gezogen, einfach so, ohne daß ich einen Kratzer abbekommen hatte; er schüttelte ihn von seinem Speer ab, als er fortritt, und die Pferde seiner Männer zertrampelten ihn. Die Spange war zerbrochen.

Das ist es, was passiert ist, und das ist alles, was passiert ist.«

»Ihr habt ihm befohlen, Euer Land zu verlassen, obwohl Ihr allein und von seinen Männern umzingelt wart?« fragte Banaspados. »Und als er Euch mit dem Speer bedrohte, seid Ihr schweigend und ohne Euch zu rühren stehen geblieben?«

Pervica warf ihm einen ungeduldigen Blick zu und nickte.

Banaspados lächelte stolz. Ich wußte, er würde es den anderen Männern erzählen, und sie würden alle mit Genugtuung feststellen, daß Pervica den Mut besaß, den sie von der zukünftigen Frau ihres Kommandeurs erwarteten.

Ich saß eine Zeitlang schweigend da und dachte nach. Die Sache hatte zwei Seiten. Die eine war, was Arshak mit dem Besuch bezweckt hatte. Das war klar und würde zwischen uns geregelt werden. Die andere war, was Pervica davon gedacht und was sie empfunden hatte, und dessen war ich mir ganz und gar nicht sicher.

»Banaspados«, sagte ich – aus Höflichkeit Pervica gegenüber auf Lateinisch, »geh jetzt und erkläre der Leibwache, was geschehen ist; sage ihnen, die Schmach wird gerächt werden.«

Er stand vor mir, wie erstarrt vor Erregung und Besorgnis. »Reiten wir jetzt nach Condercum?« fragte er.

»O Götter, nein! Die Pferde sind müde. Sein ganzer Drache ist dort, und ich könnte nicht für eure Sicherheit garantieren, wenn der Kampf vorbei ist. Außerdem dürften die Römer dort wohl kaum einen Zweikampf zulassen. Wir werden heute abend nach Cilurnum zurückkehren, und morgen werden wir Boten schicken und die notwendigen Schritte einleiten.«

Er nickte, verbeugte sich und marschierte klirrend hinaus.

Ich wandte mich Pervica zu. »Warum sagst du, wir sollten nicht heiraten?« fragte ich. »Weil du meinst, wenn wir nicht heiraten, gäbe es keinen Grund für mich, die Beleidigung zu rächen? Oder aus anderen Gründen?«

Sie biß sich auf die Lippen. »Es gibt andere Gründe.«

»Wir gehören verschiedenen Völkern an, deren Sitten und Lebensweise weit voneinander entfernt sind. Mein Leben ist bedroht, und dadurch auch deins. Ich bin Sklave meiner Ehre, die für mich immer den höchsten Wert darstellt und dem sich alle anderen Werte unterordnen müssen. Solche Gründe?«

»Nein!« Sie sah mir ruhig und fest ins Gesicht. »Nein, das alles war mir, denke ich, schon vorher ziemlich klar. Ich will nicht sagen, daß ich es verstand, aber ich konnte sehen, daß es da war. Nein, sondern weil so vieles von dem, was Arshak sagte, wahr ist. Du stammst aus einer fürstlichen Familie in Sarmatien, nicht aus dem Provinz- oder Landadel und auch nicht aus dem Ritterstand, sondern aus einer der wirklich großen Familien, sozusagen der senatorischen und konsularischen Aristokratie deines Volkes. Ich hatte das vorher nicht begriffen, ich hatte dich einfach als den Präfekten einer Kavallerieala gesehen, dem Stand nach weit über mir, doch nicht zu weit. Aber es wurde mir klar, als ich Arshak traf. Wir leben auf verschiedenen Ebenen, es gibt keine Gleichheit zwischen uns, und eine Ehe ohne Gleichheit ist gefährlich – vor allem für den Partner auf der niedrigeren Ebene.«

»Es ist ein sehr weiter Weg von jenseits des Danuvius bis hier«, erwiderte ich scharf. »Hier bin ich nur ein Kavalleriekommandeur.

Im übrigen sind die gesellschaftlichen Verhältnisse bei uns nicht vergleichbar mit denen der Römer – wir haben keinen ›Provinzadel‹ und keine ›Konsularen‹, nur Zepterträger, Adlige und Nichtadlige. Du besitzt Herden und verfügst über Menschen, die von dir abhängig sind, damit gehörst du nach den Maßstäben unseres Volkes zum Adel. Es ist für einen Zepterträger nicht ungewöhnlich, eine Angehörige des niederen Adels zu heiraten, und es verstößt keineswegs gegen die Standesehre. Was Arshak gesagt hat, war dazu bestimmt, dich zu beleidigen, sonst nichts.

Hier in der Gegend von Corstopitum werden manche Leute die Sache ganz anders ansehen. Hier müssen sie denken: Pervica ist eine Landbesitzerin, eine schöne junge Witwe mit einer florierenden Farm und einer gesellschaftlichen Stellung in der Region. Sie hat die Wahl unter den angesehensten Männern. Was will sie mit einem des Lesens und Schreibens unkundigen Barbaren, der sich in einer Scheune oder einem Stall wohler fühlt als in einem Haus und der von ihr erwartet, in einem Wagen zu schlafen?«

Sie errötete. Offensichtlich hatten manche Leute – vor allem wohl Quintilius – das nicht nur gedacht, sondern es auch gesagt, und zwar zu ihr.

»Es gibt einen anderen Grund!« sagte sie atemlos, und ich sah, daß die Sache mit dem Standesunterschied sie zwar beunruhigt hatte, daß sie jetzt aber zu dem Kernpunkt kam. »Ich will nicht, daß du, wenn du dich an deine erste Frau erinnerst, mich ansiehst und dich schämst.«

»Das würde ich nicht.«

Sie schüttelte den Kopf. »Ich weiß, du hast sie geliebt. Ich wußte das, noch bevor ich deinen Namen kannte oder wußte, wer du warst. Als du zur Küchentür taumeltest und nach ihr riefst, da konnte ich sehen, daß du sie mehr liebtest, als die meisten Menschen in ihrem ganzen Leben jemanden lieben, mehr als ich selbst jemals geliebt hatte oder geliebt worden war. Und ich bin sicher, daß sie alles das war, was Arshak von ihr gesagt hat. Ich dachte, es würde mir nichts ausmachen, als ihre Nachfolgerin den zweiten Platz einzunehmen, aber ich sehe jetzt ein, daß es ein Irrtum war; du würdest es nicht ertragen, und es würde alles zerstören. Die Kluft ist zu groß. In deiner eigenen Welt würdest du ein mächtiger Fürst sein, verheiratet mit einer Prinzessin, hier bist du ein Kavallerieoffizier, verheiratet mit der unehelichen Tochter eines Soldaten, der Witwe eines verschuldeten Farmers. Mit der Zeit würdest du anfangen, mich zu hassen.«

»Nein!«

»Ich denke, doch.«

»Pervica!« Ich hob die Arme, ergriff ihr beiden Hände und zwang sie, mich anzusehen. »Ich könnte dich nie hassen.«

Ihre Augen waren voller Tränen, aber die fest geschlossenen Lippen widersprachen ihnen beharrlich. Sie versuchte nicht, ihre Hände aus den meinen zu lösen, aber sie lagen schlaff in ihnen.

»Ich könnte dich nie hassen«, wiederholte ich. »Hör mir zu, Pervica. Ich habe in zwei Welten gelebt, der einen jenseits des Danuvius und der anderen hier. Ich war ein Fürst der Jazygen, ich bin der Kommandeur einer Kavallerieeinheit im Dienste Roms. Aber ein Teil von mir, ein wesentlicher Teil, gehört zu keiner dieser beiden Welten. Ich weiß es, denn er hat mich bei dem schwierigen Balanceakt zwischen beiden im Gleichgewicht gehalten. Er hat weder Rang noch Reichtum, weder Titel noch Ehren. Diese Dinge gehören zu jenen beiden Welten und haben sich geändert. Er hat sich nicht geändert, und deshalb konnte er seinen Weg in einem Land finden, in dem alles unbekannt war. Das ist der Teil von mir, der dich liebt. Und da er beiden Welten nichts schuldig ist und nichts verdankt, kann er die eine nicht mit der anderen vergleichen, und er kann auch nicht deinen Wert an Tirgataos Wert messen – die ich, das ist wahr, von ganzem Herzen geliebt habe.

Aber Liebe ist nicht wie Wasser in einem Schöpfeimer, der voll ist und geleert wird. Sie ist wie ein Fluß, der dort fließt, wo er einen Weg finden kann, und wenn der Weg irgendwo versperrt wird, sucht er sich einen anderen Weg zum Fließen – einen neuen Menschen zum Lieben. Ich werde nicht weniger Liebe für dich haben, weil ich sie zuerst geliebt habe. Ich könnte dich nicht hassen, Pervica. Ich könnte es nicht.«

Ihr Mund bebte, und ihre Hände umklammerten plötzlich meine Hände, dann warf sie die Arme um mich, ließ sich neben mir auf die Knie fallen und weinte an meiner Schulter, trotz aller Schuppigkeit.

Sie hörte bald auf zu weinen, und ich küßte sie und hielt sie in den Armen – und dann wischte sie sich über die Augen und schniefte ein paarmal und setzte sich auf die Fersen zurück. »Tut mir leid«, sagte sie.

»Wir werden also heiraten?« fragte ich. Ich wollte, daß jetzt alles völlig und unwiderruflich klar war.

»Ja«, sagte sie fest.

»Gut.« Ich lächelte ihr aufmunternd zu.

»Ja«, wiederholte sie – »vorausgesetzt natürlich, du lebst am Hochzeitstag noch. Ariantes, ein wie guter Fechter ist Arshak?«

Ich zuckte die Schultern. »Er ist sehr gut. Besonders mit dem Speer. Du hast eine Probe davon gesehen. Aber mein Pferd ist besser trainiert, er hat dazu nicht die Geduld. Es wird ein gleichwertiger Kampf sein, und der Ausgang liegt in den Händen des Gottes. Marha ist mir bis jetzt gewogen gewesen, und ich bin nun ziemlich sicher, daß ich die Oberhand über meine Feinde gewinne.«

Und um ihr Mut zu machen, erzählte ich ihr, was in Eburacum geschehen war, und ließ nur ein paar Einzelheiten aus meiner Begegnung mit den Christen weg. Während ich sprach, spürte ich, wie meine Hoffnungen sich festigten. Bisher hatten meine Feinde unter einem Mantel der Heimlichkeit aus dem Verborgenen zugeschlagen, wie die unsichtbaren Krieger unserer Sagen, und ich war hilflos gewesen und hatte nicht zurückschlagen können. Aber jetzt hatte ich etwas Konkretes in der Hand – ich hatte eine Liste von Namen, ich hatte einen Verbündeten, der die Vollmacht besaß, Ermittlungen durchzuführen, und ich war zuversichtlich, bald mehr von Siyavak zu erfahren. Jetzt, wo wir ihnen die Tarnkappe abgerissen hatten, würden sie die Hilflosen sein.

»Ich habe mit dem Druiden gesprochen, den ich kenne«, sagte Pervica, als ich geendet hatte. »Er wußte von dir und von dem Mord im heiligen Hain – und er war viel unzugänglicher, als ich erwartet hatte. Die Leute, die du als extreme Sekte bezeichnest, haben einen sehr großen und weitreichenden Einfluß. Aber du darfst das nicht falsch sehen. Sie sind keine getrennte Gruppe, sie vertreten einfach das eine Ende einer Reihe differenzierter religiös-nationaler Vorstellungen und Verhaltensweisen, über welche die Druiden normalerweise nicht reden, und wenn ein Glied dieser Reihe eine extremere Richtung einschlägt, bewegen sich die anderen ein bißchen mit, um Schritt zu halten und die Kette nicht abreißen zu lassen. Der Druide, den ich kenne, sagte, wenn du dich keines Vergehens gegen die Götter schuldig gemacht hättest, wäre der Fluch wirkungslos, aber er wollte nichts tun, um zu helfen. Ich erklärte ihm, daß der Fluch sich bereits als wirkungslos erwiesen hätte und daß ich annähme, die Götter würden zornig sein, daß die Bösen ihre Hilfe gegen die Guten angerufen hätten. Er wand sich wie ein Aal und sagte schließlich, es sei nicht klar, wer die Bösen seien. Aber er war sich seiner nicht sicher.

Ich fragte ihn, ob er es für richtig halte, daß man Selgoven und Votadiner in unser Land ruft und ihnen unsere Farmen zum Plündern freigibt; er wurde noch unsicherer, und ich sah ihm sein Unbehagen deutlich an. Ich sagte ihm, er solle doch ein Treffen aller Druiden in unserer Region einberufen, bei dem die verschiedenen Meinungen ausgetauscht werden könnten, um Klarheit zu gewinnen. Aber auch darauf wollte er sich nicht festlegen. Er hat Angst vor den Extremisten, Angst, als Römerfreund und als Häretiker diffamiert zu werden. So schlimm ist das inzwischen geworden, sie würden sogar ihre eigenen Druidenbrüder als Helfershelfer der Römer und Abtrünnige umbringen. Aber er hat nicht nein gesagt, und die Leute tuscheln und flüstern seit einiger Zeit über diese Vorgänge.

Es ist nicht viel, aber mehr konnte ich nicht erreichen. – Was willst du wegen Arshak unternehmen? Wenn du eine Zeitlang abwartest, wirst du vielleicht nicht mit ihm kämpfen müssen.«

»Ich werde mit ihm kämpfen«, sagte ich ruhig, »das ist unvermeidlich. Die Alternative wäre, ihn den Römern auszuliefern, und das möchte ich auf keinen Fall tun. Aber wenn du es wünschst, werde ich versuchen, für das Duell einen Termin in zehn oder zwölf

Tagen zu vereinbaren. Auch das könnte schon genug Zeit sein, um einen großen Teil dieses Problems zu lösen. Aber du darfst nicht länger hier bleiben, vor allem wenn es einen so langen Aufschub geben sollte. Er ist ein ungeduldiger Mensch, und er wird sich ärgern, daß er sich aus Furcht vor den Behörden zurückzuhalten hat. Es ist gut möglich, daß er zurückkommt, dieses Mal mit der Absicht, dich nicht nur mit Schmähungen zu verletzen. Du solltest nach Cilurnum kommen, mit Elen und Cluim und seiner Schwester. Ich könnte ein Haus für euch mieten.«

»Und was ist mit meinen Schafen? Und der Farm?«

»Gibt es in dieser Jahreszeit so viel zu tun, daß nicht ein Nachbar die Arbeit für euch übernehmen könnte? Du hast doch, wie du sagtest, zwei andere Familien, die in ihren eigenen Häusern auf deinem Land leben und für dich arbeiten. Könnten sie sich nicht für zehn Tage oder so um die Schafe kümmern?«

Sie lehnte sich müde gegen mich. »Also gut. Ja, ich komme mit.«

Es dauerte einige Zeit, bis sie die Angelegenheiten der Farm und die Versorgung der Schafe und Rinder zufriedenstellend geregelt hatte und bis sie und ihre Bediensteten ihre Sachen gepackt und auf den Farmwagen verladen hatten.

Es begann zu dämmern, als wir nach Cilurnum aufbrachen. Pervica ließ den Wagen auf der Kuppe des Hügels halten und blickte auf die Farm zurück, die jetzt dunkel unter den dahintreibenden Wolken in der Mulde lag. Ich wußte, daß sie sich fragte, ob sie ihr Haus und ihr Land jemals wiedersehen würde. Aber sie sagte nichts, sie sah mich nur wehmütig lächelnd an, bevor sie die Zügel aufnahm und weiterfuhr.

15

Ich träumte, ich ritte im Sonnenschein über eine weite Wiese; ich ritt ein mir unbekanntes Pferd, einen schönen weißen Hengst, dessen Tritt so leicht war wie fallender Schnee. Es war früher Sommer, die Wiese war purpurn von Wicken, rot von Mohn und duftend von Mädesüß. Ich ritt über einen Hügel und sah meine eigenen Wagen unten im Tal neben einem Fluß stehen und meine Pferde etwas abseits von ihnen weiden. Tirgatao saß beim Lagerfeuer, Artanisca neben sich und ein Baby auf ihrem Schoß. Ich stieß einen Freudenschrei aus und galoppierte zu ihnen hinunter. Sie stand auf, als ich hielt und absaß, winkte mir aber lachend, nicht näher zu kommen. Artanisca hüpfte vor Freude und rief: »Papa! Papa!« – aber er lief nicht zu mir, um sich an mein Bein zu klammern.

»Schau!« sagte Tirgatao, und sie hielt das Baby hoch. Es war blondhaarig und blauäugig und lächelte mich an. Ich hielt ihm lächelnd den Finger hin – aber dann erinnerte ich mich, daß es ja gestorben war, bevor es geboren wurde, und ich zog den Finger zurück.

»Es ist schon recht«, sagte Tirgatao, die mein Zögern verstand. »Ich wollte, daß du sie siehst.«

»Du wurdest verbrannt«, sagte ich flüsternd. »Mein teuerstes Licht, sie haben dich verbrannt.«

»Das ist nicht mehr von Bedeutung«, erwiderte sie; sie lächelte mich an, als hätte ich einen Scherz gemacht.

»Ich hatte vor, wieder zu heiraten, wenn ich noch am Leben wäre«, erzählte ich ihr verlegen und beschämt.

Darüber lachte sie laut. »Ich weiß. Ach, mein Liebling, sieh mich nicht so an! Die Toten heiraten nicht, und es wäre ein Jammer, wenn du allein bliebst, wo du so gut lieben kannst und es so viele Menschen gibt, die nur hassen können. Sieh, ich bin Marha im Feuer begegnet und habe ihn um dein Leben gebeten. Sag Pervica, daß ich es jetzt ihr anvertraue.«

Ich sah sie verwundert an, und sie lachte wieder. »Ich liebe dein Gesicht, wenn du überrascht bist«, sagte sie zärtlich. »Diese ganze pompöse fürstliche Würde fällt dann wie eine alberne Maske ab. Du bist dazu geschaffen, gehänselt zu werden. Sag Pervica, sie muß dich hänseln. Ja, mein goldener Held, ich bin Marha im Feuer begegnet, und er hat mich vor Schaden bewahrt. Eukairios hatte recht: Was wir im Leben sind, das zählt, nicht, was mit uns geschieht, wenn wir tot sind. Das Feuer kann die Guten nur läutern, aber sie nicht zerstören.«

»Wieso kennst du Eukairios?« fragte ich.

»Ich kenne ihn nicht«, antwortete sie. »Du kennst ihn. Aber schau, du mußt auf dein Pferd achten.«

Ich schaute und sah, daß der weiße Hengst ein Drache geworden war, golden, mit feurigen Augen und leuchtenden Flügeln. Er breitete die Flügel zur Hälfte aus und brüllte, der lange Schwanz schlug knallend wie eine Peitsche. Er trug noch meinen Sattel und mein Zaumzeug. Ich nahm das alles, wie man es im Traum tut, als ganz natürlich hin und ergriff die Zügel. Der Drache zerrte heftig an ihnen, so wie es ein Pferd tut, das nach Hause in den Stall will. Ich drehte mich zu Tirgatao um – aber sie war verschwunden und mit ihr die Kinder und die Wagen. Das Flußufer lag leer und verlassen da.

Mit einem Schrei schwang ich mich auf den Rücken des Drachen, und seine Flügel peitschten die Luft, als er in die Höhe galoppierte. Die Wiese blieb hinter uns zurück, alles war leer, alles war still und bleich geworden, nur der Wind rauschte in meinen Ohren. Dann flogen wir höher, und rings um uns war der Gesang der Sterne. Der Wind stach mir wie mit Nadeln ins Gesicht, und mir war kalt. Aus großer Höhe warf ich einen Blick nach unten, und einen Augenblick lang sah ich klar, als wäre es eine Insel in einem rauschenden Strom, eine Lichtung in einem Wald, darauf die Hütte eines Kohlenbrenners, neben der ein Aschenhaufen lag, und ein goldschimmernder Helm mit einem roten Federbusch lag auf einem in die Erde gerammten Pfahl. Dann fingen meine Augen vor Kälte zu brennen an, und ich schloß sie.

Stöhnend wachte ich auf. Ich lag auf dem Bett in meinem Wagen, und mir war kalt. Im Schlaf hatte ich die Decken abgeworfen. Ich setzte mich auf, rieb mir die Hände und fuhr mir durchs Haar, wie betäubt von dem Traum, dessen Sinn ich zu verstehen versuchte. Nach einer Weile ging ich zur Tür.

Die Morgenfeuer brannten unter einer hellen Wintersonne, die schon ziemlich hoch stand. Ich sah Facilis, Eukairios und Flavinus Longus unter der Plane vor meinem Wagen sitzen, auch Banaspados und Leimanos waren bei ihnen; sie alle tranken etwas und redeten miteinander. Ich sah ihnen einen Augenblick zu, und plötzlich schien alles in Ordnung zu sein, alles hatte seine Richtigkeit. Ich war glücklich. Tirgatao war tot, aber sie litt nicht mehr; ich stand hier, lebendig, im hellen Sonnenlicht und beobachtete meine Freunde, die friedlich zusammen frühstückten. Ein Augenblick, normal, alltäglich, ohne Haß. Ich fand mein Leben lebenswert.

Ich setzte mich, um die Schuhe anzuziehen; der Wagen knarrte, und sie sahen alle zu mir herüber und begrüßten mich. Eine Minute später hatte ich den Mantel auf der Schulter befestigt, hielt einen Becher Milch in den Händen und saß bei ihnen in der Runde. Es war angenehm, zur Abwechslung einmal nicht die Rüstung anlegen zu müssen.

»Meine Schwester berichtet mir, Ihr hättet wieder die Dame Pervica bei ihr einquartiert – mit drei Dienstboten diesmal«, bemerkte Longus. »Sie hat mir aufgetragen, Euch zu sagen, daß sie Pervica gern bei sich hat, daß aber der Gasthof eigentlich ein Stück weiter die Straße hinunter ist, ganz in der Nähe des Forts. Sie dachte, vielleicht wüßtet Ihr das nicht.«

»Sagt Eurer Schwester meinen Dank«, erwiderte ich. »Es war sehr spät, als wir gestern abend angekommen sind, und wir hatten keine Zeit, eine andere Unterkunft zu finden. Ich werde versuchen, heute ein Haus zu mieten.«

»Oh, das tut besser nicht! Flavina würde sehr beleidigt sein, wenn Pervica nicht bei ihr bliebe«, entgegnete Longus. »Die Gasthofgeschichte war ein Scherz. Sie mag Pervica sehr. Wir alle mögen sie sehr. Ich bin froh, daß Ihr sie überredet habt, nach Cilurnum zu kommen. Wir haben uns Sorgen gemacht, daß sie allein dort draußen war, nachdem man in Corstopitum diese Bleirolle gefunden hatte.«

Facilis brummte etwas, das wie Zustimmung klang. Fast hätte ich ihn gefragt, wo er Vilbia untergebracht hatte – das Mädchen war nicht mehr in meinem Wagen, und Kasagos hatte mir berichtet, daß

Facilis und Eukairios sie fortgebracht hätten –, aber dann fiel mir ein, daß Longus nichts von ihr wußte und wahrscheinlich auch nichts erfahren sollte. Also nickte ich nur.

Ich selbst hatte ja ebenfalls nicht die Absicht, den Römern von Arshak zu erzählen, denn es war mir klar, daß sie versuchen würden, das Duell zu verhindern. Ich hatte Banaspados und die anderen dringend ermahnt, über die Angelegenheit nicht in Gegenwart eines Römers zu sprechen, und ich hatte auch Pervica das Versprechen abgenommen, darüber zu schweigen.

»Ich habe Gajus erzählt, was in Eburacum geschehen ist«, sagte Facilis. Die friedliche Morgenstimmung war dahin.

»Götter und Göttinnen!« rief Longus aufgebracht. »Ich hätte mir darüber klar sein müssen, Ariantes – aber Ihr hättet etwas sagen sollen. Warum wollt Ihr dem Legaten verschweigen, wer Euch zu töten versucht, wenn Ihr es wißt?«

Ich sah verstohlen zu Facilis hinüber; er schüttelte kaum merklich den Kopf. Nein, er hatte Longus nicht mehr erzählt, als ich Priscus gegenüber zugegeben hatte.

»Ohne überzeugenden Beweis würde es nur Schwierigkeiten verursachen«, antwortete ich. Dann traf ich eine rasche Entscheidung: »Aber ich kann Euch ein wenig mehr erzählen, als ich ihm gesagt hatte. Banaspados, Leimanos –«

Sie sahen mich beide an, dann standen sie auf, einen mißtrauischen Ausdruck in den Augen. »Hast du die Absicht, uns wegzuschicken?« fragte Banaspados.

»Meine lieben Brüder, ich habe einige Dinge zu sagen, die die Ehre eines Kameraden betreffen. Ich glaube nicht, daß er etwas Unehrenhaftes getan hat, aber er muß befragt werden. Ich würde euch nicht einer solchen Befragung vor euren Männern unterziehen, und ihr solltet nicht Zeugen dieser Befragung sein, bei der nur die Anwesenheit der Römer notwendig ist.«

Ich konnte ihnen ansehen, daß sie sich die Situation durch den Kopf gehen ließen, sie von dieser und von jener Seite betrachteten und schließlich zu der Entscheidung kamen, es müsse sich um Comittus handeln, dessen Verwandtschaft mit Aurelia Bodica ihnen ja bekannt war. Sie sahen noch mißtrauischer aus als vorher. Longus saß mit ausdruckslosem Gesicht da, er verstand nicht, wovon die Rede war, da wir Sarmatisch sprachen.

»Es betrifft nicht meine Sicherheit – es sei denn, er ist schuldig«, erklärte ich meinen Männern. »Und ich werde euch von dem Ergebnis unterrichten.«

Sie seufzten, verbeugten sich und gingen resigniert fort. Es würde sie trösten, dachte ich, wenn ich einen von ihnen mit einer Botschaft zu Arshak schickte, um das Treffen zu arrangieren, und die Römer von diesem Geheimnis ausgeschlossen waren.

»Soll ich auch gehen?« fragte Eukairios. Er verstand Sarmatisch gut genug und hatte dem Gespräch folgen können.

Ich nickte. »Aber hole das Dokument, das du in Eburacum aufgesetzt hast, und bringe es später zum Stabsquartier. Wir sollten dort einige Zeugen auftreiben können.«

Das heiterte ihn auf, er ging munteren Schrittes und mit erhobenem Kopf davon.

Ich wandte mich wieder Longus zu und berichtete ihm, was ich über die Druiden wußte und über das Komplott, ein Königreich der Briganten mit der Hilfe der Kaledonier und unserer eigenen Drachen zu errichten. Er war entsetzt und zutiefst erschüttert.

Aber als ich ihm dann zum Abschluß von der Liste erzählte und die Tatsache erwähnte, daß Comittus' Name auf ihr stand, stellte ich zu meinem höchsten Erstaunen fest, daß ihn das nicht im geringsten zu überraschen schien.

»Oh, Lucius ist kein Mitglied Eurer extremen Sekte! Er gehört ganz eindeutig der Hauptschule des Druidentums an und ist noch dazu ein ziemlicher Neuling auf diesem Gebiet«, erklärte er, als ob es die natürlichste Sache auf der Welt wäre, darüber zu sprechen. »Und seit diese ominöse Tafel gefunden wurde, hat er sich die ganze Zeit über die größten Sorgen gemacht. Er hat mir nach den Saturnalien alles erzählt – allerdings war er ein bißchen überrascht, als er feststellen mußte, daß ich es bereits wußte.«

»Ihr wußtet, daß er Druide ist?« fragte Facilis verblüfft.

Longus zuckte die Schultern. »Es ist keine Seltenheit, müßt Ihr wissen. Einige Männer von meiner Turma schleichen sich jedes Jahr während der Feiern der Saturnalien nachts heimlich davon und besuchen den Tempel des Mithras drüben in Brocolitia – ein Kult, der übrigens völlig legal ist. Andere schleichen sich davon, um die Wintersonnenwende in dem heiligen Hain unten am Schwarzen Fluß zu feiern – was nicht legal ist. Ich frage in beiden Fällen nicht nach Einzelheiten, aber ich weiß davon.

Als ich Lucius am Vormittag des Sonnwendtages mit ein paar anderen Männern ins Lager zurückreiten sah und bemerkte, daß ein Stück von einem weißen Gewand aus der Ecke einer seiner Satteltaschen heraussah und ein Mistelzweig an seiner Mantelschließe steckte, brauchte ich nicht lange herumzuraten. Das Druidentum hat in unserer Gegend einen großen Anhang – schließlich sind die Druiden die Bewahrer der alten Religion, und Menschen, denen es ohne Einschränkung erlaubt ist, die alten Götter zu verehren, können nicht verstehen, warum deren Priester geächtet werden. Ich übrigens auch nicht. Nach meiner Ansicht sollte man das Druidentum legalisieren und wie in Gallien den Priestern erlauben, in der Öffentlichkeit zu wirken. Dann würden diese finsteren Machenschaften und geheimnisvollen Verfluchungen und Morde von selbst aufhören.«

»Warum habt Ihr nicht schon früher was gesagt?« bellte Facilis, dessen Gesicht rot angelaufen war.

»Woher sollte ich wissen, daß es wichtig war?« gab Longus ebenso barsch zurück. »Kurz nach dem Auftauchen der Fluchtafel habt Ihr und Ariantes Euch nach Eburacum abgesetzt. Ich habe versucht, mit Ariantes über die Sache zu sprechen, aber alles, was ich bekam, war ein unnahbarer Ich-will-nichts-hören-Blick, und gleich wechselte er das Thema. Lucius hat es ebenfalls versucht, und ihm erging es nicht anders.«

»Es tut mir leid«, sagte ich. »Ich war um Pervica besorgt.«

Plötzlich kam mir die ganze Aufregung ziemlich absurd vor. Pervica hatte recht gehabt: Fremde wie Facilis und ich verstanden offensichtlich nichts vom Druidentum. Sogar Eukairios, ein Gallier, hatte die normale, alltägliche Natur dieses alten Kults in seinem eigenen Land nicht begriffen. Er hatte nur seine dunkle, geheime und illegale Seite gesehen.

Longus beruhigte sich. »Nun, wie ich gesagt habe, ich bin froh, daß Ihr sie überredet habt, nach Cilurnum zurückzukommen. Bei dieser Mord-im-Dunkel-Affäre ist man nicht sicher, wenn man auf der falschen Seite steht. Ich nehme an, Ihr habt mir diese Geschichte erzählt und die anderen weggeschickt, weil Ihr mich als Zeugen haben wollt, wenn Ihr mit dem armen Lucius sprecht.«

Ich nickte, trank meinen Becher Milch aus, setzte ihn ab und stand auf. »Ich dachte, wir könnten es jetzt mit ihm besprechen.«

»Die Fragen sollte besser ich stellen«, sagte Facilis knurrig. »Schließlich bin ich mit der Untersuchung beauftragt worden.«

»Armer Lucius«, wiederholte Longus mit unglücklichem Gesicht. »O Götter!«

Wir fanden Comittus im Speiseraum seines Hauses beim Lesen. Mir fiel wieder auf, wie freundlich der Raum war – der Mosaikfußboden mit den Bildern von Vögeln und anderen Tieren, die guten Glasfenster, die das Zimmer hell, aber nicht kalt machten, die stuckverzierte Decke und die getünchten Wände. Die Hypokaustum-Heizung strahlte vom Fußboden her eine angenehme Wärme aus, ohne lästigen Rauch zu entwickeln. Zum erstenmal fragte ich mich, ob ich in einem solchen Haus wohnen möchte – eines Tages, in einer noch fernen, aber nicht mehr unabsehbaren Zukunft.

Comittus bemerkte uns, als wir schweigend in der Tür standen. Mit breitem Grinsen sprang er auf. »Ihr seid zurück? Willkommen!« rief er aus, rollte sein Buch auf und legte es auf den Tisch. Dann kam er herüber, um uns mit Handschlag zu begrüßen.

Facilis ignorierte seine ausgestreckte Hand, und Comittus trat einen Schritt zurück, das Lächeln schwand aus seinem Gesicht. Alarmiert sah er zu Longus hinüber, der traurig den Kopf schüttelte.

»Ich habe Euch einige Fragen zu stellen, Lucius Javolenus«, erklärte Facilis. »Vielleicht sollten wir uns besser setzen.«

Als Facilis ihn beschuldigte, Druide zu sein, brach Comittus zusammen und gab es sofort zu. Schluchzend sagte er zu mir: »Es tut mir leid, Ariantes!«

Aber es stellte sich bald heraus, daß er in Wirklichkeit nichts getan hatte, was ihm leid tun mußte. Er war Druide geworden, weil er die Götter seines Volkes in der Weise verehren wollte, wie sie immer verehrt worden waren, und er war, wie Longus schon gesagt hatte, noch ein ziemlicher Neuling. Er studierte die heiligen Lehren seiner Religion, ohne bisher über die elementaren Grundlagen hinausgekommen zu sein, und war Assistent eines Priesters. Von dem Mord in dem heiligen Hain bei Corstopitum hatte er nichts gewußt, bis die Nachricht das ganze Fort nach den Saturnalien erreicht hatte – und dann hatte er sich, wie auch Longus schon gesagt hatte, die größten Sorgen wegen dieser Sache gemacht. Der Mord – und die Tatsache, daß er begangen worden war, um mir zu schaden, seinem Kameraden, von dem er wußte, daß er sich nie gegen die alten Götter seines Volkes und gegen ihre Priester vergangen hatte – erschütterte seinen Glauben an alles, was man ihn gelehrt hatte.

Ihm war gleich die Verbindung mit der Invasion der Kaledonier aufgefallen, und er hatte begriffen, daß seine Freunde der Rebellion gegen Rom schuldig waren. Römer und Brite, Legionstribun und Adept des Druidentums, coritanischer Adliger und Angehöriger des römischen Ritterstandes – sein ganzes Leben lang war er halb in dieser, halb in jener Welt zu Hause gewesen. Jetzt hatte sich eine tiefe Kluft zwischen beiden Welten aufgetan, er war verwirrt, hin- und hergerissen zwischen unvereinbaren Loyalitäten. Facilis' Anklagen, die in gewisser Weise das Dilemma lösten, in dem er sich befand, waren ihm deshalb fast willkommen, obwohl er mit Verhaftung, Schande, Ruin und vielleicht Tod rechnete.

Facilis setzte ihm unbarmherzig zu, um mehr über die Druiden herauszufinden – wie viele es in dieser Region gab, wie sie organisiert waren und wer der Drahtzieher bei dem Mord war. Aber Comittus wußte darüber wenig mehr, als ich von den Christen in Eburacum erfahren hatte, und sträubte sich – nach meiner Meinung eine ehrenhafte Haltung –, irgendwelche Namen zu nennen. Er erwähnte auch Aurelia Bodica mit keinem Wort. Selbst als Facilis plötzlich die Liste der vermutlichen Rädelsführer zückte, wollte Comittus nicht sprechen, bestätigte aber schließlich zwei der Namen mit vor Angst und Verzweiflung heiserer Stimme.

Schließlich machte ich dieser scheußlichen Situation ein Ende und erklärte dem Tribun offen, daß Facilis seinen Namen nicht von offiziellen Stellen bekommen hatte und daß niemand auch nur im entferntesten daran dachte, ihn dem Legaten oder den Behörden zu melden. Facilis war ärgerlich über meine Einmischung, gab aber seine Zustimmung zu erkennen. Comittus bedankte sich, drückte uns allen erleichtert die Hand und schwor, er habe die Verbindung zum Druidentum bereits abgebrochen und wolle nie wieder mit ihm zu tun haben.

Wir ließen ihn allein und gingen zum Stabsgebäude hinüber, um über die nächsten Schritte zu beraten.

Eukairios wartete im Büro des Lagerkommandanten; die drei Ausfertigungen der auf Pergament geschriebenen Urkunde lagen ordentlich gerollt und verschnürt auf dem Schreibtisch. »Aha, das geheimnisvolle Dokument!« bemerkte Longus ironisch, aber seine Stimme klang müde und apathisch. »Hoffentlich nicht noch eine unangenehme Überraschung, Ariantes.«

Ich schüttelte den Kopf. »Es ist Eukairios' Freilassung. Wie viele Zeugen haben wir hier im Stabsquartier?«

Facilis lachte. »Ich habe es doch geahnt«, sagte er. »Eukairios hätte sich schon vor Monaten einen roten Hut kaufen können.«

»Einen roten Hut?« fragte ich verblüfft.

»Den Hut des Freigelassenen«, erklärte Longus. »Er setzt ihn auf, wenn der Rechtsakt besiegelt ist, und jedermann weiß so, daß er ihm gratulieren kann. Ein spitzer roter Hut. Wie Eurer, aber nicht ganz so steif und ohne Ohrenklappen.«

»Wie meiner?« fragte ich entsetzt. Hatte ich einen Hut getragen, der mich als freigelassenen Sklaven kennzeichnete?

»O Götter, Ariantes, habt Ihr das nicht gewußt?« frotzelte Longus, der seine deprimierte Stimmung vergaß. »Nein, vermutlich nicht. Niemand hat gewagt, darüber eine Bemerkung zu machen.«

Ich nahm den Hut angewidert ab. Facilis und Longus lachten.

»Ariantes, niemand außer ein Verrückter hätte Euch je für einen Freigelassenen gehalten«, versicherte Longus, der merkte, daß seine Frotzelei nicht die erwartete Wirkung zeigte. »Niemand. Sich Euch als Sklaven vorzustellen – das ist wie in dieser Komödie, wo der Gott Apollo als Strafe zum Sklaven eines thrakischen Esels gemacht und von diesem herumkommandiert wird. Und dieser Hut hat überhaupt nicht die richtige Form – es ist bloß die rote Farbe.«

Ich schüttelte den Kopf. Ich würde mir einen Hut in einer anderen Farbe kaufen müssen. »Brauchst du einen roten Hut?« fragte ich Eukairios.

Er bemühte sich, ein ernstes Gesicht zu zeigen. »Ja, Herr. Ich hatte mir keinen gekauft, weil ich befürchtete, das könnte mir Unglück bringen.«

Ich reichte ihm meinen. »Laß uns die Formalitäten hinter uns bringen, dann kannst du ihn aufsetzen.«

Er entrollte die Urkunde und las sie vor, und ich unterzeichnete alle drei Ausfertigungen (setzt Euer Zeichen hierhin, Herr, und ich schreibe darunter ›schreibunkundig‹), und nach mir unterschrieben als Zeugen Facilis, Longus, vier Asturier, die zum Stab gehörten, und Leimanos, der hergekommen war, um zu sehen, ob ich zurück war. Dann setzte Eukairios den Hut auf, wurde rot wie ein Mädchen, das gerade seinen ersten Kuß bekommen hat, und alle schüttelten ihm die Hand und gratulierten ihm.

Als er zu mir kam, ergriff er mit beiden Händen meine Hand, küßte sie und legte sie an seine Stirn. »Ich danke Euch«, flüsterte er, »Patron.« Er zitterte vor Freude.

Ich war danach nicht in der Stimmung, mit Facilis weiter über Druiden zu diskutieren oder mir auf Fragen von Longus ausweichende Antworten auszudenken. Ich sagte Eukairios, er solle sich einen schönen Tag machen, und teilte den anderen mit, daß ich Pervica einen Besuch abstatten würde. Ich wollte ihr meinen Traum erzählen. Leimanos verließ mit mir das Stabsgebäude.

Als wir die Via Decumana hinunter zum Südtor ritten, fiel mir wieder ein, daß ich heute ja noch eine andere wichtige Angelegenheit zu erledigen hatte.

»Leimanos«, sagte ich, »hat Banaspados dir alles berichtet, was in Eburacum und auf der Flußau-Farm geschehen ist?«

Die plötzliche Anspannung seiner Muskeln irritierte sein Pferd so sehr, daß es nervös die Ohren zurücklegte. »Ja, mein Fürst«, antwortete er ruhig. »Es tut mir leid, daß wir dich nicht besser beschützt haben.«

»Ich habe keinerlei Beschwerde gegen dich. Ich fragte, weil ich einen Boten nach Condercum schicken will.«

Er sah mich an und lächelte, aber ich konnte sehen, wie die Knöchel seiner Hände, die die Zügel hielten, weiß wurden. Eine Beleidigung seines Kommandeurs, auch wenn sie nicht direkt, sondern mittelbar über dessen Verlobte erfolgte, war auch eine Verletzung seiner eigenen Ehre. Er hatte genug von diplomatischer Zurückhaltung, von Rücksicht auf die Römer, von Geheimnissen und Verschwörung. Er wollte Kampf, er wollte, daß die Schmach gerächt wurde. Aber er wußte, daß Arshak ein gefährlicher Gegner war, und er hatte Angst um mich.

»Mein Fürst«, sagte er leise und inständig, »darf ich dich bitten, daß du mich schickst?«

Er wußte, daß er durch das Angebot, nach Condercum zu reiten und Arshak die Herausforderung zu überbringen, ein erhebliches Risiko auf sich nahm. Arshaks Männer würden vielleicht gereizt auf das reagieren, was er zu sagen hatte, auch wenn ihr Kommandeur selbst das nicht tat. Aber es ging um die Verteidigung meiner Ehre, und ich hatte gewußt, daß er mich bitten würde, ihn zu schicken.

Ich streckte die Hand aus und berührte seine Hand. »Wen sonst würde ich schicken, Freund?« sagte ich, und er lächelte wieder.

Ich erklärte ihm genau, wie er vorgehen sollte.

»Nimm die Ersten Zehn der Leibwache mit und betrete das Fort erst, wenn Arshak dir sicheres Geleit zugesagt hat. Ich nehme nicht an, daß er euch den Zugang zum Fort verwehrt oder euch feindselig behandelt, aber ich weiß es nicht sicher, er ist nicht mehr der, der er war. Sage den Römern nichts von deinem Auftrag. Keiner der römischen Offiziere in Condercum weiß, daß wir Streit gehabt haben, und es ist besser, daß es dabei bleibt. Sprich in ihrer Gegenwart so, als ob du Arshak eine freundliche Einladung zur Jagd brächtest.«

Er nickte. »Und was soll ich zu Arshak sagen?«

»Sage zu ihm: ›Mein Fürst schickt dir folgende Botschaft: Sohn des Sauromates, als wir uns unterwegs begegnet sind, habe ich dir erklärt, ich würde jederzeit bereit sein, dich zu treffen, wann und wo du das wünschst. Du hattest keinen Grund, nach Corstopitum zu reiten und einer dir unbekannten edlen Dame ein paar billige und lächerliche Worte ins Gesicht zu schleudern. Hältst du mich für so furchtsam, daß du glaubst, mich auf diese erbärmliche Art provozieren zu müssen? Hör auf, dich wie ein Kuhhirt zu benehmen, gib deine Versuche auf, mich durch die Hand deiner verlogenen und verräterischen Verbündeten zu ermorden, und tritt mir wie ein Fürst gegenüber.‹«

Leimanos' Augen glühten, und er klopfte auf seinem Sattel das Trommelsignal zum Angriff.

»Das ist die richtige Sprache, mein Fürst!« Er wiederholte die Botschaft zweimal, um sicherzugehen, daß er sie sich genau eingeprägt hatte und der herausfordernde Ton auch richtig zum Ausdruck kam. Er grinste.

»Praktisch dürfte es allerdings kaum zu arrangieren sein, daß er mir wie ein Fürst entgegentritt«, mußte ich einräumen. »Die Römer würden uns wahrscheinlich beide unter Arrest stellen, wenn sie erführen, daß wir einen Zweikampf planen. Mach ihm klar, daß es ungefähr zehn Tage dauern wird, alles so vorzubereiten, daß die Römer keinen Verdacht schöpfen, und daß jede Indiskretion das Duell unmöglich machen würde. Ich dränge nicht auf besondere Eile. Ich gehe davon aus, daß ich bald in der Lage sein werde, gegen seine Verbündeten vorzugehen, und es wird weitaus am besten sein, daß ich mit ihm kämpfe, wenn ihr Schicksal besiegelt ist und ihnen die endgültige Vernichtung droht – wie immer das Duell ausgehen mag. Dann würde selbst sein Triumph getrübt und von kurzer Dauer sein.«

Leimanos' Grinsen breitete sich über das ganze Gesicht aus.

»Es ist gut, dich so zu sehen, mein Fürst. Fast wie in alten Zeiten.

Erinnerst du dich an die Botschaft, die du Rhusciporis geschickt hast, als wir von Singidunum zurückkamen?«

Ich hatte mich zu Hause gegenüber einem Rivalen mit einem erfolgreichen Stroßtrupp gegen diese Stadt in Obermoesien gebrüstet. Aber hier handelte es sich um eine ernstere Sache, wenn ich mich auch der gleichen anmaßenden Sprache bediente. Ich nickte, ging aber nicht darauf ein.

»Sieh dich unterwegs nach einem geeigneten Platz für das Treffen um. Wir brauchen etwas, das abseits der Straße liegt und wo wir nicht von zufälligen Passanten beobachtet werden können. Aber er muß geräumig genug sein, daß die Pferde ausreichende Bewegungsfreiheit haben. Schlag Arshak vor, daß jeder von uns seine Leibwache zu dem Treffen mitbringt, daß alle übrigen Männer unserer Drachen aber in ihren Lagern zurückbleiben – die Römer dürfen nicht mißtrauisch werden, sonst werden sie nach uns suchen. Alle Schwadronsführer sollten jedoch im voraus informiert werden, und sie müssen schwören, daß mit dem Tod eines oder beider Kämpfer der Streit beendet ist. Es darf keine Versuche geben, Rache zu üben, und nichts, was Schwierigkeiten mit den Römern verursachen würde.«

Leimanos nickte, aber er runzelte die Stirn. Wir hatten inzwischen das Südtor passiert und Flavinas Haus erreicht. Ich hielt vor dem Tor an.

»Was werden die Römer hinterher tun?« fragte er leise. »Wenn du Arshak tötest?«

Ich zuckte die Schultern und breitete die Hände aus. »Ich weiß es nicht. Wenn Arshak dann schon als Verräter entlarvt ist, werden sie vermutlich von einer Bestrafung absehen. Festnehmen werden sie mich aber wahrscheinlich. Und, Leimanos, ich will, daß ihr alle, du und die Leibwache und alle meine Gefolgsleute, das friedlich hinnehmt. Ich werde von euch verlangen, auch das zu beschwören.«

Er schwieg.

»Sogar Gatalas hat das von seinen Männern verlangt«, sagte ich. »Aber nicht von seiner Leibwache.«

»Er hatte die Absicht, im Kampf gegen die Römer zu sterben. Ich habe diese Absicht nicht.«

Er seufzte. »Ich kann schwören, es ruhig hinzunehmen, wenn sie dich wegen der Tötung Arshaks festnehmen, mein Fürst. Ich kann nicht schwören, daß ich ruhig zusehen und nichts unternehmen werde, wenn sie beschließen, dich deswegen hinzurichten.«

»Leimanos, du bist mein Erbe. Du weißt, was ich will.«

Er schüttelte den Kopf und preßte plötzlich die Hände gegen die Ohren, um klarzumachen, daß er nicht auf mich hören werde.

»Du willst die Ehre und die Sicherheit des Drachen schützen. Aber ich bin nicht du, mein Fürst. Du warst im letzten Jahr gezwungen, den Römern fünfhundert gepanzerte Reiter zu stellen, aber du warst nicht verpflichtet, sie selbst zu führen. Du warst ein Zepterträger, und du hattest keinen Sohn und keinen Bruder, der das Zepter hätte erben können; zudem warst du so schlimm verwundet, daß du kaum reiten konntest. Wenn du den König darum gebeten hättest, würde er dir das Recht zugestanden haben – bereitwillig zugestanden haben –, in unserem eigenen Land zu bleiben, und mir wäre die Aufgabe zugefallen, an deiner Stelle den Drachen nach Britannien zu führen. Statt dessen hast du dich entschieden, das Zepter dem Sohn deiner Schwester zu geben und selbst mit uns zu kommen, weil du unser Fürst warst und wir dir vertrauten. Wir alle wissen das, und wir sind froh darüber gewesen und haben hundertmal und öfter Grund gehabt, dir dafür dankbar zu sein. Ich werde nicht schwören, tatenlos zuzusehen, wenn die Römer dich hinrichten wollen.«

Ich schwieg eine Weile. Ich hatte sie wieder einmal alle unterschätzt. Nie hatte jemand zu mir gesagt: »Du hättest zu Hause bleiben können.« Ich hatte immer angenommen, außer mir wäre das niemandem klar gewesen. Aber für meinen Entschluß, sie selbst nach Britannien zu führen, hatte es nicht nur dieses eine Motiv gegeben, wie Leimanos anzunehmen schien. Ich zog seine rechte Hand vom Ohr weg.

»Daß ihr mir vertrautet, war nur einer der Gründe«, sagte ich ruhig. »Ich hatte noch andere.«

Er nickte. »Und ich kenne auch diese, mein Fürst – kein Wagen, zu dem du heimreiten konntest, und die Einbildung, selbst schuldig zu sein, weil unsere Stoßtruppunternehmen dazu beigetragen hatten, daß es zum Krieg kam. Aber das ändert nichts an der Tatsache, daß du noch immer ein reicher und mächtiger Fürst und Zepterträger sein könntest und die Möglichkeit hättest, dir aus einem Königreich von Witwen eine Frau zu wählen – statt dessen aber bist du hier. Wenn du im Kampf fällst, muß ich das als Marhas Willen akzeptieren. Aber daß du durch die Hand der Römer stirbst, das werde ich nicht hinnehmen. Ich schwöre es auf das Feuer.«

Ich antwortete nicht, ich saß nur still da und blickte ihn an; er blickte mit dem Ausdruck trotziger Entschlossenheit zurück. Seufzend fuhr ich mir mit der Hand durchs Haar.

»Na schön«, sagte ich schließlich. »Die Wahrscheinlichkeit spricht sowieso dafür, daß ich entweder im Kampf fallen werde oder die Römer davon überzeugen kann, daß Arshak des Verrats schuldig ist. Solange ihr nicht anfangt zu schießen, wenn sie mich verhaften, muß ich wohl zufrieden sein. Übrigens habe ich ein gutes Omen, Leimanos. Ich habe letzte Nacht im Traum Tirgatao getroffen, und sie hat gesagt, sie sei Marha begegnet, als sie im Feuer war, und sie habe ihn um mein Leben gebeten. Sie sagte, sie habe es jetzt Pervica anvertraut. Ich glaube, daß es ein wahrer Traum war und daß ich leben werde, um wieder zu heiraten.«

Seine Augen öffneten sich, sehr weit und sehr blau. Er hob die rechte Hand und streckte sie gegen die Sonne aus. »Ich bete, daß es die Wahrheit ist, mein Fürst! Dann ist sie also, durch Marhas Güte, heil aus dem Feuer gekommen?«

»Ich traf sie auf einer Wiese voller Blumen, und die Kinder waren bei ihr. Auch das Baby. Und es geschah in diesem Traum noch etwas anderes, das dir gefallen wird: Sie gab mir einen Drachen, der mich auf diese Erde zurückbringen sollte, und es war unser Drache, unsere Standarte.«

Leimanos grinste. »Ich akzeptiere das Omen!« rief er und hob erneut die Hand.

»Mir hat es auch gefallen«, sagte ich. »Ich werde es Pervica gleich erzählen. Und wenn ich aus einem Königreich von Witwen zu wählen hätte, Leimanos, ich glaube nicht, daß ich eine bessere Wahl hätte treffen können, als ich sie hier getroffen habe.«

»Sie ist eine edle und tapfere Dame«, sagte Leimanos, der jetzt viel glücklicher aussah. »Richte ihr meine respektvollen Grüße aus. Ich muß jetzt zurückreiten und die Männer zusammenholen. Wir müssen bald aufbrechen, wenn wir Condercum noch heute erreichen wollen. Kann ich Banaspados erzählen, was du gesagt hast?«

»Ja. Viel Glück dann, Bruder.«

Er grinste, ließ sein Pferd tänzeln, als er wendete, und galoppierte die Straße hinauf.

Als ich mein Pferd angebunden hatte und an die Haustür klopfte, stellte sich heraus, daß Pervica und Flavina uns die ganze Zeit durch die Spalte der Fensterläden beobachtet hatten.

»War das nicht Leimanos, der Führer Eurer Leibwache, mit dem Ihr gesprochen habt?« fragte Flavina, als sie mich einließen. »Wohin reitet er in solcher Eile?«

»Ich hatte einen Auftrag für ihn«, antwortete ich ausweichend. »Er läßt sich den Damen empfehlen.« Ich hatte nicht die Absicht, in ihrer Gegenwart über Arshak zu reden; sie würde es mit Sicherheit ihrem Bruder erzählen.

Pervica blieb noch einen Augenblick in der geöffneten Tür stehen und sah ängstlich Leimanos nach, bis er im Südtor des Forts verschwand.

»Ihr habt sehr ernst miteinander gesprochen«, sagte sie, sich zu mir umdrehend.

»Ja«, bestätigte ich. »Ich hatte letzte Nacht einen Traum, den ich als Omen betrachte. Er ist von großer Bedeutung auch für dich, daher bin ich gekommen, um ihn dir zu erzählen.« Sie wurde blaß und sah so beunruhigt aus, daß ich lächelnd hinzufügte: »Es war ein guter Traum.«

Auch ihr gefiel der Traum, er gab ihr neuen Mut. Flavina, die uns während der ganzen Zeit meines Besuchs Gesellschaft leistete – wie die römische Etikette es verlangte –, war ebenfalls beeindruckt, vor allem von Tirgataos Aufforderung an Pervica, mich zu hänseln. »Ja, so redet jemand wirklich!« rief sie aus. »Hat sie Euch gehänselt?«

»Ja«, antwortete ich. »Immer. Wir sind uns zum erstenmal begegnet, als sie mich bei einem Pferderennen schlug, und sie sagte immer, ich hätte sie geheiratet, um das Pferd zu bekommen.«

Während ich das sagte, wurde mir plötzlich bewußt: Zum erstenmal seit ihrem Tod konnte ich an Tirgatao denken, ohne von dem Bild gequält zu werden, wie sie in den Flammen verbrannte. Zum erstenmal erinnerte ich mich an sie, wie sie gewesen war, lachend und voll Leben.

Flavina kicherte. Pervica legte die Hand vor den Mund.

»Was ist aus dem Pferd geworden?«

Es war eine unglückliche Frage. »Die Zweite Pannonische Kavallerieala hat es genommen«, antwortete ich bitter.

»Die Zweite... was hatten sie damit zu tun?«

»Tirgatao hatte das Pferd bei unseren Hauswagen. Als die Soldaten sie getötet hatten, trieben sie das Pferd mit dem Rest der Herde fort.«

»Oh!« sagte Pervica, die ganz weiß geworden war. »Oh, es tut mir leid. Ich wußte nicht... ich wußte gar nicht, daß... ich dachte, sie wäre eines natürlichen Todes gestorben. Du hattest es nicht gesagt.«

Die Feststellung, daß ich nie zu ihr darüber gesprochen hatte, beschämte mich. Mir wurde plötzlich klar, wie wenig wir voneinander wußten. Ich würde ihr eines Tages sagen müssen, auf welche Weise Tirgatao gestorben war. Aber im Augenblick war genügend Tod um uns, ohne daß wir den Tag auch noch damit verdüsterten. Ich schwieg, ich wußte nicht, was ich sagen sollte.

Es war Flavina, die das unbehagliche Schweigen brach. »Es fällt schwer, sich vorzustellen, daß Ihr früher auf der anderen Seite des... des Walls wart, wollte ich sagen, aber es war die andere Seite des Danuvius, nicht wahr? Gajus sagt, Eure Männer brüsten sich immer mit ihren Erfolgen bei Stoßtruppunternehmen über den Danuvius. Irgendwie kommt mir der Gedanke seltsam vor, daß Ihr solche Dinge gemacht habt.«

»Zur damaligen Zeit schien das eine natürliche Sache zu sein«, erwiderte ich.

»Wieso?« fragte Pervica. Offenbar war auch sie sich bewußt, wie wenig wir voneinander wußten. Sie lehnte sich ein wenig auf der Kline vor und beobachtete mich gespannt. »Ich kann mir nicht vorstellen, daß es dir natürlich zu sein schien. Das Leben auf der anderen Seite jenes Flusses muß sehr verschieden von dem unseren gewesen sein.«

»Die Dinge sind dort anders«, versuchte ich zu erklären. »Meine Gründe für die Überfälle auf die von den Römern beherrschten Gebiete jenseits des Danuvius erschienen mir damals völlig plausibel. Ich brauchte Herden und Gold und andere Reichtümer, um mir ein Vermögen zu schaffen, und dort jenseits des Flusses, in Pannonien und Moesien, gab es sie. Überall pries man den Wagemut und das Geschick der Kommandeure, die kühn genug waren, mit ihren Stoßtrupps weit in feindliches Gebiet einzudringen; und ich brauchte Kriegsruhm noch mehr als Reichtum.«

»Warum brauchtest du Vermögen und militärische Erfolge?« fragte Pervica.

»Oh, das ist eine komplizierte Geschichte!«

»Macht nichts.« Sie lächelte jetzt. »Komm, erzähl es mir.«

Ich zögerte, dann breitete ich die Hände aus und fügte mich.

»Mein Vater Arifarnas hatte einen Feind namens Rhusciporis, mit dem er seit langer Zeit im Streit über Weiderechte auf den Sommerweiden lag. Der König schätzt es nicht, daß seine Zepterträger sich untereinander befehden, weil es die Nation schwächt, aber er mag auch keinen der Mächtigen in seinem Reich vor den Kopf stoßen. Er zögerte, die Angelegenheit durch einen Schiedsspruch zu entscheiden, und so schleppte der Streit sich weiter und weiter.

Eines Tages dann überfiel Rhusciporis meinen Vater, als der gerade die Herden eines seiner Gefolgsleute inspizierte, und sie kämpften miteinander. Rhusciporis siegte und nahm den Kopf meines Vaters als Trophäe. Mein Vater hatte keine Brüder, die ihn beerben konnten, und keine Söhne außer mir – und ich befand mich außerhalb unseres Landes. Da also niemand da war, der das Zepter übernehmen konnte, mußte meine Familie einen Blutpreis akzeptieren und schloß einen Friedenspakt mit dem Mörder. Sie konnten nicht einmal den Kopf meines Vaters zurückfordern. Rhusciporis behielt ihn und ließ aus dem Schädel ein Trinkgefäß machen – ein Brauch in unserem Volk, wenn jemand einen mächtigen oder besonders geschätzten Gegner im Zweikampf tötet.

Als meine Mutter und meine Schwestern den Friedenspakt beschworen hatten, brachte Rhusciporis die strittigen Weiderechte erneut vor den König, und der König entschied zu seinen Gunsten – ich befand mich noch außer Landes, und außerdem war ich kaum achtzehn zu der Zeit, so daß es ihn nicht bekümmerte, mich, den zukünftigen Zepterträger, durch diesen Spruch zu verletzen.«

»Wo warst du?«

»Ich war jenseits des Kaspischen Meers, ungefähr sechzehnhundert Meilen von zu Hause entfernt, als der Bote meiner Familie mich fand und mich in die Heimat zurückrief. Mein Plan war gewesen, mit meinen Gefährten bis zum Jadetor des Seidenlandes vorzudringen.«

»Warum?« fragte sie, verwirrt von solchen Entfernungen. »Warum so weit?«

Ich lachte. »Diese Geschichte wächst sich mit jeder Frage weiter aus. Um Ruhm zu gewinnen! Ich war verrückt nach Ruhm, als ich jung war. Ich wollte in den Gebirgen des Nordens mit einem Greif kämpfen und ihm sein Gold rauben. Ich wollte die Sonnenpferde reiten und eine Prinzessin aus einem eisernen Turm befreien. Ich wollte alles tun, was großartig, verwegen, unerhört, herrlich war; alles, was unsere Sagen und Lieder priesen. Ich war unzufrieden mit der Welt und wollte mehr. Und auf jeden Fall wollte ich mehr von der Welt sehen, als nur mein eigenes Land. Wir waren langsam gereist, hatten uns Zeit genommen, alles zu sehen, und der Bote meiner Familie holte uns ohne Schwierigkeiten ein, aber trotzdem dauerte es Monate, bis ich heimkam.«

»Ich bin nie weiter von Corstopitum weggewesen als einmal bis Eburacum«, sagte Pervica leise.

»Für mein Volk ist es leichter, zu reisen, als für deins«, erklärte ich ihr. »Als wir uns auf den Weg zum Jadetor machten, nahmen wir unsere Wagen mit und eigene Herden, um uns unterwegs zu versorgen. Wir erbaten uns jeweils Weiderechte von den Stämmen, durch deren Gebiet wir reisten. Im Grunde war es nicht viel anders, als wenn wir von den Weidegründen des Frühlings zu denen des Sommers zogen. Bis zum Kaspischen Meer waren wir im Gebiet sarmatischer Stämme, und danach zogen wir durch das Land der Massageten und der Daher, die unsere Sprache verstehen.«

Sie nickte und sah mich mit einem sehnsüchtigen Blick an. »Du wirst es mir genau erzählen müssen. Ich will alles darüber wissen. Das Jadetor des Seidenlandes! Das klingt wie ein Märchen.«

»Ich habe es nie erreicht«, sagte ich – und ich dachte daran, wie ich an jenem Morgen, als wir den Heimweg antraten, in der trockenen Buschsteppe jenseits des Kaspischen Meers stand und meine Augen anstrengte, um den Schatten der fernen Gebirge des Ostens zu erspähen, und die Sonne blutrot nur über einer endlosen Ebene aufgehen sah. Ich hatte von den Bergen geträumt, die bis in den Himmel ragen sollen, und jetzt wußte ich, daß ich sie niemals sehen würde. Ich weinte ebensosehr darüber wie über meines Vaters Tod – obwohl ich ihn geliebt hatte.

Ich senkte den Kopf und fuhr fort: »Als ich nach Hause zurückkam und das Zepter empfing, stellte ich fest, daß Macht und Reichtum meiner Familie stark erschüttert waren. Mit den Weiderechten hatten wir Pächter und Gefolgsleute verloren, und auch von den übrigen verließen uns viele und nahmen Dienst bei anderen Herren, da sie kein Vertrauen mehr in die Zukunft unseres Hauses hatten. Es war mir klar, daß ich Ehre und Ansehen als ein Führer im Krieg gewinnen und Reichtümer und Herden erwerben mußte, um die Schwankenden zu ermutigen, zu uns zurückzukehren, und die Treugebliebenen zu belohnen. Ich konnte mir all das verschaffen, wenn ich den Danuvius überschritt. Also tat ich es. Was war schließlich erstrebenswerter als Ruhm?«

Ich schwieg und dachte daran, wohin ich und andere verwegene Stoßtruppführer uns alle schließlich gebracht hatten.

»Was geschah mit Rhusciporis?« fragte Flavina nach einer Weile.

»Da ich erfolgreich war, erhielt ich die Weiderechte zurück, oder doch den größten Teil von ihnen. Von der Beute aus meinen Überfällen machte ich dem König Geschenke, und ich bat ihn, über den in meiner Abwesenheit gefällten Schiedsspruch erneut zu verhandeln; diesmal entschied er zugunsten unserer Familie. Rhusciporis wurde auch auferlegt, den Schädel meines Vaters zurückzugeben. Ich verspottete Rhusciporis und ließ ihn meine Überlegenheit spüren, und meine Gefolgsleute brüsteten sich vor den seinen, so wie sie sich jetzt vor den Asturiern brüsten. Aber wir haben nie miteinander gekämpft. Wir hatten Frieden geschworen. Er ist im Krieg gegen die Römer gefallen.«

Ich zögerte. Ich wußte, daß Pervica tief unglücklich über das geplante Duell mit Arshak war, und ich wünschte, daß sie verstand, warum es notwendig war. Eine sarmatische Frau hätte mich vielleicht ungeduldig gedrängt, die Beleidigung ihrer Würde zu rächen, zumindest aber würde sie die Notwendigkeit des Zweikampfs nicht in Frage gestellt haben. Aber für Pervica war das Ganze unnötig und sinnlos.

»Du kannst diese Zusammenhänge nur verstehen«, fuhr ich fort, »wenn du dir klarmachst, daß Ehre uns über alles geht. Die Tatsache, daß wir Ruhm gewonnen hatten, gab den Ausschlag dafür, daß der König zu unseren Gunsten entschied, nicht die Geschenke. Wenn bei den Römern ein Mann zum Kommandeur einer Kavallerieala ernannt wird, weil er den Legaten bestochen hat, so mag dieser Mann noch so unfähig, korrupt und feige sein, die Soldaten werden ihm dennoch gehorchen, denn sie respektieren die Disziplin. In der Halle des Stabsgebäudes im Fort von Cilurnum steht in einer Nische inmitten der Standarten ein der *disciplina militaris* geweihter Altar, und die Römer verehren sie wie einen Gott. Die Männer unseres Volkes kennen nichts dergleichen. Sie erwarten von ihrem Kommandeur, daß er ihnen Ruhm und Ehre bringt. Wenn er schwach ist, halten sie trotzdem treu zu ihm, weil ihre Ehre an seine Ehre gebunden ist – wenn er aber Schande über sie bringt, werden sie ihn unweigerlich verlassen. Sie werden schwer darunter leiden, untreu geworden zu sein, und sie werden ihm bittere Vorwürfe machen, daß er sie dazu gebracht hat. Unsere Ehre ist uns teurer als unser Blut, und sie zu verlieren, tötet uns.«

Pervica sah mich an und lächelte traurig. »Ich verstehe«, sagte sie.

Von einer Frau, die mich liebte, Verständnis dafür zu verlangen, daß ich mein Leben für eine Sache aufs Spiel setzte, die sie für unsinnig hielt, war eine harte Zumutung – aber sie verstand, daß ich meine Ehre verteidigen mußte, weil mein Leben andernfalls zerstört wäre. Sie würde sich mir nicht entgegenstellen.

Ich lächelte ihr zu und küßte ihre Hand. Ich war froh, daß sie meine Motive verstand.

16

Am folgenden Tag erhielt ich zwei Botschaften.

Die erste, welche Leimanos mir um die Mitte des Nachmittags überbrachte, war von Arshak.

»Er machte keine Schwierigkeiten wegen des sicheren Geleits«, berichtete der Führer meiner Leibwache, »und er behandelte uns ehrenhaft. Deine Botschaft hörte er schweigend und ohne sichtbaren Ärger an; offenbar hatte er die Herausforderung zum Zweikampf erwartet. Er trug mir auf, dir folgendes zu sagen: ›Sohn des Arifarnas, es freut mich zu sehen, daß deine Anbiederung an die Römer dir noch nicht den Mut genommen hat. Ich bin ein sarmatischer Fürst von königlichem Blut, und ich werde dir als der entgegentreten, der ich bin. Tritt du mir als der entgegen, der du warst, und ich werde auf meinen Sieg aus deinem Schädel trinken.‹«

Leimanos schnaubte zornig und verächtlich über Arshaks Worte, dann fuhr er fort: »Die Römer in Condercum argwöhnen nichts, da bin ich sicher – allerdings sind sie ziemlich verärgert über ihn, weil seine Männer ständig mit ihren streiten und er nichts unternimmt, um das zu unterbinden. Der halbe Drache hatte Barackenarrest, als ich ankam, und ein Mann war wegen eines Zweikampfes hingerichtet worden. Die Atmosphäre in Condercum ist so von Haß vergiftet, daß jeder jedem mißtraut – ich dankte den unsterblichen Göttern für Cilurnum.

Den Römern gefiel der Gedanke, daß Arshak mit dir auf die Jagd gehen soll. Sie hatten gehört, daß die Dinge bei uns besser laufen, und sie hoffen wohl, du könntest ihn überreden, sich weniger arrogant aufzuführen. Arshak hat übrigens keine Einwendungen gegen ein zeitliches Hinausschieben; er sieht ein, daß das Duell mit größter Vorsicht arrangiert werden muß, und wird darauf achten, daß sein Verbindungsoffizier keinen Verdacht schöpft. Er schlägt sogar zwölf statt der von uns angeregten zehn Tage vor, und wir haben, dein Einverständnis vorausgesetzt, den fünfundzwanzigsten des Monats als Termin für das Treffen vorgesehen.«

Das kam mir recht sonderbar vor. Dieses geduldige Abwarten entsprach so gar nicht der Art des Arshak, den ich kannte. Ich fragte mich, ob seine Verbündeten wieder ein Komplott planten, eine neue Invasion oder einen Aufstand. Aurelia Bodica mußte wohl das Gefühl haben, daß die Untersuchungen, die jetzt in Eburacum und Corstopitum durchgeführt wurden, ihr gefährlich werden könnten. Sie würde sicherlich versuchen, so rasch zuzuschlagen, wie das möglich war. Facilis war an diesem Morgen nach Corstopitum aufgebrochen, um seine Untersuchungen mit den beiden von Comittus bestätigten Rädelsführern der extremistischen Druiden zu beginnen. Ich konnte nur hoffen, daß sie Ergebnisse brachten.

»Mir wären zehn Tage lieber als zwölf«, erklärte ich Leimanos. »Sollen wir sagen, elf? Ich werde ihm einen entsprechenden Brief schicken, der natürlich so verschlüsselt ist, daß die Römer ihn lesen dürfen. Hast du einen Platz für das Treffen gefunden?«

»Noch nicht. Er hat zugesagt, sich nach einem geeigneten Platz zwischen Onnum und Vindovala umzusehen, ungefähr je zehn Meilen von unseren beiden Forts entfernt. Er wird einen Boten schicken, wenn er etwas gefunden hat.«

»Hoffentlich ist ihm klar, daß er seinem Boten größte Vorsicht einschärfen muß. Die Römer hier sind weniger arglos als die in Condercum. Facilis vor allem ist sehr mißtrauisch und schwer zu täuschen. Wenn er herausfindet, daß ich überhaupt irgendwelche Kontakte zu Arshak habe, wird er Verdacht schöpfen.«

»Arshak weiß, daß wir vorsichtig sein müssen, mein Fürst. Und er schien mir ganz wild auf diesen Kampf zu sein.«

Leimanos betrachtete mich eingehend, um meine Stärke für den Kampf abzuschätzen. Was er sah, befriedigte ihn offenbar nicht. »Ich hoffe, daß dein Bein...«, begann er ängstlich.

»Wenn ich mein Bein benutzen muß, bin ich ein toter Mann. Ich werde mich auf Farnas Beine verlassen.«

Er runzelte die Stirn; ich konnte ihm ansehen, daß er daran dachte, wie ich bei unseren Invasionen über den Danuvius gewesen war, und den starken Kämpfer von damals mit dem Krüppel verglich, der ich heute war. Er seufzte. »Ja, mein Fürst.«

Die zweite Botschaft kam am späten Abend. Ich hatte mich gerade schlafen gelegt, als Eukairios an die Seite meines Wagens klopfte. Ich stand auf und fand ihn draußen in der Kälte und Dunkelheit stehen. Es war die Zeit des Neumonds, und das Lagerfeuer war bis zur Asche heruntergebrannt, in der nur noch ein paar Funken glühten. Ich erkannte Eukairios lediglich an der Stimme. Bei ihm war ein Mann, den er als Elpides, seinen Freund aus Corstopitum, vorstellte.

Ich sprang vom Wagen herab und zog meinen Mantel über. »Ich glaube, ich stehe tief in Eurer Schuld«, sagte ich zu Elpides, als ich ihm die Hand schüttelte. »Habt Ihr nicht Eukairios einen Brief geschickt, als Gatalas meuterte?«

»Dafür schuldet Ihr mir keinen Dank«, erwiderte er. »Ich habe nie in meinem Leben etwas mit so großer Freude getan, wie diesen Brief zu schicken. Gott muß mir geholfen haben, ihn zu schreiben. Wenn Ihr und Eure Männer nicht so schnell gekommen wärt, würden die Barbaren Corstopitum geplündert haben. Ich bringe Euch heute nacht wieder einen Brief, Fürst Ariantes. Ich habe mir ein Pferd geborgt und bin nach Cilurnum geritten, sobald meine Arbeitszeit beendet war, weil die Person, die ihn mir gab, sagte, es sei dringend. Der Brief kommt von Eburacum.«

Er gab ihn mir in die Hand. Das Wachssiegel trug eine Prägung, die meine Finger als eine drachenförmige Mantelschließe erkannten. Siyavak.

Ich dankte Elpides und fragte ihn, ob er nach dem anstrengenden Ritt Hunger habe; er bejahte, und ich ließ einen Mann der Leibwache Brot und gebratenes Fleisch holen. Einen Platz zum Schlafen lehnte er ab; er müsse noch in der Nacht nach Corstopitum zurückreiten, sagte er, weil er am Morgen an seinem Arbeitsplatz erwartet werde. Während er an dem wieder angefachten Feuer sein Essen verzehrte, zündete ich im Wagen eine Öllampe an und ließ mir von Eukairios den Brief vorlesen.

Er enthielt alle Informationen, die ich mir nur wünschen konnte. Arshak und Bodica hatten Siyavak als einen der Ihren akzeptiert, und er wußte genügend Namen und Verbindungen und Treffpunkte, um beide zu überführen. Er legte das in wenigen Zeilen dar, knapp, deutlich und vernichtend.

Der Brief schloß: »Die Ereignisse während Deines Aufenthalts in Eburacum haben sie alarmiert. Sie hat ihre Pläne beschleunigt. Arshak ist aufgefordert worden, am 26. Januar mit seinem Drachen zu meutern; zur gleichen Zeit soll eine Invasion der Selgoven und Votadiner stattfinden. Man hat ihnen Rache für die frühere Niederlage in Aussicht gestellt und ihnen Corstopitum und das ganze Land ringsum zur Plünderung freigegeben. Sie will, daß mein Drache am gleichen Tag meutert und daß wir möglichst viele Offiziere der Sechsten Legion töten, um deren Kampfkraft zu lähmen. Sie hat Verbündete innerhalb der Legion« – es folgten Namen –, »die im Falle eines Fehlschlags den Ausbruch aus der Festung ermöglichen sollen. Es wird auch Aufstände in« – er gab die Namen von zwei weiteren Forts an – »und an anderen Plätzen geben, von denen ich nichts weiß.

Ich habe den Schreiber gebeten, für schnellste Beförderung des Briefes zu sorgen, und hoffe, daß Du mir unverzüglich Hilfe schikken kannst. Es ist höchste Eile geboten, Fürst. Ich werde nicht meutern, aber wenn ich mich ihr offen widersetze, bin ich ein toter Mann. Wenn Du schnell handelst, wirst Du alle Beweise bekommen, die Du brauchst. Fürst, ich bitte, ich flehe Dich an, beeile Dich. Sie ist eine Hexe und eine Dienerin der Lüge, ich habe Angst vor ihr. Ich war froh, die Götter wissen, wie froh, über den Brief, den Du mir dagelassen hast, und ich bin dem Mann, der diesen Brief schreibt, dankbar, aber hier ist die Nacht finster. Ich erwarte Deine Antwort.«

Der Brief trug das Datum vom 9. Januar, nur einen Tag nach meiner Abreise aus Eburacum; heute war der 13. Januar. Ich diktierte auf der Stelle einen Antwortbrief, in dem ich ihm mit herzlichsten Worten dankte, ihm Mut zusprach und ihm zusicherte, daß aufgrund der Informationen, die er mir geliefert hatte, Bodicas Umtriebe vor dem festgesetzten Termin gestoppt würden. Ich riet ihm eindringlich, sich Bodica gegenüber keine Blöße zu geben, nichts preiszugeben und sich von den Römern festnehmen zu lassen, als wäre er wirklich ein loyaler Verbündeter der Verschwörer, damit diese keinen Verdacht schöpften. Ich würde dafür sorgen, daß er aus dem Gefängnis freikam, sobald seine Feinde in sicherem Gewahrsam waren; und er werde als der Rächer seines Fürsten Anerkennung und Ruhm ernten.

Ich unterzeichnete den Brief, siegelte ihn und nahm ihn mit nach draußen. Meine Erregung und meine Freude waren so ungeheuer groß, daß ich hätte schreien mögen. Elpides beendete gerade sein Mahl. (Das Licht des Feuers zeigte, daß er etwas jünger als Eukairios war, etwas größer und etwas schwerer, aber sein Gesicht zeigte den gleichen bekümmerten und freundlich-hilfsbereiten Ausdruck.) Leimanos und Banaspados waren beide erschienen, schläfrig und mit zerzaustem Haar, ihre Wagen standen natürlich ganz in der Nähe meines Lagers. Sie waren überzeugt, daß irgend etwas im Gange war, und entschlossen, es sich nicht entgehen zu lassen. Sie hatten sich ans Feuer gesetzt und beobachteten Elpides mißtrauisch und mürrisch: wieder einer der fremden Verbündeten ihres Herrn, in Pläne verwickelt, von denen sie ausgeschlossen waren.

»Ich bin Euch zu Dank verpflichtet«, sagte ich zu Elpides. »Wie Ihr sagtet, habt Ihr Euch ein Pferd geborgt. Darf ich Euch eins zum Geschenk machen?«

Er starrte mich mit offenem Mund an. »Ich... ich könnte mir kein Pferd halten, Fürst Ariantes! Ich habe weder das Geld dazu noch den Platz, um es unterzubringen. Und ich kann kaum reiten.«

Ich ging in den Wagen zurück und holte meinen letzten goldenen Trinkbecher heraus – die anderen hatte ich alle als Bestechungsgeschenke weggegeben. Dann füllte ich den Becher mit Silber aus dem

Vorrat, den ich unter meinem Bett aufbewahrte, und brachte ihn Elpides.

»Dann nehmt dies als Zeichen meiner Dankbarkeit, daß Ihr heute abend noch hergeritten seid«, sagte ich zu ihm. »Ein anderer Mann würde wohl bis zum morgigen Tag gewartet haben. Wann reitet Ihr zurück?«

»Ich werde gleich aufbrechen, Fürst Adriantes«, stammelte Elpides, dessen Blicke zwischen mir und dem Becher hin- und herwanderten. »Ich kann es nicht wagen, morgen früh von der Arbeit wegzubleiben. Man würde mich dafür schlagen. Ich ... dies sind Denare! Fürst Ariantes, Ihr könnt nicht meinen ...«

»Ich habe gesagt, daß es ein Zeichen meiner Dankbarkeit ist. Haltet Ihr meine Dankbarkeit für schäbig? Hier ist die Antwort auf den Brief, den Ihr gebracht habt. Seht bitte zu, daß er mit der gleichen Eile befördert wird wie der, den Ihr gebracht habt. Wenn Ihr jetzt aufbrechen wollt, könnt Ihr Euch gern uns anschließen.«

Ich wandte mich auf sarmatisch an meine beiden Getreuen: »Leimanos, Banaspados, unsere Feinde sind in unserer Hand, sie werden vernichtet sein, bevor der Monat vorbei ist! Gebt den Männern der Leibwache den Befehl, sich marschbereit zu machen. Wir reiten heute nacht.«

Sie sprangen beide auf, ihre argwöhnische Verdrossenheit schlug in triumphierende Freude um.

»Heute nacht?« kam von hinten ein lateinisches Echo.

»Heute nacht, Eukairios, und das gilt auch für dich«, sagte ich, wieder ins Lateinische wechselnd. »Daß du jetzt schlafen könntest, halte ich nicht für wahrscheinlich. Facilis ist noch in Corstopitum, und wir brauchen seine Hilfe. Wir können ebensogut jetzt reiten wie am Morgen. Leimanos, ich übertrage dir den Befehl über den Drachen.«

»Mein Fürst ...«, begann Leimanos, der offenbar protestieren wollte.

»Es wird keinen Kampf geben«, unterbrach ich ihn grinsend. »Das verspreche ich dir. Sie werden durch Tinte und ein paar Blätter aus Buchenholz sterben. Die Leibwache nehme ich nur mit, damit sie mir den Rücken freihält. Eukairios, denke daran, genügend Schreibzeug mitzunehmen. Leimanos, bevor wir aufbrechen, werde ich Longus verständigen, wohin ich reite. Comittus brauchst du nichts zu sagen, was mit dieser Sache zusammenhängt.«

»Du hast doch gesagt, er wäre unschuldig!« wandte Leimanos ein.

»Das ist er – aber er hat Freunde, die es nicht sind. Kann man von ihm verlangen, daß er bei ihrer Vernichtung mitwirkt? Weißt du, ob Longus zu Hause ist?«

»Er sagte, er wolle Fortunatus besuchen.«

»Gut. Jemand kann mir das Haus zeigen, ich werde mich dort von ihm verabschieden.«

Wenige Minuten später galoppierten wir aus dem Lager, einunddreißig gepanzerte und bewaffnete Sarmaten und zwei mühsam Schritt haltende Schreiber. Nach einer Stunde trafen wir in Corstopitum ein.

Wir ließen einen arg mitgenommenen Elpides bei den städtischen Gebäuden zurück und ritten zum Tor des Militärbezirks hoch. Es war kurz vor Mitternacht. Die Wachen waren überrascht und alarmiert, als sie uns kommen sahen, beruhigten sich aber, als ich nach Flavius Facilis fragte. Sie wußten, daß er den Druidenmord untersuchte, und in einem solchen Fall waren nächtliche Alarme zu erwarten. Sie schickten einen Boten zum Haus des Kommandanten, wo Facilis wohnte, und gestatteten uns, die Pferde in den Ställen des Forts unterzustellen. Es brannte bereits Licht im Haus des Kommandanten, als wir dort eintrafen, und wir fanden Facilis und den Präfekten der Thraker, Titus Ulpius Silvanus, im Speiseraum, wo sie uns müde und besorgt erwarteten.

»Was beim Styx hat das zu bedeuten, daß Ihr um diese Nachtzeit nach Corstopitum hereingaloppiert?« war Facilis' Begrüßung.

»Ich habe wichtige Nachrichten bekommen«, erklärte ich ihm. »Aber es ist nicht notwendig, daß wir deshalb alle wach bleiben. Präfekt, habt Ihr einen Platz, wo meine Männer sich ausruhen können?«

Er kümmerte sich selbst darum, und sobald er den Raum verlassen hatte, gab ich Facilis den Brief von Siyavak.

Der Zenturio las, und in seinem Gesicht wuchs der Ausdruck ungläubigen Staunens. Als er fertig war, saß er wie betäubt da und starrte auf den Brief.

»Großer Jupiter!« rief er schließlich aus und sah mich an.

Ich zog mit dem Zeigefinger einen Strich vom linken Ohr über die Stirn zum rechten Ohr.

»O Götter!« sagte er. »Das wird sie vernichten! Diese zwei anderen Namen, die Ihr bekommen habt, waren übrigens Volltreffer. Wir haben die Männer jetzt im Gefängnis, und das Beweismaterial reicht aus, um sie des Mordes zu überführen. Aber dies! Damit hat Siyavak den Venuswurf gewürfelt.«

»Es bleibt nicht viel Zeit«, sagte ich. »Wir sollten sofort handeln.«

Facilis nickte. »Wir müssen Briefe schreiben.«

Als Titus Ulpius gähnend in den Speiseraum zurückkam, lag das Schreibzeug auf dem Tisch, und Eukairios spitzte die Federn.

»Was ist denn geschehen?« fragte der Präfekt.

Facilis sah ihn einen Augenblick nachdenklich an – dann reichte er ihm den Brief. Der Präfekt begann, gähnend und leise vor sich hin murmelnd, zu lesen. Nach der ersten Zeile hörte er auf zu gähnen, nach der vierten stellte er das Murmeln ein und las schweigend weiter bis zum Ende. Er war hellwach, als er entsetzt zu Facilis hinübersah.

»Ist das wahr?« fragte er.

»Ja«, antwortete Facilis ruhig. »Aber Ihr braucht Euch nicht auf unser Wort allein zu verlassen. Wenn diese Bastarde festgenommen sind, wird man genügend Beweise finden. Sie müssen alle zur gleichen Zeit verhaftet werden, damit sie sich nicht gegenseitig warnen und Beweismaterial beseitigen können. Am besten wird es sein, nur einen Tag vor dem geplanten Beginn des Aufstands zuzuschlagen. Ihr seid Präfekt einer Kohorte, Titus, Ihr könnt uns helfen. Ich habe nicht die Autorität, die notwendigen Befehle zu erteilen, und Ariantes auch nicht.«

»Aber der Legat...«

»Wir werden den Legaten verständigen.«

Ich mahnte mit einer Handbewegung zur Vorsicht, aber der Zenturio ließ sich nicht beirren.

»Ihr habt gesagt, Ihr würdet ihm Bericht erstatten, sobald Ihr Beweise habt, und jetzt, bei allen Göttern und Göttinnen, habt Ihr sie. Niemand könnte es wagen, Euch hier zu verhaften, wo Eure Männer bei der Hand sind, und wenn er die Verräter in Eburacum festnehmen läßt, werden bestimmt einige die Verschwörung gestehen. Wir verständigen den Legaten, Ihr könnt den Brief selbst diktieren. Aber wir informieren die anderen ebenfalls, die Kommandanten aller Forts, die von dem Aufstand oder der Invasion betroffen sein könnten – für den Fall, daß der Legat es nicht tut oder nicht tun kann. Und wir schreiben an den Statthalter in Londinium.«

Er wandte sich wieder an Titus: »Habt Ihr die Lizenz, die Post zu benutzen? Dann schicken wir als erstes morgen früh einen Eilkurier zunächst nach Eburacum und dann weiter nach Londinium. Wir geben ihm strikte Anweisung, dem Legaten den Brief auf keinen Fall auszuhändigen, wenn seine Gemahlin anwesend ist. Und jetzt laßt uns endlich anfangen!«

Briefe. »Ariantes, Kommandeur des Sechsten Numerus der Sarmatischen Kavallerie, an Julius Priscus, Legat der Sechsten Legion Victrix. Seid gegrüßt.

Edler Herr, als wir in Eburacum miteinander sprachen, habe ich geschworen, Euch, sobald ich triftige Beweise in Händen habe, diese sofort zu übergeben. Ich bin informiert worden, daß...«

»Ariantes... und Titus Ulpius Silvanus, Präfekt der Ersten Thrakischen Kohorte... und Marcus Flavius Facilis, Zenturio erster Ordnung, *hastatus*, in der Dreizehnten Legion Gemina, an Quintus Antistius Adventus, *legatus Augusti pro praetore,* Statthalter von Britannien...«

Und dann Briefe an die Präfekten eines halben Dutzends in Brigantia rundum verstreuter Forts und an den Zenturio der *frumentarii*, der für den Abwehrdienst der Legion verantwortlich war, und an Marcus Vibullus Severus, Arshaks »Verbindungsoffizier« in

Condercum. Ich diktierte, Eukairios und Facilis schrieben. Um vier Uhr morgens lagen die Briefe, sorgsam versiegelt und nach Empfängern geordnet, in kleinen Stapeln auf dem Schreibtisch des Präfekten.

Ich dachte bei mir, wie seltsam es doch war, auf diese Weise eine Schlacht zu schlagen, mit geschriebenen, nicht einmal laut ausgesprochenen Worten einen abwesenden Feind zu vernichten, ohne daß dabei Ströme von Blut flossen. Und mir fiel auch ein, daß mein Einsatz in dieser Schlacht bereits abgeschlossen war. Die Briefe würden abgeschickt werden und ihre Adressaten erreichen. In ganz Nordbritannien würden Männer überwacht und Häuser durchsucht werden, und einige Tage später würde ein Aufstand erstickt werden, kurz bevor er beginnen sollte.

Die freudige Erregung, die ich in dieser Nacht empfunden hatte, ebbte plötzlich ab und wurde von einer tiefen Niedergeschlagenheit abgelöst. Ich war froh, daß ich mit Arshak kämpfen würde und nicht erleben mußte, daß er festgenommen wurde. Fast wünschte ich, ich hätte keinen Aufschub für den Kampf verlangt.

»Arshak wird nicht ins Gefängnis kommen«, sagte Facilis zu mir. Er hatte den Brief an den Tribun Severus geschrieben. »Ich denke«, fügte er mit ungewohnt sanfter Stimme hinzu, »daß er höchstwahrscheinlich bei dem Versuch, sich der Festnahme zu widersetzen, sterben wird.«

Ich blickte auf.

»Ihr macht Euch Sorgen um ihn«, sagte er.

»Ja«, erwiderte ich, »es macht mir Kummer.«

»Geht zu Bett. Die nächsten Tage wird sowieso nichts passieren, und außerdem könnt Ihr auf das, was jetzt ablaufen wird, keinen Einfluß mehr nehmen.«

Als ich am folgenden Nachmittag nach Cilurnum zurückkehrte, erfuhr ich, daß Arshak einen Boten geschickt hatte, um mir den von ihm ausgewählten Platz für das Duell anzuzeigen.

Die nächsten zehn Tage erschienen mir seltsam unwirklich. Der »wirkliche« Krieg, den ich in Gang gesetzt hatte, war wie ein Pfeil von der Sehne geflogen, und ich sah nichts mehr von ihm. Arshak erklärte sich mit dem von mir vorgeschlagenen Zeitpunkt für das Duell einverstanden: elf Tage nachdem ich Leimanos zu ihm geschickt hatte. Das Treffen würde am Mittag des 24. Januar stattfinden. Der Dienst im Fort lief mit der gewohnten Routine ab. Ich selbst übte mich im Fechten mit Speer und Schwert, bis mir die Arme schmerzten, und ich trainierte Farna, bis sie auf das leiseste Flüstern reagierte und dem leichtesten Fersendruck gehorchte. Leimanos ritt hinaus, um den Platz für den Zweikampf zu inspizieren, und erklärte nach seiner Rückkehr, er sei annehmbar. Ich wartete, äußerlich gelassen, darauf, daß etwas geschehen würde, aber es tat sich nichts.

Am Abend des Dreiundzwanzigsten rief ich alle Schwadronsführer zu mir und teilte ihnen mit, daß ich am nächsten Tag mit Arshak kämpfen würde. Sie hatten von den Männern der Leibwache gehört, was Arshak getan hatte, und sie wären entsetzt gewesen und hätten es als Schmach empfunden, wenn ich nicht bereit gewesen wäre, meine Ehre zu verteidigen. Sie nahmen meine Ankündigung mit begeisterten Rufen auf. Weniger begeistert waren sie, als ich ihnen das Versprechen abnahm, nichts über das Duell verlauten zu lassen, bis es vorüber war, und sie schwören ließ, keine Rache zu üben und den Anweisungen der römischen Militärbehörden zu gehorchen; aber sie taten, was ich verlangte.

Am nächsten Morgen stand ich früh auf, opferte Marha beim Aufgang der Sonne und betete um seinen Schutz. Die Felder waren weiß vom Reif, und das Licht der frühen Sonne legte einen rosa Schimmer über das Land; an den kahlen Zweigen der Bäume blühten vergängliche Eisblumen. Es war ein gutes Wetter für das Duell, klar und trocken, und ich schätzte, daß der Reif im Laufe des Vormittags verschwinden würde.

Ich legte die Rüstung an und sattelte Farna mit der gepanzerten Decke, saß dann aber auf Wildfeuer auf. Es wäre unsinnig gewesen, das Streitroß auf dem Marsch zum Treffpunkt zu ermüden; es war wichtig, daß Farna frisch in den Kampf ging. Ich ritt an der Spitze meiner Leibwache durch das Fort und aus dem Tor hinaus, als ob wir unsere Pferde trainieren wollten. Doch dann bog ich zum Dorf ab und hielt vor Flavinas Haus.

Pervica kam zur Tür; sie mußte gehört haben, wie wir mit klirrender Rüstung die Straße hinuntergeritten kamen. Sie war offenbar gerade bei der Morgentoilette gewesen, denn das Haar fiel ihr noch lose über die Schultern. Ich saß ab, ging zu ihr ins Haus und küßte sie.

»Es ist heute, nicht wahr?« sagte sie mit klangloser Stimme.

Ich nickte, nahm ihre rechte Hand, küßte sie und hielt sie fest. Sie schloß die Augen. »Ich bete zu allen Göttern, daß du zurückkommst!«

»Auch ich habe zu ihnen gebetet«, sagte ich. »Die Omen sind gut.«

Sie öffnete wieder die Augen und faltete beide Hände hinter meinem Kopf. Ihr Gesicht, dem meinen ganz nahe, war so lieblich, daß ich hätte weinen mögen. »Ich habe es niemandem gesagt, wie ich versprochen hatte. Und, o Götter, wie schwer mir das gefallen ist!«

Ich küßte sie auf die verdächtig zuckenden Lippen. »Ich wußte, du würdest es nicht tun.«

»Ich werde niemals fähig sein, dich zu hänseln«, sagte sie, als ob das in diesem Augenblick das wichtigste wäre.

Ich mußte lachen. »Hier machen sich schon alle über mich lustig; da ist es besser, wenn meine Frau das nicht auch noch tut. Alles Glück, Pervica.«

»Das Glück, das ich mir wünsche, ist, daß *du* heute alles Glück hast. Komm heim!«

Ich küßte ihre Hand, legte sie an meine Stirn und ging dann hinaus und saß auf. Ich wagte nicht, zurückzublicken, als wir aus dem Dorf ritten.

Es war ein heller, leuchtender Morgen mit reiner, klarer Luft, und als wir unter einem strahlend blauen Himmel die Militärstraße entlangritten, war mein Herz wie trunken vor Freude über seine Schönheit. Die golden schimmernden Quadersteine des Walls, der sich zu beiden Seiten in der Ferne verlor, das Grün der Weiden, auf denen Schafe grasten, die blauen Hügel, die zu unserer Rechten allmählich in die Ebene abfielen, ein kleiner brauner Vogel, der in einer Hecke an zarten orangefarbenen Beeren pickte – es war eine Pracht, die aus sich selbst schöpfte und sich immer wieder mit neuem Glanz, mit neuer Herrlichkeit füllte. Ich sagte mir, um meine Freude auf die Probe zu stellen, alle die Dinge vor, die ich niemals tun würde, wenn ich vor dem Abend starb. Ich würde niemals Wildfeuer in eine Stadt reiten, ich würde meinen besten Freund Cotys nicht bei seiner Ankunft in Britannien begrüßen. Ich würde nie das Schreiben erlernen, nie ein Haus besitzen; ich würde nie meine Pläne für die Pferdezucht verwirklichen und gesunde Fohlen auf der Weide herumspringen sehen. Ich würde niemals Pervica heiraten, niemals mit ihr schlafen, niemals unsere Kinder sehen. Ich würde nie das Jadetor erreichen.

Ich lachte. Leimanos, der diesmal die Leibwache führte, kam nach vorn geritten und setzte sich neben mich. Er sah mich fragend an.

»Wir haben nie Greife gesehen«, sagte ich zu ihm.

Er war verdutzt.

»Als wir nach Osten ritten«, erklärte ich.

»Oh! Nein, mein Fürst.« Er war noch immer verwirrt. Nach einer Weile sagte er: »Wir haben aber eine Menge andere seltsame Dinge gesehen.«

»Ja«, stimmte ich ihm zu. »Der ist ein glücklicher Mann, der aus einem vollendeten Leben scheidet.«

»Mein Fürst«, sagte er fest, »ich vertraue auf Marha, daß du nicht heute aus dem Leben scheidest.«

»Es liegt in den Händen des Gottes«, erwiderte ich. »Ich fürchte mich nicht.«

Auf halbem Weg passierten wir das Fort Onnum, und es war noch nicht Mittag, als wir von der Straße abbogen. Leimanos, der den Platz besichtigt hatte, führte uns quer über zwei Felder, dann über einen Bach in einen kleinen Wald. In der Mitte des Waldes war eine weite Lichtung mit einer von Aschenhaufen umgebenen Köhlerhütte. Die Hütte war leer wie auch der Wald ringsum. Ich war mir bewußt, daß ich diesen Platz vorher im Traum gesehen hatte. Es war ein weiteres gutes Omen, doch ich konnte es Leimanos nicht sagen, obwohl ich wußte, daß es für ihn eine Beruhigung gewesen wäre. Aber was ich an diesem Vormittag empfand, war eine so persönliche, so innerliche Freude, daß ich nicht darüber sprechen mochte.

Ich war abgesessen, um das Gelände zu prüfen, und meine Männer legten gerade ein Feuer an, um sich aufzuwärmen, als Arshak mit seinem Gefolge erschien. Er ließ seine Männer bei der Hütte und kam herübergeritten, um mich zu begrüßen. Seine Rüstung schimmerte golden, als er aus dem Schatten der Bäume in die sonnenbeschienene Mitte der Lichtung ritt, wo ich ihn, Wildfeuer am Zügel haltend, lächelnd erwartete.

»Ich grüße dich«, sagte er. »Ist der Platz dir genehm?«

»Sei gegrüßt«, antwortete ich. »Ich habe keine Einwendungen.« Ich saß wieder auf Wildfeuer auf. »Sollen wir unseren Männern den Eid abnehmen? Oder möchtest du dein Pferd zuerst ausruhen lassen?«

»Es war ein kurzer Ritt«, sagte er, mein Lächeln erwidernd. »Wir werden den Eid jetzt abnehmen.«

Wir ritten zu der Hütte zurück, wo meine Männer das Feuer inzwischen in Gang gebracht hatten, und nacheinander streckten meine und Arshaks Gefolgsleute die Hände über die frische Holzkohlenglut und schworen, daß der Streit mit dem Tod eines oder beider Fürsten enden und keine Partei Rache nehmen werde.

»Was soll mit der Leiche geschehen?« fragte Arshak dann.

»Ich glaube, du hattest einen Plan für eine Trinkschale, wenn die Götter dir den Sieg schenken«, antwortete ich.

Er lächelte. »Ganz recht – aber deine römischen Freunde werden das vielleicht nicht billigen.«

»Du machst dir darüber keine Sorgen, oder?« fragte ich. Ich hätte hinzufügen können: »Du nimmst doch an, daß du die Leiche sowieso nur für zwei Tage verstecken mußt« – aber ich tat es nicht. Ein so billiger Triumph wäre der freudigen Erregung, die ich an diesem entscheidenden Tag empfand, unwürdig gewesen, und ich konnte damit auch den Erfolg unserer Aktion gefährden. Statt dessen sagte ich: »Der Leichnam kann hier begraben werden. Aber die Römer werden mit Sicherheit herausfinden, was geschehen ist, und den Überlebenden festnehmen. Du fürchtest dich nicht vor ihnen, wie ich annehme?«

Er lächelte wieder, dann streckte er mir die Hand entgegen. »Ich bin froh, daß es auf diese Weise endet, Ariantes«, sagte er. »Das, was meine Verbündeten zu tun versucht haben, war nicht in meinem Sinne. Es tut mir leid.«

Ich schüttelte ihm die Hand. »Das ist gesprochen, wie es einem Fürsten geziemt, Arshak. Ich bin froh, daß wir unseren Streit nach der Tradition unseres Volkes austragen.«

Wir ritten jeder zu seinem Gefolge zurück und trafen die letzten Vorbereitungen. Ich zog die Gurte an Farnas Sattel fest, überprüfte die Schnallen meiner Rüstung, band die Bogentasche los und reichte sie Banaspados. Ich öffnete die Schließe meines Mantels und gab ihn Leimanos. Dann saß ich auf. Meine Männer nahmen auf der einen Seite der Lichtung neben dem Feuer Aufstellung, Arshaks Männer auf der gegenüberliegenden Seite. Ich sah Arshak an, der jetzt hoch im Sattel seines weißen Nisäers saß.

»Du bist ein Neffe des Königs«, sagte ich. »Ich gestehe dir das Vorrecht zu, die Anfangsposition zu wählen.«

Er neigte den Kopf und ritt ohne ein weiteres Wort in die Mitte der Lichtung. Sein Streitroß bäumte sich hoch auf, dann wendete es und stand still. Arshak nahm den Speer in die Hand. Er wußte so gut wie ich, daß sich meine Hoffnung auf das gute Training meines Pferdes stützte. Ich neigte den Kopf, ließ Farna wenden und galoppierte zum westlichen Rand der Lichtung. Die Sonne stand hoch und würde seine Augen nicht sehr blenden, aber es mochte helfen.

Ich hob die Hand zum Gruß gegen die Sonne und sah Arshak mit der gleichen Geste antworten. Ich war vollkommen ruhig, als ich den Speer senkte und mit leichtem Fersendruck Farna auf ihn zugaloppieren ließ.

Er bewegte sich nicht von der Stelle, setzte sich fester in den Sattel und hielt die Lanze stoßbereit. Ich beobachtete sein Gesicht, nicht die scharfe Lanzenspitze, als ich näher kam: Ich wußte, er konnte sie schneller bewegen, als ich sehen konnte. Als seine Augen flakkerten, ließ ich mich seitwärts aus dem Sattel fallen und schwenkte gleichzeitig scharf nach rechts. Die Spitze der Lanze surrte durch die Luft, über meinen Kopf hinweg. Ich preschte hart an ihm vorbei und stach mit der Lanze zu, verfehlte ihn aber knapp, da er seine Stute im gleichen Augenblick einen gewaltigen Satz vorwärts machen ließ. Ich glitt zurück in den Sattel, ließ Farna auf der Hinterhand wenden und galoppierte erneut an. Sein Pferd war eine Idee langsamer als meines und hatte die Wendung noch nicht beendet. Arshak drehte den Kopf nach hinten und sah über die Schulter höhnisch grinsend zu mir herüber. Das gab mir meine Chance. Ich spannte mich gegen den Anprall, zielte auf seine Brust und stach mit aller Kraft zu.

Er stieß die Füße aus den Steigbügeln, wirbelte im Sattel herum, fegte seine Lanze quer durch die Luft, so daß er meine Lanze ablenkte, und stieß zu. Die Lanzenspitze traf mich mit voller Wucht in die linke Seite – zum Glück ohne die Rüstung zu durchdringen –, und der Stoß warf mich beinahe aus dem Sattel. Ich preßte das Gesicht gegen Farnas gepanzerte Seite und versuchte, mich nicht zu krampfhaft an den Sattel zu klammern, weil ich zunächst die Lanze wieder in den Griff bekommen mußte. Es dauerte lange, bis ich mich hochgezogen hatte; mein linkes Knie weigerte sich, die Operation zu unterstützen, und mein rechter Fuß hatte fast den Steigbügel verloren. Durch die Rufe der Zuschauer konnte ich die Hufschläge von Arshaks Pferd hören, der mir nachsetzte.

»Lauf, mein Schatz«, rief ich Farna zu und stupste sie leicht mit dem Ellbogen, da meine Füße und Hände voll beschäftigt waren. Sie schnellte die Ohren zurück, ihre Beine griffen weit aus, und sie vergrößerte den Abstand zu dem Verfolger. Ich schaffte es, den rechten Fuß wieder ganz in den Steigbügel zu bringen und mich mit einem kräftigen Ruck aufzurichten. Arshak ging zu einem langsameren Galopp über und brachte die Lanze in Angriffsposition. Ich galoppierte einmal rund um den Ring, um mich wieder zu sammeln.

Arshak folgte auf der inneren Spur, dann wendete er, ritt in die entgegengesetzte Richtung und beschleunigte die Geschwindigkeit. Ich beobachtete wieder sein Gesicht, als er auf mich zu galoppierte.

Diesmal flackerten die Augen nicht, das eiskalte Blau der Pupillen starrte unbeweglich und gnadenlos. Ich ließ Farna scharf nach links abdrehen, dann unmittelbar vor den Zuschauern wenden und galoppierte in die entgegengesetzte Richtung. Arshak preschte hinter mir her, und seine Männer jubelten ihm zu.

»Renne, Liebling«, flüsterte ich Farna ins Ohr; sie stürmte voran mit aller Kraft ihres tapferen Herzens, und der Abstand vergrößerte sich. Als ich genügend Vorsprung hatte, wendete ich, diesmal nach innen, um ihn im Vorbeigaloppieren von der Seite aus anzugreifen. Aber er merkte meine Absicht, brachte sein Pferd mit einem scharfen Zügelruck zum Halten und erwartete mich mit stoßbereiter Lanze. Ich schwenkte ab und ritt ein weiteres Mal um den Ring, und Arshak galoppierte in umgekehrter Richtung auf mich zu. Ich schwenkte nach links, nach rechts, wieder nach links, die Lanzenspitze folgte mir unbeirrbar. Plötzlich riß ich die Zügel so scharf an, daß Farna sich aufbäumte, und hielt, die Lanze zum Stoß ansetzend.

Er duckte sich, als seine Stute auf wenige Schritte heran war, und ließ sich so rasch zur Seite fallen, daß meine Lanze über seine Schulter hinweg durch die Luft surrte, während seine eigene Lanze so blitzschnell zustieß, daß mir völlig unklar war, wohin er gezielt hatte – bis ich den rasenden Schmerz in meinem linken Bein spürte. Durch die Schreie der Zuschauer konnte ich leise, aber deutlich das Knacken hören, als der schwache Knochen brach. Keuchend riß ich meine Lanze zur Seite, aber er brachte seine freie Hand hoch, und der Schaft knallte in seine offene Hand. Seine Finger umklammerten ihn, und ich war vom Schmerz zu benommen, um ihn losreißen zu können. Irgendwie brachte ich es fertig, den linken Absatz gegen Farnas Seite zu pressen – das Verdrehen des Knies schmerzte so unerträglich, daß ich fast geschrien hätte – und sie sprang mit einem Riesensatz nach rechts. Die Lanze hob mein Bein an – sie hatte den Panzer durchdrungen – und kam mit einem scharfen Ruck heraus, und ich spürte, wie das Blut warm das Schienbein hinunterlief.

Farna galoppierte nach rechts. Ich warf einen Blick zurück und sah, wie Arshak meine Lanze triumphierend schwenkte, bevor er sie zu Boden warf.

Ich mußte rasch zu Ende kommen, oder ich würde durch den Blutverlust ohnmächtig werden. Ich zog das Schwert und tastete mit steifen Fingern an der Schnalle des Gehänges. Endlich löste sie sich, ich riß die Scheide des Schwertes ab und rollte den langen Lederriemen wie ein Lasso um die Hand. Arshak wartete und beobachtete mich mit triumphierendem Grinsen. Die Spitze seiner Lanze war jetzt dunkel gefärbt.

Ich ließ Farna rechtsherum wenden – links wäre zu schmerzhaft gewesen – und galoppierte auf meinen Gegner zu. »Gutes Mädchen«, flüsterte ich, nach vorn über ihren Hals gebeugt. Feine, standhafte, geduldige Farna: Ich hatte recht daran getan, aus den Tausenden von Pferden, die ich früher besessen hatte, sie zu wählen und mit nach Britannien zu nehmen. Ich hielt das Schwert tief gegen Farnas gepanzerte Decke und hob die Augen, um Arshaks Gesicht zu beobachten, als ich zum letzten Mal angaloppierte. Meine einzige Hoffnung war, daß er glaubte, schon gewonnen zu haben, und vielleicht unvorsichtig war.

Er war nicht gerade unvorsichtig, aber es kümmerte ihn offenbar nicht, nach welcher Seite ich schwenkte, denn er machte keinen Versuch, mich nach links zu zwingen – und das genügte. Ich sah das Aufflackern in seinen Augen – er mußte diesmal sorgfältig zielen, da ich so flach auf dem Pferd lag – und schwenkte nach rechts. Der Federbusch meines Helms schlug seine Lanze zur Seite, ich zog Farna mit den Zügeln scharf nach links, und sie prallte so hart gegen sein Pferd, daß beide Pferde taumelten. Ich hatte mich hoch im Sattel aufgerichtet und hieb mit voller Kraft das Schwert auf Arshak hinunter. Der aber hatte seine Lanze schon wieder in Stoßrichtung gebracht, und die Klinge des Schwertes hackte in den Schaft. Ich ließ das Schwert fallen, warf mich aus dem Sattel gegen ihn, stieß ihn mit der vollen Wucht meines Körpers vom Pferd und griff während des Fallens nach dem Dolch. Ohne daß es mir richtig bewußt wurde, hörte ich wie aus weiter Ferne Schreien und Rufen und sah das Gras von tausend winzigen Tropfen geschmolzenen Reifs glitzern – dann, mit hartem Krachen, schlug Arshak auf dem Boden auf. Mein gebrochenes Bein verdrehte sich, als ich auf ihn fiel, ich schrie, aber der Dolch war in meiner Hand. Arshak rollte verzweifelt weg, während ich zustieß, und die Klinge glitt von den goldenen Schuppen seiner Rüstung ab. Ich zog mich auf das rechte Knie hoch; mein linkes Bein war so verdreht, daß der Fuß seitwärts und fast völlig umgekehrt herausstand, und das Blut strömte noch immer aus der Wunde. Nur noch wenige Augenblicke, dachte ich, und ich werde ohnmächtig werden. Arshak sprang auf die Füße und zog sein Schwert.

Der lange Riemen des Schwertgehänges entrollte sich, als ich ihn auswarf. Das Ende schlang sich um sein Bein, und er fiel, als ich den Riemen zurückzog. Halb stieß und halb zog ich mich auf ihn zu. Er rollte sich auf den Bauch, kam auf die Knie und schwang das Schwert gegen mich. Ich bekam es mit dem Lederriemen zu fassen und riß es ihm aus der Hand – und dann war ich über ihm und warf ihn flach zu Boden. Er griff mit der Hand nach dem Dolch. Auf ihm liegend, stieß ich ihm mit aller Kraft meinen Dolch gegen die Kehle; die Klinge prallte vom Kinn ab und glitt über die Rüstung. Er schrie – ein Schrei voller Blut – und bekam seinen Dolch aus der Scheide, aber zu spät. Ich stieß wieder zu, und dieses Mal traf der Dolch sein Ziel. Das Blut spritzte warm über meine Hand und in mein Gesicht, es machte mich blind. Ich ließ den Dolch fallen und lag still. Unter meiner Wange spürte ich sein Herz schlagen; ich spürte den Augenblick, als es stehenblieb, und mir war elend vor Kummer. Rings um mich wurde die Welt grau.

Das nächste, woran ich mich erinnere, ist, daß jemand an meinen Schultern zieht, mein Bein verdreht sich, und mit einem Schrei des Schmerzes falle ich in Ohnmacht zurück. Als ich wieder zu mir komme, werde ich angehoben und umgedreht, und jemand sagt auf Lateinisch: »Wir müssen das Bluten stoppen!« Ich blicke hoch und sehe Facilis über mir stehen.

»Bastard!« sagt er grimmig. Er ist puterrot im Gesicht. »Verdammter gerissener Bastard!«

Ich wende das Gesicht ab. Ich weiß irgendwie, daß er nicht hier sein sollte, aber ich will nicht darüber nachdenken. Ich fühle mich sehr schwach und elend, und der Schmerz im linken Bein ist entsetzlich.

»Steht nicht wie die Hornochsen herum!« höre ich Facilis in seinem miserablen Sarmatisch rufen. »Euer Fürst verblutet. Wir müssen ihm die Rüstung abnehmen und das Bluten stoppen.« Mir ist klar, daß er diesmal nicht zu mir gesprochen hat.

Als sie mir die gepanzerte Hose ausziehen, werde ich wieder ohnmächtig. Wahrscheinlich habe ich auch geschrien. Ich erinnere mich nicht.

Was dann geschah, weiß ich nur aus Erzählungen. Das Bein wurde gestreckt, die große Schlagader, die zum Glück nur gerissen, aber nicht durchtrennt war, abgebunden und genäht, dann kam eine Kompresse auf die Wunde und darüber ein Verband. Das ganze Bein wurde geschient und die Schiene festgebunden.

Ich wachte während des letzten Teils dieser Prozedur wieder auf und sah, daß Comittus gerade den Knoten knüpfte. Ich erinnerte mich, daß er gesagt hatte, er kenne sich ein wenig in Feldchirurgie aus, aber ich war noch zu schwach und benommen, um mich zu fragen, wieso er hier war. Ich fühlte mich jedoch erleichtert, als Leimanos eine Tragbahre herbrachte: Daß *er* hier sein sollte, wußte ich.

Als nächstes brachten sie mich auf der Trage ans Feuer, deckten mich mit Pferdedecken zu und gaben mir aus einer Feldflasche einen Schluck Wein zu trinken. Ich lag eine Zeitlang still da und hörte, ohne etwas zu verstehen, auf die Stimmen ringsum, die lateinisch und sarmatisch sprachen. Nach einiger Zeit erschien Facilis wieder und kniete sich neben mir auf den Boden.

»Wir haben eine Pferdesänfte zusammengebaut«, sagte er, »und wir werden Euch nach Corstopitum bringen. Nebenbei bemerkt, Ihr seid unter Arrest.«

Ich nickte. »Was macht Ihr hier?« fragte ich. Meine Stimme war sehr schwach und klang weit entfernt.

Er schnaubte zornig. »Dieselbe Frage könnte ich Euch stellen und mit weit größerer Berechtigung. Ihr Bastard! Es gab überhaupt keinen Grund für Euch, mit ihm zu kämpfen. Der ganze Spuk wäre morgen sowieso vorbei gewesen.«

»Ehre«, sagte ich und lächelte schwach.

»So eine Verrücktheit!« rief er ärgerlich aus. »Sarmaten!«

»Wenn Ihr mich nach Corstopitum bringt«, bat ich ihn, »könnte dann jemand nach Cilurnum reiten und Pervica und meinen Männern sagen, daß ich noch am Leben bin?«

»Ihr verdient gar nicht, daß Ihr lebt! – Lucius«, sagte er zu Comittus, der wieder auftauchte, »er wünscht, daß jemand nach Cilurnum reitet und der Dame Pervica berichtet, daß er am Leben ist, und dem Rest seiner teuren Wilden ebenfalls. Reitet Ihr bitte selbst, und nehmt Leimanos mit Euch, damit seine Leute wissen, daß es wahr ist, und sich benehmen. Stellt die Bastarde unter Lagerarrest.«

Gleich darauf erschien Leimanos mit Banaspados, beide sahen bekümmert und unglücklich aus.

»Wird er am Leben bleiben?« fragten sie ängstlich.

»Falls kein Wundbrand auftritt«, antwortete Facilis ungeduldig. »Wenn wir allerdings nicht vorbeigekommen wären, würde euer Haufen wahrscheinlich noch um ihn herumstehen, über seine Wunden lamentieren und seinen Mut preisen, während er zu Tode verblutete. Sarmaten!«

»Ich werde meinen Fürsten nicht verlassen«, erklärte Leimanos zornig. »Ihr wollt mich nur forthaben, damit Ihr ihn ungehindert ins Gefängnis bringen könnt.«

»Was soll dieser Unsinn! Kein Mensch denkt daran, ihn einzusperren, noch dazu in dem Zustand, in dem er sich befindet«, sagte Facilis kopfschüttelnd. »Er wird in Corstopitum direkt ins Fortlazarett gesteckt. Sie haben einen richtigen Arzt dort, nicht bloß ein paar Sanitäter wie in Cilurnum. Da ist er bestens aufgehoben.«

»Ich werde ihn nicht verlassen«, beharrte Leimanos und starrte Facilis herausfordernd an. Offenbar war er überzeugt, daß der Zenturio nur darauf wartete, bis er weg war, um mich in Eisen zu legen und auf dem Lazarettbett zu foltern.

»Du wirst nach Cilurnum zurückkehren und die Männer beruhigen«, befahl ich ihm. »Du hast mir einen Eid auf das Feuer geschworen, und du wirst ihn halten.« Leimanos sah mich unglücklich an, und ich fügte tröstend hinzu: »Wir werden doch noch das Jadetor erreichen.«

Er ergriff meine Hand, küßte sie und ging. Banaspados sah Facilis schweigend an.

»Ihr könnt mitkommen«, sagte der Zenturio zu ihm. »Ihr und zehn Mann der Leibwache werdet für seine Sicherheit sorgen. Die übrigen gehen mit Leimanos nach Cilurnum zurück.«

»Wieso seid Ihr eigentlich hier?« fragte ich Comittus.

»Severus hat Marcus Flavius vor zwei Tagen drüben in Condercum erzählt, daß Arshak mit Euch auf die Jagd gehen wird«, antwortete Comittus. »Er hatte ihn natürlich überwachen lassen, aber er meinte, es sei wohl nichts dagegen einzuwenden, daß er mit Euch zusammentrifft. Marcus erklärte ihm, es sei sehr viel dagegen einzuwenden, er müsse Arshak unbedingt zurückhalten. Er schickte mir sofort einen Brief und warnte mich, es sei möglich, daß Ihr etwas Törichtes plant, ich solle Euch nicht fortlassen. Nur: Severus hatte sich im Tag geirrt; er nahm an, die Jagdpartie würde morgen stattfinden, und niemand bemerkte den Irrtum, bis Ihr heute morgen längst das Fort verlassen hattet. Wir setzten Euch mit fünf Turmae Asturiern nach, aber wir verfehlten Euch auf der Straße und kamen erst an, als der Kampf zu Ende war. Severus ist noch immer nicht eingetroffen.«

»Der Tag wurde geändert«, sagte ich.

»Schlitzohriger Bastard!« knurrte Facilis. Er nahm das eine Ende der Trage auf, Leimanos das andere. Sie trugen mich zu der Pferdesänfte, legten mich hinein, sehr sanft und vorsichtig, und schnallten mich so fest, daß durch das Rütteln beim Transport mein Bein nicht verdreht oder gestoßen wurde.

Als ich aufblickte, sah ich meinen Helm auf einem Pfahl liegen, so wie es in dem Traum gewesen war; das Bündel unten vor dem Pfahl war vermutlich meine Rüstung. Ich drehte den Kopf zur Seite und sah Arshaks Leichnam auf der anderen Seite der Lichtung liegen, noch in der goldenen Rüstung. Sein Gesicht war mit Blut bedeckt, und seine Männer saßen im Kreis um ihn herum, entwaffnet, bewacht von römischen Kavalleristen, Asturiern aus Cilurnum, wie ich erkannte. Leimanos' Augen folgten meinem Blick.

»Willst du, daß ich dir seinen Skalp bringe?«

»Nein«, sagte ich. »Die Sitten sind hier anders.«

17

Ich verbrachte fünfzehn Tage im Lazarett von Corstopitum. An sich hätte ich nicht so lange dort bleiben müssen, aber ich stand formell die ganze Zeit über unter Arrest, und niemand hatte ein Interesse daran, mich ins Gefängnis zu stecken. Pervica kam mit Eukairios von Cilurnum herüber; sie fanden Unterkunft in der Stadt und leisteten mir im Lazarett Gesellschaft. Eukairios gab mir Unterricht im Schreiben und las mir Briefe vor über das, was im Lande vor sich ging.

Der Aufstand wurde am 25. Januar – einen Tag vor dem geplanten Beginn – im Keim erstickt. Der Legat Julius Priscus ließ eine Anzahl seiner Offiziere festnehmen, dann legte er sein Amt nieder und gestattete den Agenten des Abwehrdienstes, seine Frau zu verhaften. Bodica schrieb einen Brief an Arshak – offenbar wußte sie nicht, daß er bereits tot war – und brachte sich im Gefängnis mit Gift um. Viele Leute, die den Brief gar nicht gesehen hatten, behaupteten, er sei skandalös und obszön, aber das stimmte nicht. Facilis zeigte Eukairios den Brief, und mein Schreiber zitierte mir den genauen Wortlaut.

»Aurelia Bodica an Arsacus, Fürst-Kommandeur des Zweiten Drachen. Sei gegrüßt. Mein teures Herz, wir sind betrogen worden. Ich würde Dich zum König gemacht haben, wie Du es verdienst, aber die Götter haben anders entschieden. Die Ratschlüsse der Verhüllten sind schwer zu begreifen. Sie haben meinen Fluch nicht vollzogen, und meine Gebete blieben ungehört. Dennoch bitte ich sie heute noch einmal, mich zu erhören und meinen Geist aufzunehmen und den Deinen. Lebewohl.«

Ich weiß nicht, ob sie, wie Facilis annahm, Ehebruch begangen hat, und das scheint mir auch nicht so wichtig zu sein. Zweifellos hatte sie ihren Gemahl betrogen, aber zumindest liebte sie den Mann, den sie an seiner Statt gewählt hatte, wirklich. Ich verzieh ihr nicht die perverse Lust, mit der sie mich zu ertränken versucht hatte, und erst recht nicht das, was sie Vilbia angetan hatte, aber ich empfand doch eine gewisse Erleichterung, daß sie, wie dieser Brief zeigte, ein menschliches Wesen war und nicht der Dämon, für den ich sie gehalten hatte.

Siyavak, der tatsächlich mit seinen vorgeblichen Verbündeten verhaftet worden war, wurde nach Bodicas Tod freigelassen und öffentlich als Entdecker der Verschwörung zu einem Helden des römischen Staates proklamiert – was ihm, dachte ich, wohl nicht sehr gefallen haben wird. Er erhielt die Auszeichnungen, welche die Römer verleihen, um herausragende Tapferkeit zu ehren – einen goldenen Kranz, einen silbernen Speer, Armreifen, Halsbänder und Medaillen. Außerdem wurde er als Kommandeur des Vierten Drachen bestätigt, und sein Verbindungsoffizier Victor wurde zum Stab der Sechsten Legion versetzt.

Siyavak schickte mir einen Brief, in dem er seine Befriedigung zum Ausdruck brachte, daß er Gatalas' Tod hatte rächen können. Überraschenderweise schien er sich über die Ehrung durch die Römer doch gefreut zu haben, und seine Männer waren, wie er schrieb, sehr stolz darauf. Er gratulierte mir auch zum Sieg über Arshak.

»Ich habe gehört, daß die Römer verärgert darüber sind, daß Du mit ihm gekämpft hast, zumal er doch am selben Tag verhaftet werden sollte, und der Mann, der diesen Brief schreibt, mißbilligt das ebenfalls. Aber es war ehrenhaft gehandelt, Fürst, und ich freute mich, als ich es hörte; es hat uns vor der Schmach bewahrt, mit ansehen zu müssen, wie ein Abkomme unserer Könige von den Römern eingekerkert und hingerichtet wird. Ich freue mich darauf, Dich bald wiederzusehen und Näheres über den Kampf zu hören, der sich, wie man mir erzählt hat, sowohl durch besondere Geschicklichkeit wie durch ungewöhnliche Härte und Heftigkeit ausgezeichnet hat.«

Pervica hatte eine sehr überraschende Nachricht von dem Druiden erhalten, mit dem sie damals verhandelt hatte. Anscheinend hatte er ihren Rat befolgt und die Einberufung einer geheimen Zusammenkunft aller Druiden der Region verlangt, bei der die Aktionen der extremen Sekte diskutiert werden sollten. Er hatte gehandelt, obwohl er wußte, daß es ihn das Leben kosten konnte; er hatte seine Angst überwunden und sich dafür eingesetzt, daß die Verehrung der alten keltischen Götter und die traditionellen druidischen Riten vor blasphemischem Mißbrauch geschützt wurden.

Nachdem er jedoch seine Initiative gestartet hatte, waren die beiden Rädelsführer der extremen Sekte von Facilis verhaftet worden, und ihre Anhängerschaft schmolz rasch zusammen und verlor ihren Einfluß. Pervicas Druide wurde plötzlich von einem häretischen Römerknecht zu einem Helden der wahren Religion. Die Versammlung verurteilte die extreme Sekte, prangerte Menschenopfer als Blasphemie und als Beleidigung der Götter an, sofern sie nicht freiwillig dargebracht wurden, und schloß die beiden Rädelsführer und Aurelia Bodica in Abwesenheit aus der druidischen Priesterschaft aus, weil sie fremde Invasoren ins Land gerufen hatten.

Man hatte Pervica gebeten, mir mitzuteilen, daß die Druiden den gegen mich verhängten Fluch durch einen Sühneakt getilgt hätten und daß sie mich ihrer freundschaftlichen Hochschätzung versicherten. Ich wußte nicht recht, wie ich darauf reagieren sollte. Später tat es mir leid, daß ich nicht geantwortet hatte, denn ich erfuhr, daß eine Anzahl von Druiden zusammen mit den Verschwörern verhaftet worden waren und im Gefängnis von Eburacum auf ihre Hinrichtung warteten. Ich bin sicher, daß die meisten von ihnen nicht zu den Extremisten gehörten.

Der Statthalter der Provinz Britannien, Quintus Antistius Adventus, traf am 10. Februar in Eburacum ein, um nach dem Rücktritt des Oberkommandierenden und der Verhaftung der in die Verschwörung verwickelten Offiziere wieder Ordnung bei der Nordarmee zu schaffen.

Ich erhielt einige Tage vorher, am 6. Februar, eine Vorladung, zum Gerichtstermin in Eburacum zu erscheinen. Widerwillig mußte ich hinnehmen, daß man mich in einer Pferdesänfte transportierte. Ich wies empört darauf hin, daß ich siebenhundert Meilen von Aquincum aus mit geschientem Bein geritten war; warum sollte ich also die fünfundsiebzig oder achtzig Meilen bis Eburacum nicht reiten können? Aber alles Protestieren nützte nichts. Der Arzt in Corstopitum erklärte mir, der Knochen dürfe nicht belastet werden; das lange Reiten mit geschientem Bein habe diesem erheblich geschadet, und das einzig Gute bei dem neuerlichen Bruch sei, daß man ihn jetzt ordentlich richten konnte. Selbst meine Leibwache stellte sich auf die Seite des Arztes, und Facilis erinnerte mich genüßlich daran, daß ich unter Arrest stand und keinerlei Entscheidungsbefugnis hatte. Ich reiste also wie eine vornehme römische Dame in einer Sänfte.

Facilis leitete den Transport des »Delinquenten«, und bewacht wurde er von Longus mit einer Turma Asturiern und von der Kavallerie der Ersten Thrakischen Kohorte unter Titus Ulpius Silvanus. Eukairios ritt eins von meinen Pferden. Meine Leibwache mußte im Lager zurückbleiben, wogegen die Männer zornig protestierten. Ich ließ alle Schwadronsführer von Cilurnum herüberkommen, um sie an ihren Eid zu erinnern, und gab ihnen den strikten Befehl, der Anordnung widerspruchslos zu gehorchen. Die Römer versicherten ihnen, daß der Arrest eine reine Formsache sei und niemand die Absicht habe, mich hinrichten zu lassen. Schließlich fügten sie sich, wenn auch nicht ohne Murren. Ich schärfte Leimanos und Banaspados ein, während meiner Abwesenheit dafür zu sorgen, daß die Männer sich ruhig verhielten und keine Händel mit den Asturiern suchten. Comittus blieb ebenfalls zurück, da mindestens ein verantwortlicher leitender Offizier im Fort anwesend sein mußte – vermutlich war ihm das sehr recht, er hatte schließlich kein Interesse daran, daß seine Beziehungen zu Bodica und zum Druidentum vor Gericht zur Sprache kamen.

Bei der Ankunft in Eburacum wurde ich sofort ins Lazarett der Festung gebracht, um mir weiterhin das Gefängnis zu ersparen; meine Freunde fanden Unterkunft in der Stadt, und die Offiziere und Soldaten wurden in die schon vom Stab des Statthalters überfüllten Gebäude der Festung zusätzlich hineingezwängt.

Am nächsten Morgen marschierte ein Trupp Soldaten, ausgerüstet mit altmodischen Kettenpanzern und Helmkappen, in meinen Raum; sie hatten eine Sänfte bei sich und fragten mich, ob ich Ariantes sei, Kommandeur des Sechsten Numerus der Sarmatischen Kavallerie. Ich bejahte es.

»Wir gehören zum Zweiten Numerus der Konsularwachen«, sagte ihr Sprecher, »und wir haben den Auftrag, Euch zum Hauptquartier zu bringen, wo der Statthalter zu Gericht sitzt. Euer Fall wird als nächster aufgerufen.«

Ich sah zu Boden, rieb mir das Knie und versuchte, mich zu sammeln. Ich war sehr nervös, und meine Selbstsicherheit war stark erschüttert. Ich glaubte zwar nicht, daß die Römer sonderlich erpicht darauf waren, mich für die Tötung Arshaks zu bestrafen, nachdem er als Eidbrecher entlarvt worden war. Andererseits waren Duelle zwischen Kommandeuren ein schwerer Verstoß gegen die Disziplin, die zu tolerieren der römische Staat nicht bereit war. Vielleicht würde man mich mit Degradierung bestrafen, um in Anbetracht der in Britannien erwarteten acht zusätzlichen Drachen ein Exempel zu statuieren. Es war sogar vorstellbar, daß man mich zum Tode verurteilte. Ich war froh, daß meine Leibwache in Cilurnum zurückgeblieben war, aber ich wünschte, ich hätte jetzt wenigstens einen Freund bei mir.

»Möchtet Ihr Euch vielleicht umkleiden?« fragte der Sprecher des Trupps, der mein Zögern mißverstand. »Wenn Ihr römische Kleidung besitzt, werden wir Euch Zeit geben, sie anzuziehen.«

Ich hatte meine eigene Kleidung mitgebracht, und meine Freunde hatten dafür gesorgt, daß sie in ordentlichem Zustand war. Ich zog mein bestes Hemd an, hängte den Mantel lose über die Schultern und befestigte ihn mit der goldenen Drachenfibel. Ich hatte einen neuen Hut – schwarz mit goldener Stickerei –, aber keine einzige Waffe, nicht einmal einen Dolch, und ich fühlte mich erniedrigt und wehrlos. Noch schlimmer wurde es, als die Männer ihre Sänfte bereitstellten.

»Ich werde zu Fuß gehen«, erklärte ich.

»Man hat uns gesagt, das könntet Ihr nicht«, erklärte der Sprecher. »Setzt Euch nur hinein, Kommandeur. Ich will keinen Ärger mit den Ärzten bekommen. Der Statthalter muß inzwischen den ersten Fall abgeschlossen haben, und wir sollten ihn nicht warten lassen.«

Ich setzte mich in die Sänfte. Ich kam mir äußerst lächerlich vor.

Der Statthalter saß auf dem erhöhten Tribunal in der großen Halle des Hauptquartiers der Sechsten Legion. Im Hof draußen war seine Leibgarde versammelt, und die Halle selbst war so gedrängt voll – mit seinem Stab, mit den Offizieren der Legion, mit den Präfekten aller im Norden stationierten Auxiliareinheiten –, daß es kaum möglich war, unter den vielen Gesichtern ein bekanntes zu erkennen. Ich bemerkte jedoch Julius Priscus, der hinter dem Tribunal stand. Er sah gealtert aus, das Gesicht eingefallen, die Schultern gebeugt. Unsere Augen begegneten sich, als ich hereingetragen wurde; sein Mund zuckte, und er schaute weg. Alle anderen, die in der Halle versammelt waren, schienen mich anzustarren.

Die Träger setzten die Sänfte ab, und ich stieg aus. Der Statthalter sah, die Hände auf den Knien, zu mir herunter. Er war ein Numider mittleren Alters mit leicht angegrautem braunen Haar und dunklen Augen. Wegen des militärischen Charakters der Gerichtssitzung trug er die vergoldete Rüstung unter dem goldgesäumten karminroten Umhang.

Ich grüßte den Statthalter mit einer Verbeugung.

Er räusperte sich. »Ihr seid Ariantes, Sohn des Arifarnas, Kommandeur des Sechsten Numerus der Sarmatischen Kavallerie?«

»Ja.«

»Ihr werdet angeklagt, den Komandeur des Zweiten Numerus, Arsacus, Sohn des Sauromates, ermordet zu haben.«

»Ich habe ihn im fairen Kampf getötet, edler Herr«, stellte ich klar.

Ein Angehöriger des Stabes des Statthalters fragte mich: »Hattet Ihr Kenntnis davon, daß er in eine Verschwörung verwickelt war und eine Meuterei plante?«

»Das hatte ich.«

»Stand der Kampf vielleicht in irgendeiner Weise in Zusammenhang mit der geplanten Meuterei?« fragte er weiter.

Ich zuckte die Achseln. »Wir hatten uns für verschiedene Seiten entschieden. Er wollte mit mir kämpfen und unternahm Schritte, um mich zu provozieren.«

»Ihr hättet Schritte unternehmen können, um Euren römischen Verbindungsoffizier oder den Lagerkommandanten zu informieren«, warf ein anderer Mann, ein mir unbekannter Armeeoffizier, ein, den der rote Umhang mit der Schärpe als Präfekt einer Kohorte auswies.

Ich wollte eine Diskussion über Comittus und seine druidischen Verbindungen nach Möglichkeit vermeiden. »Ich hatte«, erwiderte ich höflich, »diese beiden Offiziere sowie den Legaten der Sechsten Legion, Euch, edler Herr« – mit einer leichten Verbeugung zum Statthalter hin – »und alle betroffenen Kommandeure und Beamten über Fürst Arshaks Verwicklung in die Verschwörung informiert. Aber ich wurde, wie ich bereits gesagt habe, zum Zweikampf provoziert. Und ich dachte auch daran, wie niederschmetternd es für seine Männer und für die Männer der anderen in Britannien stationierten oder hier erwarteten Drachen der sarmatischen Kavallerie sein müßte, wenn der Neffe unseres Königs von einem römischen Gericht zum Tode verurteilt und hingerichtet würde. Überdies hielt ich es für sehr wahrscheinlich, daß es viele Menschenleben kosten würde, ihn zu überwältigen, denn er war ein starker und kühner Mann und hätte sich der Festnahme mit allen Mitteln widersetzt. Aus diesen Gründen kämpfte ich persönlich gegen ihn, und die Götter gewährten mir den Sieg.«

»Ihr seid ein loyaler Diener des Kaisers?« fragte der Angehörige des Stabes wieder.

»Ich bin meinem Eid treu«, antwortete ich.

Der Befrager wandte sich dem Statthalter zu. »Offenbar war der Kommandeur sich alles dessen bewußt, worauf der Zenturio uns hingewiesen hat: daß die Festnahme und Hinrichtung dieses Mannes Arsacus zu unangenehmen Verwicklungen geführt und jeder

Versuch, ihn festzunehmen, das Leben vieler Römer aufs Spiel gesetzt hätte. Ist es unter diesen Umständen nicht viel besser, daß dieser loyale Kommandeur ihn in einem Zweikampf getötet hat?«

»Ich habe Eure Argumente zur Kenntnis genommen, Quintus Petronius«, antwortete der Statthalter trocken. »Trotzdem bin ich nicht bereit, ihm dafür einen goldenen Kranz zu geben. Es war, das räume ich ein, eine Gnade der Götter, daß dieser Bursche Arsacus ohne öffentliches Aufsehen und auf eine Weise entfernt wurde, gegen die seine Gefolgsleute nicht zuviel einzuwenden haben; aber das Duell ist und bleibt ein Verstoß gegen die Disziplin, und Disziplinlosigkeit werde ich in der Armee Britanniens nicht dulden.«

Er wandte sich mir zu: »Ariantes, Sohn des Arifarnas, es ist klar, daß der Mann, den Ihr getötet habt, ein Rebell und Verräter war und daß Ihr ihn vor allem aus diesem Grunde getötet habt; ich habe daher keine Bedenken, Euch von der Anklage des Mordes freizusprechen. Aber ich kann Euch nicht die Belohnung geben, die Ihr vielleicht erwartet habt, und zwar wegen der Art und Weise, wie Ihr ihn getötet habt; und ich muß von Euch verlangen, daß Ihr in Zukunft die römische Disziplin respektiert.«

Ich neigte den Kopf, um meine Überraschung zu verbergen. Vom Rand der Halle kam ein belustigtes Lachen; ich warf einen flüchtigen Blick hinüber und sah Longus und Pervica im Gedränge an der Tür zum Hof stehen und mich beobachten. Longus grinste, offenbar war er es, der gelacht hatte.

»Jedoch«, fuhr der Statthalter lächelnd fort – und nun mit einer betont deklamierenden Stimme, wie sie, so erfuhr ich später, in den Rhetorikschulen gelehrt wird –, »ist es klar, daß die Provinz Britannien Euch Dank schuldet für die prompte und umsichtige Art, in der Ihr diesen Verrat den Behörden gemeldet habt, für Euer unerschrockenes und loyales Handeln, als Ihr mit Drohungen gegen Euer Leben konfrontiert wart, und für die Ermutigung, die Ihr Siau...« – die Aussprache des Namens machte ihm Schwierigkeiten – »Siauacus, dem Kommandeur der Vierten Sarmaten, bei seiner tapferen und loyalen Aktion zur Aufdeckung der Verschwörung gegeben habt. Überdies habe ich Kenntnis erhalten von der hohen

Achtung, die Euch alle Eure jüngeren Offiziere entgegenbringen, sowie von der Anerkennung Eurer administrativen Befähigung durch den Prokurator der Flotte und den früheren Legaten der Sechsten Victrix. In Anbetracht der Dienste, die Ihr der Provinz Britannien erwiesen habt – aber *nicht* des Duells –, habe ich mich entschlossen, Euch den silbernen Speer, die Medaillen und Armreifen zuzuerkennen, die der römische Staat verleiht, um Tapferkeit zu ehren. In Würdigung Eurer Loyalität und Eurer Fähigkeiten habe ich entschieden, daß die Notwendigkeit entfällt, Euch einen römischen Verbindungsoffizier zur Seite zu stellen; hiermit übertrage ich Euch das Kommando über alle in Cilurnum stationierten Truppen, einschließlich der sechs Turmae der Zweiten Asturischen Kavallerieala. Als eine provisorische Maßnahme möchte ich Euch auch mit der Führung des Zweiten Numerus der Sarmatischen Kavallerie betrauen.«

Der Kopf schwamm mir. »Edler Herr«, erwiderte ich, die Hände hilflos ausbreitend, »das kann ich nicht tun. Sie sind Arshaks Gefolgsleute, und ich habe ihren Fürsten getötet. Sie werden keine Rache üben, weil es ein fairer Kampf war und sie geschworen haben, seinen Ausgang hinzunehmen – aber sie würden mir nicht gehorchen. Ich schlage vor, daß Ihr Siyavak damit beauftragt, einen ihrer Schwadronsführer auszuwählen, und daß Ihr diesem gemeinsam mit einem römischen Offizier das Kommando des Drachen übertragt.«

Der Statthalter runzelte die Stirn – dann lenkte er achselzuckend ein: »Also gut, wir werden diese Angelegenheit zurückstellen. Was ich Euch aber jetzt im Namen des Kaisers anbieten möchte, Ariantes, ist eine viel höhere Auszeichnung als alle anderen, die ich bisher erwähnt habe: das römische Bürgerrecht.«

Ich neigte wieder den Kopf, um meine Gefühle zu verbergen. Das römische Bürgerrecht! Ich, ein Römer werden. Ein Landsmann von Tirgataos Mördern. Das wollte ich nicht sein.

Aber der Statthalter hatte die Geste als Ausdruck ehrfürchtiger Zustimmung gedeutet und gab lächelnd einem Angehörigen seines Stabes die Anweisung, die Urkunde auszufertigen. Ein anderer

Beamter legte ihm bereits ein Memorandum über den nächsten Fall vor, und im Publikum wurde, wie es in Verhandlungspausen üblich ist, geplaudert und debattiert. Ich fragte, ob es mir erlaubt sei, den Gerichtssaal zu verlassen, und der Präfekt, der mich befragt hatte, bedeutete mir ungeduldig, ich würde nicht mehr gebraucht. Longus und Pervica bemerkten, daß ich schwerfällig aus der Halle zu hinken begann, und drängten sich durch die Menge zu mir vor. Sie halfen mir in die Sänfte, die einen Augenblick später von den Trägern aufgenommen und hinausgebracht wurde.

Ich ließ die Männer außerhalb des Lazaretts in dem als Garten angelegten Hof halten und die Sänfte absetzen. Pervica und Longus waren uns gefolgt. Ich kletterte heraus und lehnte mich gegen einen Strauch. »Sollen wir die Sänfte zurückbringen?« fragte der Sprecher. »Oder werdet Ihr sie später brauchen, Kommandeur?«

»Ich will das Ding nicht mehr sehen!« sagte ich nachdrücklich, und er grinste.

»Sehr wohl!« sagte er und gab seinen Männern ein Zeichen, sie wegzubringen. »Tut mir leid, daß sie Euch nicht den Kranz gegeben haben, Kommandeur. Hörte sich an, als hättet Ihr ihn verdient. Aber so ist das bei den hohen Herren: Einen Verstoß gegen die Disziplin verzeihen sie nicht. Viel Glück!« Und er marschierte mit den übrigen ab.

Longus lachte, als wir allein waren. »Hercules! Ihr hättet Euer Gesicht sehen sollen, Ariantes, als der Statthalter sagte, er sei nicht bereit, Euch einen goldenen Kranz zu geben. Ihr konntet das einfach nicht fassen.«

»Ich hatte angenommen, ich würde bestraft werden.«

Er lachte wieder. »Genau das, was Marcus Flavius sagte. Ihr habt eine sehr niedrige Meinung von den Römern. Sie würden ein verdammt undankbares Pack sein, wenn sie Euch bestraften, nachdem Ihr gerade die Provinz gerettet habt – oder jedenfalls ihren nördlichen Teil. Noch dazu habt Ihr dem Gericht ja augenfällig genug die Blessuren vorgeführt, die Euch der Kampf gegen die Feinde Roms eingebracht hat. Hercules! Der halbe Stab des Statthalters ist der

Meinung, daß er Euch sehr unfair behandelt hat. Aber sie hatten ja sowieso eine hohe Meinung von Euch, denn natürlich habt Ihr sie mit Geschenken bestochen, als Ihr eine Erhöhung des Soldes für Eure Männer erreichen wolltet, nicht wahr?«

Mir schwirrte der Kopf. Ich stellte mir vor, wie zufrieden meine Männer sein würden, wenn sie erfuhren, daß die Römer mich geehrt hatten – aber im selben Augenblick wurde mir klar, daß sie zweifellos herausfinden würden, daß mir eigentlich ein goldener Kranz zugestanden hätte, und sie würden sofort ihre Befriedigung vergessen und sich über diese Zurücksetzung ärgern. Siyavak, würden sie murren, hatte einen goldenen Kranz bekommen, und er war nicht einmal ein Zepterträger. Und wenn sie das nächste Mal mit den Männern des Vierten Drachen zusammenkamen, würden sie Streit mit ihnen suchen. Wie Facilis sagte: Sarmaten!

»Ihr seid also nun«, sagte Longus mit fröhlichem Grinsen, »offiziell Präfekt der Zweiten Asturischen Kavallerieala, mein Präfekt, Fürst« – eine spöttisch-devote tiefe Verbeugung –, »ebenso wie Kommandeur der Sechsten Sarmaten. Und Comittus geht zum Stab der Sechsten Legion zurück. Ihr werdet schließlich doch in das Haus einziehen müssen. Ihr seid nun römischer Bürger! Wie werdet Ihr Euch nennen?«

Ich zuckte die Achseln. Pervica kam auf die linke Seite herüber und legte meinen Arm über ihre Schultern, um mir zu helfen, das Gleichgewicht zu bewahren. »Du willst kein römischer Bürger sein, nicht wahr?« fragte sie sanft.

»Nein«, antwortete ich.

»Ihr könnt das nicht ablehnen!« rief Longus aus, dem der Spott vergangen war.

»Es würde den Statthalter beleidigen, wenn ich das täte«, erwiderte ich ruhig. »Ich weiß das, Longus. Und das Bürgerrecht wird mir ... Vorrechte bringen, vermute ich, die nützlich sein könnten. Nein, ich kann nicht ablehnen.« Ich sah verdrießlich zum Lazarett hinüber. »Wenn ich nicht mehr unter Arrest stehe, brauche ich doch sicher nicht hierzubleiben, oder? Aber mein Wagen ist in Cilurnum.«

»Ich bin sicher, sie werden ein Haus für dich finden«, sagte Pervica.

Ich legte den Arm um ihre Taille und sah sie an. Ich spürte ihre Hüfte gegen meinen Arm und ihren straffen weichen Bauch unter meiner Hand. Plötzlich flammte heftiges Begehren in mir auf. Ich wußte, sie wohnte in einem Gasthof in der Stadt, und ich wollte nicht, daß sie dort blieb.

»Wenn ich römischer Bürger bin«, sagte ich, »müßte das eine rechtsgültige Eheschließung doch viel problemloser machen. Ich schätze, ich könnte es ertragen, in einem Haus zu leben, wenn du es mit mir teilst.«

Ihre Finger preßten sich hart in meine Schulter. »Immerhin wird es wahrscheinlich länger als einen Nachmittag dauern, alle Formalitäten zu erledigen«, sagte sie ruhig.

»Laß es uns versuchen!« erwiderte ich. »Ein Hochzeitsfest können wir feiern, wenn wir wieder in Cilurnum sind. Vielleicht gelingt es uns heute noch, alle Hürden aus dem Weg zu schaffen.«

Sie errötete heftig und küßte mich. »Ja!« rief sie, plötzlich ganz begeistert von der Idee. »Ja, gleich jetzt. Gajus und ich werden sehen, was wir tun können, nicht wahr, Gajus? Ich werde mich auf die Suche nach Eukairios machen, und Ihr, Gajus, werdet Marcus Flavius aufspüren. Die beiden werden wissen, was zu tun ist.«

Ich blieb im Lazarettgarten, während sie sich auf die Suche machten, und setzte mich auf den Brunnenrand. Es war ein ungewöhnlich warmer Februartag. Die Sonne schien, und die ersten Krokusse schoben ihre Köpfe aus dem Boden. Das Wasser war dunkel und klar. Nach einiger Zeit erschien Facilis, er machte einen außerordentlich zufriedenen Eindruck.

»Gratuliere«, sagte er. »Ehren über Ehren! Gajus sagt mir, Ihr möchtet heute heiraten.«

Ich nickte. Aber zuerst hatte ich ihm etwas anderes zu sagen. »Wie ich höre, habt Ihr in meiner Sache mit dem Statthalter gesprochen und ihn gedrängt, mir für die Tötung Arshaks eine Auszeichnung zu verleihen.«

Facilis brummte: »Ich habe ihnen klarzumachen versucht, daß Ihr ein sehr heikles Problem für uns gelöst habt.«

»Gerissener Bastard«, sagte ich mit Gefühl.

Er lachte dröhnend und setzte sich neben mich auf den Brunnenrand. »Wir müssen Euch noch ein gepflegtes Latein beibringen«, sagte er grinsend. »Was das Heiraten betrifft – ich kann das für Euch arrangieren, wenn Ihr wollt. Ich gehe sowieso heute nachmittag zum öffentlichen Archiv, wo diese Dinge beurkundet werden.«

Ich sah ihn mißtrauisch an. »Darf ich den Grund erfahren?«

Grinsend antwortete er: »Eine Freilassung und eine Adoption.«

»Was?«

Er brummte zufrieden und antwortete: »Ich habe Julius Priscus gestern abend gesagt, ich hätte Vilbia mit ihrem Baby in Corstopitum... hm, gefunden und sie... hm, festgenommen. Aber das Mädchen gefiele mir, und ich möchte sie kaufen. Er hatte nichts dagegen. Er will nichts um sich haben, was ihn an seine Frau erinnert. Den armen Mann hat diese ganze Sache krank gemacht, er ist ruiniert und entehrt. Seine militärische und administrative Karriere ist zu Ende, obwohl er selbst nichts getan hat, woraus man ihm einen Vorwurf machen könnte. Jedenfalls hat er mir Vilbia auf der Stelle gegeben, ich habe die Freilassungspapiere ausgefertigt, und heute nachmittag werde ich sie von Zeugen beglaubigen lassen und das Mädchen rechtsgültig adoptieren.«

»Als Eure Tochter?« fragte ich verblüfft.

Er lachte. »Ihr wollt eine Frau, aber das heißt nicht, daß jeder diesen Wunsch hat. Ich habe eine Frau gehabt, und das hat mir genügt. Aber ich hatte auch eine Tochter. Sie starb, als sie sieben war. Ich habe mich oft gefragt: Was würde aus ihr geworden sein, wenn sie am Leben geblieben wäre? Wie würde sie heute sein? Wahrscheinlich nicht ein bißchen so wie Vilbia. Aber Vilbia hat viel gelitten, und sie braucht jemanden, der sich um sie kümmert. Sie ist ein liebes, gutes Mädchen, und daß sie ihre Herrin wegen des Babys herausgefordert hat, rechne ich ihr hoch an – das erfordert Mut, denn sie glaubte absolut an Bodicas Zauberkräfte und hatte schreckliche Angst vor ihr. Ich möchte eine Tochter haben; sie wünscht sich einen Vater. Solche Dinge lassen sich sehr einfach bewerkstelligen. Ein kleines Stück Pergament, und im nächsten Augenblick bin ich wieder Vater, und Großvater obendrein. Flavia Vilbia und Marcus Flavius Secundus, römische Bürger. Was haltet Ihr davon, he?«

»Ich gratuliere«, sagte ich lächelnd und nickte ihm zu. »Und ich wünsche Euch, Eurer Tochter und Eurem Enkelsohn viel Glück.«

»Wir werden nach Eburacum gehen«, fuhr er fort. »Ich bin zum *primus pilus* der Sechsten Victrix befördert worden! Stellt Euch das vor! Alle diese Jahre habe ich in der Dreizehnten Gemina geschwitzt, und ich dachte, *hastatus* erster Klasse wäre das höchste, was ich erreichen könnte; und jetzt bin ich *primus pilus* für ein Jahr, über die Köpfe von zwei anderen hinweg, und danach werde ich aus dem aktiven Truppendienst ausscheiden. Kein Ärger mehr mit einem Haufen Barbaren, die immer nach Pferden riechen.«

Zuerst die Nachricht, daß Comittus zur Sechsten zurückbeordert würde, und jetzt Facilis ebenfalls. »Ich werde Euch vermissen«, sagte ich, und das war die reine Wahrheit.

Er schlug mir auf die Schulter. »Dann habt Ihr also doch nicht die Absicht, mich aus Eurem Gedächtnis zu streichen. Ihr erinnert Euch daran?«

Ich nickte.

»Ich werde Euch auch vermissen.« Er sprach leise, als fiele es ihm schwer, das zu sagen, und er fuhr rasch fort: »Seit wir Cilurnum erreicht hatten, ist es immer verdammt klar gewesen, daß Ihr mich nicht als Aufpasser brauchtet. Und ich kann mir vorstellen, daß Ihr ziemlich häufig in Eburacum auftauchen werdet und sicher auch öfter nach Londinium gerufen werdet, um den Leuten Ratschläge zu geben, wie sie mit Sarmaten umzugehen haben. – Aber zurück zum aktuellen Problem: Es gibt einen kurzen Weg, die Ehe zu schließen, ohne diesen ganzen Zeremonienkram durchzumachen. Ihr laßt Eukairios einen rechtsverbindlichen Vertrag aufsetzen, in dem Ihr Eure Absicht bekundet, eine brigantische Bürgerin namens Pervica soundso zu heiraten, und in dem Ihr und sie alle Eigentumsrechte festlegt, wie es Euren Wünschen entspricht. Dann unterzeichnet Ihr den Vertrag, sie unterzeichnet ihn, und drei Zeugen beglaubigen ihn. Das ist ein hinreichender Beweis für *affectio maritalis*, um jeden Gerichtshof im Lande zufriedenzustellen. Ich werde den Vertrag für Euch registrieren lassen, wenn ich zum Archiv gehe, und die Sache ist erledigt. Allerdings braucht Ihr die Urkunde über die Verleihung des römischen Bürgerrechts. Ich kann sie für Euch beim Stab des Statthalters abholen. Wißt Ihr schon, welche Namen auf der Urkunde stehen sollen?«

Ich zuckte die Schultern. Römische Namen! Auch das noch.

»Meist wählt man die Namen dessen, dem man das Bürgerrecht verdankt.«

»Das wäre in erster Linie der Statthalter, in zweiter der Kaiser.«

»Quintus Antistius Ariantes! Marcus Aurelius Ariantes?«

Ich fuhr vor Schreck zusammen. »Marha!«

Er grinste. »Ein bitterer Bissen. Bleibt er Euch im Hals stecken! Ihr werdet Euch daran gewöhnen. Welcher soll es sein!«

»Marcus Aurelius.«

»Die sicherste Wahl. Der Statthalter würde sich geschmeichelt fühlen, wenn Ihr seine Namen wähltet, aber seine Amtszeit endet in einem Jahr oder so, und er kann nicht beleidigt sein, wenn Ihr Euch dafür entscheidet, den Kaiser zu ehren. Ich werde Euch nicht Marcus nennen, macht Euch darüber keine Sorgen.« Er stand auf. »Dann werde ich jetzt gehen, um die Sache zu arrangieren. Bis später.«

Eukairios kam wenige Minuten nachdem Facilis gegangen war. »Pervica sagte mir, Ihr wolltet mich sehen, Patron.«

»Ich möchte sie heute heiraten. Marcus Flavius sagt, du könntest einen Ehevertrag aufsetzen, und wir brauchten drei Zeugen, um ihn zu beglaubigen. Er hat mir angeboten, daß er meine Bürgerrechtspapiere beim Stab des Statthalters abholen und den Vertrag für uns im Archiv registrieren lassen wird. Ist das alles, was getan werden muß?«

»Das müßte genügen – um welche Bürgerrechtspapiere handelt es sich?«

Ich sah ihn mit verdrießlichem Gesicht an. »Man hat mir das römische Bürgerrecht verliehen – als Auszeichnung.«

»Oh.« Er setzte sich neben mich und starrte in den Brunnen

hinunter. Mir fiel erst jetzt auf, daß seine Augen rot und geschwollen waren.

»Was ist los, Eukairios?« fragte ich.

Er sah zögernd auf und rieb sich die Augen. »Ich ... habe die Brüder in der Stadt besucht, und sie hatten einen Brief für mich von der Gemeinde in Bononia, der ich früher angehört habe. Drei meiner dortigen Freunde sind verhaftet und nach Augusta Treverorum gebracht worden, wo sie in der Arena sterben werden.«

»Das tut mir sehr leid«, sagte ich nach einiger Zeit.

Er schüttelte den Kopf. »Wir sagen, es ist ein glorreicher Tod, als Blutzeuge Christi in der Arena zu sterben. Wir sagen, es ist der sichere Weg zum Himmlischen Paradies, und Gott wird den Leidenden die Tränen von den Augen wischen.«

»Trotzdem hast du aber geweint.«

»Sie waren immer so gut!« rief er heftig aus. »Besonders Lucilla. Nie ist eine streunende Katze hungrig von ihrer Tür gejagt worden, und wenn sie ein Kind auf der Straße weinen sah, hat sie es getröstet. Sie pflegte mir zur Stärkung Met zu schicken, wenn meine Rationen gekürzt oder einbehalten wurden, und Holzkohle, um im Winter meine Zelle zu wärmen. Und jetzt wird man sie den wilden Tieren vorwerfen. Der Gedanke, wie sie, an einen Pfahl gefesselt, von den Bestien zerfleischt wird, während der Mob johlt ... o Gott!« Er holte tief Atem und drängte die Tränen zurück. »Die Leute, die das getan haben, werden in der Hölle brennen!« rief er leidenschaftlich aus.

»Es tut mir leid, Eukairios«, sagte ich noch einmal.

»Niemand kann irgend etwas dagegen tun.« Er gewann die Selbstbeherrschung zurück. »Ich bin zuversichtlich, daß Christus ihnen Kraft schenken und sie in sein Reich heimholen wird.«

Wir schwiegen lange. Ich dachte an die arme Lucilla; an die Druiden, die in dieser Stadt hier eingekerkert waren und die Todesstrafe zu erwarten hatten, auch wenn sie kein Verbrechen begangen hatten. Ich dachte an Tirgataos schrecklichen Tod.

»Sie haben Euch also das römische Bürgerecht verliehen«, sagte Eukairios schließlich.

Ich nickte. »Was meinst du, Eukairios, sollte ich es ablehnen?«

»Nein«, sagte er verblüfft. Natürlich nicht!«

»Ich will es nicht haben. Die Götter wissen, daß ich Rom nicht liebe.«

»Aber Ihr habt so viele Gefahren auf Euch genommen, um die Herrschaft Roms zu verteidigen!«

»Ich hatte nur die Wahl, das zu tun oder mich Roms Feinden anzuschließen, die mir viel schlimmer zu sein schienen. Die Wahl, die mein Herz treffen würde, wurde mir nicht geboten. Sie wird einem nie geboten.«

»Welche Wahl wäre das?«

Ich dachte lange nach. Römer wollte ich nicht sein, aber mir war klar, daß ich auch kein echter Sarmate mehr war – und eine genaue Vorstellung davon, wie die Briten waren, hatte ich noch nicht. Welche Welt würde ich wählen, wenn ich meine Freiheit hätte?

»Eine Welt ohne Haß«, sagte ich.

Eukairios wandte den Blick ab und sah in den Brunnen. Er streckte die Arme aus und ließ das stille Wasser über seine Hand laufen. »Ihr habt recht«, sagte er, ohne mich anzusehen. »Eine solche Wahl wird uns nie geboten.«

Pervica kam in den Garten und eilte zu uns herüber. Ich stand auf – allmählich gewöhnte ich mich daran, auf einem Bein zu balancieren –, und sie nahm meinen linken Arm. »Facilis«, erklärte ich ihr, »sagt, er kann es arrangieren, daß wir bis heute abend schon verheiratet sind. Eukairios wird den Vertrag aufsetzen, und Marcus wird ihn am Nachmittag im Archiv registrieren lassen.«

»Ich habe Publius Verinus aufgesucht, den Festungspräfekten von Eburacum«, berichtete sie. »Und er hat gesagt, wir können ein Gästezimmer im Haus des Kommandanten haben, obwohl alles so überfüllt ist. Er war sehr freundlich und entgegenkommend, als ich ihm sagte, daß wir versuchen wollten, heute noch zu heiraten, und er wünscht uns viel Glück.«

Ihr Gesicht glühte vor Erregung, und sie sah strahlend zu mir auf.

Mein Herz hatte seine Wahl getroffen. Es hatte sich für eine Welt entschieden, die niemand mir geben konnte: die Welt jenseits des Jadetores, die nur der Sehnsucht erreichbar war.

Historischer Epilog

Die heute fast vergessenen Sarmaten waren wie die mit ihnen verwandten Skythen ein Nomadenvolk mit einer iranischen Sprache. Ihre verschiedenen Stämme – Jazygen und Roxolanen, Alanen, Aorsen und Siraker – haben sich zeitweise über ein Gebiet ausgebreitet, das von den Ebenen Ostungarns bis zum Kaspischen Meer reichte. Wir finden Spuren von ihnen in der Kunst der griechischen Städte am Schwarzen Meer, und auf der Trajanssäule in Rom sind sie dargestellt. Im späten dritten Jahrhundert scheinen die Römer sie bisweilen für die gefährlichsten der das Römische Weltreich bedrohenden Barbaren gehalten zu haben.

Der historische Aufhänger für dieses Buch – die Anwesenheit von etwa 5500 Sarmaten in der römischen Armee in Britannien – ist authentisch. Die erhaltenen Fragmente von Buch 72 der *Römischen Geschichte* des Dio Cassius enthalten dieses Detail der Friedensvereinbarung, die im Jahr 175 n. Chr. die Feldzüge des Kaisers Marcus Aurelius an der Donau beendete. Daß die Sarmaten längere Zeit in Britannien geblieben sind, wird bezeugt durch einen Grabstein aus Chester; durch eine Inschrift, die sich auf eine sarmatische Veteranenkolonie bei Ribchester bezieht; und schließlich durch einige (wahrscheinlich) sarmatische Rüstungsteile und (eindeutig) sarmatische Perlen, die an verschiedenen Stellen gefunden worden sind – unter anderem im Fort von Chesters (Cilurnum) am Hadrianswall. Aus solchen Scherben und Fragmenten rekonstruiert sich Geschichte.

Um das historische Gerüst meines Romans rankt sich natürlich eine Fülle von Details, aber ich muß den Leser fairerweise warnen, daß viele von ihnen Erfindung oder Spekulation sind. Es ist zum Beispiel nicht klar, ob die sarmatische Kavallerie, die sich im Jahre 175 dem Kaiser Marcus Aurelius ergab, nur aus gepanzerten schweren Reitern bestand. Alle britischen archäologischen Funde weisen auf gepanzerte Einheiten hin, und es erscheint durchaus sinnvoll, daß der Kaiser die Überstellung solcher Einheiten verlangt hat, soweit das möglich war. Aber die Jazygen verfügten auch über ungepanzerte berittene Bogenschützen und könnten hauptsächlich solche abgestellt haben. Ein anderes Detail historischer »Mogelei« ist der »Donnersieg«. Es hat ihn tatsächlich gegeben – in einem anderen Donau-Feldzug des Marcus Aurelius. Aber bei der einzigen »Schlacht« mit den Sarmaten, die Dio beschreibt – einem dramatischen Gefecht auf der zugefrorenen Donau –, handelt es sich ganz klar um ein unbedeutendes Scharmützel, das nur deshalb so eingehend beschrieben wird, weil der alte Grieche eine Vorliebe für das Melodramatische hatte. Als Entscheidungsschlacht, die das Ende eines Krieges herbeiführte, ist sie untauglich. Besser eine falsch plazierte richtige Schlacht als eine erfundene, habe ich mir gedacht.

Für die Beschreibung der sarmatischen Sitten und Bräuche habe ich mich hauptsächlich auf folgende Quellen gestützt: Ammianus Marcellinus, *Res gestae* (Buch XXXI berichtet über die Halani oder Alanen, einen sarmatischen Stamm); Strabo, *Geographica*; und, in geringerem Maße, Herodots *Historien* (seine »Sauromatai« gelten allgemein als die Vorfahren der späteren Sarmaten). Die diesbezüglichen archäologischen Werke sind meist in russischer oder ungarischer Sprache geschrieben und waren mir daher nicht zugänglich; aber was davon in englischer Übersetzung erschienen ist und greifbar war, habe ich natürlich gelesen. Erwähnen muß ich vor allem T. Sulimirski, *The Sarmatians*, Thames and Hudson, 1970. Es ist ein instruktives archäologisches Buch mit ausgezeichneten Illustrationen, allerdings in den Quellenangaben ein bißchen sorglos.

Auf zwei andere Punkte muß ich noch kurz hinweisen. Zum einen werden solche Leser, die gern Anachronismen nachspüren, es für einen historischen Lapsus gehalten haben, daß meine Sarmaten mit Steigbügeln reiten. Ich bedaure, sie enttäuschen zu müssen, aber das ist kein Anachronismus. Die Sarmaten benutzten Steigbügel bereits im ersten vorchristlichen Jahrhundert, denn die in Grabstätten in der Nähe des Asowschen Meeres gefundenen Grabbeilagen enthalten Sättel, die generell mit ihnen ausgerüstet sind. (Das bestätigen M. I. Rostovtzeff, *Iranians and Greeks in South Russia*; W. W. Tarn, *Hellenistic Military and Naval Developments*; und auch Sulimirski, *op. cit.*) Ich bin mir bewußt, daß viele Wissenschaftler – vor allem Mediävisten – die Meinung vertreten, die Steigbügel seien von den Goten im 4. Jahrhundert n. Chr. oder von den Franken im 7. oder sogar erst von den Normannen im 9. Jahrhundert erfunden worden. Die Erfindung wird als eine der Ursachen sowohl für den Untergang des Römischen Reiches wie für die Entstehung des mittelalterlichen Feudalwesens herangezogen. Ich habe diese Bücher gelesen und ihren Erklärungen geglaubt, und es hat mich sehr verblüfft, als ich entdeckte, daß sie falsch waren.

Beim zweiten Punkt handelt es sich um eine irrige Vorstellung, die unter Laien weit verbreitet ist. Vielen Lesern wird aufgefallen sein, daß die Bireme des Prokurators Natalis von Matrosen gerudert wird, die in Baracken leben, und sie werden sich gefragt haben, wieso dazu keine Galeerensklaven verwendet werden. Tatsächlich gibt es aber keinerlei Hinweise darauf, daß Galeerensklaven auf römischen Kriegsschiffen – oder auf irgendwelchen anderen Kriegsschiffen vor dem 15. Jahrhundert – eingesetzt worden sind. (Eine kurze Übersicht über das Ruderwesen auf Schiffen im Altertum geben L. Cassons Artikel »Sailing« in *The Muses at Work*, MIT Press, 1969; und »Galley Slaves«, in *Transactions of the American Philological Association*, Nr. 97, 1966.)

Nach der Beendigung der Kämpfe an der Donau im Jahre 175 n. Chr. erwartete man im Römischen Reich zweifellos eine lange Zeit des Friedens, besonders als es Marcus Aurelius auch noch mühelos gelang, die Rebellion des Avidius Casso im Osten niederzuschlagen, und er im Triumph nach Rom zurückkehrte. Marcus starb jedoch im Jahre 180, und der von ihm bestimmte Nachfolger, sein eitler, inkompetenter Sohn Commodus, bestieg den Thron des Reiches. Bald merkte man an allen Ecken und Enden, daß die kluge und besonnene Politik des Vaters von den unberechenbaren Allüren des sprunghaften und konzeptionslosen Sohnes abgelöst worden war. Auch in Britannien spürte man das. Um die Mitte der achtziger

Jahre des 2. Jahrhunderts fand eine größere Invasion der kaledonischen Stämme über den Hadrianswall statt, bei der Corstopitum (Corbridge) angeblich geplündert wurde; ein römischer Befehlshaber (es ist nicht klar, um wen es sich handelte, möglicherweise um einen Legionslegaten) wurde im Kampf getötet. Commodus scheint keine Vorkehrungen getroffen zu haben, um durch eine Gegenaktion die Situation am Wall zu bereinigen, und mehrere Jahre lang blieb die unsichere Lage in Nordbritannien bestehen. Die erbitterte Armee unternahm sogar den Versuch, den Legionslegaten von Eburacum (York) zum Kaiser auszurufen. Zwar kehrte dann wieder Ruhe am Wall ein, aber grollende Töne aus der verärgerten Armee in der Provinz Britannien waren auch längere Zeit später noch in Rom zu vernehmen.

Aber das ist, wie man zu sagen pflegt, eine andere Geschichte.

GLOSSAR

Geographische Namen

Aquincum – Budapest
Augusta Treverorum – Trier
Bononia – Boulogne-sur-Mer
Cibalae – Vincovci (Slawonien)
Cilurnum – Chesters
Corstopitum – Corbridge
Danuvius – Donau
Dubris – Dover
Durobrivae – Rochester
Durovernum – Canterbury
Eburacum – York
Lindum – Lincoln
Londinium – London
Lugdunum – Lyon
Mediolanum – Mailand
Mona – Anglesey (Insel vor der Küste von Wales)
Moesien – Die römischen Provinzen Ober- und Untermoesien umfaßten etwa das Gebiet des heutigen Serbien, Nordbulgarien und der Dobrudscha.
Pannonien – Die römischen Provinzen Ober- und Unterpannonien umfaßten die Westhälfte des heutigen Ungarn, das Burgenland mit Wiener Becken und einen Teil Jugoslawiens zwischen Drau und Save.
Pons Aelius – Newcastle upon Tyne
Singidunum – Belgrad
Tamesis – Themse
Tinea – Tyne
Tisia – Theiß
Verulamium – St. Albans
Vindobona – Wien

Allgemeines

affectio maritalis — Der Wille von Mann und Frau, die eheliche Lebensgemeinschaft aufzunehmen. Er begründete nach römischem Recht die Ehe, ohne daß ein besonderer Rechtsakt erforderlich war.

Auxilia — Hilfstruppen, die von der einheimischen Bevölkerung der römischen Provinzen gestellt wurden.

Hadrianswall — Unter Kaiser Hadrian wurde im Jahre 122 n. Chr. mit dem Bau der 120 km langen Befestigungslinie vom Solway Firth bis zur Tynemündung begonnen. Sie bestand aus einer 5–6 m hohen und 2–3 m dicken Steinmauer mit vorgelagertem Graben. Dahinter lagen Kastelle. Nach Süden schlossen sich zwei Erddämme mit Zwischengraben an.

hastatus — Ursprünglich der mit der Stoßlanze (hasta) kämpfende Soldat. Später Rangstufe der Zenturionen.

Hypokaustum — Antike Fußbodenheizung. Durch einen Hohlraum unter dem Fußboden wurden die Abgase eines starken Holz- oder Holzkohlenfeuers geführt, die den Stein- oder Mosaikfußboden erwärmten.

Kline — Eine Art Couch, auf der die Römer beim Essen lagen. Oft wurden drei Klinen hufeisenförmig um einen Tisch angeordnet (Triclinium).

Nisäer — Auf den nisäischen Feldern bei Ekbatana in Medien (heute das iranische Hamadan) wurden im Altertum die besten Vollblutpferde gezüchtet.

Phlegethon — Feuerstrom der Unterwelt, aus dem glühende Brocken in Vulkanen herausgeschleudert wurden.

primus pilus — Ranghöchster Zenturio einer Legion.

Venuswurf — Beim römischen Würfelspiel (alea) mit vier tali (Knöchelchen oder Steinchen), die nur auf vier Seiten Zahlen (1, 3, 4, 6) hatten, galten als bester Wurf vier verschiedene Zahlen (Venuswurf).

Via Decumana — Hauptstraße in Längsrichtung des Lagers (oder Kastells) von der Porta Decumana bis zum Praetorium (Stabsquartier).

Via Praetoria	Hauptstraße in Längsrichtung des Lagers (oder Kastells) vom Praetorium (Stabsquartier) bis zur Porta Praetoria.
Via Principalis	Hauptstraße in Querrichtung des Lagers (oder Kastells) von der Porta Principalis Dextra zur Porta Principalis Sinistra. Führte am Praetorium (Stabsquartier) vorbei.